8 Z 2293 1

Paris
1883

Goethe, Johann Wolfgang von

Conversations

Tome 1

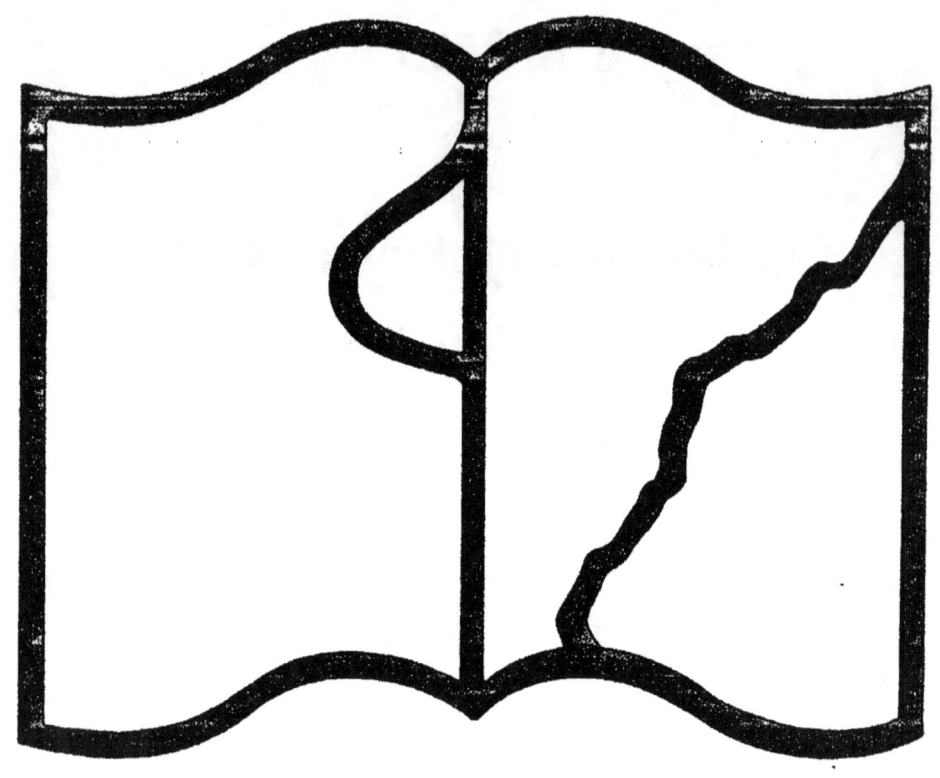

**Symbole applicable
pour tout, ou partie
des documents microfilmés**

Texte détérioré — reliure défectueuse

NF Z 43-120-11

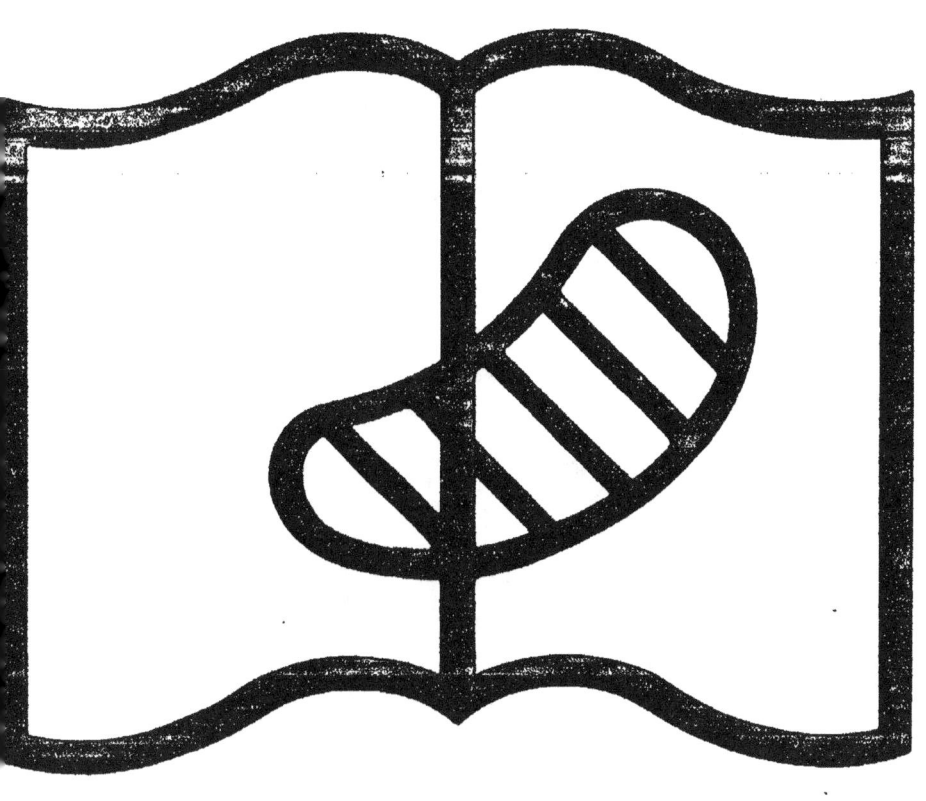

Symbole applicable
pour tout, ou partie
des documents microfilmés

Original illisible

NF Z 43-120-10

CONVERSATIONS
DE GŒTHE

I

ANGERS, IMPRIMERIE BURDIN ET Cie, RUE GARNIER, 4.

CONVERSATIONS
DE GŒTHE

PENDANT LES DERNIÈRES ANNÉES DE SA VIE
— 1822-1832 —

RECUEILLIES PAR ECKERMANN

TRADUITES
PAR ÉMILE DÉLEROT

PRÉCÉDÉES D'UNE INTRODUCTION
PAR M. SAINTE-BEUVE
de l'Académie française
ET SUIVIES D'UN INDEX

> Gœthe est un homme d'un esprit
> prodigieux en conversation.
> MADAME DE STAËL.

TOME PREMIER

PARIS
G. CHARPENTIER, ÉDITEUR
13, RUE DE GRENELLE-SAINT-GERMAIN, 13

1883
Tous droits réservés.

A M. CHARPENTIER

LIBRAIRE-ÉDITEUR

Ce 1ᵉʳ mai 1863.

Mon cher ami,

Vous désirez que je vous redise ce que j'ai déjà écrit sur les *Entretiens de Gœthe et d'Eckermann*; je rougis presque de penser qu'en tête d'un livre où parle un si grand homme, on croie utile de placer une autre parole que la sienne.

La France, il est vrai, avec tout son esprit et ses qualités charmantes, est le plus singulier pays dès qu'il s'agit de gloires étrangères ; elle est très-lente à les accepter tout entières et à les comprendre, ce qui n'empêche pas d'en parler beaucoup et d'en juger à tort et à travers.

On traduit, il est vrai, à la longue ce qu'il est honteux d'ignorer; mais, trop souvent, comment traduit-on ? par quels degrés de tâtonnements et d'hésitations ne se croit-on pas tenu de passer? Cela s'est vu pour Gœthe et pour d'autres : on les coupe, on les dépèce, on donne ce qu'on appelle leurs *pensées;* on traite le public comme on ferait un malade ou un convalescent, qui, ne pouvant supporter toute la longueur d'un festin, se contente de prendre quelques pâtes nutritives et d'emporter quelques tablettes de chocolat.

Vous avez pour votre compte, mon cher ami, des idées plus justes et plus saines; vous avez trop souvent affaire à notre public pour ne pas le connaître, et cependant vous ne le flattez pas. Vous avez pensé notamment qu'à l'égard des *Entretiens de Gœthe et d'Eckermann,* il fallait faire mieux qu'on n'a fait, et se donner le plaisir et le profit de ce commerce de chaque jour, de chaque heure, avec le plus beau génie traitant des sujets les plus variés. Je plaindrais les esprits qui n'y verraient que de la fatigue, et qui ne s'en trouveraient pas singulièrement fortifiés et nourris. C'est une bonne école, et la meilleure, que la compagnie journalière d'un grand esprit.

Et qu'était-ce d'abord que son interlocuteur, cet Eckermann, qui, venu à Weimar pour visiter et consulter l'oracle, y demeura durant les huit ou neuf dernières années que Gœthe vécut encore? Eckermann n'avait en lui rien de supérieur; c'était ce que j'ai appelé ailleurs une de ces natures secondes, un de ces esprits nés disciples et acolytes, et tout préparés, par un fonds d'intelligence et de dévouement, par une première piété admirative, à être les secrétaires des hommes supérieurs. Ainsi, en France, avons-nous vu, à des degrés différents, Nicole pour Arnauld, l'abbé de Langeron ou le chevalier de Ramsai pour Fénelon; ainsi eût été Deleyre pour Rousseau si celui-ci avait permis qu'on l'approchât. Eckermann sortait de la plus humble extraction; son père était porte-balle, et habitait un village aux environs de Hambourg. Élevé dans la cabane paternelle jusqu'à l'âge de quatorze ans, allant ramasser du bois mort et faire de l'herbe pour la vache dans la mauvaise saison, ou accompagnant, l'été, son père dans ses tournées pédestres, le jeune Eckermann s'était d'abord essayé au dessin, pour lequel il avait des dispositions innées assez remarquables; il n'était venu qu'ensuite à la poésie, et à une poésie toute naturelle et de circonstance. Il a raconté lui-même toutes ces vicissitudes de sa vie première avec bonhomie et ingénuité.

Petit commis, puis secrétaire d'une mairie dans l'un de ces départements de l'Elbe nouvellement incorporés à l'Empire français, il se vit relevé, au printemps de 1813, par l'approche des Cosaques, et il prit part au soulèvement de la jeunesse allemande pour l'affranchissement du pays. Volontaire dans un corps de hussards, il fit la campagne de l'hiver de 1813-1814. Le corps auquel il appartenait guerroya, puis séjourna dans les Flandres et dans le Brabant; le jeune soldat en sut profiter pour visiter les riches galeries de peinture dont la Belgique est remplie, et sa vocation allait se diriger tout entière de ce côté. Mais à son retour en Allemagne, et lorsqu'il se croyait en voie de devenir un artiste et un peintre, une indisposition physique, résultat de ses fatigues et de ses marches forcées, l'arrêta brusquement : ses mains tremblaient tellement qu'il ne pouvait plus tenir un pinceau. Il n'en était encore qu'aux premières initiations de l'art; il y renonça.

Obligé de penser à la subsistance, il obtint un emploi à Hanovre dans un bureau de la Guerre. C'est à ce moment qu'il eut connaissance des chants patriotiques de Théodore Kœrner, qui était le héros du jour. Le recueil intitulé *La Lyre et l'Épée*, le transporta; il eut l'idée de s'enrôler à la suite dans le même genre, et il composa à son tour un petit poëme sur la vie de soldat. Cependant il lisait et s'instruisait sans cesse. On lui avait fort conseillé la lecture des grands auteurs, particulièrement de Schiller et de Klopstock; il les admira, mais sans tirer grand profit de leurs œuvres. Ce ne fut que plus tard qu'il se rendit bien compte de la stérilité de cette admiration : c'est qu'il n'y avait nul rapport entre leur manière et ses dispositions naturelles à lui-même.

Il entendit pour la première fois prononcer le nom de Gœthe, et un volume de ses Poésies et Chansons lui tomba entre les mains. Oh! alors ce fut tout autre chose; il sentit un bonheur, un charme indicible;

rien ne l'arrêtait dans ces poésies de la vie, où une riche individualité venait se peindre sous mille formes sensibles ; il en comprenait tout ; là, rien de savant, pas d'allusions à des faits lointains et oubliés, pas de noms de divinités et de contrées que l'on ne connaît plus : il y retrouvait le cœur humain et le sien propre, avec ses désirs, ses joies, ses chagrins ; il y voyait une nature allemande claire comme le jour, la réalité pure, en pleine lumière et doucement idéalisée. Il aima Gœthe dès lors, et sentit un vague désir de se donner à lui ; mais il faut l'entendre lui-même :

« Je vécus des semaines et des mois, dit-il, absorbé dans ses poésies. Ensuite je me procurai *Wilhelm Meister*, et sa Vie, ensuite ses drames. Quant à *Faust*, qui avec tous ses abîmes de corruption humaine et de perdition, m'effraya d'abord et me fit reculer, mais dont l'énigme profonde me rattirait sans cesse, je le lisais assidûment les jours de fête. Mon admiration et mon amour pour Gœthe s'accroissaient journellement, si bien que je ne pouvais plus rêver ni parler d'autre chose.

« Un grand écrivain, observe à ce propos Eckermann, peut nous servir de deux manières : en nous révélant les mystères de nos propres âmes, ou en nous rendant sensibles les merveilles du monde extérieur. Gœthe remplissait pour moi ce double office. J'étais conduit, grâce à lui, à une observation plus précise dans les deux voies ; et l'idée de l'unité, ce qu'a d'harmonieux et de complet chaque être individuel considéré en lui-même, le sens enfin des mille apparitions de la nature et de l'art se découvraient à moi chaque jour de plus en plus.

« Après une longue étude de ce poëte et bien des essais pour reproduire en poésie ce que j'avais gagné à le méditer, je me tournai vers quelques-uns des meilleurs écrivains des autres temps et des autres pays, et je lus non-seulement Shakspeare, mais Sophocle et Homère dans les meilleures traductions... »

Eckermann, en un mot, travaille à se rendre digne

d'approcher Gœthe quelque jour. Comme ses premières études (on vient assez de le voir) avaient été des plus défectueuses, il se mit à les réparer et à étudier tant qu'il put au gymnase de Hanovre d'abord, puis, quand il fut devenu plus libre, et sa démission donnée, à l'université de Gœttingue. Il avait pu cependant publier, à l'aide de souscriptions, un recueil de poésies dont il envoya un exemplaire à Gœthe, en y joignant quelques explications personnelles. Il rédigea ensuite une sorte de traité de critique et de poétique à son intention. Le grand poëte n'avait cessé d'être de loin son « étoile polaire. » En recevant le volume de poésies, Gœthe reconnut vite un de ses disciples et de ses amis comme le génie en a à tous les degrés; non content de faire à l'auteur une réponse de sa main, il exprima tout haut la bonne opinion qu'il avait conçue de lui. Là-dessus, et d'après ce qu'on lui en rapporta, Eckermann prit courage, adressa son traité critique manuscrit à Gœthe, et se mit lui-même en route à pied et en pèlerin pour Weimar, sans autre dessein d'abord que de faire connaissance avec le grand poëte, son idole. A peine arrivé, il le vit, l'admira et l'aima de plus en plus, s'acquit d'emblée sa bienveillance, vit qu'il pourrait lui être agréable et utile, et, se fixant près de lui à Weimar, il y demeura (sauf de courtes absences et un voyage de quelques mois en Italie) sans plus le quitter jusqu'à l'heure où cet esprit immortel s'en alla.

Après la mort de Gœthe, resté uniquement fidèle à sa mémoire, tout occupé de le représenter et de le transmettre à la postérité sous ses traits véritables et tel qu'il le portait dans son cœur, il continua de jouir à Weimar de l'affection de tous et de l'estime de la Cour; revêtu avec les années du lustre croissant que jetait sur lui son amitié avec Gœthe, il finit même par avoir le titre envié de conseiller aulique, et mourut entouré de considération, le 3 décembre 1854.

Il était dans sa trente-troisième année seulement à son arrivée à Weimar; il avait gardé toute la fraîcheur des impressions premières et la faculté de l'admiration. Il y a des gens qui ne sauraient parler de lui sans le faire quelque peu grotesque et ridicule : il ne l'est pas. Il est sans doute à quelque degré de la famille des Brossette et des Boswell, de ceux qui se font volontiers les greffiers et les rapporteurs des hommes célèbres; mais il choisit bien son objet, il l'a adopté par choix et par goût, non par banalité ni par badauderie aucune; il n'a rien du gobe-mouche, et ses procès-verbaux portent en général sur les matières les plus élevées et les plus intéressantes dont il se pénètre tout le premier et qu'il nous transmet en auditeur intelligent. Remercions-le donc et ne le payons pas en ingrats, par des épigrammes et avec des airs de supériorité. Ne rions pas de ces natures de modestie et d'abnégation, surtout quand elles nous apportent à pleines mains des présents de roi.

Gœthe, à cette époque où Eckermann commence à nous le montrer (juin 1823), était âgé de soixante-quatorze ans, et il devait vivre près de neuf années encore.

Il était dans son heureux déclin, dans le plein et doux éclat du soleil couchant. Il ne créait plus, — je n'appelle pas création cette seconde et éternelle partie de *Faust*, — mais il revenait sur lui-même, il revoyait ses écrits, préparait ses Œuvres complètes, et, dans son retour réfléchi sur son passé qui ne l'empêchait pas d'être attentif à tout ce qui se faisait de remarquable autour de lui et dans les contrées voisines, il épanchait en confidences journalières les trésors de son expérience et de sa sagesse.

Il en est, dans ces confidences, qui nous regardent et nous intéressent plus particulièrement. Gœthe, en effet, s'occupe beaucoup de la France et du mouvement littéraire des dernières années de la Restauration; il est peu de nos auteurs en vogue dont les débuts en ces années n'aient été accueillis de lui avec curiosité, et jugés avec une sorte de sympathie; il reconnaissait en eux des alliés imprévus et comme des petits cousins d'outre-Rhin. Et ici une remarque est nécessaire.

Il faut distinguer deux temps très-différents, deux époques, dans les jugements de Gœthe sur nous et dans l'attention si particulière qu'il prêta à la France: il ne s'en occupa guère que dans la première moitié, et, ensuite, tout à la fin de sa carrière. Gœthe, à ses débuts, est un homme du dix-huitième siècle; il a vu jouer dans son enfance *le Père de famille* de Diderot et *les Philosophes* de Palissot; il a lu nos auteurs, il les goûte, et lorsqu'il a opéré son œuvre essentielle, qui était d'arracher l'Allemagne à une imitation stérile et de lui apprendre à se bâtir une maison à elle, une maison du Nord, sur ses propres fondements, il aime à revenir de temps en temps à cette littérature d'un siècle qui, après tout, est le sien. On n'a jamais mieux défini Voltaire dans sa qualité d'esprit spécifique et toute française qu'il ne l'a fait; on n'a jamais mieux saisi dans toute sa portée la conception buffonienne des *Époques de la Nature;* on n'a jamais mieux respiré et rendu l'éloquente ivresse de Diderot; il semble la partager quand il en parle : « Diderot, s'écrie-t-il avec un enthousiasme égal à celui qu'il lui aurait lui-même inspiré, Diderot est Diderot, un individu unique; celui qui cherche les taches de ses œuvres est un *philistin*, et leur nombre est *légion*. Les hommes ne savent accepter avec reconnaissance ni de Dieu, ni de la Nature, ni d'un de leurs semblables, les trésors sans prix. » Mais ce ne sont pas seulement nos grands auteurs qui l'occupent et qui fixent son attention; il va jusqu'à s'inquiéter des plus secondaires et des plus petits de ce temps-là, d'un abbé d'Olivet, d'un abbé Trublet, d'un abbé Le Blanc qui, « tout médiocre qu'il était (c'est Gœthe qui parle), ne put jamais parvenir pourtant à être reçu de l'Académie. »

Cependant la France changeait; après les déchirements et les catastrophes sociales, elle accomplissait, littérairement aussi, sa métamorphose. Gœthe, qui connut et ne goûta que médiocrement madame de Staël, ne paraît pas avoir eu une bien haute idée de Chateaubriand, le grand artiste et le premier en date de la génération nouvelle. A cette époque de l'éclat littéraire de Chateaubriand, l'homme de Weimar ne faisait pas grande attention à la France qui s'imposait à l'Allemagne par d'autres aspects. Et puis il y avait entre eux deux trop de causes d'antipathie. Gœthe reconnaissait toutefois à Chateaubriand un grand talent et une initiative *rhétorico-poétique* dont l'impulsion et l'empreinte se retrouvaient assez visibles chez les jeunes poëtes venus depuis. Mais il ne faisait vraiment cas, en fait de génies, que de ceux de la grande race, de ceux qui durent, dont l'influence vraiment féconde se prolonge, se perpétue au delà, de génération en génération, et continue de créer après eux. Les génies purement d'art et de forme, et de phrases, dénués de ce germe d'invention fertile, et doués d'une action simplement viagère, se trouvent en réalité bien moins grands qu'ils ne paraissent, et, le premier bruit tombé, ils ne revivent pas. Leur force d'enfantement est vite épuisée.

Ce qui commença à rappeler sérieusement l'attention de Gœthe du côté de la France, ce furent les tentatives de critique et d'art de la jeune école qui se produisit surtout à dater de 1824, et dont le journal *le Globe* se fit le promoteur et l'organe littéraire. Ah! ici Gœthe se montra vivement attiré et intéressé. Il se sentait compris, deviné par des Français pour la première fois : il se demandait d'où venait cette race nouvelle qui importait chez soi les idées étrangères, et qui les maniait avec une vivacité, une aisance, une prestesse inconnues ailleurs. Il leur supposait même d'abord une maturité d'âge qu'il mesurait à l'étendue de leurs jugements, tandis que cette étendue tenait bien plutôt chez eux au libre et hardi coup d'œil de la jeunesse. Ce fut surtout vers 1827 que ce vif intérêt de Gœthe pour la nouvelle et jeune France se prononça pour ne plus cesser. En 1825, il hésitait encore, et M. Cousin, dans une visite qu'il lui fit à Weimar, ayant voulu le mettre sur le chapitre de la littérature en France, ne put l'amener bien loin sur ce terrain encore trop neuf.

Mais en 1827, lorsque M. Ampère le visita, sa disposition d'esprit était bien changée; Gœthe, averti par *le Globe*, était au fait de tout, curieux et avide de toutes les particularités à notre sujet. Dans une lettre adressée à madame Récamier le 9 mai (1827) et publiée quelques jours après dans *le Globe* par suite d'une indiscrétion non regrettable, le jeune voyageur s'exprimait en ces termes, qui sont à rapprocher de ceux dans lesquels Eckermann nous parle des mêmes entretiens:

« Gœthe, écrivait M. Ampère, a, comme vous le savez, quatre-vingts ans. J'ai eu le plaisir de dîner plusieurs fois avec lui en petit comité, et je l'ai entendu parler plusieurs heures de suite avec une présence d'esprit prodigieuse : tantôt avec finesse et originalité, tantôt une éloquence et une chaleur de jeune homme. Il est au courant de tout, il s'intéresse à tout, il a de l'admiration pour tout ce qui peut en admettre. Avec ses cheveux blancs, sa robe de chambre bien blanche, il a un air tout candide et tout patriarcal. Entre son fils, sa belle-fille, ses deux petits enfants, qui jouent avec lui, il cause sur les sujets les plus élevés. Il nous a entretenu de Schiller, de leurs travaux communs, de ce que celui-ci voulait faire, de ce qu'il aurait fait, de ses intentions, de tout ce qui se rattache à son souvenir : il est le plus intéressant et le plus aimable des hommes.

« Il a une conscience naïve de sa gloire qui ne peut déplaire, parce qu'il est occupé de tous les autres talents et si véritablement sensible à tout ce qui se fait de bon, partout et dans tous les genres. A genoux devant Molière et la Fontaine, il admire *Athalie,* goûte *Bérénice,* sait par cœur les chansons de Béranger, et raconte parfaitement nos plus nouveaux vaudevilles. A propos du Tasse, il prétend avoir fait de grandes recherches et que l'histoire se rapproche beaucoup de la manière dont il a traité son sujet. Il soutient que la prison est un conte. Ce qui vous fera plaisir, c'est qu'il croit à l'amour du Tasse et à celui de la princesse ; mais toujours à distance, toujours romanesque et sans ces absurdes propositions d'épouser qu'on trouve chez nous dans un drame récent... »

N'oublions pas que la lettre est adressée à madame Récamier, favorable à tous les beaux cas d'amour et de délicate passion.

Je n'ai point à entrer ici dans l'analyse de ces *Entretiens* qu'on va lire. Je dirai seulement que leur lecture complète m'a fait avancer d'un degré dans la connaissance de Gœthe. Grâce à ces échanges continuels, à ces témoignages de voyageurs amis, nous étions dès longtemps initiés sans doute ; nous avions fini par nous bien rendre compte de cette profonde, imposante et sereine figure, et nous la placions à son rang. Je demande à reproduire un jugement qui est moins le mien en particulier, que celui des hommes distingués avec qui j'avais mainte fois causé de Gœthe : ce jugement, écrit il y a quelques années, me paraît encore vrai sur tous les points, moins un seul, et c'est à le rectifier sur ce point essentiel, que les *Entretiens* m'auront servi :

« Sortons un peu, disais-je, de nos habitudes françaises pour nous faire une idée juste de Gœthe. Personne n'a mieux parlé que lui de Voltaire même, ne l'a mieux défini et compris comme le type excellent et complet du génie français ; tâchons à notre tour de lui rendre la pareille en le comprenant, lui, le type accompli du génie allemand. Gœthe est, avec Cuvier, le dernier grand homme qu'ait vu mourir le siècle. Le propre de Gœthe était l'étendue, l'universalité même. Grand naturaliste et poëte, il étudie chaque objet et le voit à la fois dans la réalité et dans l'idéal ; il l'étudie en tant qu'individu, et il l'élève, il le place à son rang dans l'ordre général de la nature ; et cependant il en respire le parfum de poésie que toute chose recèle en soi. Gœthe tirait de la poésie de tout ; il était curieux de tout. Il n'était pas un homme, pas une branche d'étude dont il ne s'enquît avec une curiosité, une précision qui voulait tout en savoir, tout en saisir, jusqu'au moindre repli. On aurait dit d'une passion exclusive ; puis, quand c'était fini et connu, il tournait la tête et passait à un autre objet. Dans sa noble maison, dans ce cabinet qui avait au frontispice ce mot : *Salve*, il exerçait l'hospitalité envers les étrangers, les recevant indistinctement, causant avec eux dans leur langue, faisant servir chacun de sujet à son étude, à sa connaissance, n'ayant d'autre but en toute chose que *l'agrandissement de son goût* ; serein, calme, sans fiel, sans envie. Quand une chose ou un homme lui déplaisait, ou ne valait pas la peine qu'il s'y arrêtât plus longtemps, il se détournait et portait son regard ailleurs, dans ce vaste univers où il n'avait qu'à choisir ; non pas indifférent, mais non pas attaché ; curieux avec insistance, avec sollicitude, mais sans se prendre au fond ; bienveillant comme on se figure que le serait un dieu ; véritablement *olympien* : ce mot-là, de l'autre côté du Rhin, ne fait pas sourire. Paraissait-il un poëte nouveau, un talent marqué d'originalité, un Byron, un Manzoni, Gœthe l'étudiait aussitôt avec un intérêt extrême et sans y apporter aucun sentiment personnel étranger ; il avait *l'amour du génie*. Pour Manzoni, par exemple, qu'il ne connaissait nullement, quand *le Comte de Carmagnola* lui tomba entre les mains, le voilà qui s'éprend, qui s'enfonce dans l'étude de cette pièce, y découvrant mille intentions, mille beautés, et un jour, dans son recueil périodique (*sur l'Art et l'Antiquité*), où il déversait le trop plein de ses pensées, il annonce Manzoni à l'Europe. Quand une Revue anglaise l'attaqua, il le défendit, et par toutes sortes de raisons auxquelles Manzoni n'avait certes pas songé. Puis, quand il vit M. Cousin et qu'il sut que c'était un ami de Manzoni, il se mit à l'interroger avec détail, avec une insatiable curiosité, sur les moindres particularités physiques et morales du personnage jusqu'à ce qu'il se fût bien représenté cet objet, cet *être*, cette production nouvelle de la nature qui avait nom *Manzoni*, absolument comme lui, botaniste, il aurait fait d'une plante. Ainsi de tout. Pour Schiller, il fut admirable de sollicitude, de conseil. Il vit ce jeune homme ardent, enthousiaste, qui était emporté par son génie sans savoir le conduire. Mille différences, qui semblaient des antipathies, les séparaient. Gœthe n'usa pas moins de son crédit pour faire nommer Schiller professeur d'histoire à Iéna. Puis, un incident heureux les ayant rapprochés, la fusion se fit ; il prit insensiblement en main ce génie qui cherchait encore sa vraie voie. La Correspondance, publiée depuis, a montré Gœthe le conseillant, influant salutairement sur lui sans se faire valoir, le menant à bien, comme eût fait un père ou un frère. Il appelait Schiller *un Être magnifique*. Gœthe comprenait tout dans l'univers, — tout, excepté deux choses peut-être, le *chrétien* et le *héros*. Il y eut là chez lui un faible qui tenait un peu au cœur. Léonidas et Pascal, surtout le dernier, il n'est pas bien sûr qu'il ne les ait pas considérés comme deux énormités et deux *monstruosités* dans l'ordre de la nature.

« Gœthe n'aimait ni le sacrifice ni le tourment. Quand il voyait quelqu'un malade, triste et préoccupé, il rappelait de quelle manière il avait écrit *Werther* pour se défaire d'une importune idée de suicide : « Faites comme moi, ajoutait-il, mettez au monde cet « enfant qui vous tourmente, et il ne vous fera plus « mal aux entrailles. » —

Je n'ai certes rien à rétracter aujourd'hui de tout cela. Le portrait reste exact, sauf un point, je l'ai dit :

c'est en ce qui concerne le *héros*. Le chrétien, Gœthe ne l'admettait guère que comme une production sociale des plus artificielles, et Pascal lui paraissait effectivement un pur malade. Il était, de sa nature, antipathique à ceux « qui assombrissent en une vallée de misère le lumineux séjour de la terre de Dieu. » Mais le héros, Gœthe l'admettait, le comprenait, et en Grèce et depuis la Grèce; nul n'a parlé plus magnifiquement que lui de Napoléon, de Mirabeau, et n'est entré plus avant dans l'esprit de leur nature. Il était lui-même, dans son ordre, un héros.

Je ne crois pas qu'il y ait lieu à beaucoup de remarques sur ce qu'il dit des écrivains français de notre temps : Courier, Béranger, Mérimée, son favori à bon droit, et quelques autres dont il put s'exagérer parfois le mérite. Ce sont des jugements graduels, mobiles, et, pour ainsi dire, en fusion, qu'il donne en causant : aucun n'est définitif.

Mais à propos de ce qu'il dit de Victor Hugo, une remarque est à faire, provoquée par certaines critiques qu'on a adressées à sa mémoire. Il s'est introduit de nos jours une telle bassesse dans les jugements, et ceux qui s'en mêlent en sont le plus souvent si peu capables, que ces esprits serviles n'ont pu expliquer les jugements mélangés que Gœthe a donnés sur les écrits de Victor Hugo, publiés en ce temps-là, que par un sentiment de rivalité jalouse et d'envie. Ne pas comprendre que Gœthe, étant ce qu'il est, a dû juger Victor Hugo comme il le fait, c'est ne rien entendre à la nature de Gœthe pas plus qu'à celle de Victor Hugo. Et comment vouliez-vous en conscience que Gœthe acceptât *Quasimodo*, lui qui, même quand il a fait son diable, *Méphistophélès*, l'a présenté beau encore et élégant ? Nulle part, même chez Manzoni, que d'ailleurs il goûtait et prisait tant, Gœthe n'aime ce qu'il appelle « les abominations; » et, à ce titre, la peste du roman des *Fiancés* lui déplaisait. Il n'aimait pas la littérature qui fait dresser les cheveux sur la tête. Tel il était par nature et par art, bien sincèrement; « comme philosophe, apôtre de la félicité; comme poëte, organe et interprète de la jouissance large et pure, complète et honnête. » Essayez, si vous le pouvez, de définir Victor Hugo et sa philosophie en regard, et voyez le contraste. Pour moi, je l'avoue, si je suis étonné de quelque chose en tout ceci, c'est de la sagacité et de la divination de Gœthe. Que n'aurait-il pas ajouté et dit, s'il avait assez vécu pour lire tout Hugo et pour assister au développement colossal qui a suivi, et où qualités et défauts, de plus en plus grossis, se heurtent et se confondent ?

Soyons donc sensés une bonne fois dans nos admirations; ne redevenons pas à plaisir étroits et exclusivement idolâtres. Éditeurs et commentateurs, ne refaites pas pour Hugo dans un sens, ce que d'autres, en d'autres temps, ont fait pour Racine : ils ne pouvaient comprendre qu'il manquât une seule perfection à leur déité, et si l'on paraissait en douter tant soit peu, M. Auger criait au sacrilége. Vous êtes exactement, et

b.

sans vous en douter (on ne se doute jamais soi-même de ces choses-là), comme le classique M. Auger : que dis-je? vous êtes cent fois pis. Le bon M. Auger avait une paille dans l'œil ; et vous, vous avez une poutre !

Pour la pleine intelligence des *Entretiens*, pour qu'on en ait bien présents à l'esprit le lieu, le cadre, toutes les circonstances, je demande à rappeler encore la manière dont Gœthe vivait à Weimar en ces années. Weimar était un centre, mais un bien petit centre, et celui qui n'en sortit jamais et qui tenait pourtant à embrasser du regard l'univers, avait dû songer de bonne heure à tous les moyens d'entretenir et de renouveler autour de lui l'activité, le mouvement régulier dont il sentait le besoin, et qui, autrement, aurait pu lui faire un peu faute.

Il avait donc organisé sa vie avec ensemble, avec une suprême ordonnance. Très-occupé jusqu'à la fin de s'agrandir, de se perfectionner en tout, de faire de soi « une plus noble et plus complète créature, » il s'est arrangé pour avoir auprès de lui à qui parler en chacune des applications multiples qu'il varie d'un jour à l'autre. Il a sous la main et à sa portée, sans paraître y viser, des représentants des diverses branches d'études auxquelles il est constamment ouvert et attentif. Énumérons un peu :— Riemer, bibliothécaire, philologue, helléniste : avec lui, Gœthe revoit ses ouvrages au point de vue de la langue et cause de littérature ancienne ; — Meyer, peintre, historien de l'art, continuateur et disciple de Winckelmann : avec lui Gœthe causera peinture et se plaira à ouvrir ses riches portefeuilles, où il fait collection de dessins et de ce qui est parfait en tous genres; — Zelter, musicien : celui-là est à Berlin, mais il ne cesse de correspondre avec Gœthe, et leur Correspondance (non traduite) ne fait pas moins de six volumes; Zelter tient Gœthe au courant des nouveautés musicales, des talents et des virtuoses de génie, et, entre autres élèves célèbres, il lui envoie un jour Mendelssohn, « l'aimable Félix Mendelssohn, le maître souverain du piano, » à qui Gœthe devra des instants de pure joie par une belle matinée de mai 1830 ; — puis Coudray encore, un architecte, directeur général des bâtiments à la Cour. Tous les arts ont ainsi un représentant auprès de lui. Mais il y a autre chose que les arts ; Gœthe aura donc, pour compléter son Encyclopédie ou son Institut à domicile, — M. de Müller, chancelier de Weimar : c'est un politique distingué ; il tient Gœthe au courant des affaires générales de l'Europe ;—Soret, Génevois, précepteur à la Cour, savant : il traduit les ouvrages scientifiques de Gœthe, et met en ordre sa collection de minéraux. N'oublions pas sa belle-fille, madame de Gœthe, Ottilie : elle lui sert volontiers de lectrice ; elle a fondé un journal polyglotte à Weimar, *le Chaos*, où toute la société weimarienne écrit ; les jeunes gens anglais ou français qui y séjournent, surtout les dames, tout ce monde collabore et babille dans cette Babel, chacun dans sa langue. « C'est une très-jolie idée de ma fille, » disait Gœthe. Partout ailleurs, c'eût été un affreux guêpier de bas-bleus : là, ce n'est qu'un jeu de société assez original et amusant, un passe-temps de *dilettanti*, qui entretient dans ce cercle l'activité de l'esprit et sauve des commérages. Enfin, indépendamment d'un secrétaire attitré, Goethe fait l'acquisition d'Eckermann, qui va devenir son confident, son *Ali* (l'Ali de Mahomet), son *fidus Achates*. Ce rôle est connu, mais personne ne l'a jamais mieux rempli, plus honnêtement, plus loyalement, avec plus de bonhomie. Eckermann donne la réplique au maître, ne le contredit jamais, et l'excite seulement à causer dans le sens où il a envie de donner ce jour-là : avec lui Goethe causera de lui-même, de la littérature contemporaine en Allemagne, en Angleterre, en Italie, en France, en Chine, partout; et après des années d'un commerce intime, il lui rendra ce témoignage qui fait aujourd'hui sa gloire :

« Le *fidèle Eckart* est pour moi d'un grand secours. Il conserve sa manière de voir pure et droite, et il augmente tous les jours ses connaissances; sa pénétration, l'étendue de sa vue s'agrandissent ; *l'excitation qu'il me donne par la part qu'il prend à mes travaux me le rend inappréciable*[1]. »

Et c'est ainsi que s'était complété autour du grand esprit de Weimar ce ministère général de l'intelligence dont il était le régulateur et le président; ou, si l'on aime mieux, on y peut voir un petit système planétaire très-bien monté, très-bien entendu, dont il était le soleil.

On n'a plus maintenant qu'à ouvrir le livre d'Ecker-

[1] Lettre de Goethe à Zelter, du 14 décembre 1830.

mann, et à se laisser conduire par lui, jour par jour, dans la familiarité de l'homme. Ce livre est la meilleure biographie de Gœthe à notre usage : celle de l'Anglais Lewes pour les faits, celle d'Eckermann pour le portrait du dedans et la physionomie. L'âme elle-même du personnage y respire. Le livre est à la fois écrit comme un journal, au fur et à mesure, et insensiblement composé; on sent, au milieu des hasards de la route, qu'on y avance par degrés; on s'y élève. Les dernières pages dans lesquelles on voit Eckermann visitant pour une dernière fois, sur son lit mortuaire, la forme expirée, mais encore belle, de celui qu'il a tant aimé et vénéré, font une conclusion digne et grandiose. Eckermann, homme d'un talent personnel, qui seul et de lui-même n'aurait pu atteindre bien haut, s'est choisi la bonne part. Il a indissolublement enchaîné son nom à celui d'un immortel : il ne peut désormais mourir. Il est à Gœthe ce qu'Élisée est à Élie.

Ces *Entretiens*, tels que M. Délerot nous les rend aujourd'hui, sont aussi complets, et même plus complets, s'il se peut, que ce qui a été donné en Allemagne; ils sont surtout plus faciles et plus agréables à lire. D'abord, M. Délerot a fondu en un seul et rangé selon l'ordre des dates les deux journaux successivement publiés par Eckermann, qui n'avait d'abord risqué qu'un essai. Il a, de plus, éclairci quantité de passages par des notes et des rapprochements; tout ce qui concerne la France en particulier et nos auteurs en renom reçoit une pleine lumière des nombreux extraits que le traducteur a faits de la Correspondance de Gœthe écrivant à ses amis sur les mêmes sujets desquels il vient de causer et dont il est plein. M. Délerot, lui-même, on le sent, est tout plein de Gœthe et vit dans un doux enthousiasme pour ce grand esprit. Pendant une année entière passée à Weimar, à l'âge où le cœur est ouvert à toutes les piétés, il s'est inspiré du génie du lieu et s'est initié à cette tradition, conservée là plus religieusement qu'ailleurs, qui parle encore, toute vivante, à qui sait l'écouter avec recueillement et modestie, et qui est comme la voix divine de la Muse.

SAINTE-BEUVE.

AVERTISSEMENT DU TRADUCTEUR

Qu'il me soit permis de dire quelques mots sur cette traduction. Elle est aussi littérale qu'il m'a été possible. J'ai, en général, préféré l'exactitude un peu dure à l'élégance un peu infidèle. Je n'ai pas effacé les libertés familières de la conversation; Gœthe se contentait de parler d'or, et ne cherchait jamais à parler « comme un livre. » L'ouvrage d'Eckermann est reproduit intégralement pour toute la partie qui regarde Gœthe; je n'ai pas supprimé une seule de ses pensées. Quant aux récits qu'Eckermann nous fait sur lui-même, je n'avais pas les mêmes raisons pour les respecter, je les ai abrégés ou même supprimés. Eckermann, sans s'en douter, s'est laissé aller parfois, avec une grande bonhomie, à écrire ses mémoires particuliers en même temps que ceux de Gœthe. Ces confidences n'intéressent personne, même en Allemagne. Ce sont les conversations de Gœthe, et non celles d'Eckermann, que l'on désire connaître. Peut-être trouvera-t-on que j'ai été encore trop sobre de coupures de ce genre; je répondrai avec les paroles d'un spirituel écrivain, placé dans une situation semblable à la mienne : « Pour éviter l'ennui, c'est un excellent moyen que d'abréger, mais il ne faut pas en abuser. » — En échange des pages toutes personnelles d'Eckermann que je retranchais, j'ai donné d'importants fragments de la correspondance de Gœthe avec Zelter, Reinhard et Boisserée, des extraits de Viehoff, et une partie considérable du petit livre de Falk. Les passages intéressants de cet ouvrage que je n'ai pas traduits, parce qu'ils ont trait à la jeunesse de Gœthe, se trouvent dans l'introduction si complète que M. Blaze de Bury a placée en tête du *Faust*. — Dans un *Appendice*, j'ai traduit un certain nombre de morceaux de critique, tirés des *Mélanges* de Gœthe. Tous se rapportent à des sujets traités dans les *Conversations*, dont ils forment comme les pièces justificatives. J'ai cherché à réunir là à peu près tout ce que Gœthe a écrit sur la France et à donner en même temps un échantillon de sa critique universelle. Plusieurs de ces fragments ne sont que de simples notes très-courtes, dictées rapidement par Gœthe, pendant les dernières années de sa vie; cependant les moins remarquables me semblent avoir au moins un grand intérêt de curiosité.

Ainsi complété, l'ouvrage d'Eckermann forme l'*Introduction* la plus naturelle et la plus intéressante aux écrits de Gœthe, et elle en fait pressentir la profondeur et la variété. On a dit que le livre le meilleur était celui qui avait une page pour chaque lecteur; celui-ci est un de ceux qui satisfont le mieux à cette condition. Poëte, artiste, philosophe, savant, philologue, historien, politique, peintre, compositeur, acteur, directeur, décorateur de théâtre, que sais-je encore? tous peuvent venir écouter ces conversations : Gœthe leur adressera la parole dans leur langue, et tous puiseront dans ses discours quelque bon conseil. Je souhaite surtout qu'ils y puisent le désir de faire une étude sérieuse et approfondie de ses grands chefs-d'œuvre, si riches en leçons vivantes et fécondes.

En terminant, c'est pour moi un devoir et un plaisir d'adresser les plus vifs remercîments à M. le Docteur Kœhler, conservateur de la bibliothèque grand'ducale, à Weimar. Toutes les fois que j'étais embarrassé, je me suis adressé à lui, et je lui dois une foule de renseignements qu'il s'est empressé de mettre à ma disposition, avec ce zèle de complaisance et cette générosité qui caractérisent le vrai savant.

AVANT-PROPOS

DE LA PREMIÈRE PARTIE DES CONVERSATIONS

— PUBLIÉE EN 1835 —

Cette collection de causeries et d'entretiens avec Gœthe doit surtout son origine au penchant naturel que j'ai toujours eu pour m'approprier, par un compte rendu écrit, tout ce qui, dans les événements de ma vie, me semble avoir une certaine valeur, un certain intérêt.

De plus j'ai toujours eu la soif d'apprendre, je l'avais au temps où je rencontrai pour la première fois cet homme extraordinaire, et je la conservai même après avoir vécu des années avec lui; aussi c'était avec bonheur que je m'emparais des pensées que renfermaient ses paroles, et que je les notais afin d'en être le possesseur pour le reste de ma vie.

Cependant, lorsque me rappelant la multitude immense d'idées qu'il a prodiguées devant moi pendant l'espace de neuf ans, je viens à considérer le petit nombre d'entre elles que j'ai pu rassembler et écrire, il me semble que je suis comme un enfant, qui, pendant une pluie rafraîchissante du printemps, cherche à recevoir dans le creux de ses mains une partie des gouttes qui tombent, et qui les voit presque toutes s'enfuir entre ses doigts.

On dit souvent : Il y a une fatalité pour les livres; ce mot peut s'appliquer aussi bien à la manière dont les livres naissent qu'à leur façon de se lancer dans le monde, et il s'applique parfaitement à la naissance de cet ouvrage. Souvent des mois se sont écoulés sans que les astres lui fussent favorables; des malaises, des affaires, et les mille occupations de la vie quotidienne ne me permettaient pas d'écrire une seule ligne; puis les étoiles redevenaient plus propices, je retrouvais et la santé, et le loisir, et le goût d'écrire; j'avais alors la joie de faire un pas en avant. Et puis aussi quel est le long commerce avec une même personne qui n'est pas attiédi parfois par un peu d'indifférence? Et où est l'homme qui sait toujours estimer à son prix véritable l'heure présente?

Si je parle ainsi, c'est parce que je désire faire excuser les grands espaces de temps vides dont s'apercevra le lecteur qui portera son attention sur les dates des entretiens. Ces lacunes devraient être remplies par des choses excellentes que je n'ai pas notées; on y trouverait surtout mainte parole bienveillante de Goethe sur ses nombreux et lointains amis, ainsi que sur les ouvrages de tel ou tel écrivain allemand contemporain. Je n'ai noté qu'une partie des paroles de cette nature qu'il a prononcées. Je l'ai dit : même dans leurs origines, les livres obéissent à une fatalité.

Cependant je dois déjà être heureux d'avoir pu m'approprier ce que renferment ces volumes; je peux considérer ces entretiens comme un joyau précieux qui orne mon existence, et je m'en pare en rendant des actions de grâces pour une liaison si haute; aussi je crois, avec une certaine confiance, que le monde me saura gré à son tour de ce que je lui donne.

Selon ma conviction, non-seulement dans ces conversations on trouve maints éclaircissements, maintes idées d'un prix inestimable sur la vie, sur l'art, sur la science, mais aussi et surtout les esquisses d'après nature qu'elles présentent contribueront à compléter l'image que chacun de nous peut se faire de Goethe après avoir lu ses ouvrages si variés. Je suis cependant bien éloigné de croire que l'âme de Goethe est là reflétée tout entière. On pourrait, avec justesse, comparer cet esprit, cet être extraordinaire, à un diamant à facettes, qui lance dans chaque direction un rayon de couleur différente. Suivant les personnes, suivant les situations, il changeait ; je ne peux donc que parler pour moi et dire très-modestement : *Ceci est mon Gœthe*.

Et cette parole serait vraie, non-seulement dans le sens où je viens de la dire, mais encore dans un autre sens, car Gœthe est ici tel que j'étais, moi, capable de le comprendre et de le reproduire. L'image qu'il a laissée en moi, voilà ce que l'on trouvera, et il est très-rare que dans son passage à travers un autre individu un caractère original ne perde pas quelque chose, et ne soit pas altéré par quelque mélange étranger. Les images physiques de Gœthe que l'on doit à Rauch, à Dawe, à Stieler et à David, ont toutes un haut degré de vérité, et cependant toutes plus ou moins portent l'empreinte particulière de l'individu qui les a créées. — Ce qui est vrai pour les traits physiques le sera bien plus encore pour les traits fuyants et insaisissables du caractère. — Quel que soit le résultat de mon travail, j'espère que tous ceux qui, par l'autorité de leur esprit ou par des relations personnelles avec Gœthe, ont le droit de me juger en pareille matière, ne méconnaîtront pas les efforts que j'ai faits pour arriver à l'exactitude la plus parfaite possible.

Après ces explications sur la manière dont ce livre a été rédigé, je dois ajouter quelques mots sur son contenu.

Ce que l'on appelle la *vérité*, même sur un problème unique, n'est jamais quelque chose d'étroit, de petit, de limité ; bien au contraire, une vérité, tout en étant simple, a toujours une riche complexité ; et pour ce motif elle est difficile à exprimer, semblable en cela à une loi de la nature, qui prolonge au loin ses conséquences jusque dans la profondeur des êtres, et qui se manifeste par mille phénomènes variés. Nous ne serons donc jamais contents d'une première formule ; une seconde essayée ne nous satisfera pas encore ; nous tenterons la formule opposée ; cela ne sera pas encore la vérité, et nous n'arriverons, non pas au but, mais à une approximation, qu'en réunissant l'ensemble de nos divers aperçus. Ainsi, pour citer un exemple, quelques opinions de Gœthe sur la poésie peuvent sembler exclusives et souvent même évidemment contradictoires. Tantôt la beauté du poëme dépend du sujet, que le poëte trouve en dehors de lui-même, tantôt c'est à l'âme seule du poëte qu'elle est due tout entière; tantôt le choix du sujet est tout, tantôt c'est la manière dont le sujet, quel qu'il soit, est traité. — Ici, c'est une forme parfaite, qui assure le succès; ailleurs, la forme n'est rien, l'âme qui anime la poésie est seule à considérer.

Toutes ces décisions opposées sont des côtés différents du vrai, elles précisent sa nature, et aident à en approcher. Aussi je me suis toujours bien gardé, dans mon livre, de faire disparaître ces contradictions apparentes, telles qu'elles se sont montrées, suscitées par la différence des temps et des circonstances. Je me repose sur l'examen intelligent du lecteur éclairé, qu'un passage isolé n'induira pas en erreur, mais qui saura, considérant l'ensemble, ramener à leur place et réunir les différentes idées dispersées çà et là.

Peut-être aussi rencontrera-t-on plusieurs passages qui, au premier abord, paraissent insignifiants. Mais, si on remarque que ces lignes insignifiantes en amènent d'importantes, sont souvent le point de départ de développements qui viennent ensuite, qu'elles contribuent aussi à ajouter une touche légère à la peinture du caractère, alors on accordera sans doute que leur nécessité, sans les justifier, du moins les excuse.

Maintenant je n'ai plus, à cet ouvrage longtemps caressé, qu'à dire du fond du cœur : Adieu! et à lui souhaiter d'être assez heureux pour plaire, et pour faire naître et répandre au loin d'heureux fruits.

AVANT-PROPOS

DE LA SECONDE PARTIE DES CONVERSATIONS

— PUBLIÉE EN 1847 —

Je vois enfin devant moi terminé le troisième volume de mes conversations avec Gœthe, promis depuis longtemps; j'éprouve la joie que donne le triomphe de grands obstacles. J'étais dans une situation très-difficile. Je ressemblais au marin qui ne peut pas faire route par le vent du jour, et qui est obligé d'attendre avec la plus grande patience des semaines et des mois jusqu'à ce que le vent favorable, qui soufflait il y a des années, souffle de nouveau. Dans le temps heureux où j'écrivis les deux premiers volumes, je marchais avec un vent favorable; les paroles récemment prononcées résonnaient encore dans mes oreilles, et le commerce animé que j'avais avec cet homme extraordinaire me maintenait dans une atmosphère d'enthousiasme, qui m'entraînait en avant et semblait me donner des ailes.

Mais aujourd'hui, déjà depuis bien des années cette voix est muette, et le bonheur dont je jouissais dans ce contact avec sa personne est bien loin derrière moi; aussi je ne pouvais trouver l'ardeur nécessaire que dans les heures où il m'était donné de rentrer en moi-même, assez profondément pour pénétrer dans ces asiles de l'âme que rien ne trouble; là je pouvais revoir le passé avec ses fraîches couleurs; il se redressait devant moi, et je voyais de grandes pensées, des fragments de cette grande âme apparaître à mes regards, comme apparaîtraient des sommets lointains, mais éclairés par la lumière du jour céleste, aussi éclatante que la lumière du soleil.

La joie que j'éprouvais dans ces moments me rendait tout mon feu; les idées et la suite de leur développement, les expressions telles quelles avaient été prononcées, tout redevenait clair comme un souvenir de la veille. Gœthe vivait encore devant moi; j'entendais de nouveau le timbre aimé de sa voix, à laquelle nulle autre ne peut être comparée. Je le voyais de nouveau, le soir, avec son étoile sur son habit noir, dans son salon brillamment éclairé, plaisanter au milieu de son cercle, rire et causer gaiement. Je le voyais un autre jour par un beau temps, à côté de moi dans sa voiture, en pardessus brun, en casquette bleue, son manteau gris-clair étendu sur ses genoux; son teint brun est frais comme le temps, ses paroles jaillissent spirituelles et se perdent dans l'air, mêlées au roulement de la voiture qu'elles dominent. Ou bien, je me voyais encore, le soir, dans son cabinet d'étude, éclairé par la tranquille lumière de la bougie; il était assis à la table, en face de moi, en robe de chambre de flanelle blanche. La douce émotion que l'on ressent au soir d'une journée bien employée respirait sur ses traits; notre conversation roulait sur de grands et nobles sujets; je voyais alors se montrer tout ce que sa nature renfermait de plus élevé, et mon âme s'enflammait à la sienne. Entre nous régnait la plus profonde harmonie; il me tendait sa main par-dessus la table, et je la pressais; puis je saisissais un verre rempli, placé près de moi, et je le vidais en silence, et je lui faisais une secrète libation, les regards passant au-dessus de mon verre et reposant dans les siens.

Dans ces moments je le retrouvais dans toute sa vie, et ses paroles résonnaient de nouveau comme autrefois. — Mais on le sait, quel que soit le bonheur que nous ayons à penser à un mort bien aimé, le fracas confus du jour qui s'écoule fait que souvent pendant des semaines et des mois notre pensée ne se tourne vers lui que passagèrement; et les moments de calme et de profond recueillement où nous croyons posséder de nouveau, dans toute la vivacité de la vie, cet ami parti avant nous, ces moments se mettent au nombre des rares et belles heures de l'existence. — Il en était ainsi de moi avec Gœthe. — Souvent des mois se passaient où mon âme, absorbée par les relations de la vie journalière, était morte pour lui, et il n'adressait pas un seul mot à mon esprit. Puis venaient d'autres semaines, d'autres mois de disposition stérile, pendant lesquels rien en moi ne voulait ni germer ni fleurir Ces temps de néant, il fallait que j'eusse la grande patience de les laisser s'écouler inutiles, car dans de pareilles circonstances, ce que j'aurais écrit n'aurait rien valu. Je devais attendre de la fortune le retour des heures où le passé revivait et se représentait devant moi, où je jouissais d'une énergie intellectuelle assez grande, d'un bien-être physique assez complet pour élever mon âme à cette hauteur à laquelle il faut que je parvienne pour être digne de voir de nouveau reparaître en moi les idées et les sentiments de Gœthe. — Car j'avais affaire à un héros que je ne devais pas abaisser. Pour être vrai, il devait se montrer avec toute la bienveillance de ses jugements, avec la pleine clarté et la pleine force de son intelligence, avec la dignité naturelle à un caractère élevé. — Ce n'était pas là une petite difficulté.

Mes relations avec lui avaient un caractère de tendresse tout particulier; c'étaient celles de l'écolier avec son maître, du fils avec son père, de l'âme avide d'instruction avec l'âme riche de connaissances. Il me fit entrer dans sa société et prendre part aux jouissances intellectuelles et aussi aux plaisirs plus mondains d'un être supérieur. Souvent je le voyais seulement tous les huit jours, le soir; souvent j'avais le bonheur de le voir à midi tous les jours, tantôt en grande compagnie, tantôt tête à tête, à dîner.

Sa conversation était variée comme ses œuvres. Il était toujours le même et toujours différent. S'il était occupé d'une grande idée, ses paroles coulaient avec une inépuisable richesse; on croyait alors être au printemps, dans un jardin où tout est en fleur, où tout éblouit, et empêche de penser à se cueillir un bouquet. Dans d'autres temps, au contraire, on le trouvait muet, laconique; un nuage semblait avoir couvert son âme, et dans certains jours on sentait auprès de lui comme un froid glacial, comme un vent qui a couru sur la neige et les frimas et qui coupe. Puis je le revoyais, et je retrouvais un jour d'été avec tous ses sourires; je croyais entendre dans les bois, dans les buissons, dans les haies, tous les oiseaux me saluer de leurs chants; le ciel bleu était traversé par le cri du coucou, et dans la plaine en fleurs bruissait l'eau du ruisseau. Alors quel bonheur de l'écouter! Sa présence enivrait, et chacune de ses paroles semblait élargir le cœur.

C'est ainsi qu'en lui on voyait comme dans une lutte et dans une succession perpétuelle tour à tour l'hiver et l'été, la vieillesse et la jeunesse; mais il était admirable que dans ce vieillard de soixante-dix et de quatre-vingts ans, ce fût la jeunesse qui reprît toujours le dessus, car ces journées où l'automne ou l'hiver se faisaient sentir n'étaient que de rares exceptions.

L'empire qu'il avait sur lui-même était remarquable, et c'est là même une des originalités les plus saillantes de son caractère. Il y a une parenté étroite entre cet empire qu'il avait sur lui-même et la puissance de réflexion qui le maintenait toujours maître du sujet qu'il traitait en écrivant, et qui lui permettait de donner à ses œuvres ce fini dans la forme que nous admirons. C'est aussi par une conséquence de ce trait de son caractère que, dans maints de ses livres et dans maintes de ses assertions orales, il est très-retenu et plein de réserves. — Mais il y avait d'heureux moments où un génie plus puissant se rendait maître de lui, et lui faisait abandonner son empire sur lui-même; alors la conversation avait une effervescence toute juvénile, elle se précipitait comme un torrent qui descend des montagnes. C'est dans de pareils moments qu'il versait tous les trésors de grandeur et de bonté que renfermait son âme, et ce sont de pareils moments qui font comprendre comment ses amis de jeunesse ont dit de lui que ses paroles étaient bien supérieures à ses écrits imprimés. — Marmontel a dit de même de Diderot que celui qui ne connaissait que ses écrits ne le connaissait qu'à moitié, et qu'il était un homme unique par l'entraînement qu'il exerçait, aussitôt qu'il s'animait dans une conversation.

Si j'ai été assez heureux pour reproduire en partie dans ce second recueil de conversations ces heureux moments, on l'accueillera sans doute aussi bien que le premier. — C'est encore une fois une image de Gœthe, et cette fois reflétée, non pas en moi seul, mais aussi dans un de mes jeunes amis. M. Soret, de Genève, appelé à Weimar sur sa réputation d'esprit libre et de républicain pour faire l'éducation de S. A. R. le grand duc héréditaire, eut avec Gœthe, à partir de cette époque jusqu'à sa mort, des relations très-intimes. Gœthe l'invitait souvent à dîner, et aimait à le voir venir à ses soirées. De plus, les connaissances de M. Soret en histoire naturelle étaient un motif de rapports nombreux et durables avec Gœthe. — En sa qualité d'excellent minéralogiste, il rangea la collection de cristaux de Gœthe, et ses connaissances en botanique lui permirent de traduire en français la *Métamorphose des Plantes*, et de servir ainsi à répandre davantage cet important ouvrage. Ses fonctions à la Cour lui donnaient aussi l'occasion de voir Gœthe, parce que tantôt il menait le prince chez lui, tantôt S. A R. le grand-duc, ou S. A. I. Madame la grande-duchesse lui donnaient quelque mission pour Gœthe. — M. Soret a souvent, dans son journal, conservé des notes sur ces relations personnelles, et il y a quelques années, il a eu la bonté de me remettre un petit manuscrit composé de la réunion de ces notes, me permettant d'en extraire les passages les plus intéressants pour les insérer à leur date dans mon volume de suppléments. Ces notes, écrites en français, étaient tantôt détaillées, tantôt rapides et insuffisantes, telles que les occupations, souvent nombreuses de l'auteur, avaient permis de les rédiger. Comme dans le manuscrit il n'y avait pas un seul sujet qui n'eût été à plusieurs reprises et en détail traité entre Gœthe et moi, mon propre journal pouvait très-bien servir à compléter celui de Soret, à en combler les lacunes, et à éclaircir par un développement suffisant ce qui était seulement indiqué. J'ai cependant marqué par un astérisque * tous les entretiens dont le fond est pris au manuscrit de Soret;

on les trouve surtout dans les premières années; plus tard, de 1824 à 1832, presque tout est de moi seul.

Je n'ajoute rien, sauf mon vœu pour que ce dernier volume, longtemps travaillé avec amour, reçoive l'accueil si favorable qui a été si universellement accordé aux premiers.

CONVERSATIONS
DE GŒTHE

Ces premiers souvenirs sont entièrement dus à Soret; c'est lui qui nous introduit le premier chez Gœthe; il nous montre son intérieur, un peu avant qu'Eckermann lui-même n'entre en scène. Ces quelques pages forment une espèce de prologue.

* Samedi, 21 septembre 1822.

Ce soir chez Gœthe avec le conseiller aulique Meyer[1]. La conversation a roulé principalement sur la minéralogie, la chimie et la physique. Les phénomènes de la polarisation de la lumière paraissaient surtout l'intéresser. Il m'a montré plusieurs appareils, presque tous construits sur ses dessins, et m'a dit qu'il désirait faire quelques expériences en ma compagnie. Dans le cours de cette conversation, il a constamment parlé sans la moindre contrainte et s'est montré communicatif. Je suis resté plus d'une heure, et il m'a fait l'adieu le plus aimable. On peut dire encore de son extérieur qu'il est beau; son front et ses yeux ont une majesté remarquable. Il est

[1] Meyer, vieil ami de Gœthe, peintre et critique estimé, surtout pour son histoire de l'art, et pour son édition de Winkelmann. Il avait voyagé en Italie avec Gœthe, et, comme lui, s'était fixé à Weimar, où il dirigeait les écoles de dessin, et où il est mort en 1832.

grand, bien fait, et d'une apparence si vigoureuse, que l'on ne conçoit pas comment il a pu, depuis déjà des années, se dire trop âgé pour aller dans le monde et à la cour.

Mardi, 24 septembre 1822.

Passé la soirée chez Gœthe avec Meyer, le fils de Gœthe[1], madame de Gœthe[2] et le conseiller aulique Rehbein, son médecin. Gœthe était aujourd'hui très-animé. Il m'a montré de magnifiques lithographies de Stuttgart; je n'ai rien vu encore d'aussi parfait en ce genre. Puis notre conversation est devenue scientifique; nous avons parlé surtout des progrès de la chimie. L'iode et le chlore occupaient de préférence Gœthe; il a parlé de ces substances avec le plus grand étonnement, comme si les nouvelles découvertes de la chimie qu'il semble n'avoir pas attendues l'eussent tout à fait surpris. Il se fit apporter un peu d'iode, et le fit volatiliser devant nous à la flamme d'une bougie; en même temps il ne manqua pas de nous faire admirer la vapeur violette comme une agréable confirmation d'une loi de sa théorie des couleurs.

Mardi, 1er octobre 1822.

En soirée chez Gœthe. J'ai trouvé parmi les invités M. le chancelier de Müller[3], le président Peucer[4], le doc-

---

[1] Auguste de Gœthe. Il était chambellan à la cour.

[2] Ottilie, femme d'Auguste de Gœthe, personne très-distinguée que Gœthe aimait beaucoup. Elle vit aujourd'hui à Vienne.

[3] Le chancelier de Müller est mort en 1849. Il a écrit sur Gœthe d'excellentes notices, et dans ses *Souvenirs*, publiés en 1851 par M. Schœll, il a donné sur plusieurs points de la vie de Gœthe des renseignements dont nous profiterons pour compléter ce que dit Eckermann.

[4] Mort en 1849. Président du Consistoire supérieur. Il a traduit quel-

teur Étienne Schütze[1], le conseiller de gouvernement Schmidt[2]; ce dernier a joué quelques sonates de Beethoven avec une rare perfection. J'ai éprouvé le plus grand plaisir dans la conversation de Gœthe et de sa belle-fille, qui a toute la gaieté de la jeunesse, et joint à un aimable caractère infiniment d'esprit.

Jeudi, 10 octobre 1822.

En soirée chez Gœthe, avec le célèbre Blumenbach de Gœttingue. Blumenbach[3] est âgé, mais d'un extérieur riant et gai; il a su conserver toute la mobilité de la jeunesse. On ne croirait pas avoir devant soi un savant. Il a une cordialité joyeuse et sans contrainte; il ne fait aucune cérémonie, et très-vite on est tout à fait à son aise avec lui.

Mardi, 5 novembre 1822.

En soirée chez Gœthe. Le peintre Kolbe[4] y assistait. On nous a montré de lui un tableau parfaitement peint; c'est une copie de la *Vénus* du Titien, de la galerie de Dresde. — J'ai trouvé aussi M. Eschwege[5] et le célèbre

---

ques tragédies de Voltaire, et *Iphigénie* de Racine. En 1810, on avait joué à Weimar *Zaïre*, traduite par lui.

[1] Mort en 1839. Poëte et esthéticien. Il a publié sous le titre *Heures sereines* un recueil de récits humoristiques. — Voir plus loin.

[2] Mort en 1850. C'était un grand amateur de musique.

[3] Blumenbach avait alors soixante-dix ans et il a vécu encore plus longtemps que son ami Gœthe, car il n'est mort qu'à quatre-vingt-huit ans. Il a passé toute sa vie dans la petite ville de Gœttingue comme Gœthe dans son cher petit Weimar.

[4] Peintre d'histoire et de genre, professeur à l'Académie des beaux-arts de Berlin. Mort en 1853.

[5] Minéralogiste et géologue. Auteur d'ouvrages sur le Brésil, où il avoit été directeur général des mines. — Voir Gœthe's Werke, XXXII, 215; LI, 52.

Hummel[1]. Hummel a improvisé au piano pendant presque une heure avec une puissance et un talent dont il est impossible de se faire une idée si on ne l'a pas entendu. Sa conversation est simple et naturelle, et pour un virtuose de si grande renommée sa modestie est frappante.

* Mardi, 3 décembre 1822.

En soirée chez Gœthe. MM. Riemer[2], Coudray[3], Meyer, le fils de Gœthe et madame de Gœthe y assistaient. Les étudiants d'Iéna sont en révolte; on a envoyé une compagnie d'artillerie pour les pacifier. Riemer a lu une collection de chansons qu'on leur avait défendu de chanter, défense qui a été la cause ou le prétexte de la révolte. Toutes ces chansons ont obtenu à leur lecture un succès complet, surtout à cause du talent visible qui s'y révèle; Gœthe lui-même les a trouvées bonnes, et m'a promis de me les prêter, pour que je puisse les lire à loisir.

Après avoir assez longtemps examiné des gravures et de beaux livres, Gœthe nous a donné le plaisir de nous lire lui-même son poëme de *Charon*. Sa manière claire, nette, énergique de lire est admirable. Je n'ai jamais entendu une si belle déclamation. Quel feu! Quels regards! et quelle voix! tantôt tonnante, tantôt douce et suave. Il a peut-être à quelques endroits déployé trop

[1] Hummel, depuis 1820, était maître de chapelle du grand duc de Weimar. — Il habitait Weimar et y est mort en 1837.

[2] D'abord précepteur du fils de Gœthe de 1803 à 1812, puis professeur au collége de Weimar et bibliothécaire; helléniste distingué. Il a laissé des Mémoires sur Gœthe et publié un recueil de ses lettres. Mort en 1845.

[3] Architecte de la cour, mort en 1845. Il avait fait ses études à Paris, et était élève de Durand, professeur à l'École polytechnique, lors de sa formation.

d'énergie pour le petit espace où nous nous trouvions; mais cependant on ne pouvait désirer de retrancher quelque chose à sa diction.

Il a parlé ensuite sur la littérature et sur ses propres œuvres, sur madame de Staël et sur d'autres sujets du même genre. Il s'occupe maintenant à traduire et à rapprocher les fragments du *Phaëton* d'Euripide. Il a commencé ce travail il y a déjà quelques années, et il l'a repris il y a quelques jours.

* Jeudi, 5 décembre 1822.

J'ai entendu ce soir chez Gœthe la répétition du premier acte de l'opéra *le Comte de Gleichen*, qu'Eberwein[1] est en train de composer. Depuis que Gœthe a abandonné la direction du théâtre, c'est la première fois, m'a-t-on dit, que l'on voit chez lui une si grande partie du personnel de l'opéra. M. Eberwein a dirigé le chant. Quelques dames de la connaissance de Gœthe faisaient partie aussi des chœurs; les soli étaient chantés par des acteurs de la troupe. Quelques morceaux nous ont paru intéressants, surtout un canon à quatre voix.

* Mardi, 17 décembre 1822.

Ce soir chez Gœthe. Il était très-gai, et il a développé avec beaucoup d'esprit cette idée, que les folies des pères sont toujours perdues pour leurs enfants. Les recherches que l'on fait maintenant pour découvrir des sources salées l'intéressent beaucoup. Il a parlé vivement contre la sottise de certains entrepreneurs qui ne font aucune attention aux signes extérieurs, à la disposition

---

[1] Alors chef d'orchestre à la cour. M. Eberwein habite encore Weimar.

et à la succession des couches du terrain, sous lesquelles est le sel gemme, et que l'on doit percer; sans connaître et sans trouver le bon endroit, ils s'obstinent à percer au hasard toujours à la même place un seul trou.

Lundi, 9 février 1823.

Ce soir chez Goethe, que j'ai trouvé seul, causant avec Meyer. J'ai feuilleté un album qui contient des autographes de personnages célèbres des siècles passés[1], par exemple de Luther, d'Érasme, de Mosheim, etc. Ce dernier avait écrit en latin ces mots remarquables : « La réputation est une source de peine et de souffrances, l'obscurité une source de bonheur. »

Lundi, 23 février 1823.

Gœthe est tombé il y a quelques jours gravement malade; hier on avait perdu tout espoir. Mais aujourd'hui s'est manifestée une crise qui semble devoir le sauver. Encore ce matin il a dit qu'il se considérait comme perdu; plus tard, à midi, il a conçu l'espérance de triompher du mal, et ce soir il disait : « Si j'en reviens, il faut convenir que pour un vieillard j'ai joué trop gros jeu. »

Mardi, 24 février 1823.

Aujourd'hui encore, la santé de Gœthe donnait beaucoup d'inquiétudes, parce que dans le milieu du jour le mieux ne s'est pas montré comme hier. Dans un des accès d'affaiblissement, il a dit à sa belle-fille : « Je sens que le moment est venu, où la vie et la mort commencent à lutter. » Cependant le soir, le malade avait

[1] Gœthe, qui avait des collections de tout genre, avait aussi une belle collection d'autographes. — Voir plus loin.

toute sa connaissance, et il a montré déjà de nouveau une gaieté railleuse : « Vous êtes trop timide dans votre manière de me soigner, a-t-il dit à Rehbein; vous m'épargnez trop. Lorsque l'on a devant soi un malade tel que moi, il faut le traiter un peu à la Napoléon. » Il a bu ensuite une tasse de décoction d'arnica, qui hier, employée dans l'instant le plus dangereux, avait déterminé la crise heureuse. Gœthe fit une gracieuse description de cette plante, et éleva haut comme le ciel l'énergie de ses effets. On lui dit que le médecin n'avait pas voulu permettre que le grand-duc le vît. « Si j'étais le grand-duc, s'écria Gœthe, comme je vous aurais consulté, et comme je me serais inquiété de vous! »

Dans un moment où il se trouvait mieux et où sa respiration semblait être plus libre, il parla avec facilité et clarté; Rehbein glissa alors à l'oreille d'un des assistants ces mots : « une meilleure aspiration amène toujours après elle une meilleure respiration. » Gœthe l'entendit, et dit avec beaucoup de gaieté : « Je sais cela depuis longtemps; mais cette vérité n'est pas faite pour vous, vauriens [1] ! »

Gœthe était assis dans son lit, en face de la porte ouverte de son cabinet de travail, où ses amis les plus proches étaient réunis sans qu'il le sût. Ses traits me paraissaient peu changés, sa voix était pure et intelligible, elle avait cependant un accent solennel comme l'accent d'un mourant : « Vous semblez croire, dit-il à ses enfants, que je suis mieux, mais vous vous abusez. » On chercha cependant à détourner gaiement ses appréhensions, et il sembla peu à peu se laisser persuader.

---

[1] Voir dans son *Divan* une pensée analogue. 1er livre. Talismans.

Un nombre de personnes encore plus grand était entré dans son cabinet; cela ne me semblait pas bon, car la présence de tant de monde devait nécessairement vicier l'air et gêner le service du malade. Je ne pus pas m'empêcher d'exprimer mon opinion, et je descendis dans la pièce du rez-de-chaussée, d'où j'envoyai un bulletin à son Altesse Impériale la grande-duchesse.

* Mercredi, 25 février 1823.

Gœthe s'est fait rendre compte du traitement que l'on a suivi jusqu'à présent pour lui; il a lu aussi les listes des personnes qui sont venues savoir de ses nouvelles et dont le nombre était chaque jour considérable. Puis il a reçu le grand-duc, et cette visite n'a pas paru plus tard l'avoir fatigué. Dans son cabinet de travail j'ai trouvé aujourd'hui moins de personnes, et j'en ai conclu avec plaisir que ma remarque d'hier avait porté son fruit.

Maintenant que le mal a disparu, on paraît en redouter les suites. Sa main gauche est enflée et on aperçoit des présages menaçants d'hydropisie. Dans quelques jours seulement on saura ce qu'il faut penser du dénoûment dernier de la maladie. Aujourd'hui pour la première fois Gœthe a demandé un de ses amis, le plus ancien de tous, Meyer. Il voulait lui montrer une médaille rare qu'il a reçue de Bohême et dont il est ravi.

J'arrivai à midi, et, lorsque Gœthe apprit que j'étais là, il me fit venir près de lui. Il me tendit la main en me disant : « Vous voyez en moi un ressuscité des morts. » Puis il me chargea de remercier Son Altesse Impériale pour l'intérêt qu'elle lui avait témoigné pendant sa maladie. « Ma guérison sera très-lente, ajouta-t-il, mais il n'en reste pas moins à messieurs les médecins l'honneur d'avoir avec moi fait un petit miracle. »

Après quelques minutes je me retirai. Son teint est bon, mais il est très-amaigri et il respire encore avec quelque difficulté. Il m'a semblé que la parole lui était moins aisée qu'hier. L'enflure du bras gauche est très-visible; il tient ses yeux fermés et ne les ouvre que lorsqu'il parle.

* Lundi, 2 mars 1823.

Ce soir, chez Gœthe, que je n'avais pas vu depuis plusieurs jours. Il était assis dans son fauteuil, et il avait auprès de lui sa belle-fille et Riemer. Le mieux était frappant. Sa voix avait repris son timbre naturel, sa respiration était libre; sa main n'était plus enflée, son apparence était celle de la santé; sa conversation était facile. Il se leva, alla dans sa chambre à coucher et revint sans embarras. On but le thé près de lui, et, comme c'était pour la première fois depuis sa maladie, je reprochai en plaisantant à madame de Gœthe d'avoir oublié de mettre un bouquet sur la table. Madame de Gœthe prit aussitôt à son chapeau un ruban de couleur et l'attacha à la cafetière. Ce trait de gaieté parut faire grand plaisir à Gœthe.

Ensuite nous avons regardé une collection d'imitations de pierres précieuses que le grand-duc a fait venir de Paris.

* Samedi, 22 mars 1823.

Aujourd'hui, pour célébrer la guérison de Gœthe, on a joué au théâtre son *Tasso*, avec un prologue de Riemer déclamé par madame de Heigendorf[1]. Son buste a été, au

[1] Caroline Jagemann, née en 1780, fille du bibliothécaire de la duchesse Amélie, mère de Charles-Auguste. Élève d'Iffland, cantatrice et

milieu des acclamations des spectateurs émus, couronné de laurier. Après la représentation, madame de Heigendorf s'est rendue chez Gœthe. Elle avait encore le costume de Léonore, et elle lui a présenté la couronne du Tasse que Gœthe a acceptée pour en orner le buste de la grande-princesse Alexandra [1].

Mercredi, 1er avril, 1823.

J'ai apporté à Gœthe, de la part de Son Altesse Impériale, un numéro du journal français *la Mode*, dans lequel on parlait d'une traduction de ses œuvres. A cette occasion nous avons causé du *Neveu de Rameau*, dont l'original a été longtemps perdu. Plusieurs Allemands ont cru que cet original n'avait jamais existé et que tout était invention de Gœthe. Mais Gœthe assure qu'il lui aurait été absolument impossible d'imiter les fines peintures et le style de Diderot, et que le *Rameau* allemand n'est rien de plus qu'une très-fidèle traduction.

Vendredi, 3 avril 1823.

Passé une partie de la soirée chez Gœthe avec M. le directeur général des bâtiments Coudray. Nous avons causé du théâtre et des améliorations qui y ont été introduites depuis quelque temps. « Je le remarquais, dit Gœthe en riant, sans y aller. En effet, il y a deux

---

tragédienne, elle joua à Weimar avec le plus grand succès, de 1797 à 1828. Charles-Auguste, dont elle fut longtemps aimée, lui donna la terre de *Heigendorf*. De ses relations avec Charles-Auguste sont nés deux fils, aujourd'hui tous deux officiers, et une fille, morte dame d'honneur du duc Bernard de Weimar, fils de Charles-Auguste. Madame de Heigendorf est morte il y a une dizaine d'années.

[1] Épouse de l'empereur Nicolas. Elle était fille du roi de Prusse, Frédéric-Guillaume III, et devint par son mariage belle-sœur de Maria Paulowna, grande-duchesse de Saxe-Weimar.

mois, mes enfants en revenaient toujours mécontents. Le plaisir qu'on avait voulu leur donner ne leur plaisait jamais. Mais maintenant ce n'est plus le même chapitre : ils rentrent avec des visages resplendissants de joie, parce qu'ils ont enfin pu pleurer autant qu'ils le désiraient. Hier c'est à un drame de Kotzebue qu'ils ont dû cette « volupté des larmes. »

* Lundi, 13 avril 1823.

Le soir, seul avec Gœthe. Causé de la littérature, de lord Byron, de *Sardanapale*, et de *Werner*. Puis nous arrivâmes au *Faust*, dont Gœthe parle souvent et avec plaisir. Il désirait qu'on le traduisît en français, et cela dans le style de Marot. Il le considère comme la source où Byron est venu puiser l'âme de Manfred. Gœthe trouve que Byron, dans ses deux dernières tragédies, a fait un progrès marqué, parce qu'il y apparait moins sombre et moins misanthropique. Nous avons parlé ensuite du texte de *la Flûte enchantée*[1], dont Gœthe a écrit une suite, sans avoir trouvé encore un compositeur capable de traiter convenablement le sujet. Il convient que la première partie que l'on joue est pleine d'invraisemblance et de plaisanteries que tout le monde ne sait pas mettre à leur place et apprécier; mais cependant, quoiqu'il en soit, on doit reconnaître que l'auteur entendait parfaitement l'art d'agir par les contrastes et d'amener de grands effets de théâtre.

* Mercredi, 15 avril 1823.

Le soir, chez Gœthe, avec la comtesse Caroline Egloff-

[1] Opéra de Mozart, très-aimé et très-souvent joué en Allemagne, et

stein[1]. Gœthe a plaisanté sur les Almanachs allemands[2], et sur les autres publications périodiques, toutes pleines de cette sentimentalité ridicule, qui semble à l'ordre du jour. La comtesse observa que les romanciers allemands avaient commencé par gâter le goût de leurs nombreux lecteurs, et que maintenant en revanche les lecteurs perdaient les romanciers, car ceux-ci, pour que leurs manuscrits pussent trouver un éditeur, devaient se conformer au mauvais goût dominant du public.

Dimanche, 26 avril 1825.

J'ai trouvé Coudray et Meyer chez Gœthe. On a causé sur différents sujets : « La bibliothèque grand ducale, a dit entre autres Gœthe, possède un globe qui a été construit sous Charles V, par un Espagnol. On trouve dessus quelques curieuses inscriptions, par exemple celle-ci : « Les Chinois sont une nation qui a beaucoup de ressemblance avec les Allemands. » Autrefois, continua-t-il, on avait l'habitude sur les cartes de dessiner dans les déserts d'Afrique des images de bêtes féroces. Aujourd'hui l'habitude est passée; les géographes aiment mieux nous laisser *carte blanche*[3]. »

Mercredi, 6 mai 1825.

Le soir, chez Gœthe. Il a cherché à me donner une

qui contient de nombreuses et obscures allusions à la franc-maçonnerie, si répandue et si vivante au dix-huitième siècle.

[1] Mesdemoiselles Caroline et Julie d'Egloffstein étaient deux jeunes dames d'honneur, fort jolies, douées de beaucoup d'esprit et de talents, et pour lesquelles Gœthe avait une grande affection.

[2] Analogues à notre ancien *Almanach des Muses*.

[3] Ces mots sont en français dans le texte. On voit que le grand Gœthe, dans l'intimité, ne dédaignait pas le jeu de mots. Il obéit, du reste, à un penchant de son pays; les Allemands ont le plus grand plaisir à faire des

idée de la théorie des couleurs. « La lumière blanche, dit-il, n'est pas du tout la réunion de couleurs différentes; la lumière seule ne peut produire aucune couleur, il faut une certaine modification, un certain mélange de lumière et d'*ombre*. »

*Mardi, 15 mai 1823.

J'ai trouvé Gœthe occupé à réunir ses petites poésies et les billets écrits à différentes personnes. « Autrefois, dit-il, je traitais mes affaires plus légèrement, je négligeais de conserver des copies; des centaines de poésies de ce genre se sont perdues. »

*Lundi, 2 juin 1823.

Le Chancelier, Riemer et Meyer étaient chez Gœthe. On a parlé des poésies de Béranger, et Gœthe en a commenté et paraphrasé quelques-unes avec beaucoup d'originalité et de bonne humeur. Ensuite on a causé physique et météorologie. Gœthe a la pensée de composer une théorie des lois de la température; il y attribuera l'élévation et l'abaissement du baromètre à l'action unique du globe terrestre[1].

« Messieurs les savants, et surtout messieurs les mathématiciens, continua Gœthe, ne manqueront pas de trouver mes idées fort ridicules, ou ils feront encore mieux, ils se donneront le ton de ne pas en prendre la moindre connaissance. Et savez-vous pourquoi? Parce qu'ils disent que je ne suis pas du métier.

— L'esprit de caste des savants, repris-je, est pardon-

jeux de mots français ou latins. Notre langue prête plus que la leur à ce genre de divertissement.

[1] Pensée réalisée. — Voir ses Œuvres scientifiques.

nable. Si quelques erreurs se sont glissées dans leurs théories et s'y maintiennent, la cause, c'est que les savants ont reçu ces erreurs comme des dogmes au temps où ils étaient encore sur les bancs de l'école.

— Oui, c'est cela même, s'écria Gœthe. Vos savants agissent comme nos relieurs de Weimar. Le chef-d'œuvre qu'on leur demande pour être reçu dans la corporation n'est pas du tout une jolie reliure dans le goût le plus moderne. Non, pas du tout ! Il faut qu'ils produisent encore une grosse Bible in-folio à la mode d'il y a deux ou trois siècles, avec d'épaisses couvertures en gros cuir. Ce travail est absurde, mais les pauvres artisans s'en trouveraient mal s'ils voulaient prouver que leurs examinateurs sont des niais. »

Weimar, mardi, 10 juin 1823[1].

Je suis arrivé ici depuis peu de jours, et aujourd'hui, pour la première fois, je suis allé chez Gœthe. L'accueil a été extrêmement affectueux, et l'impression que sa personne a faite sur moi a été telle, que je compte ce jour parmi les plus heureux de ma vie.

Il m'avait hier, sur ma demande, indiqué midi comme le moment où il pourrait me recevoir. J'allai à l'heure dite, et trouvai son domestique m'attendant déjà et prêt à m'introduire. L'intérieur de sa maison me fit une très-agréable impression; sans être riche, tout a beaucoup de noblesse et de simplicité; quelques plâtres de statues antiques placés dans l'escalier rappellent le goût prononcé de Gœthe pour l'art plastique et pour l'antiquité grecque. Je vis au rez-de-chaussée plusieurs femmes occupées dans

---

[1] Ici commence le récit d'Eckermann.

la maison, passer et repasser. Je vis aussi un des beaux enfants d'Ottilie, qui s'approcha sans défiance de moi et me regarda avec de grands yeux. Après ce premier coup d'œil, je montai au premier étage avec le domestique, dont la langue était toujours en mouvement. Il ouvrit la porte d'une pièce, sur le seuil de laquelle on lisait en passant le mot *Salve*, présage d'un accueil amical. Nous traversâmes cette chambre, et nous entrâmes dans une seconde, un peu plus spacieuse, où il me pria d'attendre, pendant qu'il allait prévenir son maître. La température de cette pièce ranimait par sa très-grande fraîcheur; un tapis couvrait le sol; la couleur rouge du canapé et des chaises donnait de la gaieté à l'ameublement; sur un côté était un piano, et aux murs étaient suspendus des dessins et des tableaux de genres divers et de différentes grandeurs. Une porte ouverte laissait voir une autre chambre également ornée de tableaux, et par laquelle le domestique était allé m'annoncer.

Gœthe, en redingote bleue et en souliers, entra peu de moments après. — Noble figure! J'étais saisi, mais les paroles les plus amicales dissipèrent aussitôt mon embarras. Nous nous assîmes sur le sofa. Le bonheur de le voir, d'être près de lui, me troublait, je ne savais presque rien ou rien lui dire.

Il se mit aussitôt à me parler de mon manuscrit[1]. « Je sors d'avec vous, dit-il; toute la matinée j'ai lu

---

[1] Le manuscrit de l'*Essai sur la poésie*, qu'Eckermann avait envoyé à Gœthe pour qu'il l'examinât et le recommandât à un éditeur, s'il le jugeait digne de l'impression. Dans ce petit livre, Gœthe est comparé en détail et enfin égalé à Homère et à Shakspeare. Ces conclusions d'Eckermann sont celles de la critique allemande contemporaine. On comprend facilement qu'elles n'aient pas dès lors déplu à Gœthe.

votre écrit, il n'a besoin d'aucune recommandation, il se recommande de lui-même. » Il me dit que les pensées y étaient claires, bien exposées, bien enchaînées, que l'ensemble reposait sur une base solide, et avait été médité avec soin. « Je veux l'expédier vite, ajouta-t-il; aujourd'hui j'écris à Cotta par le courrier, et demain j'envoie le paquet par la poste. »

Nous parlâmes de mes projets de voyage. Je ne pouvais me rassasier de regarder les traits puissants de ce visage bruni, riche en replis dont chacun avait son expression, et dans tous se lisaient la loyauté, la solidité, avec tant de calme et de grandeur ! Il parlait avec lenteur, sans se presser, comme on se figure que doit parler un vieux roi. On voyait qu'il a en lui-même son point d'appui et qu'il est au-dessus de l'éloge ou du blâme. Je ressentais près de lui un bien-être inexprimable; j'éprouvais ce calme que peut éprouver l'homme qui, après longue fatigue et longue espérance, voit enfin exaucés ses vœux les plus chers. Il me parla de ma lettre, et me dit que j'avais raison en soutenant que, si un homme a su traiter avec clarté *un certain sujet*, il a prouvé par là qu'il pouvait se distinguer dans beaucoup d'autres occasions toutes différentes. « On ne peut pas savoir comment les choses tourneront, dit-il; à Berlin, j'ai beaucoup de belles connaissances; nous verrons; j'ai pensé à vous ces jours-ci. » Et, en parlant ainsi, il souriait en lui-même d'un air affectueux. Il m'indiqua toutes les curiosités que j'avais encore à visiter à Weimar, et me dit qu'il prierait son secrétaire, M. Krœuter, de vouloir bien me conduire partout. Mais surtout il me recommanda de ne pas manquer d'aller au théâtre. Nous nous séparâmes très-amicalement. J'étais on ne peut plus heureux, car chacune de ses paroles respirait la bienveillance, et je sentais qu'il avait une bonne opinion de moi.

Mercredi, 11 juin 1823.

J'ai reçu ce matin une carte de Gœthe sur laquelle était une nouvelle invitation de me rendre chez lui. Je suis resté une petite heure. Il m'a paru aujourd'hui tout autre qu'hier; il semblait en tout vif et décidé comme un jeune homme. En entrant, il m'apporta deux gros volumes et me dit : « Il ne faut pas que vous partiez si vite; il faut que nous fassions plus ample connaissance. Je désire vous voir et causer davantage avec vous. Mais, pour ne pas rester dans le champ trop vaste des généralités, j'ai pensé à un travail positif qui sera entre nous un intermédiaire pour nous lier et pour converser. Ces deux volumes renferment le *Journal littéraire* de Francfort, des années 1772 et 1773; c'est là que tous les petits articles de critique que j'écrivais alors ont été publiés. Ils ne sont pas signés; mais, comme vous connaissez ma manière de penser, vous les distinguerez bien des autres. Je voudrais que vous voulussiez bien examiner avec soin ces travaux de jeunesse, pour me dire ce que vous en pensez. Je désire savoir s'ils méritent d'être introduits dans la prochaine édition de mes œuvres[1]. Ces écrits sont maintenant trop loin de moi, je n'ai plus de jugement sur eux. Vous, jeunes gens, vous devez sentir s'ils ont pour vous de la valeur et jusqu'à quel point, dans l'état actuel de la littérature, ils peuvent être encore utiles. J'en ai déjà fait prendre des copies que vous aurez plus tard pour les comparer avec l'original. Dans la

---

[1] Ils y furent insérés, et ouvrent maintenant dans ses Œuvres la longue série de ses travaux comme journaliste.

dernière rédaction, il est possible aussi qu'il soit bon de faire çà et là quelques suppressions ou quelques corrections sans altérer le caractère de l'ensemble. »

Je lui répondis que je m'essayerais très-volontiers sur ce travail, et que mon vœu le plus vif était de réussir à son gré.

« Quand vous aurez commencé, vous verrez, dit-il, que ce travail est comme fait pour vous; cela ira tout seul. »

Il me dit alors qu'il allait passer l'été à Marienbad, qu'il désirait me voir rester à Iéna jusqu'à son retour. « Je me suis occupé d'un logement, ajouta-t-il, et j'ai pris tous les soins nécessaires pour que vous ayez là toutes vos aises. Vous trouverez tous les secours que vos études réclament, vous aurez des relations avec des personnes distinguées, et, de plus, la contrée est si variée, que vous avez bien cinquante promenades différentes à faire, toutes agréables et presque toutes très-favorables à la réflexion solitaire. Vous aurez ainsi le loisir et l'occasion d'écrire du nouveau pour vous-même, et en même temps vous ferez ce que je demande de vous. »

Je n'avais rien à opposer à ces projets. J'acceptai tout avec joie. Son adieu fut encore plus amical que d'habitude, et il me donna rendez-vous au surlendemain pour un nouvel entretien.

Lundi, 16 juin 1823.

Je suis allé, ces jours-ci, plusieurs fois chez Gœthe. Aujourd'hui nous n'avons presque parlé que de nos affaires. Je lui ai dit ce que je pensais de ses articles de critique de Francfort, et je les ai appelés « des échos de ses années d'Université ; » cette expression a paru lui plaire, parce qu'elle indique le point de vue sous lequel on doit considérer ces travaux de jeunesse. Il m'a donné ensuite les onze premières livraisons de son journal *l'Art et l'Antiquité*, pour que je les emporte aussi à Iéna avec le *Journal de Francfort*.

« Je désire que vous examiniez bien ces livraisons, a-t-il dit, et que non-seulement vous en fassiez une table analytique générale, mais que vous indiquiez aussi quels sont les sujets qui ne peuvent pas être considérés comme entièrement traités; par là je verrai quels sont les fils que je dois ressaisir pour continuer le réseau. Je gagnerai beaucoup par ce secours, vous-même vous gagnerez par ce travail positif une connaissance bien plus approfondie du contenu de ces articles, vous vous les approprierez bien mieux que par une lecture ordinaire faite en ne songeant qu'à votre plaisir. »

Toutes ces idées me paraissaient justes, et j'acceptai ce nouveau travail.

Jeudi, 19 juin 1823.

Je voulais être aujourd'hui à Iéna, mais Gœthe m'a prié de vouloir bien pour lui rester jusqu'à dimanche. Il m'a donné des lettres de recommandation, entre autres une pour la famille Frommann[1]. « Vous vous plairez dans ce cercle, me dit-il, j'ai passé là de beaux soirs. Jean-Paul, Tieck, les Schlegel, tout ce qui a un nom en Allemagne a vécu là autrefois et avec plaisir, et c'est encore aujourd'hui le point de réunion d'un grand nombre de savants, d'artistes et de personnes distinguées de tout genre. Dans quelques semaines, écrivez-moi à Marienbad, pour me faire savoir comment vous vous portez et comment vous vous plaisez à Iéna. J'ai dit à mon fils d'aller vous voir pendant mon absence. »

[1] Libraire éditeur, mort en 1837.

Tant de sollicitude de la part de Gœthe m'inspirait de vifs sentiments de reconnaissance, et j'étais heureux de voir qu'il me traitait comme un des siens et qu'il voulait que je fusse considéré comme tel.

Le 21 juin j'avais pris congé de Gœthe. Grâce à ses lettres de recommandation, je trouvai à Iéna le meilleur accueil. Je fis sur les quatre volumes d'*Art et Antiquité* le travail qu'il m'avait demandé, et je le lui envoyai à Marienbad avec une lettre où je lui disais que j'avais l'intention de quitter Iéna et d'aller habiter une grande ville. Iéna me semblait trop monotone. Je reçus aussitôt la réponse suivante :

« La table analytique m'est exactement parvenue ; elle répond tout à fait à mes désirs et remplit mon but. Que je trouve à mon retour les articles de Francfort rédigés de la même façon, et je vous devrai les meilleurs remercîments. Déjà, tout en ne disant rien, je m'occupe à m'acquitter avec vous en réfléchissant ici à vos pensées, à votre situation, à vos désirs, au but que vous cherchez, à vos plans d'avenir. Je serai, à mon retour, prêt à causer à fond avec vous sur ce qui peut vous convenir. Aujourd'hui, je n'ajoute pas un mot. Le départ de Marienbad me préoccupe et m'occupe beaucoup ; il est vraiment bien pénible de rester si peu de temps avec les personnes si remarquables que j'ai trouvées ici.

« Puissé-je vous trouver au sein de votre activité paisible, elle vous mènera un jour par la voie la plus sûre et la plus pure à l'expérience et à la connaissance du monde. Adieu, je pense avec joie à nos relations futures qui seront longues et intimes.

« Gœthe. »

« Marienbad, le 14 août 1823.

Cette lettre me fit le plus vif plaisir, et je fus dès lors décidé à me laisser entièrement guider par Gœthe. Il revint le 15 septembre de Marienbad, si bien portant, si vigoureux, qu'il pouvait faire plusieurs lieues à pied. C'était un vrai bonheur de le regarder.

Aussitôt après nous être mutuellement et joyeusement salués, Gœthe me dit : « Je vais tout vous dire en un mot : Je désire que vous restiez cet hiver près de moi à Weimar. » Ce furent là ses premiers mots; il ajouta : « Ce qui vous convient le mieux, c'est la poésie et la critique. Vous avez pour ces deux genres des dispositions naturelles, c'est là votre métier; vous devez vous y tenir, et il vous procurera bientôt une excellente existence, mais il y a bien des choses qui, sans se rattacher spécialement à ce qui vous occupe, doivent cependant être apprises. Il s'agit de les apprendre vite. C'est ce que vous ferez cet hiver avec nous à Weimar; vous serez étonné à Pâques du chemin que vous aurez fait. Tout sera au mieux pour vous, car tout ce qui peut vous servir dépend de moi. Vous aurez alors acquis de la solidité pour toute votre existence, vous vous sentirez à votre aise, et partout où vous irez, vous irez sans inquiétudes. Je m'occuperai d'un logement pour vous dans mon voisinage, car il ne faut pas perdre cet hiver un seul instant. On rencontre réunies à Weimar bien des choses utiles, et peu à peu vous trouverez dans la haute classe une société égale à la meilleure de n'importe quelle grande ville. Je suis lié avec des hommes très-distingués; vous ferez peu à peu connaissance avec eux, et leur commerce sera pour vous à un haut degré instructif et utile. » Il me nomma plusieurs personnes, me dit en peu de mots leurs mérites distinctifs, et continua : « Où pourriez-vous trouver, sur un petit espace, tant d'avantages? Nous avons aussi une bibliothèque excellente, et un théâtre qui, dans ce qu'il y a de plus important, ne le cède à aucun théâtre d'aucune ville allemande. Je vous le répète donc : restez avec nous, et non pas seulement cet hiver ; choisissez Weimar pour votre séjour définitif. Les portes et les rues qui en partent conduisent à tous les bouts du monde. Vous voyagerez en été, et vous verrez petit à petit ce que vous avez le désir de voir. Moi, voilà cinquante ans que j'habite ici, et cependant où ne suis-je pas allé? Mais toujours je suis revenu avec plaisir à Weimar. »

J'étais heureux de voir de nouveau Gœthe près de moi, de l'entendre parler, et je sentais que je lui appartenais tout entier. « Si je te possède, si je peux, toi seul, te posséder, pensais-je, tout le reste me conviendra. » Je lui répétai que j'étais prêt à faire tout ce qu'il jugerait le meilleur dans ma situation.

Iéna, jeudi, 18 septembre 1823.

Hier matin, avant le départ de Gœthe pour Weimar, j'ai été assez heureux pour passer une petite heure avec lui. Il m'a tenu une conversation du plus haut intérêt, qui pour moi est sans prix et qui étendra son influence bienfaisante sur toute ma vie. Tous les jeunes poëtes allemands devraient la connaître, elle leur profiterait.

Il me demanda si j'avais cet été écrit des poésies. C'est ainsi que l'entretien commença. Je lui répondis que j'en avais bien écrit quelques-unes, mais que je manquais du calme nécessaire. « Défiez-vous, me dit-il, d'une grande œuvre. C'est là le défaut des meilleurs esprits, de ceux justement chez qui l'on trouve le plus de talent et les plus nobles efforts. Ce défaut a été le mien aussi, et je sais le mal qu'il m'a fait. Combien d'eau a coulé hors de la fontaine[1]! Si j'avais fait tout ce que je pouvais fort bien faire, cent volumes n'y suffiraient pas.

« Le présent a ses droits; les pensées, les sentiments qui chaque jour se pressent dans une âme de poëte veulent et doivent être exprimés; mais, si on a dans la tête un grand ouvrage, il anéantit tout ce qui n'est pas lui. Toutes les pensées étrangères sont éloignées, et toutes les aises mêmes de la vie sont pour longtemps perdues. Quelle dépense, quelle tension des forces intellectuelles ne faut-il pas seulement pour ordonner en soi-même et pour organiser un grand ensemble; et quelles forces, quelle vie tranquille et sans troubles ne faut-il pas pour procéder à l'exécution, pour fondre tout d'un seul jet d'expressions justes et vraies. Si l'on s'est trompé dans le dessin de l'ensemble, le travail entier est perdu; si dans un vaste sujet on ne se trouve pas toujours pleinement maître des idées que l'on vient à traiter, alors de place en place se voit une tache, et on reçoit des blâmes. Le poëte, pour tant de fatigues, pour tant de sacrifices, ne trouve ni joies ni récompenses, mais bien des ennuis qui paralysent son énergie. Au contraire, si le poëte porte chaque jour sa pensée sur le présent, s'il traite immédiatement et quand l'impression est toute fraîche le sujet qui est venu s'offrir à lui, alors ce qu'il fera sera toujours bon, et, si par hasard il n'a pas réussi, il n'y a rien de perdu.

« Voyez Auguste Hagen, de Kœnigsberg; c'est un très-beau talent; avez-vous lu son poëme *Olfried et Lisena*[2]? Il y a des passages qui ne peuvent pas être meilleurs qu'ils

---

[1] Littéralement : Combien d'objets tombés dans le puits!
[2] Publié en 1820.

ne sont; tout ce qui se passe sur la mer d'Orient, tout ce qui se rapporte à ces contrées est traité en maître. Mais ce ne sont là que de beaux passages; l'ensemble ne plaira à personne. Et cependant que de peines, que de forces ont été consumées! Il s'y est presque épuisé. Maintenant le voilà qui fait une tragédie! » Gœthe sourit et resta un instant à réfléchir. Je pris la parole, et dis qu'il me semblait que dans son journal *l'Art et l'Antiquité* il avait conseillé à Hagen de ne traiter que de petits sujets. « Certainement, répliqua Gœthe, mais est-ce que l'on fait ce que nous autres vieillards nous disons? Chacun croit qu'il doit connaître cela mieux que personne, et c'est ainsi que maint esprit se perd et que maint autre erre longtemps. Cependant le temps d'errer est passé; c'était à nous, vieillards, d'errer; à quoi auraient donc servi nos recherches et nos erreurs à nous tous, si vous, jeunes gens, vous voulez courir dans les mêmes routes. Alors nous n'avancerions jamais! On doit à nous, les anciens, nous pardonner l'erreur, car nous ne trouvions pas les chemins tracés; mais à qui vient plus tard dans le monde on demande davantage; il ne doit pas de nouveau se tromper et chercher; il doit mettre à profit le conseil des vieillards et tout de suite s'avancer sur la bonne voie. Ce n'est pas assez de faire des pas qui doivent un jour conduire au but, chaque pas doit être lui-même un but en même temps qu'il nous porte en avant.

« Méditez donc un peu ces paroles, et voyez ce que vous en pensez. Je ne suis pas, à vrai dire, inquiet sur vous; mais peut-être ce que je vous dis vous aidera-t-il à sortir rapidement d'une période dans laquelle vous ne devez pas maintenant vous attarder. Ainsi, comme je vous le dis, les petits sujets poétiques que chaque jour vous présente, rendez-les dans leur fraîcheur, immédiatement, et il est certain que ce que vous ferez sera bon ; chaque jour vous apportera une joie. Vous les publierez d'abord dans les Almanachs, dans les Revues, mais ne vous conformez jamais à des idées étrangères, agissez toujours d'après votre inspiration propre.

« Le monde est si grand et si riche, la vie si variée, que jamais les sujets pour des poésies ne manqueront. Mais toutes les poésies doivent être des poésies de circonstance, c'est-à-dire que c'est la réalité qui doit en avoir donné l'occasion et fourni le motif. Un sujet particulier prend un caractère général et poétique, précisément parce qu'il est traité par un poëte. Toutes mes poésies sont des poésies de circonstance[1] ; c'est la vie réelle qui les a fait naître, c'est en elle qu'ils trouvent leur fonds et leur appui. Pour les poésies en l'air, je n'en fais aucun cas.

« Que l'on ne dise pas que l'intérêt poétique manque à la vie réelle, car justement on prouve que l'on est poëte lorsqu'on a l'esprit de découvrir un aspect intéressant dans un objet vulgaire. La réalité donne le motif, les points principaux, en un mot l'embryon ; mais c'est l'affaire du poëte de faire sortir de là un ensemble plein de vie et de beauté. Vous connaissez Fürnstein, que l'on appelle le poëte de nature. Il a fait un poëme sur la culture du houblon ; et il n'y a rien de plus joli. Je lui ai conseillé[2] de faire des chansons d'ouvrier, et surtout des chansons de tisserand, et je suis persuadé qu'il réussira,

---

[1] On ne se trompera pas sur le sens spécial que l'on doit donner ici à cette expression, détournée un peu de son sens habituel. On trouve dans Gœthe lui-même une note faisant remarquer que *Poésie de circonstance* n'est pas tout à fait *Gelegenheit's Gedicht*.
[2] Dans *Art et Antiquité*.

car il a vécu depuis sa jeunesse parmi des tisserands; il connaît à fond son sujet, et il sera maître de sa matière. Et c'est justement là l'avantage des petits sujets ; on n'a besoin de choisir et on ne choisira que des matières que l'on connaît et dont on est maître. Mais dans une grande machine poétique, il n'en est pas ainsi ; on ne peut pas reculer; tout ce qui est compris dans l'ensemble du poëme, tout ce qui fait partie du plan conçu doit être peint, et cela avec une vérité frappante. Or, quand on est jeune, on ne connaît qu'un seul côté des choses, et il faut les connaître tous pour une grande œuvre; aussi on échoue. »

Je dis à Gœthe que j'avais l'intention de faire un grand poëme sur les Saisons, et d'y introduire les occupations et les plaisirs de chaque état. « Voilà bien le même cas qui se présente, me dit Gœthe ; vous pourrez réussir dans plusieurs peintures; mais plusieurs autres, pour lesquelles vous n'avez pas fait assez d'études et d'observations, ne vous réussiront pas. Vous réussirez peut-être le Pêcheur, et puis peut-être ne réussirez-vous pas le Chasseur. Or, si dans l'ensemble une seule chose est défectueuse, l'œuvre est manquée comme ensemble, et, quelle que soit la perfection des parties détachées, vous n'avez rien créé de parfait. Peignez donc simplement ces parties isolées, indépendantes, qui sont à votre portée, et ce que vous ferez sera bon.

« Surtout je veux vous mettre en garde contre les grandes inventions puisées en vous-même, car alors on cherche à exposer un point de vue des choses, e quand on est jeune, ce point de vue est rarement juste. Il est trop tôt. Et puis le poëte, avec les caractères qu'il invente et les idées qu'il développe, perd une partie de son être, et plus tard, dans les autres productions, il n'a plus la même riche abondance ; il s'est dépouillé lui-même. Et enfin, pour imaginer, pour ordonner, combiner, nouer, que de temps consumé dont personne ne nous sait gré, en supposant que nous arrivions au bout de notre travail ! Au contraire, si l'on n'invente pas son sujet, si on le prend tout donné, tout est bien différent, tout est bien plus facile. Les faits, les caractères existent déjà, le poëte n'a que la vie à répandre partout. De plus, il reste possesseur de ses propres richesses intérieures, car il n'a à fournir que peu de lui-même. Sa dépense de temps et de force est aussi bien moindre, car il n'a que la peine de l'exécution. Je conseille, oui, même des sujets déjà traités. Combien d'Iphigénies n'a-t-on pas faites, et cependant toutes sont différentes ; chacun a vu et disposé les choses différemment, parce que chacun a suivi ses instincts.

« Ainsi laissez maintenant de côté toute grande entreprise. Vous travaillez péniblement depuis assez de temps ; il faut que vous connaissiez maintenant ce que la vie renferme de joies, et pour cela le meilleur moyen, c'est de vous occuper de petites poésies. »

Pendant cette conversation, nous nous promenions dans sa chambre ; j'approuvais chacune de ses paroles, dont tout mon être reconnaissait la vérité. Je me sentais à chaque pas plus léger et plus heureux, car je dois avouer que je succombais sous le poids de plusieurs grands projets que je ne pouvais parvenir à mettre à exécution. Je les ai maintenant abandonnés, et ils resteront là jusqu'à ce que j'aie du plaisir à reprendre et à tracer chaque partie l'une après si'autre, à mesure que mon expérience de la vie me rendra plus maître de chacun des sujets que j'avais à traiter. Grâce aux paroles de Gœthe, j'ai gagné plusieurs années de sagesse et de progrès; je sens au plus profond de mon âme quel inappréciable avantage il y a à rencontrer un vrai maître. Que n'apprendrai-je pas encore cet hiver près de lui; que ne gagnerai-je pas par sa seule société, même dans les instants où il ne dit rien de frappant! Sa personne, son seul voisinage, me semblent pleins d'enseignements, même lorsqu'il ne prononce pas un seul mot.

Weimar, jeudi 2 octobre 1823.

Hier, je suis revenu par un très-beau temps d'Iéna. Aussitôt après mon arrivée, Gœthe, pour ma bienvenue à Weimar, m'a envoyé un abonnement au théâtre. Toute la maison de Gœthe était en mouvement par suite des visites que font dans ce moment l'ambassadeur français Reinhard[1] et le conseiller de gouvernement prussien Schultz[2], arrivés de Berlin.

Ce matin, je suis allé chez Gœthe. Il s'est félicité de mon arrivée et s'est montré plein de bonté et d'amabilité. Au moment où je voulais partir, il m'a dit : « Il faut que je vous fasse faire la connaissance du conseiller de gouvernement Schultz. » Il me conduisit dans la chambre voisine, me présenta et nous laissa, causant ensemble. « Il est très-heureux, me dit alors M. Schultz, de vous voir rester à Weimar pour aider Gœthe à rédiger ses œuvres inédites. Il m'a dit tout le secours qu'il se promet de votre collaboration et il es-

---

[1] Ami intime de Gœthe. Leur correspondance (1807 à 1832) a été publiée en 1850.

[2] Mort en 1834. Homme d'État influent; il a publié plusieurs écrits sur l'histoire et sur les sciences. Il était partisan de la théorie des couleurs de Gœthe.

père maintenant pouvoir terminer encore plusieurs ouvrages nouveaux. » Je lui répondis que le seul but de mon existence, c'était de rendre des services à la littérature allemande, et que, si à Weimar je pouvais agir d'une façon utile, provisoirement je laisserais volontiers de côté tous mes plans de travaux littéraires indépendants. « D'ailleurs, ajoutai-je, des relations pratiques avec Gœthe doivent exercer sur mon développement l'influence la plus heureuse; j'espère par là arriver en quelques années à une certaine maturité; et ce que je ferai alors vaudra beaucoup mieux que ce que je pourrais faire maintenant. » « C'est bien certain, dit Schultz, l'influence d'un homme, d'un maître aussi extraordinaire que Gœthe est inappréciable. Moi aussi je suis venu ici pour me retremper un peu dans cette grande intelligence. »

Mardi, 14 octobre 1823.

Ce soir j'ai assisté pour la première fois à un grand thé chez Gœthe. J'étais le premier arrivé, et je regardai avec plaisir les pièces pleines de lumières qui se succédaient l'une à l'autre. Dans l'une des dernières, je trouvai Gœthe qui vint très-gaiement vers moi. Il portait le costume qui lui va si bien, l'habit noir avec l'étoile d'argent. Nous restâmes encore quelques instants seuls et nous allâmes dans la pièce que l'on appelle la salle du Plafond [1], où je fus surtout séduit par le tableau des Noces Aldobrandines, suspendu à la muraille au-dessus du canapé rouge [2]. On

---

[1] A cause des ornements en stuc du plafond.
[2] Cette copie, faite par Meyer, est toujours suspendue à la même place. L'appartement de Gœthe est à peu près resté tel qu'il était alors, et presque toutes les descriptions d'Eckermann sont encore exactes aujourd'hui.

avait écarté de chaque côté les rideaux verts qui le couvrent, il était parfaitement éclairé, et je me plus à le considérer tranquillement « Oui, me dit alors Gœthe, les anciens ne se contentaient pas d'avoir de belles idées; chez eux, les belles idées produisaient de belles œuvres. Mais nous, modernes, si nous avons aussi de grandes idées, nous pouvons rarement les produire au dehors avec la force et la fraîcheur de vie qu'elles avaient dans notre esprit. »

Je vis alors arriver Riemer, Meyer, le chancelier de Müller et plusieurs autres personnes, hommes et dames de la cour. Le fils de Gœthe et madame de Gœthe entrèrent aussi; je fis connaissance avec eux pour la première fois. Les salons se remplissaient peu à peu; tout était animé et vivant. Je vis aussi de brillants et jeunes étrangers, avec lesquels Gœthe causait en français.

La soirée me plut; partout régnaient l'aisance et la liberté; on se tenait debout, on s'asseyait, on plaisantait, on riait, on parlait avec l'un, avec l'autre, chacun suivant sa fantaisie. J'eus avec le jeune Gœthe un entretien très-vif sur le *Portrait* de Houwald[1], joué au théâtre quelques jours auparavant. Nous étions de la même opinion sur cette pièce, et j'avais du plaisir à voir avec quel esprit et quel feu le jeune Gœthe savait analyser les rapports qu'il avait saisis. Gœthe, au milieu du monde, avait l'air très-aimable. Il allait de l'un à l'autre, et il semblait qu'il aimât toujours mieux écouter et laisser parler les autres que parler lui-même. Madame de Gœthe venait souvent lui prendre le bras, s'enlacer à lui et l'embrasser. Je lui avais dit peu de temps avant que le théâtre me donnait

---

[1] Poëte romantique, mort en 1845. Le *Portrait* est une de ses meilleures pièces.

le plus grand plaisir et que ce plaisir, je le devais à ce que je me laissais aller tout simplement à l'impression faite sur moi par la pièce, sans réfléchir à ce que j'éprouvais. Gœthe avait loué cette manière d'agir, et l'avait trouvée tout à fait appropriée à mon état d'esprit actuel. Je le vis s'approcher de moi avec madame de Gœthe. « Voici ma belle-fille, me dit-il, vous connaissez-vous déjà? » Nous lui apprîmes que nous venions à l'instant même de faire connaissance. « C'est aussi comme toi, Ottilie, un ami du théâtre, » ajouta-t-il, et nous nous félicitâmes mutuellement de notre penchant commun. « Ma fille, dit-il, ne manque pas une soirée. » « Cela va bien, répondis-je, tant que l'on donne de bonnes pièces, amusantes, mais il y a aussi de l'ennui à supporter, quand les mauvaises arrivent. » « Non, répliqua Gœthe, il n'y a rien de meilleur que d'être obligé de voir et d'entendre aussi le mauvais ; on prend ainsi contre le mauvais une bonne haine, et on sent mieux ensuite ce qui est bon. Il n'en est pas de même avec un livre ; s'il déplaît, on le jette de ses mains ; au théâtre, c'est mieux, il faut tout endurer. » Je trouvai qu'il avait raison, et je pensai que tout était pour le vieillard une occasion de dire quelque chose de juste.

Nous nous séparâmes alors, je me mêlai aux autres personnes, qui dans chaque salon causaient bruyamment et gaiement. Gœthe s'était rapproché des dames pendant que j'écoutais les récits de Riemer et de Meyer sur l'Italie. Le conseiller de gouvernement Schmidt, bientôt après, se mit au piano, et joua des morceaux de Beethoven, qui parurent être écoutés avec un profond intérêt. Une dame de beaucoup d'esprit raconta des traits du caractère de Beethoven. Cependant dix heures avaient sonné, la soirée était finie, soirée pour moi on ne peut plus agréable.

Dimanche, 19 octobre 1823.

Ce matin j'ai dîné pour la première fois avec Gœthe. Il n'y avait avec lui que madame de Gœthe, mademoiselle Ulrike[1], et le petit Walter ; nous étions donc tout à fait à l'aise, et entre nous. J'ai vu Gœthe là tout à fait, comme père de famille ; il nous présentait les plats, découpait le rôti, et cela très-adroitement, sans oublier de nous verser à boire. Nous bavardions gaiement sur le théâtre, sur les jeunes Anglais de Weimar, et sur les petits incidents du jour. Mademoiselle Ulrike surtout était très-gaie et très-amusante. Gœthe était assez silencieux, et il se bornait à introduire çà et là quelques remarques significatives, en même temps il jetait un coup d'œil sur les journaux, nous lisant les passages les plus saillants, et surtout ceux qui parlaient des progrès de la révolution grecque. On vint à dire que je devrais apprendre l'anglais. Gœthe m'y engagea fortement, surtout à cause de lord Byron, homme selon lui d'une telle supériorité, qu'une pareille ne s'est pas rencontrée et sans doute ne se rencontrera pas de nouveau. On chercha quels étaient les meilleurs professeurs de la ville ; mais on trouva que tous avaient une prononciation défectueuse ; et on conclut qu'il valait mieux se borner à la conversation avec les jeunes Anglais qui habitent ici.

Après dîner, Gœthe me fit quelques expériences se

---

[1] Mademoiselle Ulrike de Pogwisch, sœur de madame de Gœthe. Elle habite toujours Weimar. Les deux enfants, Walter et Wolfgang, sont les petits-fils de Gœthe. Aujourd'hui ce sont des hommes faits ; mais la gloire littéraire de leur grand-père ne les a pas tentés. M. Walter de Gœthe est chambellan à la cour de Weimar ; M. Wolfgang de Gœthe, conseiller de légation près l'ambassade de Prusse, à Vienne.

rapportant à la théorie des couleurs. Cette matière m'était absolument étrangère; et je compris aussi peu le phénomène que l'explication qu'il m'en donna; mais j'espère trouver le temps et l'occasion de me familiariser avec cette science.

Mardi, 21 octobre 1823.

Je suis allé ce soir chez Gœthe. Nous avons parlé de *Pandore*[1]. Je lui demandai si on devait considérer cette poésie comme un ensemble terminé, ou bien si elle aurait une suite. Il me répondit que non, et qu'il n'avait rien ajouté, parce que la première partie était devenue si considérable, qu'il n'avait pas pu venir à bout d'en écrire une seconde semblable. D'ailleurs, il s'était aussi contenté de ce qui est publié, parce que cela peut très-bien être regardé comme un tout qui se suffit à lui même. Je lui dis que je n'étais arrivé à la parfaite intelligence de ce poëme difficile qu'après l'avoir lu assez souvent pour le savoir presque par cœur. Gœthe sourit et dit : « Je le crois bien; toutes les parties sont rivées ensemble. »

Je ne trouve pas, dis-je, que Schubarth[2] ait raison quand il prétend que l'on trouve là réuni tout ce qui est dispersé dans Werther, Wilhelm Meister, Faust, et les Affinités électives, car cette opinion rend le poëme incompréhensible.

« Schubarth, dit Gœthe, descend souvent un peu profondément; mais cependant c'est un esprit solide et il est plein d'idées fécondes. »

Nous parlâmes d'Uhland. « Où je vois de grands effets,

[1] Le poëme dramatique de Gœthe.
[2] Auteur d'un commentaire des Œuvres de Gœthe, publié dès 1817.

dit Gœthe, je suppose toujours de grandes causes, et pour jouir d'une pareille popularité, Uhland doit avoir quelque qualité supérieure. — J'ai pris son livre avec les meilleures intentions, et je suis tombé d'abord sur tant de poésies faibles, misérables, que j'ai été dégoûté du reste. Mais après j'ai lu ses Ballades, et j'ai reconnu un talent supérieur ; j'ai vu que sa réputation n'était pas sans fondement [1]. »

Je demandai à Gœthe ce qu'il pensait du vers tragique en allemand. « Il sera bien difficile de s'entendre sur ce point, répondit-il, chacun écrit à son gré et suivant le sujet qu'il traite. L'ïambe de six pieds serait le plus noble, mais il est trop long pour notre langue; car, n'ayant guère d'adjectifs, notre phrase ordinairement ne remplit que cinq pieds. Il en faut encore moins aux Anglais qui ont tant de monosyllabes. »

Gœthe me montra alors quelques gravures, me parla de l'architecture gothique allemande et me promit de me montrer peu à peu beaucoup d'objets de ce genre. « Dans les œuvres de l'ancienne architecture allemande, dit-il, on voit la fleur d'un âge extraordinaire. Celui qui rencontre tout à coup une fleur pareille, naturellement est saisi d'une grande surprise ; mais au contraire, si vous avez pénétré dans la vie intérieure de la plante, si vous avez assisté au développement et à la lutte des forces qu'elle renferme, si vous l'avez vue se développant peu à peu, alors c'est avec un tout autre regard que vous verrez les objets : vous saurez ce que vous voyez. Je veux cet hiver vous faire un peu pénétrer cet important sujet, afin que l'été prochain, si vous visitez les bords du Rhin,

[1] Uhland est tantôt romantique pur, tantôt imitateur heureux de Gœthe. De là les deux jugements si différents exprimés ici.

vous puissiez jouir de la vue des cathédrales de Strasbourg et de Cologne. »

Je me sentis plein de joie et plein de reconnaissance en écoutant ces paroles.

* Vendredi, 24 octobre 1823.

Soirée chez Gœthe. Madame Szymanowska, dont Gœthe a fait la connaissance cet été à Marienbad, a improvisé sur le piano. Gœthe était tout oreilles, et a paru de temps en temps très-ému.

Samedi, 25 octobre 1823.

Je suis resté une petite demi-heure avec Gœthe, ce soir, avant la nuit. Il était assis devant sa table de travail, dans son fauteuil de bois. Je le trouvai dans une humeur d'une merveilleuse douceur; il était comme rempli d'une paix céleste, comme serait quelqu'un qui pense à un bonheur délicieux dont il a joui, bonheur qu'il voit encore dans tout son éclat passer devant son âme. — Gœthe fit placer par Stadelmann une chaise près de lui et je dus m'y asseoir. — Nous causâmes sur le théâtre, qui est cet hiver une de mes grandes préoccupations. La dernière pièce que j'avais vue était la *Nuit terrestre*, de Raupach[1]. — Je dis ce que j'en pensais : « La pièce, dis-je, n'a pas été faite comme le poëte l'avait conçue d'abord; il y a plus de réflexion que de vie, c'est plus lyrique que dramatique; il fallait réduire en deux ou trois actes ce qui a été délayé en cinq actes. » Gœthe dit alors : « L'idée de l'ensemble, c'est l'opposition de la démocratie et

---

* Raupach et Kotzebue, écrivains de second ordre, mais d'une fécondité remarquable. Kotzebue avait été jadis un des adversaires de Gœthe, qui ne paraît pas lui avoir gardé rancune de ses petites persécutions.

de l'aristocratie. Or ce n'est pas là un intérêt humain et universel. » — Je louai *les Parents* et *l'Expiation*, de Kotzebue. J'y vantai un coup d'œil perçant jeté sur la vie réelle, un choix heureux des traits intéressants qu'elle présente et aussi çà et là des peintures vraiment énergiques. Gœthe fut de mon avis. « Ce qui dure vingt ans et se maintient avec la faveur populaire est quelque chose. Quand Kotzebue restait dans son cercle et ne voulait pas aller au delà de ses moyens, ce qu'il faisait était en général bon. C'est absolument comme Chodowiecky[1]; les mœurs bourgeoises, il les peignait fort bien; mais, s'il abordait les sujets grecs et romains, il était perdu. » Gœthe m'indiqua quelques bonnes pièces de Kotzebue, et me nomma surtout *les Klinsgberg*. « Il ne faut pas le nier, ajouta-t-il, il a su observer et il a su tenir ses yeux ouverts. On ne peut pas non plus refuser aux poëtes tragiques contemporains l'esprit et quelque poésie; mais ce qui manque à la plupart, c'est de savoir traiter d'une main légère une peinture vivante; ils se fatiguent pour atteindre ce que leurs forces sont impuissantes à leur faire toucher, aussi on pourrait les appeler des talents *forcés*. » — Je doute, dis-je, que ces poëtes puissent écrire une pièce en prose; ce serait-là d'ailleurs la vraie pierre de touche pour leur vraie valeur. — « Oui, dit Gœthe, car, en effet, l'emploi du vers élève les facultés poétiques, ou du moins les excite à se déployer. »

Nous parlâmes alors de différents travaux dont il s'occupe. Il veut me donner ce qu'il a écrit sur ses voyages en Suisse, par Francfort et Stuttgart, pour que je lui dise

[1] Peintre et graveur polonais, né en 1726, mort en 1801. Son œuvre se compose de plus de 3,000 planches. Comme peintre de genre, il a fait école en Allemagne.

comment il pourrait de ces fragments faire un ensemble. « Vous verrez, m'a-t-il dit, tout est écrit au hasard, comme cela se trouvait; il n'y a pas ombre de plan et d'arrangement artistique; j'ai versé là mes idées comme on verse un seau d'eau. »

Lundi, 27 octobre 1823.

Ce matin j'avais reçu une invitation à un thé et à un concert chez Gœthe pour ce soir. Le domestique me montra la liste des invités, je vis que la compagnie serait nombreuse et brillante. Il me dit qu'une jeune Polonaise, qui venait d'arriver, devait improviser sur le piano. J'acceptai l'invitation. Mais un peu après on m'apporta le programme du théâtre. On jouait le soir *l'Échiquier*. Je ne connaissais pas la pièce. Mon hôtesse me la vantait tellement, qu'il me prit un grand désir de la voir. D'ailleurs je n'étais pas tout à fait à mon aise, et il me semblait qu'il me valait mieux aller voir une comédie gaie que de me rendre en aussi belle compagnie. — Le soir, une heure avant le théâtre, je me rendis chez Gœthe. Sa maison était déjà très-animée. Je trouvai Gœthe seul dans sa chambre, habillé pour sa soirée. Il m'accueillit fort bien et me dit : « Restez jusqu'à ce que les autres viennent. » Je me disais tout bas : « Tu ne vas pas pouvoir partir; avec Gœthe, seul, tu te trouves très-bien; mais avec tous ces messieurs et toutes ces dames qui vont venir, tu ne te sentiras plus dans ton élément. » Cependant Gœthe allait et venait avec moi dans sa chambre. Il ne fallut pas longtemps pour que la conversation arrivât sur le théâtre. Je lui dis tout le plaisir qu'il me donnait, et enfin j'ajoutai : « Oui, cela va si loin, que malgré tout le plaisir que j'attends à votre soirée, j'ai été aujourd'hui tout tourmenté. — Eh bien ! savez-vous ? dit Gœthe, en s'arrêtant et en me regardant avec une bonhomie grandiose, eh bien ! allez-y. Ne rougissez pas ! Cette pièce amusante vous convient peut-être mieux ce soir, elle est mieux en harmonie avec votre disposition, allez la voir ! Chez moi vous aurez de la musique, mais vous aurez cela encore souvent. — Oui, dis-je, j'irai au théâtre ; il me semble que ce soir il vaut mieux pour moi que je rie. — Restez donc seulement jusque vers six heures, mais jusque-là nous pouvons encore causer un peu. » Stadelmann apporta des bougies, qu'il plaça sur la table de travail de Gœthe. Gœthe me pria de m'asseoir près de la lumière : il voulait me donner quelque chose à lire. Et que me présenta-t-il ? Sa dernière, sa chère poésie, son *Élégie de Marienbad*[1] !

Il faut que je raconte un peu l'origine de cette poésie. Aussitôt après le retour de Gœthe des Eaux, on avait répandu ici le bruit qu'il avait fait à Marienbad la connaissance d'une jeune dame aussi jolie que spirituelle[2], et qu'il s'était pris de passion pour elle. En entendant sa voix dans l'allée de la Source, il avait saisi son chapeau et avait couru vers elle. Il n'avait pas perdu une des heures pendant lesquelles il pouvait être près d'elle ; il avait eu là des jours de bonheur, la séparation avait été très-pénible, et dans sa passion il avait écrit une poésie extrêmement belle, mais qu'il regardait comme une relique et qu'il tenait cachée. J'avais ajouté foi à ces bruits, parce qu'ils étaient tout à fait d'accord avec sa santé encore si verte, la puissance productive de son esprit et la fraîche vivacité de son cœur. J'avais longtemps éprouvé le

[1] Poésies, traduites par M. Blaze de Bury, page 117.
[2] Mademoiselle Ulrike de Lewezow.

plus ardent désir de connaître cette poésie, mais j'avais naturellement hésité à prier Gœthe de me la montrer. On jugera combien je m'estimai heureux quand je la tins sous mes yeux. Gœthe avait écrit lui-même ces vers en lettres latines sur du vélin, et les avait attachés avec un ruban de soie dans un carton couvert de maroquin rouge[1]. Ces soins extérieurs prouvaient que Gœthe regarde ce manuscrit avec plus de faveur qu'aucun autre. Je le lus avec une joie profonde, et chaque ligne confirmait les bruits dont j'ai parlé; cependant les premiers vers faisaient voir que la connaissance n'avait pas été faite cette année, mais *renouvelée*. Le poëte tournait sans cesse autour d'une même idée et semblait toujours comme revenir à son point de départ; la conclusion, brisée d'une manière étrange, produisait un effet extraordinaire et saisissait vivement. Lorsque j'eus fini de lire, Gœthe revint vers moi : — « Eh bien ! n'est-ce pas, me dit-il, je vous ai montré là quelque chose de bon. Dans quelques jours vous me tirerez vos présages là-dessus. » — Je fus enchanté que Gœthe par ces paroles me détournât d'un jugement improvisé, car mes impressions étaient trop nouvelles et trop passagères pour que je pusse exprimer une opinion d'une façon convenable. Gœthe me promit de me redonner encore la poésie plus tard dans un moment plus tranquille.

L'heure du spectacle était arrivée, je le quittai en lui serrant affectueusement la main.

[1] On le conserve à la bibliothèque de Weimar, avec d'autres reliques de Gœthe plus ou moins curieuses. On voit là, entre autres choses, son habit brodé, remarquable par la modestie de sa broderie, et sa robe de chambre, garnie d'une ouate qui diminue peu à peu, chaque dévot de Gœthe en arrachant et en emportant quelques brins, comme souvenir de son pèlerinage à la ville sainte de la poésie allemande.

L'Échiquier pouvait être une fort bonne pièce et elle était peut-être fort bien jouée, mais je n'étais pas présent, toutes mes pensées étaient avec Gœthe. Après le spectacle, je passai devant la maison ; tout brillait encore de lumière, j'entendis la musique, et je me repentis de n'être pas resté.

On me raconta plus tard que la jeune dame polonaise, madame Szymanowska, en l'honneur de laquelle la grande soirée avait été donnée, avait joué du piano avec un merveilleux talent, et avait enthousiasmé toute la compagnie. J'appris que Gœthe avait fait sa connaissance cet été à Marienbad, et qu'elle venait maintenant à Weimar pour lui rendre visite[1].

A midi, Gœthe m'a communiqué un petit manuscrit (*Études de Zauper*[2]), dans lequel je trouvai des observations très-frappantes. Je lui envoyai en revanche quelques poésies que j'ai faites cet été à Iéna, et dont je lui avais parlé.

Mercredi, 29 octobre 1823.

Aujourd'hui, vers le soir, je suis allé chez Gœthe. Je le trouvai l'esprit très-animé ; ses yeux rayonnaient, tout son être était joie, force et jeunesse. Il me parla tout de suite des poésies que je lui avais envoyées, et me dit tout en marchant à travers la chambre : « Je comprends pourquoi vous me disiez à Iéna que vous vouliez écrire un poëme sur les saisons. Je vous conseille maintenant de le faire ; commencez tout de suite, avec l'hiver. Vous

---

[1] Grâce à sa présence et au charme puissant de son art, la passion qui tourmentait Gœthe se calma, et il écrivit la poésie *Apaisement*, qui fait suite à l'*Élégie.*

[2] Traducteur d'Homère. Il a écrit des ouvrages dans le genre de celui d'Eckermann (Essais de poétique allemande, d'après les œuvres de Gœthe). Mort en 1850, directeur du collége de Pilsen.

paraissez surtout avoir du goût et de la vocation pour les sujets où apparaît la nature. Seulement, permettez-moi deux mots sur ces poésies. Vous êtes arrivé à ce moment où vous devez atteindre ce qu'il y a de vraiment difficile et d'élevé dans l'art : votre esprit va saisir le caractère distinct des objets. Il faut vous faire violence pour sortir de l'idée pure ; vous êtes maintenant assez avancé ; vous avez du talent, il faut le mettre en œuvre. Ces jours-ci, vous êtes allé à Tiefurt[1] ; je voudrais vous le proposer comme sujet à traiter. Vous irez bien encore peut-être trois ou quatre fois contempler Tiefurt, avant d'en avoir compris le vrai caractère et avant d'avoir réuni toutes les idées que vous développerez dans votre poëme ; mais ne craignez pas un peu de peine, étudiez bien et peignez ; le sujet le mérite. J'aurais fait cela moi-même depuis longtemps, si j'avais pu ; mais, comme j'étais acteur moi-même dans tout ce qui s'est passé là d'intéressant, mon observation n'est pas libre, et je vois tout avec une trop grande abondance de détails. Mais vous, vous arrivez là comme un étranger, vous vous faites raconter le passé par le gardien du château, et vous ne voyez que ce qui est encore aujourd'hui saillant et intéressant. » Je lui promis de m'essayer à ce poëme, quoi qu'il me fût impossible de nier que c'était là une tâche dont je n'avais aucune idée, et pour moi fort difficile. « — Je sais fort bien que c'est

---

[1] Petit château entouré d'un grand parc, à très-peu de distance de Weimar. Ce fut la résidence de la duchesse Amélie, et là furent données bien des fêtes pendant la jeunesse de Gœthe. Aujourd'hui, c'est un des plus agréables buts de promenade des habitants de Weimar Çà et là, sous les beaux arbres du parc, le long des jolies rives de l'Ilm, on rencontre des tombeaux de forme antique, des urnes, des pierres votives, consacrées à Herder, à Wieland, à Mozart, etc. La beauté des paysages qui se déploient devant le regard répond au charme des souvenirs qui se pressent dans l'esprit.

difficile, dit Gœthe, mais savoir saisir et peindre un objet particulier, c'est l'essence même de l'art. Tant que l'on se tient dans les peintures générales, chacun peut faire comme nous ; mais personne ne peut faire comme nous, si notre peinture est tout à fait individuelle; pourquoi? parce que nous peignons ce que nous sommes seuls à connaître. Il ne faut pas craindre qu'un fait particulier ne trouve aucune sympathie. Il y a un côté universel dans tout caractère, quelle que soit son originalité, dans tout objet à peindre, depuis la pierre jusqu'à l'homme ; rien n'existe dans le monde une seule fois. Quand nous savons peindre un objet particulier, nous devons alors, sur l'échelle de l'art, nous élever à ce que l'on appelle l'art de la composition. »

Je ne pénétrai pas bien clairement sa pensée, cependant je ne lui demandai pas de me l'éclaircir. Peut-être, pensai-je, veut-il parler de la fusion artistique de l'idée conçue avec la réalité observée, de la réunion de ce que nos sens nous fournissent avec ce qui est inné en nous. Peut-être entendait-il autre chose[1]. Il continua : « Surtout mettez toujours sous chaque poésie que vous écrivez sa date. » — Je lui demandai quelle importance cela pouvait avoir? — « Vous aurez par là un journal de vos sentiments. Et ce n'est pas peu de chose. Voilà des années que j'ai cette habitude, et j'en reconnais l'excellence. »

L'heure du spectacle était arrivé, je quittai Gœthe. « Vous allez maintenant en Finlande, s'écria-t-il en riant. » On

---

[1] Je crois que Gœthe veut tout simplement dire que, lorsqu'on sait bien écrire une *poésie détachée*, on peut alors tenter d'écrire un *poëme*, qui n'est que l'enchaînement harmonieux et régulier d'un certain nombre de poésies détachées, réunies par la *composition*. Avant de penser à la combinaison des parties, il faut être sûr que ces parties seront bonnes.

jouait *Jean de Finlande*, de madame de Weissenthurn[1].

Je fis à ce drame une remarque. Les types mal dessinés par un poëte gagnent à la représentation, parce que les acteurs, étant des êtres vivants, leur prêtent leur vie propre et leur propre caractère. Au contraire, les types qu'un grand poëte a dessinés dans la perfection, et qui ont un caractère parfaitement accusé, perdent à la représentation, parce que en général les acteurs ne valent pas le personnage et que fort peu savent se dépouiller de leur propre nature. Si l'acteur n'est pas tout à fait semblable au personnage qu'il joue, ou, s'il ne sait pas sortir entièrement de lui-même, le caractère conçu par le poëte n'apparaît que mêlé d'altérations qui le gâtent. Il résulte de là que, dans l'œuvre d'un vrai poëte, quelques personnages seulement sont représentés tels que le poëte les a rêvés.

Lundi, 3 novembre 1823.

J'allai vers cinq heures, chez Gœthe. Comme je montais, j'entendis du bruit et des rires dans le grand salon. Le domestique m'apprit que la jeune dame polonaise avait dîné avec Gœthe et que l'on était resté réuni après dîner. Je voulais me retirer, mais il me dit qu'il avait l'ordre de m'annoncer, et que ma venue ferait peut-être plaisir à son maître, parce qu'il était déjà tard. Je le laissai faire, et attendis un instant. Gœthe entra bientôt très-gaiement et m'emmena dans sa chambre. Ma visite semblait lui être agréable. Il fit apporter aussitôt une bouteille de vin, et me versa, se versant à lui-même de temps en temps. « Pour ne pas l'oublier, prenez tout

[1] Actrice de Vienne et poëte dramatique très-fécond. Morte en 1847. Ses pièces sont bien faites, sans s'élever au-dessus de la médiocrité.

de suite ce billet, me dit-il en le cherchant sur la table. Madame Szymanowska donne demain un concert public dans la salle de l'hôtel de ville; il ne faut pas le manquer. » Je lui répondis que je ne ferais pas deux fois la même sottise. « On dit, ajoutai-je, qu'elle a fort bien joué. — Supérieurement. — Aussi bien que Hummel? demandai-je. — Pensez, dit Gœthe, qu'elle n'est pas seulement une grande virtuose, mais aussi et en même temps une belle femme; tout ce qui vient d'elle a donc quelque chose de plus séduisant. Ses doigts ont une agilité étonnante. — A-t-elle aussi de l'énergie? demandai-je. — Oui certes, elle a de l'énergie, et c'est là même ce qu'il y a de plus remarquable en elle, car c'est ce qui manque généralement aux femmes. » — A ce moment le secrétaire de Gœthe, M. Krœuter, entra pour lui parler d'affaires concernant la bibliothèque. Après son départ, Gœthe vanta son mérite et son soin. Ayant amené la conversation sur le manuscrit du voyage en Suisse qu'il m'avait communiqué, je lui rappelai combien il s'était alors occupé avec Meyer des *sujets* traités par les beaux-arts. « Mais en effet, dit Gœthe, qu'y a-t-il de plus important que le choix du sujet; toutes les théories sur les arts ne sont rien en comparaison. — Si le sujet ne vaut rien, l'emploi du talent est absolument perdu. Et c'est justement parce que l'art moderne manque de sujets qu'il végète. C'est là notre malheur à tous, et moi comme les autres je suis bien par là marqué de l'empreinte moderne. — Bien peu d'artistes ont là dessus des idées claires et savent ce qui leur conviendrait. Par exemple, on a fait un tableau de mon *Pêcheur*, sans réfléchir que rien ne prête moins à la peinture. Ce qui est exprimé dans cette ballade, c'est la sensation des eaux, c'est cette puissance qui l'été nous force doucement à nous plonger dans les rivières pour nous baigner. Voilà tout ce qu'il y a dans la ballade; est-ce là une chose qui se puisse peindre? » Je lui dis que j'avais eu du plaisir à voir, comme pendant son voyage, il avait pris intérêt à tout et tout saisi : forme, situation, composition des montagnes, terrains, fleuves, populations, air, vents, température, naissance et développement des villes, architecture, peinture, théâtre, organisation et administration des villes, commerce, agriculture, routes, races humaines, mœurs, curiosités, politique, affaires militaires, etc., etc. Gœthe répondit : « Mais vous n'avez pas trouvé une syllabe sur la musique, et cela parce que la musique n'était pas comprise dans ma sphère. Il faut que chacun sache ce qu'il a à voir dans son voyage et ce qui lui appartient comme son affaire propre. »

M. le chancelier de Müller entra, causa un instant, et alla avec les dames, qui jouaient du piano dans une autre pièce. Quand il fut parti, Gœthe dit beaucoup de bien de lui et ajouta : «Toutes ces excellentes personnes, avec lesquelles vous avez maintenant des relations agréables, voilà ce qui pour moi compose une patrie; voilà vers quoi on revient toujours avec bonheur. »

Je lui dis que je commençais à sentir l'influence bienfaisante de mon séjour à Weimar; je me débarrassais peu à peu de mes théories idéales, et j'estimais tous les jours davantage l'heure présente. — « Ce serait malheureux s'il en était autrement, dit Gœthe. Persévérez, et tenez-vous toujours ferme à l'heure présente. Chaque moment, chaque seconde est d'une valeur infinie, car elle est le représentant d'une éternité tout entière. »

Il y eut un moment de silence — puis je parlai du

poëme de Tiefurt, de ses difficultés. « Il me serait plus commode, dis-je, de traiter un pareil sujet en prose. — Non, dit Gœthe, il faudrait pour cela que le sujet fût plus important. La forme didactique et descriptive serait pour l'ensemble la meilleure, mais elle n'est pas assez frappante. Le mieux, c'est de partager le sujet en dix ou douze petites poésies détachées, toutes différentes par la forme et par le mètre, suivant l'idée qui sera développée, et de cette façon vous arriverez à une description et à une peinture complètes. » Je trouvai ce plan excellent. « Rien même ne vous empêche d'introduire une fois la forme dramatique, et de supposer un dialogue avec le jardinier. Par de pareilles divisions on se rend la tâche plus facile, et on parvient mieux à rendre ce qu'il y a de caractéristique dans les différents aspects du sujet. Au contraire, un plan qui embrasse tout dans un seul ensemble est plein de difficultés et il est rare que l'on parvienne à en faire quelque chose de fini. »

Mercredi, 10 novembre 1823.

Depuis quelques jours Gœthe n'est pas très-bien; il semble souffrir d'un fort refroidissement. Il a une toux fréquente et violente qui paraît douloureuse, car en toussant il se tient la main sur la poitrine. Ce soir, avant le spectacle, je suis allé une petite demi-heure chez lui. Il était assis sur son fauteuil, le dos appuyé sur un coussin; la parole lui semblait pénible. Après quelques mots échangés, il me dit qu'il désirait que je lusse une poésie avec laquelle il veut ouvrir une nouvelle livraison de sa Revue *l'Art et l'Antiquité*, qu'il prépare en ce moment. Il resta assis dans son fauteuil, et m'indiqua où elle était placée. Je pris une lumière, et je m'assis un peu loin de lui à sa table pour la lire. Elle avait un caractère étrange, et, après la première lecture, je me sentis tout saisi, tout ému, sans cependant l'avoir entièrement comprise partout. C'était une glorification du *Paria*[1], traitée en trilogie. L'accent me semblait emprunté à un autre monde, et les tableaux qu'elle présentait étaient tels, que j'avais de la peine à voir le sujet s'animer devant mes yeux. La présence de Gœthe était aussi un obstacle à une lecture attentive. En l'entendant tantôt tousser, tantôt soupirer, j'étais moitié avec la poésie de Gœthe, moitié avec Gœthe lui-même. Il me fallut la lire et la relire pour la pénétrer, mais plus je la pénétrais, plus elle me paraissait remarquable, plus elle me semblait appartenir aux régions les plus élevées de l'art. Je causai alors avec Gœthe tant sur le sujet lui-même que sur la manière dont il l'avait traité, et ses explications me firent tout mieux comprendre.

« Il est certain, dit-il, que ce poëme est très-serré, et, pour le bien saisir, il faut vouloir bien y entrer. Il me fait à moi-même l'effet d'une lame de Damas forgée de fils d'acier. Mais aussi j'ai porté en moi le sujet *quarante* ans; il a eu à coup sûr le temps de se débarrasser de toutes les inutilités. »

« Son effet sera grand, dis-je, quand il sera donné au public.

— Hélas !... le public !... dit Gœthe, en soupirant.

— Ne serait-il pas bon, dis-je, d'en faciliter l'intelligence en faisant comme pour les tableaux dont on fait comprendre l'action présente en racontant, en quelques mots, les moments qui ont précédé. — Ce n'est pas mon avis, dit Gœthe. Un tableau est tout autre chose qu'une poésie.

[1] Poésies, traduites par M. B. de Bury, page 80.

Car une poésie est tout entière renfermée dans certaines paroles, et, si avant ces paroles on en place d'autres, les premières anéantissent les secondes. »

Ces mots de Gœthe me semblent indiquer d'une façon frappante l'écueil sur lequel viennent échouer d'ordinaire les éditeurs de poésies. Est-il possible de commenter une poésie sans altérer en rien les éléments les plus intimes de sa fragile existence ? C'est là une question.

Lorsque je le quittai, il me donna les feuilles de *l'Art et l'Antiquité*, pour que je pusse chez moi relire à loisir son poëme. Il me donna aussi les *Roses d'Orient*[1] de Rückert, poëte qu'il semble tenir très-haut et dont il a le meilleur espoir.

* Mardi, 11 novembre 1823.

Il y a eu petite soirée chez Gœthe. Il souffre depuis longtemps, il avait les pieds enveloppés d'une couverture de laine qui l'a suivi partout depuis sa campagne en Champagne. A propos de cette couverture, il nous a raconté une anecdote de 1806. « Lorsque les Français occupaient Iéna, un prêtre de régiment français avait requis des tapisseries pour orner son autel. On lui avait fourni un très-beau morceau d'étoffe cramoisie, mais qui ne lui parut pas assez beau. Il se plaignit auprès de moi. — « Envoyez-moi cette étoffe, lui répondis-je, je verrai si je « peux vous en faire donner une meilleure. » Nous avions alors une nouvelle pièce à donner au théâtre, je me servis de la belle étoffe rouge pour la toilette de mes acteurs. Quant à mon prêtre, il ne reçut rien du tout; on l'oublia, et il aura bien fallu qu'il se passe de mon secours. »

[1] Les *Roses d'Orient* parurent en 1822. Elles ont été suscitées par le *Divan* de Gœthe. Ce sont des *Orientales* allemandes.

Jeudi, 13 novembre 1823.

Il y a quelques jours, je descendais la route d'Erfurt par un beau temps, quand un homme âgé se joignit à moi, il avait l'apparence d'un bourgeois dans l'aisance. Après quelques mots, l'entretien tomba sur Gœthe. Je lui demandai s'il le connaissait personnellement. « Si je le connais! répondit-il avec satisfaction, j'ai été son valet de chambre pendant vingt ans; » et il se répandit en éloges sur son ancien maître. Je le priai de me parler de la jeunesse de Gœthe, ce qu'il fit volontiers : « Il pouvait avoir vingt-sept ans, me dit-il, quand j'étais chez lui; il était très-maigre, agile et délicat, je l'aurais facilement porté. » Je lui demandai si Gœthe, dans les premiers temps de son séjour, avait été très-gai? « Oui, certes, répondit-il, il était rieur avec les rieurs, mais cependant sans excès; quand on dépassait les limites, il reprenait son sérieux. Toujours il s'est occupé de travaux, de recherches sur l'art et sur les sciences. Le duc venait souvent le voir le soir, et ils restaient à causer sciences jusqu'à une heure avancée de la nuit; et souvent le temps me durait et je me demandais si le duc ne partirait pas. L'étude de la nature était dès lors son occupation. Un jour, il me sonna au milieu de la nuit; j'entre, il avait roulé son lit de fer près de la fenêtre, et, de son lit, couché, il contemplait le ciel. « N'as-tu rien vu au ciel? « me demanda-t-il. — Non. — Eh bien, cours au poste, « et demande aux soldats s'ils n'ont rien vu. » Je courus, personne n'avait rien vu, ce que je rapportai à mon maître, que je retrouvai dans la même position, toujours couché, toujours regardant le ciel. « Écoute, me dit-il, « nous sommes dans un grand moment; nous avons

« maintenant un tremblement de terre, ou nous allons
« en avoir un. » Il me fit asseoir sur son lit pour m'expliquer quels signes le lui faisaient savoir. » Je demandai
à ce bon vieillard quel temps il faisait alors. « Le temps
était très-couvert, l'air immobile, très-silencieux et très-
lourd. — Et avez-vous cru Gœthe sur parole? — Oui, je
crus ce qu'il disait, car ses prédictions étaient toujours
vérifiées par les faits. Le jour suivant, mon maître
fit part à la cour de ses observations, et une dame dit à
l'oreille de sa voisine : « Gœthe extravague; » mais le
duc et les autres messieurs ont cru Gœthe, et on apprit
bientôt qu'il avait vu juste, car quelques semaines
plus tard arriva la nouvelle que, cette même nuit, une
partie de Messine avait été détruite par un tremblement
de terre. »

Vendredi, 14 novembre 1823.

Vers le soir, Gœthe m'a fait prier d'aller le voir, me
disant que, Humboldt (alors à Weimar) étant allé à la
cour, ma visite lui serait par là encore plus agréable. Je
le trouvai comme les jours précédents assis dans son fauteuil; il me tendit amicalement la main, en même temps
qu'il m'adressait quelques paroles avec une douceur céleste. Près de lui était un grand écran pour le garantir
de la chaleur du poêle et de la lumière des bougies placées sur la table. Le chancelier de Müller arriva, et nous
entretînmes une conversation sans importance, que
Gœthe écoutait seulement. Le médecin, M. le conseiller
aulique Rehbein, arriva aussi peu après. Il trouva le pouls
de Gœthe tout à fait « dispos et léger, » nous nous félicitâmes; Gœthe fit quelques plaisanteries. « Si seulement
cette douleur près du cœur était partie! » ajouta-t-il
bientôt en se plaignant. Rehbein proposa de lui mettre

un cataplasme; nous parlâmes des effets heureux de ce remède, et Gœthe parut disposé à consentir. Rehbein amena la conversation sur Marienbad, qui sembla réveiller chez Gœthe d'agréables souvenirs. On fit des plans pour y retourner l'été prochain, et, comme on remarquait que le grand-duc ne manquerait pas d'y aller, cette espérance mit Gœthe en humeur très-gaie. On parla aussi de madame Szymanowska et on rappela les jours pendant lesquels elle était ici et s'était gagné la faveur de tous les hommes. Après le départ de Rehbein, le chancelier lut des poésies indiennes. Pendant ce temps, Gœthe causa avec moi sur son Élégie de Marienbad. A huit heures, le chancelier s'en alla. Je voulais aussi me retirer, mais Gœthe me pria de rester encore un peu; je me rassis, nous parlâmes théâtre, et, comme on jouait le lendemain Wallenstein, cela nous amena à parler de Schiller. « J'éprouve avec Schiller quelque chose d'étrange, dis-je; je lis avec un vrai plaisir, avec admiration quelques scènes de ses grands drames, mais, à un certain moment, je rencontre toujours de telles infidélités à la nature que cela m'arrête. J'éprouve cela même avec Wallenstein. Je ne peux m'empêcher de croire que les idées philosophiques de Schiller ont nui à sa poésie, car c'est à elles qu'il doit d'avoir estimé les idées plus que la nature, et il a même supprimé complétement la nature. Ce qui est susceptible d'être pensé pour lui devait être possible, que la nature le voulût ou non! »

« Il est triste, dit Gœthe, de voir un homme doué d'une façon aussi extraordinaire se tourmenter avec des systèmes philosophiques qui ne pouvaient lui être utiles à rien. Humboldt m'a apporté des lettres que Schiller lui a écrites dans cette malheureuse période de spéculations.

On y voit combien alors il se donnait de mal pour délivrer la poésie de sentiment de toute trace de poésie naïve. Mais il ne savait sur quoi faire reposer cette poésie particulière qu'il cherchait, et il s'engageait ainsi dans d'inextricables embarras. » Et en souriant, Gœthe ajoutait : « Comme si la poésie sentimentale[1] pouvait se passer d'un fond d'impressions naïves, d'où pour ainsi dire elle jaillit. Mais écrire sans trop avoir conscience de soi, et comme poussé par l'instinct, ce n'était pas possible à Schiller; il faisait tout par réflexion; aussi il ne cessait de parler partout de ses projets de poésies, et nous avons eu des conversations sur chaque scène de ses dernières pièces. Au contraire il était tout à fait contre ma nature de parler avec quelqu'un des plans poétiques que je méditais, fût-ce même avec Schiller. Je méditais tout en silence et, en général personne ne voyait rien tant que je n'avais pas tout fini. Lorsque je donnai à Schiller *Hermann et Dorothée* tout terminé, il était émerveillé, car je n'avais pas auparavant prononcé une syllabe qui pût lui faire soupçonner que j'eusse par-devant moi quelque chose de pareil[2]. Je suis curieux de voir ce que vous direz demain à Wallenstein! Vous verrez de grandes figures, et la pièce vous fera une impression que probablement vous n'attendez pas. » En effet, la pièce fit sur moi le plus grand effet; le

---

[1] Ou réfléchie. Gœthe emploie ici les expressions adoptées par Schiller dans son *Essai sur la poésie naïve et sur la poésie sentimentale*. La poésie naïve est toute poésie primitive, qui nous touche par la peinture de la *réalité* présente et vivante. La poésie sentimentale, qui naît dans les époques avancées, nous touche au moyen d'idées; elle cherche l'*idéal*.

[2] Ce trait peint bien le caractère de Gœthe. Il reste pour tout et pour tous aussi silencieux, aussi réservé; il a au fond de lui-même une vie cachée d'une activité incessante, prodigieuse, et dont il ne laisse voir au dehors que les grands résultats.

lendemain, la première question de Gœthe fut sur Wallenstein, je lui rendis compte de ma soirée, et sa joie fut visible.

* Dimanche, 16 novembre 1823.

Gœthe n'est toujours pas mieux. Madame la Grande-Princesse lui a envoyé ce soir quelques très-belles médailles d'or, dans l'espérance qu'il trouverait à les regarder un peu de distraction et de plaisir. Gœthe a paru très-sensible à cette attention délicate de son auguste princesse. Mais il se plaint de ses douleurs au côté du cœur. « Je ne peux pas travailler, a-t-il dit à M. Soret qui lui apportait ces médailles. Je ne peux pas lire et même je ne peux penser que pendant d'heureux instants d'allégement ! »

Après le départ de M. Soret, je restai seul avec Gœthe. Il m'avait promis de me montrer une seconde fois son Élégie de Marienbad, quand un moment favorable se présenterait. Il se leva, plaça une lumière sur la table de travail et me donna la poésie; puis il se rassit, et me laissa l'examiner tranquillement. J'étais heureux de la revoir sous mes yeux. Après l'avoir lue, j'allais lui en parler, lorsque je crus m'apercevoir qu'il dormait. Je profitai de la circonstance, et je lus et relus l'élégie. Je goûtais là de rares jouissances. L'ardeur juvénile de l'amour, tempérée par la haute morale d'un esprit élevé, tel me semblait être d'une façon générale le caractère frappant du poëme. Il me sembla aussi que l'expression des sentiments était plus vive qu'elle ne l'est d'habitude dans les autres poésies de Gœthe et j'attribuai ce changement à une influence de Byron, ce que Gœthe n'a point nié. « Vous voyez là le produit d'un état de l'âme extrêmement passionné, me dit-il ensuite; lorsque cette passion me possédait, je n'aurais voulu pour rien au monde en être délivré, et maintenant à aucun prix je ne voudrais retomber en son pouvoir. J'ai écrit cette poésie immédiatement après mon départ de Marienbad ; les souvenirs de mon aventure étaient encore dans toute leur fraîcheur. Le matin à huit heures, au premier temps d'arrêt, j'écrivis la première strophe, je continuai à composer en voiture, et à chaque station j'écrivais ce que je venais de composer ; le soir elle était tout entière sur le papier. Aussi elle a quelque chose d'immédiat, tout est comme d'un seul jet, ce qui peut être avantageux à l'ensemble.

— Elle a aussi, dis-je, quelque chose de tout particulier qui ne se retrouve dans aucune autre de vos poésies.
— Voici sans doute la raison, dit-il. J'ai agi avec le moment présent comme on agit avec une carte sur laquelle on place une somme considérable et que l'on cherche à faire sans exagération monter aussi haut que possible. »

Ce mot de Gœthe me parut très-remarquable, car il met en plein jour sa méthode et donne l'explication de sa variété si généralement admirée.

Il était près de neuf heures, Gœthe me pria d'appeler son domestique Stadelmann, et celui-ci lui posa son cataplasme. Je m'étais mis à la fenêtre, mais j'entendais derrière moi Gœthe se plaindre de son mal, dire qu'il ne se guérissait pas et qu'il semblait vouloir prendre un caractère chronique. Lorsque le pansement fut achevé, je revins m'asseoir près de lui. Il se plaignit encore de ne plus dormir depuis plusieurs nuits et de n'avoir plus du tout d'appétit. « Voici l'hiver qui s'avance, dit-il, je ne peux rien faire, rien assembler ; l'esprit n'a pas la moindre force. » Je cherchai à le tranquilliser, le priant de ne pas tant penser dans ce moment à ses travaux, et lui faisant espérer une prompte guérison. « Hélas! dit-il, je ne suis pas sans patience, j'ai pour cela passé trop souvent par cet état et j'ai appris à souffrir et à me résigner. » Il était assis, revêtu de sa robe de chambre de flanelle blanche, avec sa couverture étendue et roulée sur ses genoux. « Je ne me coucherai pas, dit-il, je resterai ainsi toute la nuit dans mon fauteuil, car je n'ai pas de vrai sommeil. »

Le moment de me retirer était venu, il me tendit sa chère main et je partis.

Lorsque pour prendre mon manteau j'entrai en bas dans la pièce où se tenaient les domestiques, je trouvai Stadelmann tout abattu. Il me dit qu'il avait de grandes craintes pour son maître, car c'était un mauvais signe quand il se plaignait. Les pieds d'ailleurs étaient devenus tout d'un coup fort minces, et jusqu'alors ils avaient été un peu enflés. Il voulait aller le lendemain de grand matin chez le médecin pour lui faire connaître ces indices de mauvais augure; j'essayai de le tranquilliser, mais il ne voulut pas abandonner ses inquiétudes.

Lundi, 17 novemvre 1823.

Je suis allé hier un instant chez Gœthe. La présence de Humboldt et sa conversation semblent avoir exercé sur lui une influence favorable. Sa souffrance ne me semble pas seulement physique. Je crois bien plutôt que cette passion pour une jeune dame qui, l'été dernier, l'a saisi à Marienbad, passion qu'il veut combattre, doit être regardée comme la cause principale de sa maladie.

Vendredi, 21 novembre 1825.

Gœthe m'a fait appeler. A ma grande joie je l'ai trouvé de nouveau levé, et marchant dans sa chambre. Il m'a donné un petit livre : les *Ghazeles* [1], du comte Platen. « Je voulais en parler dans l'*Art et l'Antiquité*, car les poésies le méritent, mais mon état ne me permet de rien faire. Voyez donc si vous pouvez entrer dans cette œuvre et en tirer quelque chose. » Je promis d'essayer. « Ce qu'il y a de caractéristique dans les *Ghazeles*, c'est qu'elles exigent une grande richesse d'idées. Il faut que pour chaque rime qui revient la même, arrive une nouvelle pensée. Aussi est-ce un genre qui ne réussit pas à tout le monde. Mais celles-ci sont bien faites. » Le médecin arrivait, je m'en allai.

Lundi, 24 novembre 1825.

Samedi et dimanche j'ai étudié les poésies de Platen. Ce matin j'ai écrit ce que j'en pense et je l'ai envoyé à Gœthe; j'avais appris que depuis quelques jours il ne voyait personne, son médecin lui ayant interdit toute conversation. Cependant, le soir, il me fit demander. Lorsque j'entrai, je trouvai la chaise déjà préparée pour moi près lui. Il me tendit la main et se montra plein d'amabilité et de bonté. Il commença tout de suite à parler de mon article. « Il m'a fait le plus grand plaisir, dit-il, vous êtes très-heureusement doué. Écoutez, je veux vous dire quelque chose : si on vous fait quelque part des propositions littéraires, refusez-les ou du moins faites m'en part, car vous êtes maintenant avec moi, j'ai-

---

[1] Comme les *Roses d'Orient* de Ruckert, les *Ghazeles* de Platen sont des poésies inspirées des *Divans* de Gœthe et de Hafiz.

merais bien que vous n'eussiez des relations qu'avec moi. » Je répondis que je voulais rester près de lui et que je n'avais que faire maintenant d'autres relations. Cela lui plut, et il me dit que cet hiver nous ferions ensemble encore maints jolis travaux. Nous parlâmes alors des *Ghazeles*, et Gœthe se félicita de voir que ces poésies sont si parfaites et que notre littérature contemporaine produit, elle aussi, des œuvres de mérite. « Je veux, me dit-il, recommander à votre étude et à votre attention toute spéciale les talents les plus récents. Je voudrais que vous prissiez connaissance de tout ce qui paraît de remarquable dans notre littérature, et que vous me missiez sous les yeux ce qui est digne, afin que nous en parlions dans l'*Art et l'Antiquité*, et que nous puissions reconnaître la valeur de tout ce qui est bon, noble et solide. Car avec la meilleure volonté, à mon âge, et avec mes mille occupations, je ne peux pas faire cela sans secours étranger. » Je promis de faire ce qu'il désirait, et je vis avec plaisir que Gœthe s'intéresse aux écrivains et aux contemporains plus que je ne le pensais.

Les jours suivants, il m'adressa les journaux littéraires pour le travail dont nous avions parlé.

Lundi, 1ᵉʳ décembre 1823.

Aujourd'hui j'ai été invité à dîner chez Gœthe. J'ai trouvé en entrant Zelter assis à côté de lui. Il était à Weimar depuis quelques jours. Tous deux vinrent au-devant de moi et m'offrirent la main. « Voici, m'a dit Gœthe, mon ami Zelter[1]. Vous ferez en lui une bonne

---

[1] Il reste de l'amitié qui unit Gœthe et Zelter un précieux monument : leur correspondance, publiée en 1833 par Riemer (6 volumes). Elle commence en 1799 et se continue jusqu'à la mort de Gœthe. De cette cor-

connaissance; je vous enverrai bientôt à Berlin, et il vous y recevra on ne peut mieux. — On doit être bien à Berlin, dis-je. — Oui, répondit Zelter en riant, on peut y apprendre bien des choses; on y peut aussi en oublier d'autres. »

Nous nous assîmes et nous causâmes sur différents sujets. Je m'informai de Schubarth. « Il vient me voir au moins une fois par semaine, me dit Zelter; il s'est marié, mais il est sans place : la philologie est perdue à Berlin. » Zelter me demanda ensuite si je connaissais Immermann[1]. « J'ai entendu souvent son nom, répondis-je, mais jusqu'à présent je ne connais aucun de ses écrits. — J'ai fait sa connaissance à Munster, dit Zelter, c'est un jeune homme de grande espérance et il serait à souhaiter que sa place lui laissât plus de temps pour son art. » Gœthe loua aussi son talent. « Nous verrons, dit-il, comment il se développera, s'il saura purifier son goût et se régler, pour le style, sur les écrivains reconnus comme les meilleurs modèles. Sa manière originale a du bon, mais elle le conduit trop facilement dans le faux. »

---

respondance, je veux citer un trait qui me paraît propre à bien faire connaître Gœthe. Les deux amis s'écrivaient déjà depuis treize ans, mais ils se disaient toujours *vous*. En 1812, un fils de Zelter se suicide. Le pauvre père annonce et raconte cette affreuse fin à Gœthe. Dans sa réponse, dès la première ligne, dès le premier mot, Gœthe dit *tu* à son ami malheureux. — N'y a-t-il pas dans cet emploi inattendu, subit du tutoiement, une délicatesse et une science dans l'art de consoler que peut seule inspirer la bonté la plus ingénieuse? Il semble qu'il dise: « Nous sommes moins à nous aimer, aimons-nous donc davantage. » — Gœthe, répétons-le sans cesse, avait aussi un génie vivant dans son cœur. Il l'a prouvé mille fois, mais il a eu le tort de dédaigner les preuves extérieures, et le vulgaire l'a cru insensible.

[1] Poëte distingué, mort en 1840. Auteur du roman, traduit récemment en français sous le titre: *La Blonde Lisbeth.*

Le petit Walter vint en sautant et fit beaucoup de questions à Zelter et à son grand-père. « Quand tu arrives, démon turbulent, dit Gœthe, tu déranges tout de suite les conversations. » Tout en parlant ainsi, Gœthe était plein d'affection pour l'enfant, et ne se fatiguait pas de faire toutes ses volontés. Madame de Gœthe et mademoiselle Ulrike entrèrent ainsi que le jeune Gœthe, qui était en uniforme avec l'épée, pour aller à la cour. Nous nous assîmes à table. Mademoiselle Ulrike et Zelter étaient particulièrement gais, et, pendant tout le repas, ils se taquinèrent de la façon la plus gracieuse. Toute la personne de Zelter et sa présence me faisaient du bien. C'est un esprit sain et heureux, toujours tout entier au moment présent, et qui trouve pour tout le mot juste; avec cela beaucoup de bonhomie, d'aisance, et si peu de gêne, qu'il disait absolument tout ce qu'il pensait, et parfois même ses paroles étaient un peu vertes. La gaieté de son esprit est communicative, et, dans sa compagnie, on laisse vite de côté précautions et restrictions. Je désirais tout bas vivre quelque temps avec lui, je suis sûr que cela me serait bon. Après dîner, il sortit; il allait passer la soirée chez la grande-princesse.

Jeudi, 4 décembre 1823.

Ce matin, le secrétaire Krœuter m'apporta une invitation à dîner chez Gœthe. Il me dit aussi que Gœthe m'engageait à faire cadeau à Zelter de deux exemplaires de mon *Essai sur la poésie*. Je le portai moi-même à l'hôtel. Zelter me prêta en revanche les Poésies d'Immermann. « J'aimerais à vous faire présent de mon exemplaire, dit-il, mais vous voyez que l'auteur m'en a fait hommage, et c'est un souvenir qui est digne d'être conservé. » Avant dîner, je fis, avec Zelter, une promenade à travers le parc du château, vers Oberweimar[1]. Beaucoup d'endroits lui rappelaient un temps disparu, et il me fit beaucoup de récits sur Schiller, Wieland et Herder, avec lesquels il avait été très-lié, ce qu'il considérait comme un grand bonheur de sa vie. Il me parla beaucoup de composition musicale et me récita plusieurs chansons de Gœthe. « Quand je veux écrire la musique d'une poésie, dit-il, je cherche d'abord à pénétrer dans le sens des paroles et à me représenter la situation d'une façon vivante. Je me la lis ensuite à haute voix jusqu'à ce que je la sache par cœur, et, pendant que je me la récite et la répète, la mélodie vient d'elle-même. »

Le vent et la pluie nous forcèrent à revenir plus tôt que nous ne voulions. Je l'accompagnai jusqu'à la maison de Gœthe; il monta chez madame de Gœthe pour chanter un peu avec elle avant le repas. — A deux heures, j'allai dîner. Je trouvai Zelter déjà avec Gœthe, assis tous deux, et regardant des gravures de paysages italiens. Madame de Gœthe entra, et nous allâmes à table. Mademoiselle Ulrike était aujourd'hui absente, ainsi que le jeune Gœthe qui ne vint qu'un moment pour dire bonjour, et se rendit à la cour. La conversation du dîner fut extrêmement variée. Beaucoup d'anecdotes originales furent racontées aussi bien par Zelter que par Gœthe; toutes avaient pour but de mettre en lumière les qualités de leur ami commun, Fred.-Aug. Wolf, de Berlin. Ensuite on parla beaucoup des Niebelungen, puis de lord Byron et de sa visite à Weimar, que l'on espérait, ce qui intéressait beaucoup madame de Gœthe. *La fête de Saint-Roch, à Bin-*

---

[1] Petit hameau sur la rive droite de l'Ilm, un peu *au-dessus* de Weimar.

*gen*¹, fut ensuite un texte très-gai à propos duquel Zelter se rappela deux jeunes filles dont l'amabilité l'avait profondément frappé, et dont le souvenir semblait encore aujourd'hui le rendre heureux. La chanson de société *Bonheur militaire*, de Gœthe, fut ensuite le sujet d'une discussion enjouée. Zelter était inépuisable en anecdotes sur de belles filles et sur des soldats blessés, pour prouver la vérité du poëme. Gœthe dit qu'il n'avait pas eu besoin d'aller si loin chercher tant de modèles dans la vie réelle ; c'est à Weimar même qu'il avait tout rencontré. Madame de Gœthe formait gaiement opposition, disant que jamais les femmes n'ont été telles que les peint cette « *vilaine* chanson. » Ainsi passa très-agréablement l'heure du repas. Quand plus tard je me trouvai seul avec Gœthe, il m'interrogea sur Zelter : « Eh bien, vous plaît-il ? » Je dis tout le bien qu'il m'avait fait. « Il peut, dit Gœthe, au premier moment, paraître peut-être un peu cru, et même brutal, mais ce n'est là qu'une apparence ; je connais peu de gens aussi tendres que Zelter. Il ne faut pas oublier qu'il a passé plus d'un demi-siècle à Berlin ; or tout me fait voir que la race qui vit là a des manières si rudes, que la délicatesse ne ferait pas avancer celui qui voudrait la conserver ; il faut savoir parler fort et même être parfois un peu grossier pour ne pas être submergé. »

Vendredi, 5 décembre 1823.

J'ai apporté à Gœthe quelques minéraux, et, entre autres, un morceau d'ocre argileuse. Quel fut mon étonnement lorsque Gœthe reconnut dans cette teinte celle-là même qu'Angelica Kaufmann employait pour

¹ Récit de voyage de Gœthe. Voir *Mémoires de Gœthe*, traduits par madame de Carlowitz, tome II, page 359.

les chairs de ses figures. « Le peu qu'elle en possédait, dit-il ; elle l'estimait au poids de l'or. Mais elle ignorait où on la trouvait, et d'où elle venait. » Gœthe dit à sa fille que je le traitais comme un sultan ; chaque jour de nouveaux présents. « Il vous traite plutôt comme un enfant ! » répliqua madame de Gœthe, et il ne put s'empêcher de sourire de cette réponse.

*Dimanche, 7 décembre 1823.

Je demandai à Gœthe comment il se trouvait : « Je ne suis pas aussi mal que Napoléon sur son île ! » dit-il en soupirant. Son état maladif, à mesure qu'il se prolonge, semble peu à peu l'affecter beaucoup.

*Dimanche, 21 décembre 1823.

Gœthe avait retrouvé aujourd'hui toute sa bonne humeur. Nous avons atteint le jour de l'année le plus court, et l'espérance de voir maintenant chaque semaine les jours augmenter rapidement, semble exercer sur lui l'influence la plus heureuse : « Aujourd'hui nous célébrons la naissance nouvelle du soleil ! » s'écria-t-il joyeusement en me voyant entrer ce matin chez lui. J'ai appris que, tous les ans, il passe les semaines qui précèdent le jour le plus court dans un état d'affaissement et de tristesse [1].

---

[1] Gœthe, le poète néo-païen, l'adorateur de la vie et de la lumière, l'amant de la terre parée de fleurs, sent ses forces s'en aller avec le soleil disparaissant. La fin de l'année est pour lui une saison d'accablement, de mort intérieure. — Écoutez, au contraire, Lamartine, le poète élégiaque chrétien dont la pensée se p aît à quitter la terre, il dira : « L'heure du chant pour moi, c'est la fin de l'automne, ce sont les derniers jours de l'année qui meurt dans les brouillards et dans les tristesses du vent... » — Chaque poète

Madame de Gœthe entra, et annonça à son beau-père qu'elle se rendrait bientôt à Berlin pour aller au-devant de sa mère. Quand elle fut sortie, Gœthe sourit de la vivacité d'imagination qui caractérise la jeunesse. « Je suis trop vieux, dit-il, pour la contredire et pour lui faire comprendre que la joie de revoir sa mère ici ou là-bas serait absolument la même; ce voyage en hiver va lui donner de grandes fatigues, et pour rien, mais ce rien est souvent un infini pour la jeunesse. — Ah! après tout, elle a raison! Il faut faire souvent des folies pour reprendre courage à vivre quelque temps. Quand j'étais jeune, j'ai fait comme elle, et cependant je suis sorti de tout encore en assez bon état. »

*Mardi, 30 décembre 1823.

Soirée passée seul avec Gœthe, dans différents entretiens. Il m'a dit qu'il voulait insérer dans ses œuvres son voyage en Suisse de 1797. Puis nous avons parlé de *Werther*, qu'il n'a jamais relu qu'une fois, environ dix ans après sa publication. Il a agi de même pour ses autres écrits. Nous avons parlé ensuite de traductions, sur quoi il me dit qu'il lui était difficile de traduire les poésies anglaises en vers allemands. « Quand on veut rendre les monosyllabes si expressifs des Anglais par nos mots allemands qui sont ou polysyllabiques ou composés, tout l'effet et toute la force sont perdus. » — Il m'apprit qu'il avait traduit le *Neveu de Rameau* en quatre semaines, et qu'il avait tout dicté.

Nous parlâmes ensuite de sciences naturelles, et de la petitesse d'esprit avec laquelle tels et tels savants

a sa saison, et le poëme de l'année se trouve ainsi peu à peu écrit tout entier, car il n'y a pas un de ses instants qui n'ait sa poésie

luttent pour la prééminence. « Rien ne m'a fourni une meilleure occasion pour apprendre à connaître les hommes que mes travaux sur les sciences. Ils m'ont beaucoup coûté, ils ont été la cause de beaucoup de souffrances pour moi, mais cependant je suis content de l'expérience que j'ai faite. » — L'égoïsme de l'homme, lui dis-je, semble dans les sciences excité d'une façon toute particulière, et quand une fois l'égoïsme est mis en mouvement, tous les faibles du caractère apparaissent bien vite. — « Les questions scientifiques, dit alors Gœthe, sont très-souvent des questions d'existence. Une seule découverte peut faire la célébrité d'un homme et fonder sa fortune sociale. Voilà pourquoi règnent dans les sciences cette rudesse, cette opiniâtreté, cette jalousie des aperçus découverts par les autres. Dans l'empire du beau, tout marche avec plus de douceur; les pensées sont toutes plus ou moins une propriété innée, commune à tous les hommes; le mérite est de savoir les mettre en œuvre, et il y a naturellement là moins de place pour la jalousie envieuse. Une seule pensée peut servir de point de départ à une centaine de traits; on ne s'inquiétera que d'une chose : quel est le poëte qui a su, en présentant à l'imagination cette pensée, trouver les formes de style les plus agréables et les plus saisissantes. Mais dans les sciences la forme n'est rien; tout est dans l'aperçu découvert. Il n'y a là presque rien de commun à tous, de propre à notre esprit; les phénomènes qui renferment les lois de la nature sont devant nous comme des sphinx immobiles, fixes et muets; chaque phénomène expliqué est une découverte, chaque découverte une propriété. Si on touche à une de ces propriétés, un homme accourt avec toutes ses passions pour la défendre. Mais ce que les savants regardent aussi comme leur propriété, c'est ce qu'on leur a transmis et ce qu'ils ont appris à l'Université. Si quelqu'un arrive apportant du nouveau, il se met en opposition avec le *credo* que depuis des années nous ressassons et répétons sans cesse aux autres, et menace de renverser ce *credo* ; alors toutes les passions se soulèvent contre lui, et on cherche par tous les moyens à étouffer sa voix. On lutte contre lui comme on peut : on fait comme si on ne l'entendait pas, comme si on le comprenait pas; on parle de lui avec dédain, comme si ses idées ne valaient pas la peine d'être examinées, étudiées, et c'est ainsi qu'une vérité peut très-longtemps attendre pour se frayer son chemin. Un Français disait à un de mes amis, à propos de ma théorie des couleurs : « Nous avons travaillé cin« quante ans pour établir et affermir la royauté de New« ton; cinquante autres années sont nécessaires pour le « renverser. » La corporation des mathématiciens a cherché à rendre mon nom si méprisable parmi les savants, qu'on a peur même de le prononcer. Dernièrement il me tombe sous la main une brochure qui traitait de la théorie des couleurs; l'auteur était plein de mes idées et avait appuyé tout son travail sur ma doctrine, tout ramené à mes principes. Je lisais cet écrit avec la plus grande satisfaction, quand je m'aperçus, non sans assez de surprise, que l'auteur n'avait pas une seule fois prononcé mon nom. J'ai eu plus tard le mot de l'énigme. Un ami commun vint me voir et m'avoua que l'auteur, jeune homme plein de talent, avait désiré dans cet ouvrage jeter les premières bases de sa réputation et qu'il aurait craint, avec raison, de se faire du tort dans le monde savant s'il avait osé soutenir de mon nom les vues qu'il présentait. Le petit écrit a fait fortune, et ce spirituel jeune homme s'est présenté plus tard devant moi pour me faire ses excuses. »

— Ce trait, dis-je, me semble d'autant plus singulier, que pour toute autre chose on est fier de votre autorité, et que chacun se croit heureux quand il s'avance devant le monde avec votre puissant appui. Ce qui fait le malheur de votre théorie des couleurs est sans doute que vous n'avez pas seulement affaire avec la gloire partout reconnue de Newton, mais avec les disciples fidèles de ce maître, répandus dans tout l'univers, et dont le nom est Légion. Si vous devez un jour triompher, vous resterez encore longtemps seul.

— « J'y suis habitué et je m'y attends, répliqua Gœthe. N'ai-je pas, dites-le vous-même, n'ai-je pas de quoi être fier, quand depuis vingt ans j'ai dû reconnaître que le grand Newton et tous les mathématiciens, et tous les sublimes calculateurs avec lui, sont dans une profonde erreur sur la théorie de la lumière, et que parmi des millions d'hommes je suis le seul qui dans ce grand mystère de la nature connaisse la vérité? C'est parce que j'avais le sentiment de ma supériorité qu'il m'a été possible de supporter les stupides prétentions de mes adversaires. On a cherché de toute manière à m'attaquer, moi et ma théorie, à me rendre ridicule, mais je n'en ressentais pas moins la joie d'avoir accompli mon œuvre. Toutes ces attaques de mes adversaires n'ont servi qu'à me faire voir l'humanité dans sa faiblesse. »

Pendant que les paroles s'échappaient ainsi des lèvres de Gœthe, avec une abondance et une puissance que je ne peux reproduire, ses yeux brillaient d'un feu extraordinaire. On y lisait l'expression du triomphe, en même temps qu'un sourire ironique se jouait sur ses lèvres. Les traits de son beau visage étaient plus imposants que jamais.

Mercredi, 31 décembre 1823.

J'ai dîné chez Gœthe. Il m'a montré des dessins, entre autres les premiers de Henri Füssli[1]. Nous avons causé sur la religion et sur l'abus que l'on fait du nom de Dieu. « Les gens, dit Gœthe, agissent avec l'Être incompréhensible, l'Être dont on ne peut se faire aucune idée, absolument comme s'il n'était guère plus que leur égal. Car autrement ils n'auraient pas ces manières de parler : Mon Dieu ! ah ! Seigneur ! Grand Dieu ! Le bon Dieu... etc. Dieu, pour eux et surtout pour les prêtres, qui l'ont journellement sur les lèvres, ce n'est plus qu'une phrase, un mot vide, qui ne représente rien. S'ils étaient vraiment pénétrés de sa grandeur, ils se tairaient, et le respect les empêcherait de prononcer son nom[2]. »

Vendredi, 2 janvier 1824.

J'ai dîné chez Gœthe. Causeries variées. On est venu à parler d'une jeune beauté de la société weimarienne, et quelqu'un dit qu'il se sentait presque sur le point de l'aimer, quoique son intelligence ne fût pas brillante. « Bah ! dit Gœthe en riant, est-ce que l'amour a quelque chose à faire avec l'intelligence ! Nous aimons dans une jeune femme toute autre chose que l'intelligence ; nous aimons en elle la beauté, la jeunesse ; nous aimons ses agaceries, ses confidences, son caractère, ses défauts, ses caprices, et Dieu sait toutes ces inexprimables choses

---

[1] Peintre suisse, mort à Londres en 1825, où il était professeur.
[2] Il est curieux de voir Vinet, dans ses *Méditations évangéliques*, blâmer presque avec les mêmes termes, au nom de la religion, les habitudes que Gœthe condamne ici au nom de la philosophie. Newton donnait déjà à son temps la même leçon, en se découvrant chaque fois qu'il prononçait le nom divin.

que nous aimons en elle, mais nous n'aimons pas son intelligence ! Nous *estimons* son intelligence, si elle est brillante, et une jeune fille, par là, peut à nos yeux infiniment gagner. L'intelligence est capable de nous enchaîner, si nous aimons déjà, mais l'intelligence est incapable de nous enflammer et d'éveiller une passion. »

Après dîner, je restai seul avec Gœthe. Nous causâmes sur la littérature anglaise, sur la grandeur de Shakspeare et sur la situation malheureuse de tous les poëtes dramatiques anglais venus *après* ce géant de la poësie. « Un talent dramatique, dit Gœthe, s'il était remarquable, ne pouvait pas ignorer Shakspeare, il ne pouvait s'empêcher de l'étudier. Mais, en l'étudiant, il acquérait la conviction que Shakspeare avait déjà épuisé toute la nature humaine, dans toutes ses directions, dans toutes ses profondeurs, dans toute son élévation, et qu'il ne lui avait laissé, à lui son descendant, absolument rien à faire. Et où donc aurait-il pris le courage de saisir seulement la plume, celui dont l'âme avait su bien comprendre les immenses et inaccessibles beautés de son prédécesseur ? Il y a cinquante ans, dans ma chère Allemagne, j'étais, moi, plus à mon aise, mes prédécesseurs ne m'embarrassaient pas; ils n'étaient pas en état de m'imposer longtemps et de m'arrêter. J'abandonnai donc bien vite la littérature allemande, je ne l'étudiai plus et je m'adonnai tout entier à la vie elle-même, et à la création. Je me développai ainsi peu à peu tout naturellement et me rendis capable des œuvres que je publiais de temps en temps avec succès. Dans ce progrès parallèle de ma vie et de mon développement, jamais mon idée de la perfection n'a été supérieure à ce que j'étais à ce moment-là capable de réaliser. Mais si j'étais né en Angleterre, et si au moment où, pour la première fois, jeune homme ouvrant les yeux, j'avais été envahi par cette variété de chefs-d'œuvre, leur puissance m'aurait écrasé et je n'aurais su que faire. J'aurais perdu la légèreté de la démarche, la fraîcheur du courage, et je serais resté livré à de longues réflexions, à de longues hésitations, pour trouver une nouvelle voie. »

Je ramenai la conversation sur Shakspeare en disant : « Si pour ainsi dire on enlève Shakspeare à la littérature anglaise, et si on le considère transporté chez nous, isolé, sa grandeur gigantesque semble miraculeuse. Mais si on va le chercher dans sa patrie même, si on le replace sur son sol natal, dans l'atmosphère de son siècle, si on étudie ses contemporains et ses successeurs immédiats, si on respire le souffle énergique qui s'exhale des œuvres de Ben Johnson, Massinger, Marlow, Beaumont et Fletcher, alors Shakspeare reste certes toujours le plus grand de tous; mais cependant on acquiert la conviction que les merveilles de son esprit ne sont pas au-dessus de notre portée, et qu'une grande partie de son génie est due à la puissance fécondante de l'air vigoureux de son siècle.

— Vous avez parfaitement raison, répondit Gœthe. Il en est de Shakspeare comme des montagnes de Suisse. Transplantez le mont Blanc au milieu des grandes plaines et des bruyères de Lunebourg; sa grandeur vous mettra sans paroles. Mais allez le voir dans son pays gigantesque; arrivez à lui à travers ses grands voisins : la Jungfrau, le Finster-Aarhorn, l'Eiger, le Wetterhorn, le Gothard, le mont Rose; le mont Blanc restera toujours un géant, mais nous n'éprouverons plus à sa vue la même surprise. Celui qui ne veut pas croire qu'une grande partie de la grandeur de Shakspeare est due à la grandeur et à la puissance de son siècle, que celui-là se demande si l'apparition d'un phénomène aussi étonnant serait possible aujourd'hui dans l'Angleterre de 1824, dans nos jours détestables de journaux à critiques dissolvantes? Ces rêveries tranquilles et innocentes, pendant lesquelles il est seul possible de créer quelque chose de grand, sont perdues pour jamais! Nos talents aujourd'hui doivent tout de suite être servis à la table immense de la publicité. Les revues critiques qui chaque jour paraissent en cinquante endroits, et le tapage qu'elles excitent dans le public, ne laissent plus rien mûrir sainement. Celui qui aujourd'hui ne se retire pas entièrement de ce bruit, et ne se fait pas violence pour rester isolé, est perdu. Ce journalisme sans valeur, presque toujours négatif, ces critiques et ces discussions répandent, je le veux bien, une espèce de demi-culture dans les masses; mais pour le talent créateur, ce n'est qu'un brouillard fatal, un poison séduisant qui ronge les verts rameaux de son imagination, la dépouille de son brillant feuillage, et atteint jusqu'aux profondeurs où se cachent les sucs vitaux et les fibres les plus délicates. Et puis la vie elle-même! pendant ces misérables derniers siècles, qu'est-elle devenue? Quel affaiblissement! quelle débilité! Où voyons-nous une nature originale, sans déguisement? Où est l'homme assez énergique pour être vrai et pour se montrer ce qu'il est? Cela réagit sur les poëtes; il faut aujourd'hui qu'ils trouvent tout en eux-mêmes, puisqu'ils ne peuvent plus rien trouver autour d'eux. »

L'entretien se tourna alors sur *Werther*. « Voilà bien, en effet, un être, dit Gœthe, que, comme le pélican, j'ai nourri avec le sang de mon propre cœur. Il y a là assez de mes émotions intimes, assez de sentiments et de pensées pour suffire à six romans, non en un petit volume, mais en dix. Je n'ai relu qu'une fois ce livre, et je me garderai de le relire. Ce sont des fusées incendiaires! Je me trouverais fort mal de cette lecture, et je ne veux pas retomber dans l'état maladif d'où il est sorti. »

Je lui rappelai sa conversation avec Napoléon, que je connais par l'esquisse qui se trouve dans ses papiers inédits, et que je l'ai prié plusieurs fois de terminer. « Napoléon, dis-je, vous a désigné dans *Werther* un passage qui ne se soutenait pas en face d'une critique sévère, et vous avez été de son avis. Je voudrais bien savoir quel est ce passage. » — « Devinez ! dit Gœthe avec un mystérieux sourire. » — « J'ai cru, répondis-je, que c'était le passage où Lotte envoie les pistolets à Werther, sans dire un mot à Albert, sans lui communiquer ses pressentiments et ses craintes. Vous avez fait tout ce que vous pouviez pour rendre acceptable ce silence, mais aucun motif n'était suffisant en face de la nécessité pressante de sauver la vie de son ami. » — « Votre observation, dit Gœthe, ne manque pas de justesse. Est-ce ce passage ou un autre dont Napoléon m'a parlé, je préfère ne pas le dire. Mais, je vous le répète, votre remarque est aussi juste que la sienne [1]. »

Je rappelai cette opinion qui prétend que l'effet pro-

---

[1] Dans ses *Souvenirs*, M. de Müller éclaircit ce point. Napoléon aurait blâmé Gœthe d'avoir montré Werther conduit au suicide, non pas seulement par sa passion malheureuse pour Charlotte, mais aussi par les chagrins de l'ambition froissée « C'était, disait Napoléon, affaiblir l'idée que se fait le lecteur de l'amour immense de Werther pour Charlotte. »

Je crois que l'on trouvera ici avec plaisir le récit que Gœthe a donné lui-même de cette conversation de 1808. Ce sont de simples notes

duit par *Werther* a tenu au moment de sa publication. « Je ne peux, dis-je, accepter cette idée généralement répandue. *Werther* a fait époque parce qu'il a paru, et non parce qu'il a paru dans un certain temps. Chaque

<small>de journal. Il n'a jamais consenti à les développer. Peut-être craignait-il de voir s'élever encore à cette occasion de nouveaux soupçons sur son patriotisme, soupçons qui l'impatientaient et le blessaient vivement.

Les souverains étaient réunis à Erfurt. Le 29 septembre 1808, le duc de Weimar y fit venir Gœthe. Il assista aux représentations données par la troupe de la Comédie-Française. Le 2 octobre, il fut, sans doute sur l'instigation de Maret, invité chez l'Empereur. Il se rendit au palais à onze heures du matin. Laissons le parler :

« Un gros chambellan polonais me dit d'attendre. — La foule s'éloigna. Je fus présenté à Savary et à Talleyrand. Puis on m'appela dans le cabinet de l'Empereur. Au même instant on annonça Daru, qui fut immédiatement introduit. J'hésitais à entrer, on m'appela une seconde fois. J'entre. L'Empereur est assis à une grande table ronde et déjeune ; à sa droite, un peu éloigné de la table, se tient debout Talleyrand ; à sa gauche, assez près de lui, est Daru, avec lequel il cause de la question des contributions de guerre. L'Empereur me fait signe d'approcher. Je reste debout devant lui à la distance convenable. Il me regarde avec attention, puis il dit : « Vous êtes un homme ! » Je m'incline. Il demande : « Quel âge « avez-vous ? — Soixante ans. — Vous êtes bien conservé... Vous avez « écrit des tragédies ?... » — Je réponds de la façon la plus brève. — Daru prend alors la parole. Par une sorte de flatterie envers les Allemands, auxquels il devait faire tant de mal, il avait pris quelque connaissance de la littérature allemande ; il était d'ailleurs versé dans la littérature latine, et avait édité Horace. Il parla de moi à peu près comme en parlent les personnes de Berlin qui me sont favorables ; du moins je reconnus leur manière de voir et de penser. Il ajouta que j'avais fait des traductions du français, et entre autres que j'avais traduit *Mahomet* de Voltaire. L'Empereur dit : « Ce n'est pas une bonne pièce. » Et il exposa avec beaucoup de détails l'inconvenance qu'il y avait à montrer ce conquérant faisant de lui-même un portrait complètement défavorable. Il amena ensuite la conversation sur *Werther*, qu'il disait avoir étudié à fond. Après différentes remarques d'une entière justesse, il me désigna un certain passage et me dit : « Pourquoi avez-vous fait cela ? Ce n'est pas conforme à la nature. » Et il soutint son opinion par de longs développements d'une parfaite justesse. — Je l'écoutai, gardant une expression de physionomie sereine, et lui répondis avec un sourire gai : « Je crois que personne ne m'a fait encore cette critique, mais je « la trouve tout à fait juste, et j'avoue qu'il y a dans ce passage un</small>

temps renferme tant de souffrances inexprimées, tant de mécontentements secrets, de lassitude de l'existence, et il y a pour chaque homme dans ce monde tant de relations pénibles, tant de chocs de sa nature contre l'orga-

« manque de vérité. Mais, ajoutai-je, on doit peut-être pardonner au
« poëte d'employer un artifice difficile à apercevoir, quand par là il ar-
« rive à des effets auxquels il n'aurait pu atteindre en suivant la route
« simple et naturelle. »

« L'Empereur parut satisfait de cette réponse; il revint au drame, et fit des observations très-remarquables, en homme qui a considéré la scène tragique avec la plus grande attention et à la façon d'un juge d'instruction. Il avait vivement senti combien le théâtre français s'éloigne de la nature et de la vérité. Il parla aussi avec désapprobation des pièces dans lesquelles la fatalité joue un grand rôle. Il dit qu'elles appartenaient à une époque sans lumières. « De nos jours, ajouta-t-il, que « nous veut-on avec la fatalité? La politique, voilà la fatalité! »

« Il se retourna alors vers Daru, et parla avec lui de la grande affaire des contributions. Je fis quelques pas en arrière, et me tins près du cabinet dans lequel, il y a plus de trente ans, j'avais passé bien des heures tantôt de plaisir, tantôt d'ennui... L'Empereur se leva, vint vers moi, et, par une sorte de manœuvre, me sépara des autres personnes au milieu desquelles je me trouvais; leur tournant le dos, et me parlant à demi-voix, il me demanda si j'étais marié, si j'avais des enfants, et me fit toutes les questions habituelles sur ma situation personnelle. Il m'interrogea aussi sur mes relations avec la famille ducale, avec la duchesse Amélie, avec le duc, la duchesse, etc. — Je lui fis les réponses les plus simples. Il parut content de ces réponses, qu'il traduisait dans son langage, en leur donnant plus de précision que je n'avais pu leur en donner. — Comme remarque générale, je dirai que dans toute cette conversation j'eus à admirer la variété de ses paroles d'approbation; rarement, en écoutant, il restait immobile; il faisait un mouvement de tête significatif, ou disait : *oui*, ou : *c'est bien*, et d'autres phrases de ce genre. Je ne dois pas non plus oublier de remarquer que, lorsqu'il avait exprimé une opinion, il ajoutait presque toujours : *Qu'en dit monsieur Gœt?...*

« Je demandai bientôt par signe au chambellan si je pouvais me retirer. Il me fit signe que oui, et je quittai le salon. » — Telle est cette entrevue célèbre. D'après M. de Müller, Napoléon, en parlant de la tragédie, aurait encore ajouté : « La tragédie doit être l'école des rois et des peuples; c'est là le but le plus élevé que puisse se proposer le poëte. Vous, par exemple, vous devriez écrire la *Mort de César*, et d'une façon digne du sujet, avec plus de grandiose que Voltaire. Cela pourrait devenir l'œuvre la plus belle de votre vie. Il faudrait montrer au monde quel

nisation sociale, que *Werther* ferait époque aujourd'hui, s'il paraissait aujourd'hui. »

« — Vous avez pleinement raison, dit Gœthe, et voilà pourquoi le livre encore maintenant a sur un certain moment de la jeunesse la même action qu'il a eue autrefois. J'ai connu ces troubles dans ma jeunesse par moi-même, et je ne les dois ni à l'influence générale de mon temps, ni à la lecture de quelques écrivains anglais. Ce qui m'a fait écrire, ce qui m'a mis dans cet état d'esprit d'où est sorti *Werther*, ce sont bien plutôt certaines relations, certains tourments tout à fait personnels et dont je voulais me débarrasser à toute force. J'avais vécu, j'avais aimé, et j'avais beaucoup souffert! Voilà tout.

On a beaucoup parlé d'une « époque de *Werther* ». —

bonheur César lui aurait donné, comme tout aurait reçu une tout autre forme, si on lui avait laissé le temps d'exécuter ses plans sublimes. Venez à Paris, j'exige absolument cela de vous. Là, le spectacle du monde est plus grand; là, vous trouverez en abondance des sujets de poésies ! »

« Lorsque Gœthe se retira, on entendit Napoléon dire encore à Berthier et à Daru, avec un accent réfléchi : « Voilà un homme ! » Il était dans le caractère de Gœthe de ne pas communiquer facilement ce qui le touchait de près, et il garda un profond silence sur cette audience; peut-être était-ce aussi par modestie et délicatesse. Il éluda les questions que lui fit le grand-duc. Mais on vit bientôt que les paroles de Napoléon avaient fait sur lui une forte impression. L'invitation de venir à Paris l'occupa surtout pendant longtemps et très-vivement. Il me demanda plusieurs fois à quelle somme monterait son établissement à Paris, tel qu'il l'entendait, et c'est sans doute en pensant combien de gênes et de privations l'y attendaient qu'il renonça au projet de s'y rendre. — C'est seulement peu de temps avant sa mort que je le décidai à écrire le récit laconique qu'il a laissé. » (M. de Müller.)

Au bal donné le 6 octobre à Weimar, Napoléon causa encore avec Gœthe, et, parlant toujours de la tragédie, il l'aurait placée au-dessus de l'histoire D'après M. Thiers, à propos du drame imité de Shakspeare, « qui mêle la tragédie à la comédie, le terrible au burlesque, il dit à Gœthe : « Je suis étonné qu'un grand esprit comme vous n'aime pas les genres tranchés » On affirme que les Mémoires de M. de Talleyrand donneront encore des détails sur cette entrevue historique.

Cette époque n'est pas du tout une époque historique déterminée, c'est une époque de la vie de chaque individu. Nous sommes tous nés avec le sens de la liberté naturelle, et nous trouvant dans un monde vieilli, il faut que nous apprenions à nous trouver bien dans ses cases étroites. Bonheur entravé, activité, génie, désirs inassouvis, ce ne sont pas là les infirmités d'un temps spécial, mais bien de chaque homme; et c'est un malheur si quelqu'un n'a pas dans sa vie un instant pendant lequel il lui semble que *Werther* a été écrit pour lui seul. »

Dimanche, 4 janvier 1824.

Aujourd'hui, après dîner, Gœthe a feuilleté avec moi le portefeuille de Raphaël[1]. Il s'occupe très-souvent de Raphaël, afin de se maintenir toujours en relations avec la perfection, et pour s'exercer à la méditation des idées d'un grand homme. C'est aussi pour lui une joie de m'introduire dans cette sphère.

Nous avons causé ensuite sur le *Divan*, et surtout sur le livre intitulé : *Sombre humeur*. Là Gœthe a épanché tout ce qu'il avait sur le cœur contre ses ennemis. « J'ai gardé beaucoup de modération; si j'avais voulu dire tout ce qui me pique et me tourmente, ces quelques pages seraient devenues tout un volume. Au fond, on n'a ja-

---

[1] Ces portefeuilles pleins de gravures sont encore rangés sur les casiers que Gœthe avait fait disposer lui-même. Quand on entre chez lui, du premier coup d'œil on peut pressentir le trait original qui caractérise le maître du logis : d'un côté sont des armoires vitrées remplies de minéraux, de l'autre des portefeuilles de dessins On sent que l'on est chez un artiste qui était aussi un savant. Les collections de Gœthe étaient très-nombreuses; le catalogue qui en a été dressé en 1848 par M. Schuchardt forme trois volumes. Jusqu'au dernier moment, il les a augmentées. On dit même qu'il lui arrivait parfois d'emprunter et d'oublier longtemps de rendre. C'est là le vrai signe du collectionneur passionné.

mais été content de moi, et on m'a toujours voulu autre qu'il a plu à Dieu de me faire. On a été aussi rarement content de ce que je publiais. Quand j'avais pendant des années travaillé de toutes les forces de mon âme, afin de plaire au monde par un nouvel ouvrage, il voulait encore de plus que je lui fisse de grands remercîments, parce qu'il avait bien voulu le trouver supportable. Quand on me louait, je ne devais pas accepter ces éloges avec un contentement calme comme un tribut qui m'était dû, on attendait de moi quelque phrase bien modeste par laquelle j'aurais détourné la louange en proclamant avec beaucoup d'humilité l'indignité profonde de ma personne et de mes œuvres. C'était là quelque chose de contraire à ma nature, et j'aurais été un misérable gueux, si j'avais fait des mensonges aussi hypocrites. Comme j'avais assez d'énergie pour montrer mes sentiments dans toute leur vérité, je passais pour fier, et je passe pour tel encore aujourd'hui. En religion, en politique, dans les sciences, on m'a partout tourmenté, parce que je n'étais pas hypocrite et parce que j'avais le courage de parler comme je pensais. — Je croyais à Dieu et à la nature, au triomphe de ce qui est noble sur ce qui est bas; mais ce n'était pas assez pour les âmes pieuses, je devais croire aussi que trois font un et que un fait trois; cela était en opposition avec le sens du vrai qui est dans mon âme, et d'ailleurs je ne voyais pas du tout à quoi ces aveux m'auraient servi.

« Il m'en a pris mal aussi d'avoir vu que la théorie de Newton sur la lumière était une erreur, et d'avoir eu le courage d'attaquer le *credo* universel. J'ai vu la lumière dans toute sa pureté, dans toute sa vérité; c'était mon devoir de lutter pour elle. Mes adversaires voulaient la ternir, car ils soutenaient ce principe : *L'ombre fait partie de la lumière*. Ce principe a l'air absurde tel que je l'exprime, cependant il est comme je le dis. Car que prétendent-ils? ils disent : *Les couleurs* (et les couleurs sont bien de l'ombre) *sont la lumière elle-même*, ou, ce qui revient au même, *les couleurs sont des rayons de lumière brisés tantôt d'une façon, tantôt d'une autre.* »

Gœthe se tut un instant; un sourire ironique courait sur son beau visage; puis il continua :

« Et en politique! que n'ai-je pas eu à endurer! Quelles misères ne m'a-t-on pas faites? Connaissez-vous mon drame *les Révoltés?* » — « Hier pour la première fois, dis-je, j'ai lu cette pièce, à cause de la nouvelle édition de vos œuvres, et j'ai infiniment regretté qu'elle soit restée inachevée. Mais telle qu'elle est, tout esprit juste saura y voir votre manière de penser. »

« — Je l'ai écrite au temps de la première Révolution, et on peut la regarder comme ma profession de foi politique à ce moment. J'avais fait de la Comtesse le représentant de la noblesse, et les paroles que je mets dans sa bouche indiquent quels doivent être les sentiments d'un noble. La Comtesse vient d'arriver de Paris, elle a été témoin des préliminaires de la Révolution, et elle n'en a pas déduit une mauvaise doctrine! Elle s'est convaincue que s'il est possible d'opprimer le peuple, on ne peut l'écraser, et que le soulèvement révolutionnaire des classes inférieures est une suite de l'injustice des grands. « Je « veux à l'avenir, dit-elle, éviter soigneusement toute ac- « tion injuste, et sur les actes injustes d'autrui, je dirai « hautement dans le monde et à la cour mon opinion. « Aucune injustice ne me trouvera plus muette, quand « même on devrait me décrier en m'appelant démocrate.»

Je croyais que cette manière de penser était tout à fait digne de respect. Elle était alors la mienne et elle l'est encore maintenant. Eh bien ! pour récompense, on m'a couvert de titres de toute espèce que je ne veux pas répéter [1].

— La lecture seule d'*Egmont*, dis-je, suffit pour savoir ce que vous pensez. Je ne connais pas de pièce allemande où la cause de la liberté ait été plaidée comme dans celle-là.

— On a du plaisir à ne pas consentir à me voir comme je suis, et on détourne les regards de ce qui pourrait me montrer sous mon vrai jour. Au contraire, Schiller, qui, entre nous, était bien plus un aristocrate que moi, mais qui bien plus que moi pensait à ce qu'il disait, Schiller a eu le singulier bonheur de passer pour l'ami tout particulier du peuple [2]. Je lui laisse le titre de tout cœur, et

---

[1] Oui, il veut que les nobles soient pleins d'humanité, mais il les maintient dans la possession de leurs titres, de leur rang, et c'est là une modération qui ne pouvait plaire dans un temps de révolution radicale.

Les personnages poétiques que crée un poëte indiquent quelles sont les habitudes favorites de sa pensée. On peut lui dire : « Dis-moi qui tu crées, je dirai qui tu es. » Or il est très-certain que presque tous les personnages auxquels Gœthe a donné la vie dans ses poëmes sont pris dans la classe populaire ; on lui a même reproché de les choisir trop bas. Dans *Egmont*, dans *Faust*, la figure la plus sympathique est celle d'une fille du peuple, tandis que l'imagination du brillant Schiller, au contraire, ne fraye guère qu'avec des princes et des princesses. En cela Schiller semble se montrer plus aristocrate de goûts que Gœthe. Si le style a une couleur politique, on peut dire aussi que le style de Schiller, par ses parures et ses élégances, par son caractère abstrait, a une physionomie bien plus aristocratique que le style si simple, si vrai, si limpide de Gœthe. Schiller n'a rien dans son œuvre qui ressemble aux chansons de Gœthe, d'un ton si populaire. — Gœthe était au fond, je crois, aussi démocrate que Schiller, mais il était beaucoup moins révolutionnaire de caractère, et son temps exigeait des révolutions : Schiller fut donc le poëte préféré. Et puis Gœthe se permettait d'écrire souvent des épigrammes de ce genre : « Les apôtres de liberté m'ont toujours été antipathiques, car ce qu'ils finissent toujours par chercher, c'est le droit pour eux à l'arbitraire. »

je me console en pensant que bien d'autres ont eu le même sort que moi. Oui, on a raison, je ne pouvais pas être un ami de la Révolution française, parce que j'étais trop touché de ses horreurs, qui, à chaque jour, à chaque heure me révoltaient, tandis qu'on ne pouvait pas encore prévoir ses suites bienfaisantes. Je ne pouvais pas voir avec indifférence que l'on cherchât à reproduire *artificiellement* en Allemagne les scènes qui, en France, étaient amenées par une nécessité puissante. Mais j'étais aussi peu l'ami d'une souveraineté arbitraire. J'étais pleinement convaincu que toute révolution est la faute non du peuple, mais du gouvernement. Les révolutions seront absolument impossibles, dès que les gouvernements seront constamment équitables, et toujours en éveil, de manière à prévenir les revolutions par des améliorations opportunes; dès qu'on ne les verra plus se roidir jusqu'à ce que les réformes nécessaires leur soient arrachées par une force jaillissant d'en bas. A cause de ma haine pour les révolutions, on m'appelait un ami du fait existant. C'est là un titre très-ambigu, que l'on aurait pu m'épargner. Si tout ce qui existe était excellent, bon et juste, je l'accepterais très-volontiers. Mais à côté de beaucoup de bonnes choses il en existe beaucoup de mauvaises, d'injustes, d'imparfaites, et un ami du fait existant est souvent un ami de ce qui est vieilli, de ce qui ne vaut rien. Les temps sont dans un progrès éternel; les choses humaines changent d'aspect tous les cinquante ans, et une disposition qui, en 1800, sera parfaite est déjà peut-être vicieuse en 1850. — Mais il n'y a de bon pour chaque peuple que ce qui est produit par sa propre essence, que ce qui répond à ses propres besoins, sans singerie des autres nations! Ce qui serait un aliment bienfaisant pour un peuple d'un certain âge sera peut-être un poison pour un autre. Tous les essais pour introduire des nouveautés étrangères sont des folies, si les besoins de changement n'ont pas leurs racines dans les profondeurs mêmes de la nation, et toutes les révolutions de ce genre resteront sans résultats, parce qu'elles se font sans Dieu; il n'a aucune part à une aussi mauvaise besogne. Si, au contraire, il y a chez un peuple besoin réel d'une grande réforme, Dieu est avec elle, et elle réussit. Il était évidemment avec le Christ et avec ses premiers disciples, car l'apparition de cette nouvelle doctrine d'amour était un besoin pour les peuples; il était aussi évidemment avec Luther, car il n'était pas moins nécessaire de purifier cette doctrine défigurée par le clergé. Ces deux grandes puissances que je viens de nommer n'étaient pas des amis du fait établi; leur ferme persuasion était bien plutôt qu'il fallait épurer le vieux levain, et que l'on ne pouvait continuer à marcher toujours dans la fausseté, l'injustice et l'imperfection. »

Mardi, 27 janvier 1824.

Gœthe a causé avec moi de la continuation de sa biographie, à laquelle il travaille dans ce moment. Il dit que les dernières époques de sa vie ne peuvent pas avoir la même abondance de détails que sa jeunesse, racontée dans *Vérité et Poésie*. « Je composerai le récit de ces dernières années sous forme d'*Annales*; il s'agit moins de raconter ma vie que de montrer sur quoi s'est exercée mon activité. D'ailleurs, pour tout individu, l'époque la plus intéressante est celle du développement[1], et

---

[1] Il est remarquable que la partie la plus intéressante, la plus détaillée des Mémoires écrits sur eux-mêmes par les personnages célèbres soit toujours la première. Tout le monde se souvient des chapitres délicieux

pour moi cette époque se termine dans les volumes détaillés de *Vérité et Poésie*. Plus tard commence la lutte avec le monde, et cette lutte n'est intéressante qu'autant qu'il en sort quelque chose. Et puis, la vie d'un savant d'Allemagne, qu'est-ce? Ce qu'elle a produit pour moi de bon, je ne pourrais pas le publier, et ce qui pourrait être publié ne vaut pas la peine de l'être. Et où sont les auditeurs auxquels on aurait du plaisir à faire un pareil récit? Lorsque je regarde en arrière le commencement et le milieu de ma vie et que je viens à penser combien il me reste peu dans ma vieillesse de ceux qui étaient avec moi quand j'étais jeune, je pense toujours à ce qui arrive à ceux qui vont passer un été aux Eaux. En arrivant, on fait connaissance et amitié avec des personnes qui étaient déjà là depuis longtemps et qui sont près de partir. Leur perte fait de la peine. On se rattache alors à la seconde génération, avec laquelle on vit assez longtemps et avec laquelle on lie des rapports intimes ; mais elle part aussi, et nous laisse solitaire avec une troisième génération qui arrive presque au moment de notre propre départ et avec laquelle nous n'avons rien du tout de commun [1].

« On m'a toujours vanté comme un favori de la fortune;

---

dans les premiers livres des *Confessions* de saint Augustin, de J. J. Rousseau, des *Mémoires* de Chateaubriand, de G. Sand, des *Confidences* de Lamartine. Mais avec la jeunesse s'en vont la poésie et le charme! Vers trente ans, l'âme, trop souvent froissée, a perdu sa fleur première. « La lutte avec le monde commence, » l'esprit l'emporte sur le cœur, et tout devient plus froid. — Il faut arriver aux dernières années et aux dernières scènes de l'existence, pour retrouver l'intérêt profond et saisissant.

[1] Gœthe a assisté à cinq périodes bien distinctes de la vie littéraire de son pays. Étudiant à Leipzig, il a vu avec Gottsched la fin de l'école prétendue française, et il a écrit des comédies dans le genre français du dix-huitième siècle. — Étudiant à Strasbourg, il a vécu au milieu de la

je ne veux pas me plaindre et je ne dirai rien contre le cours de mon existence; mais au fond elle n'a été que peine et travail, et je peux affirmer que, pendant mes soixante et quinze ans, je n'ai pas eu quatre semaines de vrai bien-être. Ma vie, c'est le roulement perpétuel d'une pierre qui veut toujours être soulevée de nouveau. Mes *Annales* éclairciront ce que je dis là. On a trop demandé à mon activité, soit extérieure, soit intérieure. A mes rêveries et à mes créations poétiques je dois mon vrai bonheur. Mais combien de troubles, de limites, d'obstacles, n'ai-je pas rencontrés dans les circonstances extérieures! Si j'avais pu me retirer davantage de la vie publique et des affaires, si j'avais pu vivre davantage dans la solitude, j'aurais été plus heureux, et j'aurais fait bien plus aussi comme poëte[1]. Je devais, après mon *Gœtz* et mon *Wer-*

tempête (*Sturm und Drang*) d'où est sortie la nouvelle littérature allemande, et il a écrit *Gœtz* et *Werther*, qui l'ont fait roi de cette littérature. — A Weimar, il s'est servi de sa souveraineté pour faire régner avec lui la doctrine sereine de l'art grec, et il a écrit *Iphigénie*.— Dans sa vieillesse, il a vu fleurir le romantisme néo-catholique, néo-féodal, néo-barbare; il l'a poursuivi, raillé, maudit. — Enfin, au moment de sa mort, apparaissait la jeune Allemagne, qui a renversé le romantisme.

[1] Dans ses *Entretiens*, notre Lamartine a dit à son tour : « Il me semble que je me juge bien en convenant avec une juste modestie que je ne fus pas un grand poëte, mais en croyant peut-être avec trop d'orgueil que dans d'autres circonstances et dans d'autres temps j'aurais pu l'être. Il aurait fallu pour cela que *la destinée m'eût fermé plus hermétiquement et plus obstinément toutes les carrières de la vie active...* Si j'avais concentré toutes les forces de ma sensibilité, de mon imagination, de ma raison dans la seule faculté poétique... je crois... que j'aurais pu accomplir quelque œuvre non égale, mais parallèle aux beaux monuments poétiques de nos littératures... Il en a été autrement, il est trop tard pour revenir sur ses pas!.. » — Je rapproche ces deux témoignages de deux des plus grands poëtes du siècle en souhaitant qu'ils tombent sous les yeux de leur successeur; peut-être, grâce à cet aveu de ses devanciers, serait-il plus sage qu'eux? Malheureusement nous ne pouvons guère l'espérer, car Gœthe lui-même a dit que les erreurs des pères sont toujours perdues pour les enfants. Au moins dans notre siècle, la poli-

ther, vérifier le mot d'un sage : Lorsqu'on a fait quelque chose qui plaît au monde, le monde s'arrange de manière qu'on ne le recommence pas. Un nom répandu au loin, une haute position ont leur prix; mais avec ma réputation et mes dignités, j'ai tout simplement réussi à obtenir le droit de taire ce que je pense de l'opinion des autres, de peur de blesser. Ce serait trop fort si je n'avais pas l'avantage, sachant l'opinion des autres, de ne pas leur laisser ignorer la mienne. »

Dimanche, 15 février 1824.

Aujourd'hui, avant dîner, Gœthe m'a fait inviter à une promenade en voiture. En entrant dans sa chambre, je le trouvai déjeunant; il paraissait d'humeur très-gaie. « J'ai reçu une très-agréable visite, me dit-il joyeusement; un jeune homme plein d'espérance, Meyer, de Westphalie, était avant vous chez moi[1]. Il a fait des poésies qui permettent d'attendre beaucoup. Il vient d'avoir dix-huit ans; il est avancé d'une façon étonnante. Je suis bien content, dit ensuite Gœthe en riant, de n'avoir pas aujourd'hui dix-huit ans. Quand j'avais dix-huit ans, l'Allemagne avait aussi dix-huit ans, et on pouvait faire quelque chose; maintenant ce que l'on demande est incroyable, et tous les chemins sont barrés. L'Allemagne seule est, dans tous les genres, parvenue si haut, que

tique semble inévitable. Est-ce tout à fait un mal? Gœthe a laissé moins de beaux vers, mais il a, comme ministre, rendu d'immenses services au grand-duché de Weimar, et par suite à l'Allemagne entière. Lamartine n'a pas écrit l'épopée qu'il rêvait, mais il a écrit quelques lois qui valent bien des chants épiques. Le bien a profité des pertes du beau. Quand une grande âme est active, ce qu'elle fait reçoit toujours sa noble et durable empreinte.

[1] Mort très-jeune. On a de lui un joli roman : *Édouard à Rome*, 1840; Breslau, 2 vol.

notre regard peut à peine tout dominer, et il faut que nous soyons encore avec cela Grecs, Latins, Anglais et Français ! Et voilà maintenant l'Orient, où l'on a la folie de nous envoyer : un jeune homme doit vraiment perdre la tête. Pour consoler Meyer, je lui ai montré ma tête colossale de Junon[1], comme un symbole lui disant qu'il pouvait rester chez les Grecs et cependant trouver la tranquillité. C'est un jeune homme d'un esprit pratique ! S'il se met en garde contre l'éparpillement, il peut devenir quelque chose. Mais je remercie le ciel, comme je vous disais, de ne plus être jeune dans un siècle aussi avancé. Je ne resterais plus ici. Et même, si je voulais fuir en Amérique, j'arriverais encore trop tard, car là-bas aussi il fait déjà trop jour. »

Dimanche, 22 février 1824.

Dîné avec Gœthe et son fils, qui nous a raconté plusieurs anecdotes fort gaies de sa vie d'étudiant, et surtout de son séjour à Heildelberg. Il avait fait, pendant les fêtes, mainte excursion sur les bords du Rhin; et il se rappelait surtout avec plaisir un aubergiste chez qui il avait couché avec dix de ses amis, et qui leur avait fourni du vin gratis à tous, seulement pour jouir du bonheur d'assister à ce qu'on appelle un *commers*[2]. — Après dîner, Gœthe nous montra des dessins coloriés de paysages italiens, pris surtout dans le nord, près des montagnes qui touchent

---

[1] Gœthe avait rapporté d'Italie un plâtre très-beau, de grandeur colossale, de la *Juno Ludovisi*. Il s'enivrait de la vue de cette sublime image, d'une si majestueuse sérénité. Gœthe aurait pu dire : « Je suis l'élève de la *Juno Ludovisi* » comme jadis Michel-Ange avait dit : Je suis l'élève du *Torse*.

[2] Réunion d'étudiants. On y chante, on y boit, on y rit beaucoup. Les étrangers peuvent y assister à titre d'invités.

la Suisse et du lac Majeur. Les îles Borromées se reflétaient dans les eaux; sur les rivages on voyait des barques et des filets, et Gœthe nous fit remarquer que ce lac était celui dont il parle dans ses *Années de voyage*. Je dis alors : « Je suis né dans un pays de plaines, et j'éprouve du malaise à considérer les masses immenses et sombres de ces montagnes; je cherche quel plaisir on peut avoir à errer dans ces gorges.» — «Ce sentiment, dit Gœthe, est dans l'ordre, car au fond l'homme ne se plaît que dans la situation dans laquelle et pour laquelle il est né. Celui qu'un puissant motif ne pousse pas à l'étranger, vit bien plus heureux chez lui. Sur moi, la Suisse a d'abord fait une telle impression, que j'en avais l'esprit tout troublé et tout inquiet; ce n'est qu'après des séjours répétés, et dans les dernières années, que, visitant les montagnes dans un but purement minéralogique, j'ai pu retrouver en face d'elles la tranquillité. »

Nous regardâmes alors une grande collection de gravures faites d'après les tableaux d'artistes modernes, composant une galerie française. L'invention était presque toujours faible. Un paysage dans la manière de Poussin était meilleur [1]; Gœthe dit à ce propos : «Ces artistes ont saisi l'idée générale du paysage de Poussin, et ils le continuent. On ne peut appeler leurs tableaux ni bons ni mauvais. Ils ne sont pas mauvais, parce qu'on sent percer partout un excellent modèle. Ils ne sont pas bons non plus, parce qu'en général le grand caractère de Poussin manque à ces artistes. Il en est de même parmi les poëtes, et il y en a qui sauraient fort bien faire du mauvais Shakspeare. »

---

[1] Sans doute de Bertin.

Enfin nous avons examiné le modèle de la statue de Gœthe, par Rauch, destinée à Francfort.

Mardi, 24 février 1824.

Je suis allé aujourd'hui à une heure chez Gœthe. Il m'a montré les manuscrits qu'il avait dictés pour la première livraison du cinquième volume de *l'Art et l'Antiquité*. Je trouvai joint à ma critique du *Paria* allemand un appendice de Gœthe sur la tragédie française et la trilogie lyrique elle-même. Les trois choses réunies forment un tout complet[1]. « Vous avez bien fait, à propos de cet article, me dit Gœthe, de chercher à vous rendre compte de l'état de l'Inde; car de nos études nous ne conservons que ce que nous avons tourné vers un but pratique. » Je lui dis que j'avais fait cette expérience à l'Université. « On apprend là beaucoup trop de choses, dit-il, et beaucoup d'inutilités. Les professeurs étendent leurs développements bien au delà de ce qui est nécessaire aux auditeurs. Autrefois la chimie et la botanique étaient enseignées comme des accessoires de la médecine, et cela suffisait aux médecins. Mais aujourd'hui chimie et botanique sont devenues des sciences indépendantes pour lesquelles un coup d'œil ne suffit pas, qui exigent chacune toute une vie d'homme, et on veut les exiger des médecins! On n'arrivera à rien de cette façon; on laisse, on oublie une science pour l'autre. Celui qui est sage repousse toutes ces prétentions qui dispersent les forces, il se renferme dans une seule science, et il y devient supérieur. »

---

[1] Voir l'article de Gœthe intitulé *les trois Parias*. (Le poëme de Gœthe, les tragédies de Michel Beer et de Casimir Delavigne.)

Gœthe me montra alors une courte critique qu'il a écrite sur le *Caïn* de Byron, et que je lus avec un vif intérêt. « On voit, dit-il, combien l'insuffisance des dogmes ecclésiastiques a tourmenté un libre esprit comme Byron, et comment il a cherché par cette pièce à se débarrasser d'une doctrine imposée. Le clergé anglais à la vérité ne peut pas lui adresser de grands remercîments, mais je serai bien étonné s'il ne continue pas à peindre les sujets bibliques voisins et s'il laisse échapper un sujet comme la ruine de Sodome et de Gomorrhe. »

Après ces observations littéraires, Gœthe tourna mon intérêt vers les beaux-arts en me montrant une pierre gravée antique dont il m'avait déjà parlé avec admiration le jour précédent. Je fus ravi de la naïveté de ce dessin. Je vis un homme qui a enlevé de ses épaules un vase très-lourd pour faire boire un enfant. Mais le vase n'est pas encore bien placé, il n'est pas à la portée des lèvres; la boisson ne coule pas; et l'enfant, tout en ayant ses petites mains appuyées sur le vase, regarde vers l'homme et paraît le prier de le pencher encore un peu. « Eh bien! cela vous plaît-il? me dit Gœthe. Ah! nous autres modernes, nous sentons bien la grande beauté des sujets d'un naturel aussi pur, aussi complétement naïf; nous savons bien, nous concevons bien comment on pourrait faire quelque chose de pareil, mais nous ne le faisons pas; on sent la réflexion qui domine, et nous manquons toujours de cette grâce ravissante. »

Nous regardâmes ensuite une médaille de Brandt[1], graveur de Berlin, représentant le jeune Thésée qui trouve

---

[1] Né en 1789. Il avait étudié à Paris, sous Droz; son *Thésée* lui avait valu un grand prix. Il est mort en 1845, graveur en chef des monnaies de la Prusse.

sous une pierre les armes de son père. La pose de la figure avait beaucoup de qualités, cependant les membres qui supportaient le poids de la pierre n'étaient pas assez tendus. Cela nous parut aussi mal conçu d'avoir représenté le jeune homme tenant déjà d'une main les armes pendant qu'il soulève encore de l'autre la pierre, car il est tout naturel qu'il jette d'abord la pierre de côté et qu'il prenne alors les armes. « Mais je vais, me dit Gœthe, vous montrer en revanche une pierre antique où le même sujet est traité par un ancien. » Il envoya Stadelmann chercher une caisse dans laquelle se trouvaient quelques centaines de pierres antiques moulées, rapportées par lui de Rome, lors de son voyage en Italie. Je vis alors le même sujet traité par un Grec, et quelle différence! Le jeune homme se roidit de toutes ses forces contre la pierre; il est assez fort pour en soutenir la charge; on voit qu'il réussira, et la pierre est déjà assez soulevée pour être bientôt renversée de l'autre côté. Le jeune héros fait contre cette lourde masse emploi de toutes ses forces et c'est seulement son regard abaissé qui s'occupe des armes étendues à terre à ses pieds. Nous admirâmes le grand naturel et la vérité de cette action. « Meyer dit toujours, ajouta Gœthe en riant : *Si penser n'était pas si difficile!...* Mais le vrai mal, c'est que penser ne sert à rien du tout; il faut avoir reçu de la nature un sens juste, et alors les bonnes idées nous apparaissent toujours comme des enfants du ciel et nous crient : Nous voilà! »

Mercredi, 25 février 1824.

Gœthe m'a montré aujourd'hui deux poésies bien curieuses; toutes deux ont une intention très-morale, mais çà et là quelques détails ont ce naturel et cette vérité sans réserve que le monde a coutume de traiter d'immorales ; aussi Gœthe les garde et ne pense pas à les publier. « Si l'intelligence, si une haute culture d'esprit, me dit Gœthe, étaient des biens communs à tous les hommes, le rôle du poëte serait bien plus heureux ; il pourrait être entièrement vrai, et n'éprouverait pas de craintes pour dire les meilleures choses. Mais dans l'état actuel, il faut qu'il se maintienne toujours à un certain niveau ; il faut qu'il pense que ses œuvres iront dans les mains d'un monde mêlé, et il est par là obligé de prendre garde que sa trop grande franchise ne soit un scandale pour la majorité des bons esprits. Le temps est une chose bizarre. C'est un tyran qui a ses caprices et qui à chaque siècle a un nouveau visage pour ce que l'on dit et ce que l'on fait. Ce qu'il était permis de dire aux anciens Grecs ne nous semble plus à nous convenable, et ce qui plaisait aux énergiques contemporains de Shakspeare, l'Anglais de 1820 ne peut plus le tolérer, et dans ces derniers temps on a senti le besoin d'un « *Shakspeare des familles* [1]. »

« Cela dépend aussi de la forme, dis-je alors. L'une de ces deux poésies, qui est dans le ton et dans le mètre antiques, est beaucoup moins choquante. Quelques traits certainement arrêtent, mais l'accent général a tant de grandeur et de dignité, qu'il nous semble que nous entendons la voix énergique d'un ancien et que nous sommes revenus au temps des héros grecs. Au contraire, l'autre poésie, dans le ton et dans le mètre d'Arioste, est bien plus insidieuse. Elle raconte une aventure moderne dans le langage moderne, et, se présentant ainsi tout à fait de-

---

[1] Nous avons même en France une *Bible des familles*, et depuis peu un *Béranger des familles*.

vant nous sans voiles, ses hardiesses paraissent bien plus téméraires. » — « Vous avez raison, dit Gœthe, il y a de grands et mystérieux effets qui dépendent de la différence des formes poétiques. Si on traduisait les idées de mes *Élégies romaines* dans le ton et dans le mètre du *Don Juan* de Byron, ce serait les altérer complètement. »

On apporta les journaux français. Le succès de la campagne des Français en Espagne sous le duc d'Angoulême avait pour Gœthe beaucoup d'intérêt. « Cet acte des Bourbons mérite toute louange, dit-il, car ils ne gagnent vraiment leur trône qu'en gagnant l'armée ; et c'est fait maintenant. Le soldat revient sujet fidèle vers le roi, car ses victoires sur les Espagnols commandés par cent chefs lui ont appris la différence qui existe entre obéir à un seul chef ou à plusieurs. L'armée a soutenu son ancienne gloire et a montré qu'elle avait conservé sa bravoure et qu'elle pouvait vaincre même sans Napoléon. »

Gœthe remonta alors dans l'histoire et parla beaucoup sur l'armée prussienne de la guerre de Sept ans. Elle avait été habituée par Frédéric le Grand à un triomphe constant, ce qui l'avait gâtée ; aussi plus tard sa trop grande confiance en elle-même a été cause pour elle de nombreuses défaites. Gœthe racontait tout avec le plus grand détail, et j'admirais son heureuse mémoire. « J'ai eu, dit-il, le grand avantage d'être né dans un temps pendant lequel se produisirent les plus grands faits de l'histoire du monde, et ils se sont prolongés pendant toute ma longue existence. J'ai été témoin vivant de la guerre de Sept ans, ensuite de la séparation de l'Amérique de l'Angleterre, puis de la Révolution française, et enfin de toute l'ère napoléonienne jusqu'à la ruine du héros et jusqu'aux événements qui l'ont suivie. Aussi je suis arrivé à des résultats et à des vues toutes différentes de celles que peuvent avoir ceux qui naissent maintenant et qui doivent se rendre compte de ces événements à l'aide de livres qu'ils ne comprennent pas. Ce que l'avenir nous réserve, il est impossible de le prophétiser, cependant je crains que nous n'arrivions pas de sitôt à la tranquillité. Il n'est pas donné au monde d'être modéré, aux grands de ne se permettre aucun abus de puissance, à la masse de se contenter d'une situation médiocre en attendant les améliorations successives. Si on pouvait rendre l'humanité parfaite, on pourrait penser à un état social parfait; mais comme elle sera éternellement chancelante tantôt à droite, tantôt à gauche, une partie sera exposée à souffrir pendant que l'autre jouira du bien-être; *Égoïsme* et *Envie* sont deux mauvais démons qui nous tourmenteront toujours, et la lutte des partis ne finira jamais. Ce qu'il y de plus raisonnable, c'est que chacun fasse le métier pour lequel il est né, qu'il a appris, et qu'il n'empêche pas les autres de faire le leur. Que le cordonnier reste près de sa forme, le laboureur à sa charrue[1] et que le prince connaisse la science du gouvernement. Car cela aussi est un métier qu'il faut apprendre et auquel il ne faut pas prétendre, quand on ne s'y entend pas. »

Gœthe revint ensuite aux journaux français : « Les libéraux, dit-il, peuvent parler, car, lorsqu'ils ont de l'esprit, on les écoute avec plaisir. Mais aux royalistes qui ont dans les mains la puissance exécutive, la parole

---

[1] Proverbe allemand. Gœthe soit en parlant, soit en écrivant, a toujours aimé encadrer la sagesse des nations dans la sienne.

6.

va mal, c'est l'action qui leur convient. Faire marcher des troupes, décapiter, pendre, voilà leur affaire, mais lutter dans des feuilles publiques contre des idées et justifier les mesures qu'ils prennent, cela ne leur ira jamais. Donnez-leur un public de rois, alors ils pourraient prendre la parole. — Pour moi, dans ce que j'ai eu à faire et à mener, je me suis toujours conduit en royaliste. J'ai laissé bavarder autour de moi, et j'ai fait ce que je pensais être bien. J'embrassais les choses d'un coup d'œil général, et je savais où je me dirigeais. Si j'avais fait une faute, je l'avais faite seul, et je pouvais la réparer; mais si nous avions été plusieurs à la faire, la réparer eût été impossible, parce que chacun aurait eu une opinion différente. »

A dîner, Gœthe a été de l'humeur la plus gaie. Il m'a montré un album de madame de Spiegel, dans lequel il a écrit de très-beaux vers [1]. Depuis deux ans, une page lui était réservée, et il était content d'avoir enfin réussi à remplir cette ancienne promesse. Après avoir lu sa poésie, je feuilletai l'album et j'y trouvai plusieurs noms célèbres. A la page suivante était une poésie de Tiedge [2], qui rappelait tout à fait le ton et les idées de son *Uranie*. « Dans un accès de témérité, me dit Gœthe, j'ai été sur le point de placer quelques vers sous les siens; mais je suis content d'avoir résisté à la tentation, car ce n'est pas la première fois que par des paroles trop franches je

---

[1] Voir dans ses poésies. (Werke, IV, 123, 138.) Madame de Spiegel habite toujours Weimar. Son mari était maréchal du palais.

[2] Tiedge, né en 1752, mort en 1841. Sa jeunesse fut remplie de souffrances de corps et d'esprit. Après une grave maladie, il resta estropié du pied. Il n'arriva à une vie indépendante que dans sa vieillesse. C'est en 1801 que parut « *Uranie*, poëme lyrique, didactique, sur Dieu, l'immortalité et la liberté. » En 1823, il avait eu vingt éditions.

blesse des âmes excellentes et que je nuis à mes meilleures choses. Et cependant j'en ai enduré avec l'*Uranie* de Tiedge ! Il y a eu un temps où on ne chantait, où on ne déclamait que l'*Uranie*. Partout où on allait, on trouvait l'*Uranie* sur une table ; l'*Uranie* et l'immortalité étaient le sujet de toute conversation. Certes, je ne voudrais pas être privé du bonheur de croire à une durée future, et même je dirai avec Laurent de Médicis que ceux qui n'espèrent pas une autre vie sont déjà morts pour celle-ci. Mais ces mystères incompréhensibles sont beaucoup trop au-dessus de nous pour être un sujet d'observations quotidiennes et de spéculations funestes à l'esprit. Que celui qui a la foi en une durée future jouisse de son bonheur en silence, et qu'il ne se trace pas déjà des tableaux de cet avenir. A l'occasion de l'*Uranie* de Tiedge, j'ai remarqué que les personnes pieuses forment une espèce d'aristocratie comme les personnes nobles. J'ai trouvé de sottes femmes qui étaient fières de croire avec Tiedge à l'immortalité, et j'ai été obligé de supporter de la part de plusieurs d'entre elles une espèce d'examen à mots couverts sur ce point. Je les indignais en leur disant : Je serai très-satisfait, si après cette vie je suis encore favorisé d'une autre, mais je demande seulement à ne rencontrer là-haut aucun de ceux qui ici-bas ont eu la foi à la vie future, car je serais alors bien malheureux ! Toutes ces âmes pieuses viendraient toutes m'entourer en me disant : Eh bien ! n'avions-nous pas raison ? Ne vous l'avions-nous pas dit ? N'est-ce pas arrivé ?... Et je serais, même là-haut, condamné à un ennui sans fin. S'occuper des idées sur l'immortalité, cela convient aux classes élégantes et surtout aux femmes qui n'ont rien à faire. Mais un homme d'un esprit solide, qui pense à être déjà ici-bas quelque chose de sérieux, et qui par conséquent a chaque jour à travailler, à lutter, à agir, cet homme laisse tranquille le monde futur et s'occupe à être actif et utile dans celui-ci [1]. Les idées sur l'immortalité sont bonnes aussi pour ceux qui n'ont pas été très-bien partagés ici-bas pour le bonheur, et je parierais que, si le bon Tiedge avait eu un meilleur sort, il aurait eu aussi de meilleures idées. »

Jeudi, 26 février 1824.

Dîné avec Gœthe. Après que l'on eut desservi, il fit apporter par Stadelmann de grands portefeuilles pleins de gravures. Sur les cartons s'était amassé un peu de poussière; Gœthe, ne trouvant sous sa main aucune étoffe convenable pour les essuyer, se fâcha et gronda son domestique. « Je te le rappelle pour la dernière fois : si tu ne m'achètes pas aujourd'hui les morceaux d'étoffe que je t'ai plusieurs fois demandés, je sors demain pour les acheter moi-même; tu verras si je sais tenir parole. » Stadelmann se retira.

« J'ai eu une fois la même aventure avec l'acteur Becker, me dit gaiement Gœthe; il se refusait à jouer un des Cavaliers dans *Wallenstein*. Je lui fis dire que si, *lui*, ne voulait pas jouer ce rôle, ce serait *moi* qui le jouerais.

---

[1] Il faut ne pas vouloir comprendre Gœthe pour dire qu'il blâme la conviction en notre immortalité; personne, au contraire, n'a été plus fortement pénétré de cette conviction, qu'il faisait reposer sur des vues philosophiques profondément méditées. Ce qu'il raille, et avec raison, ce sont les fades romans sur la vie future, les rêves mystiques, amollissants, qui veulent se donner pour des certitudes démontrées. Que l'on se rappelle son grand principe : se tenir sur la limite extrême de ce que l'on peut concevoir, mais ne jamais dépasser cette limite, car immédiatement au delà commence le pays des chimères, avec ses brouillards et ses fantômes, dangereux pour la santé de l'esprit.

Cela eut son effet; car ils me connaissaient bien au théâtre, et ils savaient qu'en pareille matière je n'entendais pas plaisanterie, et que j'étais une tête à tenir parole et à ne pas reculer devant une extravagance. » — Auriez-vous donc joué vraiment le rôle? demandai-je. — « Oui, je l'aurais joué, et mieux que M. Becker, car je le savais mieux que lui. »

Nous ouvrîmes alors les portefeuilles et examinâmes les gravures et les dessins. Gœthe, à cause de moi, procéda à cet examen avec un grand soin, et je sens qu'il veut faire de moi un excellent connaisseur. Il ne me montre que ce qu'il y a d'absolument parfait en chaque genre; il me fait voir les intentions et les mérites de l'auteur, pour que je puisse arriver à suivre les pensées des plus grands artistes et sentir tout de suite ce qu'il y a de plus beau. « C'est ainsi, me dit-il, que se forme ce que nous appelons le goût. Il ne se forme que par la contemplation de l'excellent, et non point du passable. Voilà pourquoi je ne vous montre que ce qu'il y a de mieux. Lorsque vous serez fixé sur les belles œuvres vous aurez une mesure pour toutes les autres, que vous n'estimerez pas trop haut, mais que vous apprécierez cependant. Et je vous montre ce qu'il y a de mieux dans chaque genre, pour que vous voyiez qu'il n'y a pas de genre méprisable, mais que tout genre peut plaire, si un grand talent le conduit à sa perfection. Par exemple, ce tableau d'un artiste français [1] est galant comme pas un, aussi, c'est dans son genre un chef-d'œuvre. » Gœthe me tendit la feuille, que je regardai avec grand plaisir. Dans le ravissant salon d'un pavillon d'été, qui par ses

---

[1] Watteau, *les Charmes de la vie*. Voir Schuchardt, Collections de Gœthe; 1, 214.

fenêtres et ses portes ouvertes avait vue sur un jardin, on apercevait un groupe des plus charmants personnages. Une belle dame assise, d'environ trente ans, tient un cahier de musique, qui vient de lui servir pour chanter. Un peu plus au fond, assise à ses côtés, se penche une jeune fille d'une quinzaine d'années. Plus loin, une autre jeune dame, près de la fenêtre, est debout, tenant un luth dont elle joue encore. Un jeune homme vient d'entrer; les regards des trois femmes sont tournés vers lui, il semble avoir interrompu la récréation musicale, et il s'incline légèrement, comme pour dire quelques paroles d'excuses qui sont bien accueillies par les dames.

« Cela, selon moi, dit Gœthe, est aussi galant qu'aucune pièce de Caldéron[1]? Vous avez vu maintenant ce qu'il y a de mieux dans ce genre. Mais que dites-vous de ceci? » Et il me tendit quelques eaux-fortes du célèbre peintre d'animaux Roos[2]. Il n'y avait que des moutons, dans toutes les positions qu'ils aiment à prendre. La simplicité des physionomies, le laid hérissement des toisons, tout était reproduit avec la plus fidèle vérité; c'était la nature même. « Chaque fois que je regarde ces animaux, dit Gœthe, je me sens tout troublé. Il me semble

---

[1] Ce rapprochement entre Watteau et Caldéron peut paraître d'abord singulier, mais en réfléchissant on voit que ce sont en effet deux romantiques, c'est-à-dire deux artistes qui, sans s'inquiéter des chefs-d'œuvre du passé, ont tracé des tableaux entièrement originaux, inspirés uniquement par la réalité qu'ils avaient sous les yeux. Leurs créations poétiques sont des souvenirs nés de leur vie, et non de leurs lectures. De plus, le siècle de Caldéron comme le siècle de Watteau sont des époques élégantes et galantes. Plusieurs scènes des pièces de Calderon, vues sur le théâtre, en Allemagne, rappellent tout à fait les tableaux de Watteau.

[2] Peintre allemand qui a vécu en Italie; mort en 1705.

que je me rapproche de ces organisations bornées, obscures, rêveuses, ruminantes; on a peur de devenir un animal[1], et on croirait presque que le peintre en était un. En tout cas, il est bien étonnant qu'il ait su assez pénétrer les idées et les sentiments de ces créatures, pour faire percer avec une telle vérité leur caractère intime à travers leurs traits extérieurs. On voit ce qu'un grand talent peut accomplir quand il se borne aux sujets qui sont analogues à sa nature.

— Cet artiste n'a-t-il pas aussi reproduit des chiens, des chats, des bêtes fauves, avec autant de vérité? avec son don pour pénétrer les sentiments des organisations étrangères, n'a-t-il pas rendu avec une égale fidélité les caractères humains?

— Non, dit Gœthe, tout cela était en dehors de sa sphère; mais, au contraire, les animaux doux, qui paissent, comme les moutons, les chèvres, les vaches et les animaux de la même famille, il ne s'est pas lassé de les répéter sans cesse; c'était la vraie patrie de son talent, et il n'en est pas sorti de toute sa vie. Et il a bien fait! Il avait le sentiment inné de l'organisation de ces bêtes; il avait reçu la connaissance de leur état psychologique, voilà pourquoi le regard qu'il jetait sur leur extérieur était si heureux. Les autres animaux, au contraire, n'étaient pas pour lui si transparents, et il n'avait ni vocation pour les peindre ni désir de le faire. »

Ces paroles de Gœthe m'en rappelèrent d'autres du

---

[1] On se rappelle que, par la même raison sans doute, Gœthe ne pouvait souffrir les chiens. Leur regard, qui a parfois une expression presque humaine, lui faisait peur. Il y a là un mystère qu'il ne pouvait pénétrer et qu'il écartait de sa vue pour ne pas en être obsédé. Voir plus loin sa conversation avec Falk.

même genre qui me revinrent tout à coup à la mémoire. Il m'avait dit quelque temps auparavant que la connaissance du monde était innée chez le vrai poëte, et que pour le peindre il n'avait besoin ni de grande expérience ni de longues observations. « J'ai écrit mon *Gœtz de Berlichingen*, disait-il, quand j'avais vingt-deux ans, et dix ans plus tard j'étais étonné de la vérité de mes peintures. Je n'avais rien connu par moi-même, rien vu de ce que je peignais, je devais donc posséder par anticipation la connaissance des différentes conditions humaines. En général, avant de connaître le monde extérieur, je n'éprouvais de plaisir qu'à reproduire mon monde intérieur. Lorsque plus tard j'ai vu que le monde était réellement comme je l'avais pensé, il m'ennuya, et je perdis toute envie de le peindre. Oui, je peux le dire, si pour peindre le monde j'avais attendu que je le connusse, ma peinture serait devenue un persiflage[1]. »

Une autre fois il disait : « Il y a dans les caractères une certaine nécessité, certains rapports qui font que tel trait principal entraîne tels traits secondaires. On apprend cela fort bien par l'expérience, mais, chez certains individus, cette science peut être innée. Je ne veux pas chercher si cette science est en moi innée ou acquise, mais ce que je sais, c'est que, si j'ai parlé à quelqu'un un quart d'heure, je le laisserai à son tour parler deux heures. »

C'est ainsi que Gœthe disait de Byron que le monde était pour lui transparent, et qu'il pouvait le peindre par

---

[1] Il me semble que l'on pénétrera bien la pensée de Gœthe en se rappelant les romans de M. Mérimée, « le favori » de Gœthe. Ses peintures de la vie sont fines et exactes, mais ne sont-elles pas un continuel persiflage?

pressentiment. J'exprimai quelques doutes; je demandai si, par exemple, Byron réussirait à peindre une nature inférieure, animale; son caractère personnel me semblait trop puissant pour qu'il aimât à se livrer à de pareils sujets. Gœthe me l'accorda, en disant que les pressentiments ne s'étendaient pas au delà des sujets qui sont analogues au talent du poëte, et nous convînmes ensemble que l'étendue plus ou moins grande des pressentiments donnait la mesure du talent.

« Si Votre Excellence soutient, dis-je alors, que le monde est inné dans le poëte, elle ne parle sans doute que du monde intérieur, et non du monde des phénomènes et des rapports; par conséquent, pour que le poëte puisse tracer une peinture vraie, il a besoin d'observer la réalité.

— Oui, certainement, répondit Gœthe. Les régions de l'amour, de la haine, de l'espérance, du désespoir, toutes les nuances de toutes les passions de l'âme, voilà ce dont la connaissance est innée chez le poëte, voilà ce qu'il sait peindre. Mais il ne sait pas d'avance comment on tient une cour de justice, quels sont les usages dans les parlements, ou au couronnement d'un empereur, et pour ne pas, en pareils sujets, blesser la vérité, il faut que le poëte étudie ou voie par lui-même. Je pouvais bien, par pressentiment, avoir sous ma puissance pour Faust les sombres émotions de la fatigue de l'existence, pour Marguerite les émotions de l'amour, mais avant d'écrire ce passage : « Avec quelle tristesse le cercle incomplet de la lune décroissante se lève dans une vapeur humide, » il me fallait observer la nature.

— Dans tout *Faust*, dis-je, il n'y a pas une seule ligne qui ne porte des traces évidentes d'une observation attentive du monde et de la vie, et rien ne peut rappeler que tout vous a été accordé en présent, sans les trésors de l'expérience.

— C'est possible, dit-il, mais si je n'avais pas déjà porté en moi le monde par pressentiment, avec les yeux ouverts je serais resté aveugle, et toutes mes recherches, toute mon expérience n'auraient été qu'une fatigue stérile et vaine. La lumière est devant nous et les couleurs nous entourent, mais, si nous n'avions pas déjà la lumière et les couleurs dans nos yeux, nous ne les apercevrions pas en dehors de nous[1]. »

Samedi, 28 février 1824.

« Il y a des esprits excellents, a dit Gœthe, qui ne savent rien faire le pied dans l'étrier, et qui ne peuvent rien faire de superficiel; leur nature exige qu'ils pénètrent et approfondissent tranquillement tout sujet qu'ils traitent. Ces talents causent souvent de l'impatience, parce qu'on obtient rarement d'eux ce que l'on désire sur le moment; mais c'est par la route qu'ils suivent que l'on arrive aux sommets. » Je lui parlai de Ramberg[2]. « Oui, à coup sûr, c'est un artiste d'une nature toute différente, dit-il, un très-agréable talent, et avec cela un improvisateur qui n'a pas son pareil. Il m'a un jour à Dresde prié de lui donner un sujet. Je lui proposai Agamemnon revenant de Troie dans sa patrie, descendant de son char, et se sentant troublé en franchissant le seuil de son palais. Vous avouerez que c'était là un sujet extrêmement difficile, et qui pour tout autre artiste au-

---

[1] C'est un des principes de Gœthe dans sa *Théorie des couleurs*.
[2] Professeur de peinture à Dresde; mort en 1840.

rait exigé les plus mûres réflexions. A peine avais-je parlé, déjà Ramberg commençait son dessin, et je fus obligé d'admirer la justesse avec laquelle il avait conçu le sujet. Je ne le cache pas, j'aimerais posséder quelques dessins de Ramberg. »

Nous parlâmes d'autres artistes qui composent avec légèreté et tombent dans la manière.

« La manière, dit Gœthe, est toujours pressée et n'a aucune jouissance dans le travail. Mais le vrai et grand talent trouve son plus grand bonheur dans l'exécution. Roos ne se fatigue pas de dessiner constamment la barbe et la toison de ses chèvres et de ses moutons, et l'on voit au détail infini de ses œuvres qu'il a goûté pendant son travail la plus pure félicité, et qu'il ne pensait pas à finir. Aux talents médiocres l'art ne suffit pas par lui-même; pendant l'exécution, ils ont toujours devant les yeux le gain qu'ils attendent de leur ouvrage terminé. Avec un but pareil et avec des idées aussi attachées à la terre, on ne fait rien de grand. »

Dimanche, 29 février 1824.

Je suis allé à midi chez Gœthe, qui m'a invité à une promenade en voiture avant dîner. Je le trouvai à déjeuner, et je m'assis en face de lui, pour causer sur les travaux qui nous occupent et qui se rapportent à la nouvelle édition de ses œuvres. Je lui conseillai d'y comprendre *les Dieux, les Héros et Wieland* et les *Lettres d'un Pasteur*.

« De mon point de vue actuel, je ne peux juger ces productions de ma jeunesse, me dit-il. C'est à vous jeunes gens à décider. Cependant je ne veux pas dire de mal de ces commencements; j'étais encore dans l'obscurité, et je marchais en avant sans trop savoir où j'allais, mais cependant j'avais déjà le sens du vrai, une baguette divinatoire qui m'enseignait où était l'or. »

J'observai qu'il en était ainsi pour tous les grands talents, car autrement lorsqu'ils s'éveillent dans ce monde si mélangé, ils ne sauraient pas saisir le vrai et éviter le faux. Cependant on avait attelé ; nous suivîmes la route vers Iéna. Gœthe, au milieu de différents sujets, me parla des nouveaux journaux français : « La constitution en France, dit-il, chez un peuple qui renferme tant d'éléments vicieux, repose sur une tout autre base que la constitution anglaise. En France tout se fait par la corruption; toute la Révolution française même a été menée à l'aide de corruptions[1]. »

Il m'annonça la mort d'Eugène Napoléon (duc de Leuchtenberg). La nouvelle était arrivée le matin, et elle semblait l'attrister profondément. « C'était, dit Gœthe, un de ces grands caractères qui deviennent de plus en plus rares, et le monde est appauvri d'un homme remarquable. Je le connaissais personnellement; l'été dernier nous étions ensemble à Marienbad. C'était un bel homme d'environ quarante-deux ans, mais qui paraissait plus âgé, et cela ne peut étonner quand on pense à ce qu'il a souffert et quand on se rappelle sa vie, où campagnes et grands faits se succèdent sans interruption. Il m'a, à Marienbad, communiqué un plan sur l'exécution duquel nous avons beaucoup causé. Il s'agissait de la réunion du Rhin et du Danube. Gigantesque entreprise, quand on réfléchit aux obstacles naturels. Mais à quel-

[1] Gœthe pense évidemment à Mirabeau; mais il a tort de généraliser et surtout d'établir une différence entre la France et l'Angleterre. Walpole n'est pas un homme d'État français. Je me borne à cet exemple.

qu'un qui a servi sous Napoléon, et qui, avec lui, a ébranlé le monde, rien ne semble impossible. Charlemagne a eu déjà cette idée, et il en avait commencé l'exécution, mais l'entreprise s'est bientôt arrêtée; les terrains ne tenaient pas; les parois du canal s'écroulaient à mesure [1]. »

Lundi, 22 mars 1824.

Avant dîner je suis allé en voiture avec Gœthe à son jardin. Par sa situation au delà de l'Ilm, dans le voisinage du parc, sur la pente occidentale d'une rangée de collines, ce jardin a quelque chose d'aimable et d'attrayant. Protégé contre les vents du nord et de l'est, il est ouvert aux chaudes et bienfaisantes exhalaisons qui viennent du sud et de l'ouest; il offre ainsi, surtout en automne et au printemps, un séjour très-agréable. On est si près de la ville, qui s'étend au nord-ouest, que l'on peut y arriver en quelques minutes, et cependant, quand on regarde autour de soi, on ne voit s'élever dans les environs aucun édifice, aucun sommet de tour, pouvant rappeler le voisinage de la ville. Les arbres du parc, grands et serrés, arrêtent toute vue de ce côté. Ils se prolongent à gauche, vers le nord, formant ce qu'on appelle l'*Étoile*; à côté est le chemin de voitures, qui passe tout à fait devant le jardin. Vers l'ouest et le sud-ouest le regard s'étend librement sur une vaste prairie à travers laquelle, à la distance d'un bon trait d'arbalète, l'Ilm coule en replis silencieux. Au delà de la rivière, le rivage s'élève de nouveau en collines: leurs pentes et leurs hauteurs sont couvertes des verts ombrages et du feuillage varié des grands aunes, des chênes,

[1] Sous le roi Louis de Bavière, cette œuvre a été accomplie (1845)

des peupliers blancs et des bouleaux, dont est planté le parc. Cette verdure s'étend bien au delà et va au loin, vers le sud et vers le couchant, former un horizon harmonieux. L'aspect du parc au delà de la prairie ferait croire, surtout en été, que l'on est près d'un bois qui se prolongerait pendant des lieues entières. On croit à chaque instant que l'on va voir apparaître sur la prairie un cerf ou un chevreuil. On se sent plongé dans la paix profonde d'une nature solitaire, car le silence absolu n'est interrompu que par les notes isolées des merles qui alternent avec le chant d'une grive des bois. Mais on est tiré de ce rêve de solitude par l'heure qui vient à sonner à la tour, ou par le cri des paons du parc, ou par les tambours et les clairons qui retentissent à la caserne. Ces bruits ne sont pas désagréables; ils nous remettent en mémoire que nous sommes près de notre ville, dont nous nous croyions éloignés de cent lieues. A certaines heures du jour, dans certaines saisons, ces prairies ne sont rien moins que solitaires. On voit passer tantôt des paysans qui vont à Weimar au marché ou qui en reviennent, tantôt des promeneurs de tout genre, qui, suivant les sinuosités de l'Ilm, se dirigent surtout vers OberWeimar, petit village très-fréquenté à certains jours[1]. Puis le temps de la moisson donne à cette place la plus vive animation. Dans les intervalles on y voit venir paître des troupeaux de moutons et même les magnifiques vaches suisses de la ferme voisine. Aujourd'hui cependant, il n'y avait encore aucune trace de ces spectacles qui l'été nous rafraîchissent

[1] Beaucoup d'habitants de Weimar s'y rendent, surtout après leur dîner, vers deux heures, pour y prendre leur café, et à toute heure pour y boire de la bière.

l'âme. C'est à peine si dans la prairie quelques places çà et là commençaient à verdir; aux arbres du parc, rameaux et bourgeons étaient encore bruns; cependant le cri du pinson et le chant du merle et de la grive, qui résonnaient de temps en temps, annonçaient l'approche du printemps. L'air était doux et agréable comme en été; un souffle à peine sensible venait du sud-ouest. Sur un ciel serein glissaient quelques petites nuées d'orage ; plus haut on en remarquait d'autres, ayant la forme de longues bandes, qui se dénouaient. Nous contemplâmes les nuages avec attention et nous vîmes que ceux qui dans les régions inférieures s'étaient réunis en amas arrondis étaient aussi en train de se dissoudre; Gœthe en conclut que le baromètre allait monter. Il parla beaucoup sur l'élévation et l'abaissement du baromètre; sur ce qu'il appelait l'*affirmation* et la *négation* de l'humidité. Il parla sur les lois éternelles d'aspiration et de respiration de la terre, sur la possibilité d'un déluge, au cas d'une *affirmation* d'humidité constante. Il dit que chaque endroit avait son atmosphère particulière, mais que cependant l'état barométrique de l'Europe avait une grande uniformité. Comme la nature est incommensurable, ses irrégularités sont immenses et il est très-difficile d'apercevoir les lois.

Pendant qu'il me donnait ces hauts enseignements, nous avancions sur la route sablée qui conduit au jardin. Quand nous fûmes arrivés, il fit ouvrir la maison par son domestique, pour me la montrer[1]. Les murs ex-

---

[1] Cette maisonnette existe encore. C'est un des cadeaux de Charles-Auguste à Gœthe. Aujourd'hui un jardinier de bonne maison ne consentirait pas à y loger sans embellissements préalables. Gœthe l'a habitée avec bonheur pendant des années, et il y a composé une grande partie de ses chefs-d'œuvre.

térieurs, peints en blanc, étaient entièrement garnis de rosiers disposés en espaliers, qui avaient grimpé jusqu'au toit. Je fis le tour de la maison et je remarquai avec beaucoup d'intérêt, le long des murs, dans les branches de rosiers, un grand nombre de nids différents qui s'étaient conservés là de l'été précédent, et qui, n'étant plus couverts par le feuillage, se laissaient voir. Je vis entre autres des nids de linots et de différentes espèces de fauvettes, à des hauteurs différentes, suivant leurs habitudes [1]. Gœthe me conduisit ensuite dans l'intérieur de la maison, que, l'été précédent, j'avais oublié de visiter. Au rez-de-chaussée je trouvai *une* seule pièce d'habitation; aux murs étaient suspendus quelques cartes et quelques gravures, et un portrait de Gœthe, de grandeur naturelle, peint par Meyer quelque temps après le retour des deux amis d'Italie. Gœthe y a l'aspect d'un homme vigoureux d'âge moyen, très-brun et un peu gros. Le visage, qui a peu de vie dans le portrait, est très-sérieux d'expression; on croit voir un homme dont l'âme sent qu'elle a charge d'actions pour l'avenir [2]. Nous montâmes l'escalier, nous trouvâmes en haut trois pièces et un cabinet, mais le tout très-étroit et très-incommode. Gœthe

---

[1] Eckermann, on le verra encore plus loin, était un observateur très-attentif des mœurs des oiseaux. Son fils est devenu peintre d'animaux.

[2] Ce passage rappelle le portrait plus complet que M. Cousin a tracé en 1817 (dans ses *Souvenirs d'Allemagne*) : « Gœthe est un homme d'environ soixante-neuf ans, il ne m'a pas paru en avoir soixante. Il a quelque chose de Talma, avec un peu plus d'embonpoint. Peut-être aussi est-il un peu plus grand. Les lignes de son visage sont grandes et bien marquées : front haut, figure assez large, mais bien proportionnée; bouche sévère, yeux pénétrants, expression générale de réflexion et de force... Sa démarche est calme et lente comme son parler, mais, à quelques gestes rares et forts qui lui échappent, on sent que l'intérieur est plus animé que l'extérieur... »

me dit qu'il avait autrefois passé là de joyeuses années et y avait travaillé dans la tranquillité. Il faisait un peu frais dans cette chambre, nous allâmes chercher la chaleur en plein air. En nous promenant sous le soleil de midi dans l'allée principale, nous causâmes sur la littérature contemporaine, sur Schelling, et sur Schelling et Platen. Mais bientôt cependant notre attention se porta de nouveau sur la nature qui nous entourait. Déjà les couronnes impériales et les lis dressaient leurs tiges vigoureuses, et des deux côtés de l'allée on voyait paraître les feuilles vertes des mauves. La partie supérieure du jardin, sur la pente de la colline, est garnie de gazon et parsemée de quelques arbres fruitiers. Des chemins sinueux, tracés sur les flancs du coteau, s'élèvent vers son sommet et en redescendent en serpentant; l'envie me prit de monter, Gœthe passa devant moi et je suivis son pas rapide, en me réjouissant de sa verte vigueur. En haut, près de la haie, nous trouvâmes un paon femelle qui paraissait être venu du parc du château, et Gœthe me dit que l'été il les attirait et les habituait à venir en leur donnant leurs graines favorites. En descendant le coteau par l'autre allée sinueuse, je trouvai, entourée d'un bosquet, une pierre sur laquelle étaient gravés les vers connus :

Ici, dans le silence, l'amant pensait à son amante [1]...

Et je me sentis dans un lieu classique. Tout à côté était un groupe de chênes, de sapins, de bouleaux et de hêtres de demi-grandeur. En tournant autour de ces arbres, nous retrouvâmes la grande allée; nous étions près de la maison. Le groupe d'arbres est d'un côté en demi-cercle,

[1] Voir parmi les Poésies écrites dans la forme antique le *Rocher choisi.*

et forme comme la voûte d'une grotte; nous nous assîmes sur de petites chaises placées autour d'une table ronde. Le soleil était si ardent, que l'ombre légère de ces arbres sans feuillage faisait déjà du bien. « Par les fortes chaleurs d'été, me dit Gœthe, je ne connais pas de meilleur asile que cette place. J'ai planté de ma main tous les arbres il y a plus de quarante ans; j'ai eu le bonheur de les voir pousser, et je jouis déjà depuis assez longtemps de la fraîcheur de leur ombrage. Le feuillage de ces chênes et de ces hêtres est impénétrable au soleil le plus ardent; j'aime à m'asseoir ici, pendant les chaudes journées d'été, après dîner, lorsque sur la prairie et dans tout le parc à l'entour règne ce silence que les anciens peindraient en disant que Pan dort. »

Nous entendîmes sonner deux heures dans la ville, et nous revînmes.

Mardi, 30 mars 1824.

Ce soir, chez Gœthe, j'étais seul avec lui; nous avons causé de différentes choses, tout en buvant une bouteille de vin; nous avons parlé du théâtre français, en l'opposant au théâtre allemand. « Il sera bien difficile, a dit Gœthe, que le public allemand arrive à une espèce de jugement sain, comme cela existe à peu près en Italie et en France. L'obstacle principal, c'est que sur nos scènes on joue de tout. Là où nous avons vu hier *Hamlet*, nous voyons aujourd'hui *Staberle*[1], et là où demain doit nous ravir la *Flûte enchantée*, il faudra, après-demain, écouter les farces du plaisant à la mode. De là résulte, pour

---

[1] Personnage burlesque qui revient souvent dans les vaudevilles écrits à Vienne. Berlin a de même ses types locaux, connus de tous les Allemands.

le jugement du public, la confusion; dans ce mélange, il n'apprend jamais à estimer à leur valeur et à distinguer les différents genres. — Et puis chacun a ses exigences et ses goûts particuliers, qui le font se diriger là où déjà il a pu les satisfaire une fois; au même arbre où vous avez cueilli aujourd'hui des figues, vous voudriez encore demain en trouver, et vous feriez mauvaise mine si, pendant la nuit, c'étaient des prunelles qui eussent poussé! Quant à l'amateur de prunelles, qu'il aille les chercher dans les buissons. — Schiller avait la bonne idée de construire une salle particulière pour la tragédie, et de donner chaque semaine une représentation où les hommes seuls auraient été admis. Mais ces plans supposaient une très-grande capitale, et, avec nos petites ressources, ils n'étaient pas réalisables. »

Nous parlâmes des pièces d'Iffland et de Kotzebue, que Gœthe dans leur genre place très-haut. « Toujours par suite de ce même défaut, commun à tout le monde, de ne pas savoir distinguer les genres, on a fait aux pièces de ces écrivains des reproches fort injustes. On attendra longtemps avant de revoir deux talents aussi populaires. »

Je louai les *Célibataires* d'Iffland, qui m'avaient beaucoup plu à la représentation. « C'est sans contredit le chef-d'œuvre d'Iffland, dit Gœthe; c'est la seule pièce où il s'élève de la prose dans l'idéal. »

Schiller avait fait une continuation des *Célibataires*, mais il s'était contenté de la raconter, sans l'écrire. Gœthe m'a développé l'action scène par scène; c'était très-gai et très-joli. Puis il m'a parlé de quelques pièces nouvelles de Platen [1]. « On voit dans ces pièces, a-t-il dit, l'influence

---

[1] Sans doute *la Pantoufle de verre* et *Berengar*.

de Calderón. Elles sont excessivement spirituelles et à un certain point de vue parfaites, mais elles manquent de poids spécifique; le contenu en est trop léger. Elles ne sont pas de nature à éveiller dans l'âme du lecteur un intérêt profond et durable, elles ne touchent les cordes du cœur que d'une façon rapide et légère. Elles ressemblent au liége qui en flottant sur l'eau ne pèse pas et est porté sans peine par la surface liquide. L'Allemand demande un certain sérieux, une certaine grandeur de pensée, une certaine abondance d'âme; voilà pourquoi Schiller est élevé si haut. Je ne doute en aucune façon de la solidité du caractère de Platen, mais ici, sans doute pour une raison d'art, on ne la sent pas. Il prouve beaucoup d'instruction, de l'esprit, un grand talent pour le trait frappant, et un art d'une grande perfection, mais avec tout cela, surtout chez nous Allemands, on n'a encore rien fait. En général, c'est le caractère personnel de l'écrivain qui lui donne sa signification dans le public; ce ne sont pas les artifices de son talent. Napoléon disait de Corneille : S'il vivait, je le ferais prince; et il ne le lisait pas. Il lisait Racine, mais ne disait rien de pareil pour Racine. C'est aussi pour la même raison que la Fontaine est chez les Français en si haute estime; ce n'est pas à cause de sa valeur comme poëte, mais bien à cause de la grandeur du caractère qui perce dans ses écrits[1].

Nous vînmes ensuite à parler des *Affinités*, et Gœthe m'a raconté l'histoire d'un voyageur anglais qui, étant

---

[1] Je suppose que Gœthe pense à l'*Élégie des Nymphes de Vaux*. La Fontaine a montré ce jour-là de la « grandeur de caractère, » mais dans ses *Fables* il s'est contenté d'être un charmant poëte. Gœthe, si loin de la France, pouvait croire que la Fontaine a joué sous Louis XIV le rôle de paysan du Danube.

passé par Weimar, voulait, dès qu'il serait revenu en Angleterre, se faire séparer de sa femme. Il a ri de cette folie et a rappelé plusieurs exemples d'époux séparés qui n'avaient pas pu se quitter. « Feu Reinhard de Dresde, m'a-t-il dit, s'étonnait souvent de me voir sur le mariage des principes si sévères, pendant que sur tout le reste j'ai des idées si accommodantes. »

Cette parole de Gœthe me parut extrêmement curieuse, parce qu'elle révèle très-clairement quelle est sa vraie façon de penser sur ce roman si souvent mal compris [1].

Nous avons causé ensuite de Tieck et de ses rapports personnels avec Gœthe; il m'a dit : « Je suis du fond du cœur très-disposé pour Tieck, et d'une manière générale il en est de même de lui pour moi. Mais cependant il y a dans ses rapports avec moi quelque chose qui n'est pas comme cela devrait être. Ce n'est ni ma faute ni la sienne; la cause est ailleurs. Lorsque les Schlegel ont commencé à prendre de l'importance, je leur parus trop puissant, et, pour me balancer, ils cherchèrent un talent à m'opposer. Ils trouvèrent ce qu'ils désiraient dans Tieck, et pour qu'il parût aux yeux du public assez important en face de moi, ils furent obligés de le surfaire. Cela nuisit à nos rapports, car Tieck, sans trop en avoir conscience, se trouvait ainsi à mon égard dans une fausse

---

[1] Dans la pensée de Gœthe, son roman est le tableau idéal, l'exaltation du mariage. La plupart des critiques y ont trouvé, au contraire, une attaque contre le mariage. Nous avons vu en France d'illustres exemples de ces méprises entre l'auteur et le public. — Les écrivains de génie ont souvent dans leurs peintures une naïveté hardie que les esprits peu avisés ou malveillants prennent facilement pour de l'impudence. Le poëte a fait son rêve dans le ciel; on lui rappelle brutalement qu'il devait être lu par des intelligences fort terrestres.

position. Tieck est un talent d'une haute signification, et personne ne peut mieux que moi reconnaître ses mérites extraordinaires. Mais si on veut l'élever au-dessus de lui-même et l'égaler à moi, on se trompe. Je peux dire cela très-franchement, car je ne me suis pas fait C'est absolument comme si je voulais me comparer avec Shakspeare, qui ne s'est pas fait non plus, et qui cependant est un être d'une nature plus élevée, que je ne regarde que d'en bas, et que je ne puis que vénérer. »

Goethe était ce soir extrêmement vigoureux, gai et dispos. Il a été chercher un manuscrit de poésies inédites, dans lequel il m'a lu. C'était une jouissance unique de l'entendre, car non-seulement la force originale et la fraîcheur de la poésie m'animaient au plus haut degré; mais surtout Goethe dans cette lecture se montrait à moi sous un côté qui m'était inconnu et qui est extrêmement remarquable. Quelles nuances et quelle énergie dans sa voix! Quelle expression et quelle vie sur ce grand visage plein de replis! et quels yeux!...

Mercredi, 14 avril 1824.

A une heure, promenade en voiture avec Goethe. Nous avons parlé du style des différents écrivains. « La spéculation philosophique, a dit Goethe, est en général mauvaise pour les Allemands, en ce qu'elle rend souvent leur style abstrait, obscur, lâche et délayé. — Plus ils se donnent tout entiers à certaines écoles, plus ils écrivent mal. Au contraire, les Allemands qui écrivent le mieux sont ceux qui, hommes d'affaires, hommes du monde, ne connaissent que les idées pratiques. C'est ainsi que le style de Schiller a toute sa beauté et toute son énergie dès qu'il ne philosophe plus ; je le voyais encore aujourd'hui en lisant ses lettres si remarquables, dont je m'occupe dans ce moment. De même il y a parmi nos femmes allemandes des génies qui écrivent dans un style tout à fait excellent, et qui même surpassent par là plusieurs de nos écrivains estimés. En général les Anglais écrivent tous bien, ils naissent éloquents, et, étant des gens pratiques, ils cherchent la réalité. Les Français ne démentent pas dans leur style leur caractère général. Ils sont de nature sociable, et, à ce titre, n'oublient jamais le public auquel ils parlent ; ils s'efforcent d'être clairs pour convaincre leur lecteur et agréables pour lui plaire. Le style d'un écrivain est la contre-épreuve de son caractère ; si quelqu'un veut écrire clairement, il faut d'abord qu'il fasse clair dans son esprit, et si quelqu'un veut avoir un style grandiose, il faut d'abord qu'il ait une grande âme. »

Gœthe a parlé ensuite de ses adversaires, disant que cette race est immortelle. « Leur nombre est Légion, a-t-il dit, cependant il n'est pas impossible de les classer à peu près. Il y a d'abord ceux qui sont mes adversaires par sottise ; ce sont ceux qui ne m'ont pas compris et qui m'ont blâmé sans me connaître. Cette foule considérable m'a causé dans ma vie beaucoup d'ennuis, mais cependant il faut leur pardonner ; ils ne savaient pas ce qu'ils faisaient.

« Une seconde classe très-nombreuse se compose ensuite de mes envieux. Ceux-là ne m'accordent pas volontiers la fortune et la position honorable que j'ai su acquérir par mon talent. Ils s'occupent à harceler ma réputation et auraient bien voulu m'annihiler. Si j'avais été malheureux et pauvre, ils auraient cessé.

« Puis arrivent, en grand nombre encore, ceux qui sont devenus mes adversaires parce qu'ils n'ont pas réussi eux-mêmes. Il y a parmi eux de vrais talents, mais ils ne peuvent me pardonner l'ombre que je jette sur eux.

« En quatrième lieu, je nommerai mes adversaires raisonnés. Je suis un homme, comme tel j'ai les défauts et les faiblesses de l'homme, et mes écrits peuvent les avoir comme moi-même. Mais comme mon développement était pour moi une affaire sérieuse, comme j'ai travaillé sans relâche à faire de moi une plus noble créature, j'ai sans cesse marché en avant, et il est arrivé souvent que l'on m'a blâmé pour un défaut dont je m'étais débarrassé depuis longtemps. Ces bons adversaires ne m'ont pas du tout blessé; ils tiraient sur moi, quand j'étais déjà éloigné d'eux de plusieurs lieues. Et puis en général un ouvrage fini m'était assez indifférent; je ne m'en occupais plus et pensais à quelque chose de nouveau.

Une quantité considérable d'adversaires se compose aussi de ceux qui ont une manière de penser autre que la mienne et un point de vue différent. On dit des feuilles d'un arbre que l'on n'en trouverait pas deux absolument semblables; de même dans un millier d'hommes on n'en trouverait pas deux entre lesquels il y eût harmonie complète pour les pensées et les opinions. Cela posé, il me semble que, si j'ai à m'étonner, c'est, non pas d'avoir tant de contradicteurs, mais au contraire tant d'amis et de partisans. Mon siècle tout entier différait de moi, car l'esprit humain, de mon temps, s'est surtout occupé de lui-même, tandis que mes travaux, à moi, étaient tournés surtout vers la nature extérieure [1]; j'avais ainsi le

---

[1] Les paroles de Gœthe traduites d'une façon plus littérale, à l'alle-

désavantage de me trouver entièrement seul. A ce point de vue, Schiller avait sur moi de grands avantages. Aussi, un général plein de bonnes intentions m'a un jour assez clairement fait entendre que je devrais faire comme Schiller. Je me contentai de lui développer tous les mérites qui distinguaient Schiller, mérites que je connaissais à coup sûr mieux que lui ; mais je continuai à marcher tranquillement sur ma route, sans plus m'inquiéter du succès, et je me suis occupé de mes adversaires le moins possible. »

Le soir on exécuta des fragments de la *Messiade* de Hændel sous la direction d'Éberwein. Madame de Gœthe, mesdemoiselles de Pogwisch, Caroline d'Églofstein, de Froriep[1] se joignirent aux chanteuses, pour contribuer à satisfaire un vœu que Gœthe formait depuis longtemps. Assis à une certaine distance, écoutant avec une attention profonde, il passa une soirée de bonheur, toute consacrée à l'admiration de cette œuvre grandiose.

Lundi, 19 avril 1824.

Le plus grand philologue de notre temps, Frédéric-Auguste Wolf, de Berlin, est ici ; il va visiter le sud de la France. Gœthe a donné en son honneur un grand dîner. On s'est levé de table extrêmement gai ; Gœthe, d'une humeur charmante, attaquait toujours ce que disait Wolf, et il m'a dit plus tard : « Avec Wolf, il faut absolument que je joue le rôle de Méphistophélès. C'est le

---

mande, sont celles-ci : « La direction du siècle était subjective, mes efforts étaient objectifs. » J'ai tâché d'être plus clair ; un passage d'une page précédente m'en faisait un devoir.

[1] Fille d'un médecin distingué, mort en 1847 ; aujourd'hui institutrice à la cour.

seul moyen de lui faire montrer tous les trésors qu'il a en lui[1]. » La soirée a été riche en traits d'esprit, et malgré le talent de Wolf en ce genre, je crois que Gœthe a gardé la supériorité.

Dimanche, 2 mai 1824.

Gœthe m'a fait des reproches parce que j'ai négligé de faire ma visite à une des familles notables de Weimar. « Dans le cours de cet hiver, m'a-t-il dit, vous auriez passé là maintes soirées agréables, et pu faire la connaissance de plusieurs étrangers célèbres; mais, Dieu sait par quelle fantaisie, c'est perdu à toujours pour vous.

— Avec ma nature sensible, ai-je répondu, et avec ma disposition à trouver de l'intérêt partout et à entrer dans les sentiments des autres, rien n'aurait pu être plus gênant et plus pernicieux pour moi qu'une trop grande abondance de nouvelles impressions. Je ne suis pas né pour le monde et je n'en ai pas l'habitude. Ma vie antérieure était telle, qu'il me semble que je n'ai commencé à vivre que depuis que je suis près de vous, et il n'y a pas longtemps. Tout est nouveau pour moi. Chaque soirée au théâtre, chaque conversation avec vous, fait époque pour mon âme. Ce qui pour des personnes

---

[1] L'auteur des *Prolégomènes*. Il mourut peu de temps après cette visite. Dans ses lettres à Zelter, Gœthe parle plusieurs fois de l'esprit de contradiction qui caractérisait Wolf. Il dit que les relations avec lui étaient souvent rendues par là stériles et insupportables. « Une telle folie, ajoute-t-il, amène à la fin à soutenir, par plaisir de contredire, le contraire de ce que l'on pense. » — En général, Gœthe trouvait que les philologues et les mathématiciens étaient d'un commerce peu agréable : « les premiers, disait-il, ont pour métier de tout *corriger*, les autres de tout *préciser*, habitudes qui, transportées dans la vie de tous les jours, les rendent impatientants. » On se rappelle l'homme aux *Pourtant!...* dans *Werther*.

qui ont eu une autre éducation, d'autres habitudes, passe indifférent, agit fortement sur moi; et comme mon désir de m'instruire est très-vif, je m'empare énergiquement de tout pour en tirer autant d'aliment que possible. Dans une telle situation, j'avais bien assez cet hiver du théâtre et de mes relations avec vous, et je n'aurais pas pu faire de nouvelles connaissances, avoir d'autre commerce, sans porter en moi un trouble intime.

— Vous êtes un bizarre personnage, m'a dit Gœthe en riant; faites ce que vous voudrez. Je veux vous laisser libre.

— Et puis, ai-je dit encore, j'ai l'habitude de porter dans le monde mes inclinations et mes répugnances, et aussi un certain besoin d'aimer et d'être aimé. Je cherche un caractère en harmonie avec ma nature, et je voudrais me consacrer tout à lui sans me préoccuper désormais des autres.

— Ce penchant de votre nature, a répliqué Gœthe, n'est pas en effet un penchant très-sociable; mais comment pourrions-nous nous former, si nous ne voulions pas chercher à dominer nos goûts naturels? C'est une grande folie de demander que les hommes soient en harmonie avec nous. Je n'ai jamais agi ainsi. J'ai toujours considéré chaque homme comme un individu existant pour soi, que je m'efforçais de pénétrer et de connaître dans son originalité, mais à qui je ne demandais ensuite absolument aucune sympathie. Par là je suis arrivé à pouvoir entretenir des relations avec tout être; et c'est seulement de cette façon que l'on apprend à connaître la variété des caractères. On y gagne aussi la souplesse nécessaire dans la vie, car pour pénétrer les natures opposées à la nôtre, il faut que nous nous contenions, et de cette façon nous eveillons en nous tour à tour chacune de nos facultés; nous les développons, les perfectionnons, et bientôt tout vis-à-vis nous est agréable. Voilà comment vous devriez agir; vous avez pour cela plus de dispositions que vous ne croyez, et quand même vous ne feriez pas ce que je dis, allez cependant dans le grand monde, et comportez-vous-y comme vous l'entendrez. »

Le soir, Gœthe m'avait fait inviter à une promenade en voiture. Nous allâmes à OberWeimar, par le coteau, d'où l'on voit le parc. Les arbres étaient en fleur, les bouleaux déjà garnis de feuilles, la prairie était un vrai tapis vert que rasaient les rayons inclinés du soleil couchant. Nous cherchions les groupes pittoresques et nous ne pouvions assez ouvrir les yeux. Nous avons remarqué que les arbres à fleurs blanches ne sont pas bons à peindre, parce qu'ils ne présentent pas de formes précises; les bouleaux qui commencent à verdir ne pourraient pas non plus être placés dans un tableau, au moins au premier plan, parce que le feuillage est trop léger et ne contre-balance pas le tronc blanc; ils ne présentent aucune partie large que l'on puisse faire avancer par de puissantes masses d'ombre et de lumière. « Aussi, a dit Gœthe, Ruysdaël n'a jamais au premier plan placé des bouleaux avec leur feuillage, mais seulement des troncs de bouleaux brisés qui n'ont pas de feuilles. Un pareil tronc est excellent pour un premier plan, parce que sa blancheur le fait venir fortement en avant [1]. »

Après avoir touché légèrement à d'autres sujets, nous avons parlé de la fausse direction de ces artistes qui

---

[1] Voir à Dresde le Cimetière juif; au Louvre le n° 470, et aussi les n°ˢ 205, de Hobbema; 579, de Wynants.

veulent transformer la religion en art, tandis que l'art devrait être leur religion. « Le rapport que l'art a avec la religion, a dit Gœthe, est le même que celui qui l'unit à tous les autres grands intérêts de la vie. Elle donne des sujets qui ont les mêmes titres que tous les autres sujets fournis par la vie. Une œuvre d'art ne s'adresse pas à notre foi ou à notre incrédulité; elle parle en nous à d'autres forces, à d'autres facultés. L'art dans ses créations ne doit penser à plaire qu'aux facultés qui ont vraiment le droit de le juger; s'il fait autrement, il marche dans une voie fausse, et ne peut avoir sur nous aucun effet. Une idée religieuse peut cependant être aussi une idée artistique, et fournir à l'art un bon sujet, mais c'est seulement lorsque cette idée a un intérêt général pour toute l'humanité. Ainsi une vierge avec un enfant est un excellent sujet qui a été cent fois traité et qu'on revoit toujours avec plaisir[1]. »

Nous avions fait le tour du bois, nous tournâmes près de Tiefurt pour revenir à Weimar; nous avions en face de nous le soleil couchant. Gœthe est resté quelques instants enfoncé dans ses pensées, puis il m'a cité ce mot d'un ancien : « Même lorsqu'il disparaît, c'est toujours le même soleil ! » et il a ajouté avec une grande sérénité : « Quand on a soixante-quinze ans, on ne peut pas manquer de penser quelquefois à la mort. Cette pensée me laisse dans un calme parfait, car j'ai la ferme conviction que notre esprit est une essence d'une nature

[1] Gœthe a écrit sous ce titre : *Sainte famille*, la petite poésie suivante : O le doux enfant ! ô l'heureuse mère ! Comme on voit qu'ils sont tous deux l'un à l'autre leur unique joie ! - Quels transports me donnerait la vue de cette ravissante peinture, si je n'étais pas obligé d'être devant ce groupe comme un pauvre dévot, comme un saint, comme Joseph !

absolument indestructible; il continue à agir d'éternité en éternité. Il est comme le soleil, qui ne disparaît que pour notre œil mortel; en réalité il ne disparaît jamais; dans sa marche il éclaire sans cesse. »

Revenus à Weimar, Gœthe m'a prié de monter chez lui encore un moment. Son amabilité, sa bonté étaient extrêmes. Il m'a parlé de sa théorie des couleurs, de ses incorrigibles adversaires, disant qu'il avait conscience d'avoir accompli quelque chose dans cette science. « Pour faire époque dans le monde, a-t-il dit à cette occasion, il faut deux choses : la première, c'est d'être une bonne tête, la seconde, de faire un grand héritage. Napoléon a hérité de la Révolution française, Frédéric le Grand, de la guerre de Silésie; Luther, des ténèbres du mauvais clergé; moi, j'ai eu pour ma part l'erreur de la théorie newtonienne. Il est vrai que la génération présente n'a pas soupçon de ce que j'ai fait, mais les temps à venir avoueront que je n'avais pas trouvé un mauvais héritage. »

Gœthe m'avait envoyé aujourd'hui un rouleau de papiers sur le théâtre; j'y ai trouvé des observations détachées, études et règles qu'il a écrites avec Wolf et Grüner, lorsqu'il travaillait à faire d'eux des comédiens consommés. J'ai trouvé ces fragments intéressants et très-instructifs pour les jeunes comédiens; aussi j'ai résolu de les rassembler et d'en faire une espèce de Catéchisme théâtral. Gœthe a approuvé ce projet, et nous avons traité à fond cette affaire. Cela fut une occasion de penser aux acteurs célèbres sortis de son école, et je lui demandais si madame de Heigendorf en faisait partie. « Je peux avoir eu de l'influence sur elle, a dit Gœthe, mais pour être mon élève, elle ne l'est pas. Elle semblait née sur les planches; tout de suite elle a eu l'assurance et l'aisance; elle était là comme le poisson dans l'eau. Elle n'avait pas besoin de mes leçons; elle faisait tout bien, d'instinct, peut-être sans s'en rendre compte elle-même. »

Nous avons causé des longues années de sa direction, et du temps infini qu'il a perdu là pour sa carrière d'écrivain. « C'est vrai, m'a-t-il dit, j'aurais pu pendant ce temps-là écrire beaucoup de pièces, mais cependant, en y réfléchissant bien, je n'ai aucun repentir. Je n'ai jamais considéré ma vie extérieure que comme un symbole (c'est-à-dire comme une trace visible de ce qui se passe en moi), aussi je ne tiens guère à ce symbole; qu'il soit ceci au lieu d'être cela, c'est comme si je façonnais des pots au lieu de façonner des plats [1]. »

Mercredi, 5 mai 1824.

Je me suis occupé du Catéchisme théâtral. A ce propos, j'ai causé aujourd'hui avec Gœthe sur les différences de prononciation. Il nous semble important de les détruire. « Dans mon long exercice, m'a dit Gœthe, j'ai vu des commençants venant de toutes les parties de l'Allemagne. La prononciation du nord de l'Allemagne laisse en gé-

---

[1] Pensée exprimée d'une façon obscure et que j'ai un peu paraphrasée. Voici comment je la comprends : Gœthe veut que la vie soit comme un drame, comme son *Faust*, par exemple. Il y a dans le drame une fable quelconque qui intéresse et attache le vulgaire, mais cette fable n'est rien en réalité; les événements dont elle se compose ne sont importants que par leur signification symbolique. Là est le vrai intérêt du drame. De même pour la vie : les événements extérieurs ne sont importants que par le bien et le mal qu'ils apportent dans l'âme. Que Gœthe ait formé de bons comédiens ou qu'il ait écrit de bonnes tragédies, ces deux actions si différentes en apparence n'en sont qu'une en réalité, si elles doivent avoir le même effet intérieur sur lui, si elles doivent contribuer également à son perfectionnement.

néral peu à désirer. Elle est pure et peut presque toujours servir de modèle. Mais j'ai eu souvent bien du tourment avec les Souabes, les Autrichiens et les Saxons. Les natifs de notre cher Weimar m'ont donné aussi bien à faire. Pour eux, les quiproquo les plus ridicules viennent de ce que, ici, dans les écoles, on ne les habitue pas à distinguer nettement en prononçant le *b* du *p*, et le *d* du *t*. Pour eux, *b*, *p*, *d*, *t*, ne forment pas quatre lettres différentes; car ils parlent toujours d'un *b* doux et d'un *b* dur; *p* et *t*, on le voit à leur silence, n'existent pas pour eux. » — « Au théâtre, ces jours-ci, lui dis-je, un acteur qui a ce défaut a fait une faute très-frappante. Il jouait un amoureux qui a commis une petite infidélité; une jeune femme lui fait des reproches de toute nature; impatienté, il devait dire *o ende* (oh! finis!), mais il prononce le *d* comme le *t*; il s'est écrié : *o ente* (oh! canard!) ce qui a soulevé un rire universel. »

— « Le trait est joli, dit Gœthe, il mérite une place dans notre catéchisme. »

« — On prononce aussi *i* pour *u*, et j'ai entendu une confusion de ce genre très-comique. C'était aussi au théâtre. Une dame se confiait à un homme qu'elle n'avait jamais vu. L'actrice avait à dire : Je ne te connais pas, mais ma confiance repose sur la noblesse de tes traits (*deiner züge*). Elle prononça l'*i* pour l'*ü*, et dit : Ma confiance repose sur la noblesse de ta chèvre (*deiner ziege*)... »

« Le trait est encore très-bon; il faut le noter, dit Gœthe. On confond aussi *g* et *k*, et, dans ce genre de confusion, je me rappelle une faute qu'il faut que je vous raconte. C'était il y a quelques années; j'étais à Iéna, à l'hôtel; un matin, un étudiant en théologie se fait annoncer. Il cause avec moi un certain temps, et cela très-joliment, puis, près de prendre congé, il me fait une demande assez originale. Il me demande de *prêcher à ma place le dimanche suivant.* Je vis tout de suite ce qu'il en était, et que ce charmant jeune homme prononçait le *g* comme le *k.* Je lui répondis d'un ton très-aimable que je regrettais de ne pouvoir faire ce qu'il désirait, mais qu'il obtiendrait sûrement sa demande s'il voulait bien s'adresser à M. l'archidiacre Kœthe. »

Mardi, 18 mai 1824.

J'ai passé la soirée chez Gœthe avec Riemer. Gœthe nous a parlé d'une poésie anglaise qui a la géologie pour sujet [1]. Il nous en a fait en causant une traduction improvisée avec tant d'esprit, d'imagination et de bonne humeur, que chaque détail apparaissait vivant devant les yeux, comme si tout eût été trouvé par lui-même dans le moment. On voyait le héros du poëme, le roi Charbon, assis sur son trône dans une splendide salle d'audience; son épouse, Pyrite, est à ses côtés; ils attendent les grands de la cour. Ils entrent et sont présentés peu à peu, par ordre : le duc Granit, le marquis Ardoise, la comtesse Porphyre, etc., qui tous étaient caractérisés par des épithètes frappantes et par des mots comiques. On voit sir Laurent Calcaire, homme fort riche, que l'on souffre à la cour. Il présente les excuses de sa mère lady Marbre, dont la demeure est un peu éloignée, on la cite comme une dame fort polie et qui a le frottement du monde. Peut-être ne vient-elle pas au-

---

[1] *King Coal's Levee, or geological Etiquette,* by John Scafe. Gœthe a donné de ce poëme une analyse détaillée dans ses œuvres scientifiques.

jourd'hui à cause d'une intrigue amoureuse qu'elle entretient avec Canova, qui la flatte et la caresse beaucoup. Le seigneur Tuf, avec sa chevelure ornée de lézards et de poissons, avait l'air un peu ivre. Jean Marne et Jacob Argile n'arrivent que vers la fin. Ce dernier est très-aimé de la reine, parce qu'il lui a promis une collection de coquillages. La peinture se prolongeait ainsi fort longtemps, mais il y a trop de détails pour que je me les rappelle tous. « Un tel poëme, a dit Gœthe, ne cherche qu'à amuser les gens du monde, mais en répandant en même temps une foule de connaissances utiles qui, à vrai dire, ne devraient manquer à personne. On inspire ainsi, dans les meilleures compagnies, le goût pour les sciences, et on ne sait pas tout le bien qui peut résulter d'une plaisanterie de ce genre. Plus d'un esprit bien fait sera peut-être poussé à faire sur ce qui l'entoure des remarques personnelles, et les observations sur les objets naturels les plus simples qui nous entourent ont souvent d'autant plus de prix qu'elles ne sont pas faites par un homme du métier.

— Vous semblez penser que, plus on sait, plus on observe mal.

— « Oui, certes, répondit Gœthe, si la science que vous possédez par tradition est mêlée d'erreurs. Dans la science, dès que l'on appartient à une certaine secte étroite, adieu à toute vue simple et calme. Le Vulcanien décidé ne verra qu'à travers les lunettes du Vulcanien, pendant que le Neptunien, ou le partisan nouveau de la théorie des soulèvements [1] ne verra qu'à travers les siennes;

---

[1] Gœthe ne l'admettait pas, parce qu'il la croyait en contradiction avec les procédés habituels de la nature, qui ne fait rien brusquement, et dont la marche est lente, continue, éternelle : *Non natura per saltus.* Môme

pour tous ces théoriciens emprisonnés dans des idées exclusives, la contemplation de l'univers a perdu sa candeur; rien n'apparaît plus avec sa pureté naturelle; lorsque ces savants rendent compte de leurs observations, malgré leur amour pour la vérité, nous n'avons pas l'objet dans sa vérité; toujours il s'y introduit un fort mélange d'idées personnelles. Je suis loin de soutenir qu'une science modeste et saine nuise à l'observation, au contraire, je répéterai le vieux mot : Nous n'avons vraiment d'yeux et d'oreilles que pour ce que nous connaissons. Le musicien en écoutant un orchestre entend chaque instrument, chaque note isolément; celui qui n'est pas connaisseur est comme rendu sourd par l'effet général de l'ensemble. Le promeneur qui ne cherche que son loisir ne voit dans une prairie qu'une surface agréable par sa verdure ou par ses fleurs; l'œil du botaniste y aperçoit du premier coup un nombre infini de petites plantes et de graminées différentes qu'il distingue et qu'il voit séparément. Cependant il y a une mesure pour tout, et comme, dans mon *Gœtz*[1], l'enfant, à force d'être savant, ne connaît plus son père, il y a dans la science des gens qui, perdus dans leur savoir et dans leurs hypothèses, ne savent plus ni voir ni entendre. Tout va très-vite avec eux, mais tout sort d'eux. Ils sont si occupés de ce qui s'agite en eux-mêmes, qu'il en est d'eux comme d'un homme qui, tout à un sentiment passionné, passera

en géologie, il n'aimait pas les révolutions violentes ; aussi il penchait vers les théories neptuniennes et défendait Werner. C'était là peut-être une petite erreur de point de vue. Les bouleversements de la surface terrestre ne nous paraissent violents et désordonnés qu'à cause de notre immense petitesse.

[1] Acte Ier, scène IV.

dans la rue à côté de son meilleur ami sans le voir. Il faut pour observer la nature une tranquille pureté d'âme que rien ne trouble et ne préoccupe. Si l'enfant attrape le papillon posé sur la fleur, c'est que pour un moment il a rassemblé sur un seul point toute son attention, et il ne va pas au même instant regarder en l'air pour voir se former un joli nuage. »

— Ainsi, dis-je, les enfants et leurs pareils pourraient servir dans la science en qualité de très-bons manœuvres.

— « Plût à Dieu, s'écria Gœthe, que nous ne fussions tous rien de plus que de bons manœuvres. C'est justement parce que nous voulons être davantage, et parce nous introduisons partout avec nous tout un appareil de philosophie et d'hypothèses, que nous nous perdons. »

Il y eut un moment de silence. Riemer renoua la conversation en parlant de lord Byron et de sa mort. Gœthe a fait une magnifique analyse de ses écrits, lui a prodigué les louanges les plus vives et a proclamé hautement ses mérites. Puis il a dit : « Quoique Byron soit mort si jeune, sa mort n'a rien fait perdre d'essentiel à la littérature au point de vue de son développement. D'une certaine façon, Byron ne pouvait pas aller plus loin. Il avait touché les sommets de sa puissance créatrice, et, quoi qu'il eût pu faire encore dans la suite, il n'aurait pas pu cependant étendre les limites tracées autour de son talent. Dans son inconcevable poëme du *Jugement dernier*, il a écrit l'œuvre extrême qu'il pouvait écrire. »

L'entretien se tourna ensuite sur le poëte italien Torquato Tasso, et sur ses différences avec Byron. Gœthe ne cacha pas la grande supériorité de l'Anglais pour l'esprit, la connaissance du monde et la puissance de production. « On ne peut, a-t-il dit, comparer les deux poëtes sans détruire l'un par l'autre. Byron est le buisson enflammé qui réduit en cendres le cèdre sacré du Liban. La grande épopée de l'italien a soutenu sa gloire à travers les siècles, mais avec une seule ligne du *Don Juan*, on pourrait empoisonner toute la *Jérusalem délivrée!* »

Mercredi, 26 mai 1824.

J'ai pris aujourd'hui congé de Gœthe, pour aller voir dans le Hanovre mes parents et ensuite visiter les bords du Rhin, comme j'en avais depuis longtemps l'intention. Gœthe a été très-affectueux et m'a serré dans ses bras. « Quand vous serez en Hanovre, chez Rehberg[1], peut-être verrez-vous ma vieille amie de jeunesse, Charlotte Kestner[2], faites-lui mes amitiés; à Francfort, je vous recommanderai à mes amis Willemer[3], le comte Reinhard et Schlosser[4]; à Heidelberg et à Bonn, vous verrez aussi des amis qui me sont très-dévoués et chez lesquels vous trouverez le meilleur accueil. Je voulais aller cet été passer quelque temps à Marienbad, mais j'attendrai pour partir votre retour. »

Il me semblait pénible de me séparer de Gœthe, mais je le quittais avec le ferme espoir de le retrouver deux mois plus tard avec toute sa gaieté et toute sa santé. Et le jour suivant, je me sentis heureux lorsque la voi-

---

[1] Publiciste distingué, conseiller intime du roi de Hanovre; mort en 1836.

[2] La Charlotte de Werther, mariée à Kestner, le type du froid Albert.

[3] Sénateur de Francfort, mort en 1838. Une poésie de Gœthe lui est dédiée. (Werke. IV. 105, 183.)

[4] Neveu du beau-frère de Gœthe. Il a rempli diverses fonctions importantes à Francfort, et publié plusieurs ouvrages de politique et de théologie; mort en 1851.

8.

ture m'entraîna vers le Hanovre, du côté de mon cher pays, vers lequel j'aspire sans cesse.

Mardi, 10 août 1824.

Je suis revenu depuis huit jours environ ; Gœthe a montré beaucoup de joie à mon retour ; nous avons tout de suite beaucoup travaillé ensemble. Il n'ira pas à Marienbad. Il m'a dit hier : « Maintenant que vous voilà de retour, je vais pouvoir passer un joli mois d'août. » Il m'a communiqué la continuation de *Vérité et Poésie*. Une partie est achevée, une autre est seulement ébauchée. — Pour que Gœthe reprenne cœur à ce travail (interrompu depuis des années), après en avoir causé avec lui, j'ai rédigé sur ses notes des sommaires qui lui permettent de voir facilement ce qui a besoin d'être changé de place ou développé.

Lundi, 16 août 1824.

Gœthe, tous ces jours-ci, a été très-riche en communications, mais j'ai été tellement occupé, que je n'ai pu écrire ses conversations ; je ne trouve sur mon journal que des idées détachées, sans me rappeler comment elles sont nées.

« Les hommes ressemblent à des pots qui flottent sur l'eau et qui se choquent les uns les autres.

« C'est le matin que notre esprit est le plus sagace, mais aussi le plus inquiet. L'inquiétude est en effet une espèce de sagacité, une sagacité passive. Les sots ne sont jamais inquiets de rien.

« Il ne faut amener avec soi dans sa vieillesse aucun défaut de sa jeunesse, car la vieillesse fournit déjà par elle-même ses imperfections.

« La vie de cour ressemble à un concert où chaque musicien doit compter ses mesures et ses pauses.

« Les gens de cour, qui sont exposés au risque de périr d'ennui, ont inventé le cérémonial pour remplir le temps.

« Il n'est pas bon à un prince de délibérer, et même dans la plus mince question, il ne doit jamais abdiquer.

« Vous voulez former des acteurs, ayez alors un fonds infini de patience. »

Mardi, 9 novembre 1824.

Ce soir, chez Gœthe, nous avons parlé de Klopstock et de Herder, et j'ai eu le plaisir de l'entendre me développer les grands mérites de ces deux hommes.

« Sans ces puissants précurseurs, a-t-il dit, notre littérature ne serait pas devenue ce qu'elle est aujourd'hui. Quand ils ont paru, ils étaient en avant de leur temps, et ils l'ont pour ainsi dire entraîné vers eux; maintenant le siècle dans sa marche rapide les a dépassés, et, après avoir été si nécessaires, si importants, ils ont cessé d'être des *moyens*. Un jeune homme qui aujourd'hui voudrait s'instruire à l'école de Klopstock et de Herder resterait bien en arrière. »

Nous parlâmes de la *Messiade* et des *Odes* de Klopstock, de leurs mérites et de leurs défauts. Nous convînmes que Klopstock n'avait aucun goût, aucune disposition pour voir et saisir le monde sensible et pour dessiner les caractères; il lui manquait donc les qualités essentielles du poëte épique et dramatique, et, on pourrait dire, du poëte.

« Je me rappelle, dit Gœthe, une Ode dans laquelle il suppose une course entre la Muse Allemande et la Muse

Britannique, et vraiment quand on pense quelle image offrent ces deux jeunes filles courant à l'envi, à toutes jambes et les pieds dans la poussière [1], il faut bien convenir que le bon Klopstock n'a rien eu de vivant devant les yeux ; il ne s'est pas représenté par les sens ce qu'il faisait, car il n'aurait pas pu se méprendre à ce point. »

Je demandai à Gœthe quels avaient été pendant sa jeunesse ses rapports avec Klopstock et quelle était alors son opinion sur lui.

« Je le vénérais, a-t-il dit, avec toute la piété que j'avais en moi ; je le considérais comme un ancêtre. J'éprouvais devant ses œuvres un respect religieux, et je n'avais pas l'idée de les examiner ou de les critiquer. J'ai laissé ses beautés agir sur moi, en suivant d'ailleurs ma voie particulière. »

Nous revînmes à Herder, et je demandai à Gœthe quel était selon lui son chef-d'œuvre : « C'est sans contredit, me répondit-il, l'ouvrage intitulé : *Idées sur l'histoire de l'humanité.* Plus tard, son esprit prit une tournure négative et perdit par là ses qualités. »

— Je ne peux comprendre, dis-je alors, comment un homme aussi considérable que Herder semble avoir eu, dans certaines circonstances, si peu de jugement. Je ne peux, par exemple, lui pardonner, surtout en pensant dans quel état était alors la littérature allemande, de vous avoir renvoyé le manuscrit de *Gœtz de Berlichingen* couvert d'observations moqueuses, et sans vouloir recon-

---

[1] Madame de Staël, qui n'avait pas l'imagination si délicate, si athénienne de Gœthe, a traduit cette ode sans être le moins du monde choquée. Elle a trouvé « fort heureux » ce que Gœthe trouve ridicule. Plus le goût est parfait, plus facilement il reçoit de vives blessures.

naître les mérites de l'œuvre. Il faut qu'il ait manqué du sens de certaines choses[1].

« C'était là ce qu'il y avait de fâcheux avec Herder, répondit Gœthe. Puis il ajouta avec vivacité : « Oui, quand même il serait là présent devant nous en esprit, eh bien, il ne nous comprendrait pas ! »

— J'ai eu au contraire, dis-je, à louer Merk, qui vous excita à faire imprimer *Gœtz*.

« C'était un homme bien remarquable et bien singulier : Imprime la chose, me dit il, cela ne vaut rien, mais imprime toujours ! Il n'approuvait pas les corrections, et il avait raison, car en remaniant *Gœtz*, je l'aurais changé, mais je ne l'aurais pas rendu meilleur. »

Mercredi, 24 novembre 1824.

Je suis allé chez Gœthe avant le spectacle, et je l'ai trouvé gai et bien portant. Il m'a demandé des renseignements sur les jeunes Anglais en ce moment à Weimar, et je lui ai dit que j'avais l'intention de lire avec M. Doolan[2] une traduction allemande de Plutarque. Cela amena la conversation sur l'histoire grecque et romaine, et Gœthe me dit : « L'histoire romaine n'est pas pour notre époque. Nous sommes devenus trop humains pour ne pas résister aux triomphes de César. L'histoire grecque, de même, n'offre guère plus de parties qui puissent nous plaire. Lorsque ce peuple se tourne contre ses ennemis extérieurs, sa grandeur est éclatante, je l'avoue; mais on

---

[1] Herder avait parfaitement vu les beautés de Gœtz, et dans une lettre à sa fiancée il en fait le plus grand éloge. Mais en écrivant à l'auteur lui-même, il insistait plutôt sur les défauts. C'est là agir en ami sévère, mais en vrai ami.

[2] Anglais qui habitait Weimar.

trouve justement d'autant plus insupportable ce morcellement des États, et cette guerre intérieure éternelle pendant laquelle le Grec tourne ses armes contre le Grec. Et puis notre histoire contemporaine a aussi une admirable grandeur; les batailles de Leipsick et de Waterloo [1] s'élèvent si puissamment dans l'histoire, qu'elles jettent de l'ombre sur Marathon et sur les autres journées pareilles. Nous avons aussi des héros qui marchent au premier rang, les maréchaux français, Blücher, Wellington peuvent parfaitement se placer à côté des héros antiques. »

L'entretien s'est tourné alors vers la littérature française contemporaine et sur l'intérêt chaque jour croissant que les Français prennent aux ouvrages allemands.

« Les Français, a dit Gœthe, font très-bien de commencer à étudier et à traduire nos écrivains ; car, enfermés comme ils le sont dans une forme étroite, réduits à un petit nombre d'idées, il ne leur reste plus qu'à se tourner vers l'étranger. On peut nous reprocher, à nous Allemands, l'imperfection de la forme, mais, pour les sujets, nous leur sommes supérieurs. Les pièces de Kotzebue et d'Iffland renferment en ce genre une telle richesse d'idées, qu'ils auront bien longtemps à y prendre avant de les avoir épuisées. Mais ce qui leur plaît surtout, c'est notre idéalisme philosophique, car tout idéal sert la cause révolutionnaire.

« Les Français ont de l'intelligence et de l'esprit, mais ils n'ont pas de fonds et pas de piété [2]. Ce qui leur

---

[1] En France, les noms de grandes batailles qui viendraient les premiers sur nos lèvres seraient Austerlitz et Iéna ; en Allemagne, on se rappelle plutôt Leipsick et Waterloo. Notre mémoire a des complaisances involontaires et sait souvent nous flatter sans que nous en ayons conscience.

[2] C'est-à-dire de respect profond devant les grandes vérités de l'ordre

sert dans le moment, ce qui peut aider à leur parti, voilà pour eux la justice. Aussi, quand ils nous louent, ce n'est jamais qu'ils reconnaissent nos mérites, mais c'est seulement parce que nos idées viennent augmenter les forces de leur parti. »

Nous avons parlé ensuite de notre propre littérature et des obstacles que rencontrent nos jeunes poëtes contemporains. « Le malheur de presque tous nos jeunes poëtes, a dit Gœthe, c'est que, n'ayant pas par eux-mêmes grande signification, ils ne savent pas trouver de sujets en dehors d'eux. Ils trouveront tout au plus un sujet qui les rappelle eux-mêmes, et qui entre dans leurs idées personnelles; mais prendre un sujet pour lui-même, à cause de sa poésie propre, et quand même il ne nous plairait pas, ils n'y pensent pas. Pour que notre poésie, ou du moins notre poésie lyrique prospère, il faudrait seulement que quelques créatures d'élite rencontrassent dans la vie les circonstances favorables pour étudier et se former. »

Vendredi, 3 décembre 1824.

Ces jours derniers on m'a proposé, à de très-bonnes conditions, d'écrire pour un journal anglais un compte rendu mensuel des productions nouvelles de la littérature allemande. Je penchais fort à accepter la proposition, mais je crus qu'il serait peut-être bon de causer d'abord

---

moral. Gœthe prononcerait-il aujourd'hui le même jugement? En 1824, il pensait surtout aux Français du dix-huitième siècle, qui ressemblent peu aux Français du dix-neuvième; il pensait aux fils de Voltaire; ils sont moins nombreux de nos jours que les fils de Rousseau. La France représente toujours dans le monde le parti de la révolution, c'est-à-dire le parti de la justice et du droit, c'est là sa gloire, mais elle ne représente plus le parti de l'impiété; elle a une foi indépendante plus religieuse qu'aucune foi soumise. Déjà en 1827, Gœthe adoucissait son arrêt.

de l'affaire avec Gœthe. J'allai dans ce but chez lui, ce soir, à la brune. Il était assis devant une grande table ; les stores de la chambre étaient baissés, et deux flambeaux jetaient leur lumière sur son visage et sur un buste colossal placé devant lui et qu'il contemplait. « Eh bien! qui est-ce? me dit-il après m'avoir souhaité amicalement le bonjour, et il me montrait le buste. » — Un poëte, et, ce semble, un Italien, répondis-je. — « C'est Dante! dit Gœthe. Il est bien reproduit, c'est un beau buste, mais je ne suis pas encore tout à fait satisfait. Là, il est déjà vieux, penché, triste, les traits sont flasques, affaissés, comme s'il venait de l'enfer. Je possède une médaille frappée de son vivant, et c'est bien plus beau. » Gœthe se leva et alla chercher la médaille. « Voyez-vous ici quelle force a le nez, comme la lèvre supérieure s'arrondit avec énergie, comme le menton s'avance et comme il se joint bien avec l'os de la mâchoire. Les parties autour des yeux et le front sont restés ressemblants dans ce buste colossal, mais tout le reste est affaibli et vieilli. Cependant je ne veux pas dire de mal de cette œuvre nouvelle, l'ensemble est excellent et mérite d'être loué. »

Gœthe me demanda alors ce que j'avais fait ces jours-ci. Je lui dis quelles offres j'avais reçues, ajoutant que j'étais très-disposé à les accepter. Le visage de Gœthe, jusqu'alors si amical, prit tout à coup un air très-contrarié, et je vis qu'il désapprouvait mon projet. « Je voudrais bien que vos amis vous laissassent tranquille, me dit-il. Pourquoi vouloir vous occuper de choses qui ne sont pas sur votre route naturelle et qui sont en contradiction absolue avec vos goûts? On voit circuler de l'or, de l'argent et du papier, chaque chose a son cours, son prix, mais, pour apprécier chaque valeur, il faut en connaître le cours. C'est absolument de même en littérature. Vous savez apprécier l'or et l'argent, mais non le papier, vous n'avez pas l'habitude de le manier; aussi votre critique sera sans justice, et vous trouverez tout mauvais. Si vous voulez être juste, reconnaître et faire valoir chaque œuvre en son genre, il faut avant tout que vous vous mettiez au courant de notre littérature moyenne, et ce n'est pas un petit travail. Il faut remonter en arrière, voir ce que les Schlegel ont voulu faire, ce qu'ils ont fait, puis il faut lire tous les écrivains contemporains, Franz Horn, Hoffmann, Clauren [1], etc. Et ce n'est pas encore tout. Il faut avoir toutes les feuilles quotidiennes, depuis la Gazette du matin jusqu'au Journal du soir, afin de connaître immédiatement ce qui vient de paraître; et cela prendra et perdra vos plus belles heures. Puis tous les nouveaux livres, dont vous voulez parler un peu à fond, il faudra non pas les feuilleter, mais les étudier. Comment ce travail pourrait-il vous plaire! Et enfin, si vous trouvez du mauvais, vous n'oserez pas le dire, à moins que vous ne vouliez courir le risque de vous mettre en guerre avec le monde entier. — Non, je vous le répète, refusez cette offre, cela ne vous convient pas. Gardez-vous toujours de l'éparpillement; condensez vos forces! Si, il y a trente ans, j'avais eu la sagesse que j'ai aujourd'hui, j'aurais agi tout autrement que je ne l'ai fait. Quel temps n'ai-je pas perdu avec Schiller aux *Heures* et à l'*Almanach des Muses!* Précisément ces jours-ci, je relisais nos lettres, j'ai vu revivre ce temps devant moi, et je ne peux sans chagrin penser à ces entreprises dans lesquelles le monde ne nous a donné que

---

[1] Horn (1781-1837), Hoffmann (1776-1822), Clauren (1771-1854), romanciers en vogue vers 1820.

déceptions et qui pour nous-mêmes étaient sans résultat. Le talent croit qu'il pourra faire ce qu'il voit faire à certaines gens, mais il se trompe, et il regrette plus tard ses *faux frais* [1]. A quoi nous sert-il de nous mettre pour une nuit des papillotes? Le lendemain soir nos cheveux sont retombés. Ce dont il s'agit pour vous, c'est de vous former un capital qui ne puisse plus vous échapper. C'est à quoi vous réussirez en étudiant, comme vous avez commencé à le faire, la langue et la littérature anglaises. Ne quittez pas ce travail, et profitez à tout moment du secours favorable que vous offre le séjour de jeunes Anglais à Weimar. Vous avez perdu pendant votre jeunesse presque tout ce que vous possédiez en connaissances sur les langues anciennes, cherchez donc à vous établir dans la littérature d'une nation aussi considérable que la nation anglaise. D'ailleurs notre littérature est en grande partie sortie de la leur. Nos romans, nos tragédies, d'où sortent-ils, sinon de Goldsmith, de Fielding et de Shakspeare? Et encore aujourd'hui, où pouvez-vous trouver en Allemagne trois héros littéraires à placer à côté de lord Byron, de Moore et de Walter Scott? — Ainsi, encore une fois, fortifiez-vous dans l'anglais, réunissez vos forces pour une œuvre solide, et laissez de côté tout ce qui est sans résultat pour vous, tout ce qui n'est pas à votre taille. »

J'écoutais Gœthe avec joie; je me sentis calmé complétement, et décidé à suivre pour tout ses conseils. M. le chancelier de Müller se fit annoncer et vint s'asseoir près de nous. La conversation revint sur le buste de Dante, toujours placé là, et sur sa vie et ses œuvres. On parla de l'obscurité de ses poésies, qui est telle que les compa-

[1] En français dans le texte.

triotes du poëte ne le comprennent pas; à plus forte raison devait-il être impossible à un étranger de percer ces ténèbres. « Ainsi, me dit Gœthe en se tournant vers moi d'un air amical, votre directeur spirituel vous interdit absolument l'étude de ce poëte. »

Gœthe remarqua que Dante avait écrit d'une manière incompréhensible, surtout parce qu'il avait adopté une manière de rimer très-difficile. D'ailleurs il en parla avec la plus profonde vénération, et ce qui me frappa, c'est qu'il ne l'appelait pas un talent, mais une *nature*[1], comme s'il avait voulu exprimer par ce mot ce qu'il y avait chez Dante de large, de prophétique, ainsi que la profondeur et l'immensité de son coup d'œil.

Jeudi, 9 décembre 1824.

Je suis allé vers le soir chez Gœthe. Il m'a tendu amicalement la main et m'a salué d'un éloge de ma poésie pour le Jubilé de Schellhorn. Je lui annonçai de mon côté que j'avais écrit pour refuser l'offre anglaise. « Dieu soit loué! vous voilà de nouveau libre et en repos! Mais il faut que je vous mette encore en garde. Des compositeurs viendront vous demander des poëmes d'opéra, soyez ferme, et refusez, car c'est encore là une chose qui ne mène à rien et où l'on perd son temps. »

Gœthe m'a raconté qu'il avait, par Nees d'Esenbeck[2],

---

[1] Gœthe avait, dans l'intimité, une façon assez originale de partager l'humanité. Elle se divise, disait-il, en deux grandes classes : d'un côté sont *les poupées*, qui jouent bien ou mal un rôle appris, créatures nulles pour le philosophe, et qui forment la majorité; de l'autre côté est le petit groupe des *natures*, restées telles que Dieu les a créées. « *Être une nature* » c'était dans sa bouche l'éloge suprême. (Voir Falk.)

[2] Botaniste célèbre. Professeur d'abord à Bonn, puis à Breslau, mort en 1858.

envoyé à Bonn l'affiche du théâtre à l'auteur [1] du *Paria*, pour que le poëte pût voir que la pièce avait été jouée à Weimar. « La vie est courte, a-t-il ajouté, il faut tâcher de se faire des farces, tant qu'elle dure. »

Les journaux de Berlin étaient devant lui, et il me parla de la grande inondation de Saint-Pétersbourg, de la mauvaise situation de cette ville, et en passant, il s'est moqué de l'opinion de Rousseau, qui a dit qu'on ne pouvait pas empêcher un tremblement de terre en bâtissant une ville dans le voisinage d'une montagne volcanique. « La nature va son chemin, a dit Gœthe, et ce qui nous paraît une exception est dans la règle. » Nous causâmes alors des grands orages qui ravagent les côtes et des autres phénomènes désastreux annoncés partout dans les journaux. Je demandai à Gœthe si on savait la cause de ces phénomènes. « Personne ne la connaît, a-t-il dit; ce sont de ces mystères dont on soupçonne à peine au fond de soi-même un semblant d'explication; à plus forte raison ne trouverait-on pas de paroles pour les faire comprendre. »

Lundi, 10 janvier 1825.

Comme Gœthe s'intéresse beaucoup à la nation anglaise, il m'avait prié de lui présenter peu à peu les jeunes Anglais qui sont à Weimar. Aujourd'hui, à cinq heures, il m'attendait avec le jeune officier anglais M. H..., dont je lui avais dit beaucoup de bien. Nous y allâmes à l'heure convenue, et nous fûmes introduits par le domestique dans une pièce bien chauffée où Gœthe a l'habitude de se tenir dans l'après-midi et le soir. Trois lumières

---

[1] Michel Beer, frère du compositeur. — Voir l'article de Gœthe dans ses *Mélanges*.

brûlaient sur une table, mais Gœthe n'était pas là; nous l'entendions parler dans la pièce voisine. M. H..., en regardant autour de lui, remarqua, outre des tableaux et une grande carte orographique suspendus aux murs, un casier plein de cartons; je lui appris que là étaient renfermés de nombreux dessins de grands maîtres et des gravures des plus célèbres tableaux de toutes les écoles, que Gœthe a, dans le cours de sa vie, réunis peu à peu et dont la contemplation fréquente lui offre des distractions certaines.

Après quelques minutes d'attente, Gœthe entra et nous fit un bonjour amical. « Je peux, dit-il à M. H..., vous parler sans façon en allemand, car je sais que vous êtes déjà, de votre côté, très à votre aise dans notre langue. » M. H... répondit en souriant quelques paroles, et Gœthe nous pria de nous asseoir. Le caractère de M. H... dut faire une bonne impression sur Gœthe, car sa parfaite amabilité, sa douce sérénité se sont aujourd'hui montrées à cet étranger dans toute leur vraie beauté. « Vous avez bien fait, lui a-t-il dit, pour apprendre l'allemand, de venir chez nous, ici, où vous n'apprenez pas seulement la langue avec facilité et rapidité, mais où vous pouvez aussi voir sur quels éléments elle repose; notre sol, notre climat, notre manière de vivre, nos mœurs, nos relations sociales, notre constitution; votre esprit emportera tout cela en Angleterre. » — « On s'intéresse maintenant beaucoup en Angleterre à la langue allemande, répondit M. H..., elle s'y répand chaque jour davantage, et il n'y a guère de jeunes Anglais de bonne famille qui n'apprennent pas l'allemand. » — « Nous autres Allemands, nous vous avons pourtant sur ce point précédés d'un demi-siècle, dit Gœthe en souriant; voilà cinquante ans que je m'occupe de la langue et de la littérature anglaises, aussi je connais très-bien les écrivains, la vie et l'organisation de votre pays. Si j'allais en Angleterre, je ne serais pas un étranger. Mais, comme je vous le disais, vos jeunes compatriotes font bien maintenant de venir chez nous et d'apprendre notre langue. Notre littérature le mérite par elle-même, et, de plus, on ne peut nier que celui qui sait bien l'allemand peut se passer de beaucoup d'autres langues. Je ne parle pas du français; c'est la langue de la conversation, et surtout en voyage elle est indispensable, parce que tout le monde la comprend et que, dans tous les pays, elle rend les services d'un bon interprète. Mais pour le grec, le latin, l'italien, l'espagnol, nous pouvons lire les principaux ouvrages de ces nations dans des traductions allemandes si bonnes que nous n'avons pas de raisons, à moins d'un but tout particulier à atteindre, pour perdre beaucoup de temps à l'étude pénible de ces langues. Il est dans la nature allemande de savoir apprécier, chacune dans leur genre, les œuvres nées au dehors, et de savoir se prêter à l'originalité étrangère. Ceci, joint à la grande flexibilité de notre langue, rend les traductions allemandes d'une fidélité et d'une perfection absolues. Et il ne faut pas se cacher que l'on va très-loin déjà avec une bonne traduction. Frédéric le Grand ne savait pas du tout le latin, mais il lisait son Cicéron dans la traduction française aussi bien que nous autres dans l'original. »

L'entretien roula ensuite sur le théâtre, et Gœthe demanda à M. H... s'il y allait souvent. « J'y vais chaque fois que l'on joue, répondit celui-ci, et je trouve que l'on y gagne beaucoup pour comprendre la langue. » — « Il est curieux de voir, répliqua Gœthe, comme l'oreille, et en général l'organe qui comprend est en avance sur l'organe qui parle ; on voit des personnes comprendre très-vite, mais ne pas pouvoir s'exprimer. » — « J'éprouve tous les jours, dit M. H..., la vérité de cette observation ; car je comprends fort bien tout ce que l'on me dit, tout ce que je lis, je sens même lorsque quelqu'un fait en allemand une faute, mais si je veux parler, j'hésite, et je ne peux pas dire ce que je voudrais. Une conversation sans importance à la cour, des plaisanteries avec les dames, une causerie en dansant, de tout cela je me tire assez bien, mais si je veux, sur un sujet sérieux, exprimer en allemand mon opinion, si je veux dire quelque chose d'original, de spirituel, je balbutie, et je reste en route. » — « Consolez-vous et tranquillisez-vous, lui dit Goethe, car nous-mêmes, dans notre langue maternelle, quand nous voulons dire quelque chose qui n'est pas ordinaire, très-souvent nous avons bien de la peine. »

Goethe demanda ensuite à M. H... ce qu'il avait lu en littérature allemande. « J'ai lu *Egmont*, répondit-il, et j'ai eu à cette lecture tant de plaisir que j'y suis retourné trois fois. *Tasso* m'a aussi donné de grandes jouissances. Je lis maintenant *Faust*, mais je trouve que c'est un peu difficile. » Ces derniers mots firent sourire Goethe. « En effet, dit-il, je ne vous aurais pas encore conseillé *Faust*. C'est un ouvrage de fou, et qui va au delà de tous les sentiments habituels. Mais puisque vous avez agi sans me consulter, continuez, vous verrez comment vous pourrez en sortir. Faust est un individu si étrange que peu d'êtres seulement peuvent partager ses émotions intimes. Le caractère de Méphistophélès est aussi très-difficile à cause de son ironie et aussi parce qu'il est le résultat personnifié d'une longue observation du monde. *Tasso*, au contraire, se rapproche davantage de notre manière générale de sentir, et le détail de l'exécution en facilite l'intelligence. » — « Cependant, dit M. H..., on regarde en Allemagne *Tasso* comme difficile, et on s'est étonné quand j'ai dit que je le lisais. » — « Pour *Tasso*, répondit Gœthe, le principal, c'est de ne plus être un enfant et d'avoir vécu dans la bonne compagnie. *Tasso* ne paraîtra pas difficile à un jeune homme de bonne famille, d'une intelligence et d'une délicatesse ordinaires, possédant cette éducation extérieure qui s'acquiert par le commerce avec les personnes accomplies que l'on rencontre dans les classes supérieures et dans les cercles les plus choisis. »

L'entretien se tourna sur *Egmont*, et Gœthe dit : « J'ai écrit *Egmont* en 1775, par conséquent il y a cinquante ans. Je me suis tenu de très-près à l'histoire[1] et j'ai cherché la vérité la plus exacte. Dix ans plus tard, j'étais à Rome, j'ai lu dans les journaux que les scènes révolutionnaires que j'avais peintes se répétaient littéralement en Hollande. Je vis alors que le monde reste toujours le même, et aussi que ma peinture devait être assez vivante. »

Tout en causant, l'heure du spectacle était arrivée, nous nous levâmes, et Gœthe nous fit un adieu amical. Dans la rue, je demandai à M. H... si Gœthe lui plaisait. Il me répondit : « Je n'ai jamais vu un homme qui avec une si aimable douceur possédât tant de dignité naturelle. Il peut prendre tous les airs, et s'abaisser autant qu'il le voudra ; il est toujours grand. »

---

[1] A l'histoire générale du temps. — Voir l'article de Schiller sur *Egmont*.

Mardi, 18 janvier 1825.

Je suis allé aujourd'hui, à cinq heures, chez Gœthe, que je n'avais pas vu depuis plusieurs jours, et j'ai passé une belle soirée. Je l'ai trouvé dans son cabinet de travail, causant sans lumière avec son fils et le conseiller aulique Rehbein, son médecin. Je me plaçai avec eux près de la table. On apporta bientôt de la lumière, et j'eus le bonheur de voir Gœthe devant moi plein de vivacité et de gaieté. Comme d'habitude, il s'informa avec intérêt de ce que j'avais vu de neuf ces jours-ci, et je lui racontai que j'avais fait connaissance avec une femme poëte. Je pus en même temps vanter son talent, qui n'est pas ordinaire, et Gœthe qui connaît quelques-unes de ses œuvres, la loua comme moi. « Une de ses poésies, dit-il, dans laquelle elle décrit un site de son pays, a un caractère très-original. Elle obéit à un penchant heureux pour les peintures de la nature visible, et elle a aussi au fond d'elle-même de belles facultés. Il y aurait bien à critiquer en elle, mais laissons-la aller et ne l'inquiétons pas sur la route que son talent lui montrera. »

Nous parlâmes alors des femmes poëtes en général, et le conseiller aulique Rehbein dit que le talent poétique des femmes lui faisait souvent l'effet d'un besoin intellectuel de reproduction. « L'entendez-vous? me dit Gœthe en riant; un besoin intellectuel de reproduction! comme le médecin arrange cela! » — « Je ne sais pas, dit Rehbein, si je m'exprime bien, mais il y a quelque chose comme cela. Ordinairement ces personnes n'ont pas joui du bonheur de l'amour, et elles cherchent un dédommagement du côté de l'esprit. Si elles avaient été mariées quand il le fallait, et si elles avaient eu des enfants, elles n'auraient pas pensé à leurs productions poétiques. » — « Je ne veux pas chercher, dit Gœthe, jusqu'à quel point vous avez raison, mais pour les autres genres de talent chez les femmes, j'ai toujours vu qu'ils cessaient avec le mariage. J'ai connu des jeunes filles qui dessinaient parfaitement, mais dès qu'elles devenaient épouses et mères, c'était fini, elles s'occupaient de leurs enfants et leur main ne touchait plus le crayon. — Cependant, reprit-il avec une grande vivacité, les femmes pourraient continuer autant qu'elles le veulent leurs poésies et leurs écrits, mais les hommes devraient bien ne pas écrire comme des femmes! Voilà ce qui ne me plaît pas. Regardez un peu nos Revues, nos Almanachs, comme tout cela est faible et devient tous les jours plus faible encore! Si on faisait paraître maintenant dans le *Morgenblatt*[1] un chapitre de *Cellini*, comme cela ressortirait! Mais, dit-il gaiement, passons là-dessus et occupons-nous de notre énergique jeune fille de Halle[2] dont l'esprit viril nous introduit dans le monde serbe. Les poésies sont excellentes! Il y en a dans le nombre quelques-unes qui se placent à côté du *Cantique des Cantiques*, et ce n'est pas là un petit éloge. J'ai terminé mon article sur ces poésies, et il est déjà imprimé. » En disant ces mots il me tendit les quatre premières feuilles d'une nouvelle livraison d'*Art et Antiquité*, où je trouvai cet article. « J'ai indiqué en peu de mots le caractère du motif de chaque poésie, et vous serez charmé de ces délicieux motifs. Rehbein n'est pas sans se connaître en poésie, au moins pour ce qui regarde le sujet, et il écoutera avec plaisir, si vous nous lisez ce passage. »

[1] Feuille du matin.
[2] Mademoiselle de Jacob. — Voir les *Mélanges* de Gœthe.

Je lus lentement le motif de chaque poésie. Les situations indiquées étaient si parlantes, si bien dessinées, que chaque mot me mettait devant les yeux tout un poëme. Celles-ci surtout me séduisirent :

I. Portrait d'une jeune Serbe; sa craintive réserve : jamais elle ne lève ses beaux cils.

II. Luttes intérieures d'un amant, désigné pour conduire celle qu'il aime à son rival.

III. Inquiète sur son amant, la jeune Serbe ne veut pas chanter, pour ne pas avoir à prendre l'air joyeux.

IV. Plainte sur le renversement des mœurs : le jeune homme épouse la veuve, le vieillard la vierge.

V. Un jeune homme adresse à une mère ses plaintes parce qu'elle laisse à sa fille une trop grande liberté.

VI. Joyeuses confidences de la jeune fille au coursier qui lui trahit l'inclination et les projets de son maître.

VII. La jeune Serbe ne veut pas de celui qu'elle n'aime pas.

VIII. La belle servante d'auberge : son bien-aimé n'est pas parmi ses hôtes.

IX. Les amants se trouvent, joies et tendresses.

X. Quelle sera la profession de l'époux ?

XI. Joyeux babillages d'amour.

XII. L'amant revient de l'étranger; il observe la jeune fille tout le jour; le soir, il la surprend.

« Ces seuls motifs m'apparaissent, dis-je, aussi vivants que si je lisais les poésies elles-mêmes, et je ne me sens pas le moindre désir de voir comment ils ont été traités. »

— « Vous avez raison, dit Gœthe, c'est bien cela; mais vous voyez par là l'immense importance des motifs, importance que personne ne veut concevoir. Nos femmes n'ont pas de cela le moindre pressentiment. « Cette poésie est belle, » disent-elles, et elles ne pensent, en parlant ainsi, qu'aux sentiments, aux paroles, aux vers. Et personne ne voit que la vraie force et l'effet d'une poésie résident dans la situation, dans le motif. Aussi on écrit des milliers de poésies dont le motif est nul, et qui simulent une espèce d'existence par des sentiments et par une versification sonore. En général, les amateurs et surtout les femmes n'ont de la poésie qu'une très-faible idée. Ils croient ordinairement que s'ils possédaient le côté technique ils tiendraient l'essentiel et seraient des poëtes accomplis ; mais ils se trompent bien. »

Le professeur Riemer se fit annoncer. Le conseiller aulique Rehbein se retira. Riemer s'assit près de nous. La conversation se continua sur les motifs des poésies d'amour serbes. Riemer connaissait ces motifs, et il fit la remarque que non-seulement on pourrait sur ces indications écrire des poésies, mais que déjà, sans que l'on connût les poésies serbes, ils avaient été employés et traités par des poëtes allemands. Il pensait à certaines poésies écrites par lui-même, et moi, en lisant, je m'étais rappelé certaines poésies de Gœthe que je citai.

« Puisque le monde reste toujours le même, dit Gœthe, puisque les mêmes situations se répètent, puisqu'un peuple vit, aime et sent comme l'autre, pourquoi un poëte n'écrirait-il pas comme l'autre ? Les situations de la vie se ressemblent ; pourquoi les situations de la poésie ne se ressembleraient-elles pas ? »

« — C'est à cause de cette ressemblance de la vie et des sentiments, dit Riemer, que nous sommes en état de comprendre la poésie des autres peuples. Sans elle, en lisant des poésies étrangères, nous ne saurions pas de quoi on parle. »

« — Aussi, ajoutai-je, j'ai toujours été étonné de l'idée de ces savants qui semblent croire que la poésie ne sort pas de la vie, mais des livres. Ils sont toujours à dire : Ceci vient de là, et ceci vient d'ici ! S'ils trouvent dans Shakspeare, par exemple, des passages qui se trouvent aussi chez les anciens, il faut que Shakspeare les ait pris aux anciens ! Ainsi, dans Shakspeare, un personnage, en voyant une charmante jeune fille, dit : « Heureux les parents qui la nomment leur fille; heureux le jeune homme qui l'emmènera comme fiancée ! » Et parce que le même trait se trouve dans Homère, il faut que Shakspeare le doive à Homère ! Est-ce assez bizarre ! Comme s'il fallait aller si loin pour trouver ces choses-là, et comme si tous les jours on n'en avait pas sous les yeux, on n'en sentait pas, on n'en disait pas de pareilles ! »

« — Oui, c'est bien vrai, c'est fort ridicule, » dit Gœthe.

« — Lord Byron, continuai je, ne se montre pas plus sage lorsqu'il dépèce votre *Faust* et prétend que vous avez pris cela ici, et ceci là[1]. — « Toutes les belles choses

[1] « Je viens de lire les *Spécimens d'anciens poëtes dramatiques*, de Ch. Lamb; je suis surpris de trouver dans les extraits des anciens poëtes dramatiques, tant d'idées que je croyais m'appartenir exclusivement. Voici un passage de la *Duchesse de Malfy* qui ressemble étonnamment à un morceau de *Don Juan*... Je ne connaissais pas ces extraits de Lamb, je les ai lus aujourd'hui pour la première fois. On m'accuse d'être plagiaire, et je ne me doutais pas de l'avoir été, quoique, je l'avoue, je ne me fasse aucun scrupule de faire usage d'une pensée qui me paraît heureuse, sans m'inquiéter d'où elle me vient. Pourriez-vous dire jusqu'à quel point Shakspeare a emprunté de ses contemporains dont les ouvrages sont perdus?... Et il ne faut pas oublier que Cibber a arrangé les pièces de Shakspeare pour la représentation. Qui ignore que l'invocation des sorcières est servilement copiée de Middleton. Dans ce temps-là les auteurs n'étaient pas si délicats. Si c'est un délit, je n'ai pas la prétention d'être sans tache. Je vous prêterai quelques volumes de naufrages d'où je tirai le naufrage de mon *Don Juan*. Les Allemands, et je crois Gœthe lui-même, disent que j'ai beaucoup emprunté de *Faust*. Tout ce

que lord Byron cite, dit Gœthe, je ne les avais, pour la plupart, pas même lues, et j'y ai encore moins pensé, quand j'ai fait le *Faust*. Mais lord Byron n'est grand que lorsqu'il écrit ses vers; dès qu'il veut raisonner, c'est un enfant. Aussi il ne sait pas se défendre contre les sottes attaques, précisément du même genre, qui lui ont été faites dans son propre pays; il aurait dû prendre un langage bien plus énergique. « Ce qui est là m'appartient! aurait-il dû dire; que je l'aie pris dans la vie ou dans un livre, c'est indifférent; il ne s'agissait pour moi que de savoir bien l'employer! » Walter Scott s'est servi d'une scène de mon *Egmont*, il en avait le droit; il l'a fait avec intelligence, il ne mérite que des éloges. Il a aussi, dans un de ses romans, imité le caractère de ma *Mignon*; avec autant de sagacité? c'est une autre question. Le *Diable métamorphosé*[1] de lord Byron est une suite de *Méphistophélès*, c'est fort bien ! Si par une fantaisie d'originalité, il avait voulu s'en écarter, il aurait été obligé de faire plus mal. Mon Méphistophélès chante une chanson de

que je connais de ce drame est une assez mauvaise traduction française et une ou deux scènes traduites en anglais par Monk-Lewis, et qu'il me lut à Diodati; je dois ajouter la scène de la montagne du Hartz, que Shelley a traduite en vers ces jours derniers. Je ne lui envie rien tant que de pouvoir lire cette étonnante production dans l'original. A propos d'originalité, Gœthe a trop de sens pour prétendre ne rien devoir aux auteurs anciens et modernes. Qui est-ce qui, au fait, ne leur a point des obligations? Vous me dites que l'intrigue de *Faust* est presque tout entière de Calderon. La vision du *Faust* de Gœthe ressemble assez à celle de Marlow. La scène du lit est dans *Cymbeline*. La chanson ou la sérénade est une traduction de celle d'*Ophelia* dans *Hamlet*. Enfin le prologue est de *Job*, qui est le premier drame du monde et peut être le poëme le plus ancien... J'aurai bien assez de commentateurs qui disséqueront mes pensées et qui trouveront des gens à qui elles appartiennent. » (*Conversations de lord Byron avec Medwin*, traduites par M. A. Pichot, Paris, 1824). Voyez encore même ouvrage, 2º vol., pages 47, 101, 118.

[1] Dans la *Métamorphose du bossu*.

Shakspeare, et qu'est-ce qui l'en empêcherait? Pourquoi me serais-je fatigué à en chercher une nouvelle, si celle de Shakspeare convenait et disait justement ce qu'il fallait dire? L'exposition de mon *Faust* a aussi quelque ressemblance avec celle de *Job*, tout cela est fort bien et j'en suis plutôt à louer qu'à blâmer [1]. »

Gœthe était dans la meilleure disposition. Il fit apporter une bouteille de vin, et il versa à boire à Riemer et à moi; pour lui-même, il buvait de l'eau minérale de Marienbad. La soirée semblait avoir été destinée à revoir avec Riemer le manuscrit de la continuation de son autobiographie, pour faire encore peut-être çà et là quelques corrections au point de vue de l'expression. « Eckermann restera bien avec nous et nous écoutera, » dit Gœthe. J'acceptai très-volontiers; et il remit le manuscrit à Riemer, qui commença à lire le début de l'année 1795.

Dans le cours de l'été, j'avais eu déjà le plaisir de lire et d'examiner plusieurs fois ce récit encore non imprimé dans sa biographie. Mais l'entendre lire à haute voix en présence de Gœthe, c'était pour moi une jouissance toute nouvelle. Riemer portait son attention sur le choix des expressions, et j'eus l'occasion d'admirer son extrême habileté et la richesse des mots et des tournures qu'il proposait. Pour Gœthe, il revoyait l'époque de sa vie qui

---

[1] Gœthe ici commente le mot de Molière : « Je prends mon bien où je le trouve. » Mais il le développe, et peut-être un peu trop. Le droit du génie sur les idées perdues dans des œuvres médiocres est légitime, car ce n'est, au fond, que le droit de donner la vie à ce qui était mort. Exercer ce droit d'emprunt sur des œuvres célèbres semble déjà moins nécessaire. L'emprunt ne peut se pardonner alors que si l'imitation surpasse tout à fait l'original ou l'égale, en le développant avec grande richesse. — Quant à la chanson de Shakspeare transportée dans *Faust*, ceci n'est qu'un caprice qui ne peut faire loi.

était décrite, il s'enivrait de souvenirs, et à chaque personne citée, à chaque aventure, il complétait ce qu'il avait écrit par un récit oral détaillé. Ce fut une soirée délicieuse! A plusieurs reprises il fut fait mention des contemporains les plus célèbres, mais cependant c'était vers Schiller, mêlé plus étroitement que personne à cette époque, de 1795 à 1800, que revenait toujours l'entretien. Ils avaient alors porté ensemble leur activité vers le théâtre; c'est aussi dans ce temps que paraissent les principaux ouvrages de Goethe. *Wilhelm Meister* se termine; immédiatement après *Hermann et Dorothée* est ébauché et écrit: *Cellini* est traduit pour les *Heures*, les *Xénies* composées en commun avec Schiller pour son *Almanach des Muses;* chaque jour, alors, amenait des points de contact. Tout ce temps fut rappelé dans cette soirée, et Goethe trouvait à chaque instant l'occasion des plus intéressantes communications.

« *Hermann et Dorothée*, dit-il entre autres, est, de tous mes grands poëmes, presque le seul qui me fasse encore plaisir, je ne peux le lire sans un profond intérêt. Je l'aime surtout dans la traduction latine; il me semble plus noble et comme revenu à sa forme originale. » Il fut aussi plusieurs fois question de *Wilhelm Meister*. « Schiller, dit Goethe, me blâma de l'introduction de l'élément tragique, comme d'une chose qui ne convient pas au roman. Il avait tort cependant, nous le savons tous. Dans les lettres qu'il m'a écrites, il y a sur *Wilhelm Meister* les vues et les idées les plus intéressantes. Cet ouvrage, d'ailleurs, est une de ces productions incalculables pour lesquelles la clef me manque presque à moi-même. On cherche un centre; il est difficile à trouver, et il vaut même mieux ne pas le trouver. J'ai pu penser qu'un tableau riche et varié de la vie qui passe devant nos yeux pouvait se suffire à lui-même, sans qu'il fût nécessaire de donner à ce tableau une intention qui, d'ailleurs, n'intéresse jamais que l'intelligence. Si cependant on veut absolument connaître le but du roman, que l'on s'en tienne aux paroles que Frédéric adresse à la fin à notre héros : « Tu me rappelles Saül, le fils de Cis, qui sortit pour chercher les ânesses de son père et qui trouva un royaume. » Que l'on s'en tienne là. Car au fond tout cet ensemble ne semble vouloir dire rien autre chose si ce n'est que, malgré toutes ses sottises et tous ses égarements, l'homme, conduit par une main supérieure, arrive cependant heureusement au but. »

On parla ensuite du grand nombre d'idées civilisatrices qui, dans les cinquante dernières années, s'étaient en Allemagne répandues dans les classes moyennes, et Gœthe en attribua le mérite moins à Lessing qu'à Herder et à Wieland. « Lessing, dit-il, était une intelligence du plus haut rang, et il fallait être à son niveau pour apprendre vraiment de lui; à une demi-intelligence il était dangereux. » Il nomma un journaliste qui s'était formé sur Lessing et qui, à la fin du siècle dernier, a joué un rôle peu honorable, parce qu'il n'avait pu suivre son modèle que de loin. « C'est à Wieland, dit Gœthe, que toute l'Allemagne du Nord doit son style. Elle a beaucoup appris de lui; et la facilité de s'exprimer avec justesse n'est pas ce qu'elle a appris de moindre. »

En parlant des *Xénies*, Gœthe vanta surtout celles de Schiller; « elles étaient, dit-il, acérées et frappaient fort; les miennes au contraire, étaient innocentes et faibles. Le *Cercle des animaux*, qui est de Schiller, n'est jamais lu par moi sans admiration. Les bons effets qu'elles ont exercés dans leur temps sur la littérature allemande sont incalculables. » Il nomma à cette occasion un grand nombre des personnes contre lesquelles les *Xénies* étaient dirigées, mais ces noms sont sortis maintenant de ma mémoire.

Lorsque, interrompu par ces intéressantes réflexions et digressions de Goethe, et cent autres encore, le manuscrit eut été lu et discuté jusqu'à la fin de l'année 1800, Goethe fit mettre les papiers de côté et fit apporter, sur un bout de la grande table à laquelle nous étions assis, un petit souper. Nous l'acceptâmes; pour Goethe, il ne mangea pas une bouchée; je ne l'ai d'ailleurs jamais vu manger le soir. Il était assis près de nous, nous versait à boire, ravivait les lumières et nous rafraîchissait aussi l'esprit par la plus charmante conversation. Le souvenir de Schiller était en lui si vivant, que l'entretien de cette seconde moitié de la soirée lui fut tout entier consacré. Riemer rappela la personne de Schiller. « La structure de son corps, dit-il, sa marche dans les rues, chacun de ses mouvements avait de la fierté, ses yeux seuls étaient doux. » — « Oui, dit Goethe, tout en lui était fier et grandiose, mais ses yeux étaient doux!... Et, comme son corps, était son talent. Il entrait hardiment dans un sujet, l'examinait, le tournait de ci, de là, le considérait de ce côté, de cet autre, le maniait à droite, à gauche. Il ne considérait son sujet pour ainsi dire que du dehors; le faire se développer doucement à l'intérieur, cela ne lui allait pas; il y avait plus de vive mobilité[1] dans son talent; aussi il n'était jamais décidé et ne pouvait finir. Souvent il a encore changé un rôle peu de temps avant les répétitions. Et comme il al-

[1] L'expression allemande est plus originale. Goethe dit : « Son talent était plus *desultorisch*. »

lait à l'œuvre hardiment, il ne cherchait pas à donner beaucoup de motifs à chaque action. Je sais combien j'ai eu de mal avec lui pour *Guillaume Tell*, lorsqu'il voulait que Gessler cueillît tout simplement une pomme et la fît tirer sur la tête de l'enfant. C'était là une manière de composer tout à fait opposée à ma nature, et je le persuadai d'amener et de motiver cette cruauté au moins en montrant l'enfant fier devant le bailli de l'adresse de son père, et disant qu'il attraperait bien une pomme sur un arbre à cent pas. Schiller d'abord ne voulait pas, mais il se rendit enfin à mes représentations et à mes prières, et fit comme je le lui conseillais. Moi, au contraire, souvent je motivais trop, ce qui éloignait mes pièces du théâtre. Mon *Eugénie* n'est qu'un pur enchaînement de motifs, et cela ne peut pas réussir sur la scène. Le talent de Schiller était tout à fait créé pour le théâtre. Avec chaque pièce il faisait des progrès et s'approchait de la perfection ; cependant il y avait en lui, enraciné depuis *les Brigands*, un certain goût pour les cruautés qui, même dans son plus beau temps, n'a pas voulu l'abandonner entièrement. Ainsi je me rappelle encore fort bien que dans *Egmont*, à la scène de la prison, lorsqu'on lit à Egmont sa condamnation, Schiller faisait apparaître dans le fond le duc d'Albe en masque et en manteau, pour qu'il pût se repaître de l'impression que la condamnation à mort produirait sur Egmont. C'était une manière de montrer le duc d'Albe insatiable de vengeance et de joies cruelles. Je protestai, et le personnage fut écarté. — Schiller était un grand homme singulier. Tous les huit jours c'était un être nouveau et plus parfait. Chaque fois que je le revoyais, je le trouvais plus riche de lectures, plus érudit, plus fort de jugement. Ses lettres sont le plus beau souvenir que je possède de lui, et elles font partie de ce qu'il a écrit de mieux. Je conserve parmi mes trésors sa dernière lettre comme une relique. » Gœthe se leva et alla la chercher. » « Voyez et lisez, » dit-il en nous la donnant. La lettre était belle, et écrite d'une main ferme. Elle renfermait un jugement sur les notes ajoutées par Gœthe à la traduction du *Neveu de Rameau*, notes qui exposent l'état de la littérature française d'alors, et que Gœthe avait communiquées en manuscrit à Schiller pour qu'il les examinât. Je lus la lettre à Riemer. « Vous voyez, dit Gœthe, quel jugement fort et frappant! et comme l'écriture ne trahit aucun signe d'affaiblissement! C'était une créature magnifique! et c'est en pleines forces qu'il nous a quittés! Cette lettre est du 24 avril 1805. Schiller est mort le 9 mai [1]. »

Nous contemplâmes tour à tour la lettre, admirant la clarté de l'expression et la beauté de l'écriture; Gœthe consacra encore à son ami mainte parole d'affectueux souvenir, jusqu'à ce qu'il se fit tard. Onze heures étaient arrivées, nous partîmes.

Jeudi, 24 février 1825.

« Si j'avais encore à diriger le théâtre, disait Gœthe ce soir, je ferais jouer *le Doge de Venise* de Byron. La pièce est, il est vrai, trop longue, et devrait être abrégée; mais il ne faudrait rien couper et biffer; voici comment on ferait : On reproduirait chaque scène, mais on l'abrégerait; la pièce serait ainsi diminuée, sans qu'on la gâtât par des changements, et elle gagnerait beaucoup en

---

[1] Voir la *Correspondance de Gœthe et Schiller*, par M. Saint-René-Taillandier.

énergie et en effet, sans perdre de beautés essentielles. »

Cette idée de Gœthe me frappa beaucoup. Je vis comment il faudrait agir dans les circonstances de ce genre qui se présentent à chaque instant au théâtre. Il est vrai que cette méthode suppose dans celui qui l'emploie un esprit bien fait, et même un poëte qui connaisse fort bien son métier.

Nous avons continué à parler de Byron, et j'ai rappelé cette opinion sur le théâtre, qu'il a exprimée dans ses conversations avec Medwin, disant que c'était un travail aussi ingrat que difficile. Gœthe dit : « Il ne s'agit pour le poëte que de suivre la route vers laquelle se portent le goût et l'intérêt du public. Si le talent et le public marchent dans le même sens, on est sûr du succès. Dans son *Portrait*, Houwald avait trouvé cette route, de là vint sa réussite complète. Lord Byron n'aurait peut-être pas été si heureux, parce que ses idées différaient en partie de celles du public. Il n'est pas du tout nécessaire d'être un grand poëte; au contraire, le plus souvent, c'est parce qu'on s'élève peu au-dessus de la masse du public que l'on gagne la faveur générale. »

Gœthe a exprimé ensuite la plus vive admiration pour le talent extraordinaire de Byron. « Ce que je nomme invention, a-t-il dit, ne m'a jamais, dans aucun homme, paru plus grand que chez lui. La manière dont il dénoue un nœud dramatique est toujours au-dessus de toute attente et toujours supérieure à celle que l'on avait dans la pensée. » — « Shakspeare, dis-je, produit sur moi le même effet, surtout avec *Falstaff*. Lorsqu'il s'est embarrassé et perdu dans ses mensonges, si je me demande comment je ferais pour le dégager, Shakspeare dépasse toujours tout ce que j'avais pu penser. Que vous disiez la même chose de Byron, c'est la plus haute louange qui puisse lui être accordée. Cependant il faut convenir que le poëte, qui domine toute son œuvre, a un grand avantage sur le lecteur pris dans le sujet. » Gœthe en a convenu, puis il s'est mis à rire de lord Byron, qui ne s'est jamais accommodé de la vie, qui ne s'est jamais inquiété d'une seule loi, et qui à la fin va se soumettre à l'absurde loi des trois unités. « Et, ajouta-t-il, il a aussi peu compris que les autres la raison et le fond de la loi. La clarté en est le motif fondamental, et les trois unités ne sont bonnes qu'autant que, par elles, on atteint mieux ce but. Si elles sont un obstacle à la clarté, il est toujours inintelligent de les considérer comme une loi et de vouloir les suivre. Les Grecs eux-mêmes, desquels nous vient la règle, ne l'ont pas toujours suivie ; dans *Phaeton* d'Euripide, et dans d'autres pièces, le lieu change[1]; on voit donc que la bonne exposition de leur sujet avait plus de valeur pour eux que le respect aveugle d'une loi qui en elle-même n'avait jamais eu grande importance. Les pièces de Shakspeare violent l'unité de temps et de lieu autant qu'il est possible, mais elles sont claires, rien n'est plus clair qu'elles, aussi les Grecs les auraient trouvées sans reproche. Les poëtes français ont voulu suivre dans ses conséquences les plus rigoureuses la loi des trois unités, mais ils ont péché contre la clarté, en dénouant leurs poëmes dramatiques, non par l'action dramatique, mais par le récit. »

Je me rappelai d'un côté *les Ennemis* de Houwald, si obscurs par trop de fidélité à l'unité de lieu, et de l'autre *Gœtz de Berlichingen*, qui sort complétement de l'unité de temps et de lieu, et pourtant si clair. Il me

[1] On a vu plus haut que Gœthe a essayé de restituer *Phaeton*.

semble que, pour entendre cette loi comme les Grecs, il ne faut s'y soumettre que pour les sujets peu compliqués, qui peuvent se développer en détail devant nos yeux dans le temps marqué; si au contraire l'action est vaste et se passe en différents lieux, il n'y a aucune raison pour vouloir la renfermer en un seul endroit, d'autant plus que nos scènes actuelles nous permettent sans difficulté les changements de décorations.

Goethe en continuant à parler de lord Byron a dit : « Cette limite qu'il se posait, en observant les trois unités, convenait d'ailleurs à son naturel, qui tendait toujours à franchir toutes limites. Que n'a-t-il su aussi se poser des bornes morales! C'est pour ne pas avoir eu cette puissance qu'il s'est égaré, et on peut dire avec justesse qu'il s'est perdu faute d'un frein. Il s'ignorait trop lui-même. Sa vie était tout entière dans la passion de chaque jour, et il ne pesait pas, il ne savait pas ce qu'il faisait. Se permettant tout et n'accordant rien aux autres, il devait se perdre et soulever le monde contre lui. Dès le commencement, avec les *Bardes anglais et les Critiques écossais*, il blessa les meilleurs écrivains; après cet écrit, seulement pour pouvoir vivre, il lui fallait reculer; mais, dans ses ouvrages suivants, il continua son opposition et ses blâmes, il toucha l'État et l'Église. Cette manière de n'avoir égard à rien l'a poussé hors d'Angleterre, et l'aurait, avec le temps, poussé aussi hors de l'Europe. Il était partout à l'étroit, il jouissait de la liberté personnelle la plus illimitée, et il se sentait oppressé; le monde lui était une prison. Son départ pour la Grèce n'a pas été une décision prise volontairement; elle lui a été imposée par sa mésintelligence avec le monde. En se déclarant affranchi de toute tradition, de toute patrie, il a d'abord causé sa propre perte, et la perte d'un pareil être est immense ; mais, de plus, par suite de cette agitation continuelle de l'âme, conséquence de ses goûts révolutionnaires, il n'a pas permis à son talent de prendre son complet développement. Ce sentiment éternel d'opposition et de mécontentement a extrêmement nui à ses œuvres, car non seulement le malaise du poëte se communique au lecteur, mais, *toute œuvre d'opposition est une œuvre négative, et la négation, c'est le néant*. Quand j'ai nommé le mauvais mauvais, ai-je beaucoup gagné par là ? Mais si par hasard j'ai nommé le bon mauvais, j'ai fait un grand mal. Celui qui veut exercer une influence utile ne doit jamais rien insulter ; qu'il ne s'inquiète pas de ce qui est absurde, et que toute son activité soit consacrée à faire naître des biens nouveaux. *Il ne faut pas renverser, il faut bâtir* ; élevons des édifices où l'humanité viendra goûter des joies pures. »

J'écoutais avec bonheur ces paroles magnifiques, et je me sentais ranimé par ces admirables préceptes. Gœthe a continué : « Lord Byron est à considérer comme homme, comme Anglais et comme grand talent. Ses bonnes qualités, il les doit surtout à son titre d'homme ; ses mauvaises, il les doit à ses titres d'Anglais et de pair anglais ; pour son talent, il est incommensurable. Les Anglais ne peuvent avoir un vrai système d'idées à eux ; la dissipation et l'esprit de parti ne leur permettent pas d'arriver à un état de développement complet et paisible ; mais comme hommes pratiques, ils sont grands. Lord Byron ne put donc jamais arriver à bien réfléchir sur lui-même, aussi ses idées sont en général sans valeur, comme le prouve par exemple sa devise : « Beau-« coup d'argent et pas d'autorité au-dessus de moi ! »

devise adoptée par lui parce que extrêmement d'argent paralyse toute autorité.

Mais dès qu'il crée, il réussit; et on peut dire que chez lui l'inspiration tient la place de la réflexion. Il fallait qu'il fût toujours poëte! Aussi tout ce qui venait chez lui de l'être humain et surtout du cœur était admirable. Il produisait ses œuvres comme les femmes les beaux enfants; elles n'y pensent pas et ne savent pas comment elles s'y prennent. C'est un grand talent, un talent *inné*, et ce qui est essentiellement la force poétique, je ne l'ai, chez personne, rencontré aussi développé que chez lui. Pour voir le monde sensible, pour percer le passé d'un clair regard, il est absolument aussi grand que Shakspeare. Mais Shakspeare est un individu plus pur, et il l'emporte par là sur Byron. Byron le sentait bien, voilà pourquoi il ne parle guère de Shakspeare, quoiqu'il sache par cœur des passages entiers de ses œuvres. Il l'aurait nié volontiers, car la sérénité shakspearienne est pour lui le grand obstacle, et il sait qu'il ne peut l'écarter. Il ne nie pas Pope, parce qu'il n'a rien à craindre de lui. Il le nomme et le vante, au contraire, partout où il peut, car il sait fort bien que Pope n'est pour lui qu'un appui. »

Gœthe était inépuisable sur Byron, et je ne me rassasiais pas de l'entendre. Après quelques digressions il reprit :

« Cette haute position de pair anglais a été très-nuisible à Byron, car le talent est toujours gêné par le monde extérieur, à plus forte raison par une si haute naissance et par une si grande fortune; une condition moyenne est bien plus favorable au talent; aussi, presque tous les grands artistes et les grands poëtes sont sortis des classes moyennes. Le penchant de Byron pour l'illimité n'aurait pas pu devenir pour lui si fatal, avec une naissance et une fortune plus modestes; mais comme il pouvait exécuter toutes ses fantaisies, il était entraîné sans fin dans d'inextricables embarras[1]. Et comment demander des égards, comment imposer des conditions à quelqu'un qui est dans une si haute position? Il exprimait toutes les idées qui s'élevaient en lui, et s'engageait ainsi dans un conflit sans terme avec le monde. — On est bien étonné quand on voit la part énorme que prennent dans la vie d'un Anglais riche et noble les séductions et les duels. Lord Byron raconte lui-même que son père a séduit trois femmes. Ayez avec cela un fils raisonnable! Il a toujours vécu, pour dire le mot, dans l'état de nature, et, avec sa manière d'être, il devait tous les jours être tout près de se mettre en état de défense personnelle; de là son éternel tir au pistolet[2]. Il devait s'attendre à tout moment à être provoqué. — Il ne pouvait pas vivre seul; aussi, malgré toutes ses singularités, il était extrêmement indulgent pour sa société. Un soir, il lit la magnifique poésie sur la mort du général Moore, et ses nobles amis ne savent pas trop quoi lui dire. Cela ne l'émeut pas, et il rempoche son manuscrit. C'est se montrer, comme poëte, un vrai mouton. Un autre les aurait donnés au diable! »

Mercredi, 20 avril 1825.

Gœthe m'a montré ce soir la lettre d'un jeune étudiant qui lui demande quel est son plan pour la seconde

---

[1] « Il est singulier que je n'aie jamais désiré sérieusement une chose sans l'obtenir et sans m'en repentir après. » (*Mémoires de lord Byron.*)

[2] « Nous arrivâmes à une ferme où Byron s'exerce au pistolet tous les soirs. C'est son amusement favori, c'est peut être encore plus une étude. Il a toujours des pistolets aux arçons de sa selle, et son courrier en porte

partie de *Faust*, parce qu'il a l'intention de finir de son côté cet ouvrage. Il exprime ses vues et ses désirs tout simplement, avec bonhomie et sincérité, et dit aussi, sans le moindre déguisement, que les efforts des autres écrivains contemporains ne sont, à la vérité, qu'un pur néant, mais qu'avec lui va fleurir dans toute sa fraîcheur une nouvelle littérature. Si je rencontrais dans la vie un jeune homme se disposant à continuer la conquête du monde commencée par Napoléon, ou un jeune amateur d'architecture, se préparant à terminer la cathédrale de Cologne, je ne serais pas plus surpris et je ne les trouverais pas plus fous et plus ridicules que ce jeune amateur de vers qui a assez d'illusions pour écrire, sans qu'on l'y force, la seconde partie de *Faust*. Je tiens même pour plus possible de finir la cathédrale de Cologne que de continuer le *Faust* dans les idées de Gœthe. Car on peut mesurer mathématiquement cette cathédrale, elle est devant nos sens; nos yeux la voient, nos mains la touchent, mais avec quel cordeau, avec quelle règle atteindra-t-on cette œuvre invisible de l'esprit, qui a sa base dans le cerveau de son créateur, pour la création de laquelle tout repose sur la manière de voir les objets, dont les matériaux ont nécessité pour être réunis une vie entière, et dont l'exécution exige cette habileté technique consommée que l'artiste n'acquiert qu'après des années? Celui qui peut croire une pareille entreprise aisée, possible même, n'a certainement qu'un très-mince talent, car il n'a aucune idée de ce qui est élevé et difficile; on peut soutenir que si Gœthe avait terminé son

huit ou dix paires faites par les meilleurs armuriers de Londres... Nous tirâmes chacun douze coups, et il logea onze balles dans un rond de quatre pouces de diamètre...» etc. (*Conversations de lord Byron*. p. 131.)

Faust, sauf une lacune de quelques vers, un pareil jeune homme ne serait pas même capable d'écrire ces quelques vers. Je ne veux pas chercher d'où vient à notre jeunesse actuelle cette prétention d'apporter avec elle en naissant ce qui jusqu'à présent était le fruit de longues années d'étude et d'expérience, mais je dois dire que cette affirmation (si souvent répétée de nos jours en Allemagne) de l'existence d'une puissance intellectuelle qui saute hardiment par-dessus tous les degrés intermédiaires du développement, donne peu d'espoir de voir naître bientôt des chefs-d'œuvre.

« Le malheur, disait Gœthe, c'est que dans l'État, personne ne veut vivre et jouir; chacun veut gouverner, et dans l'art, personne ne veut goûter des plaisirs avec les œuvres créées; chacun veut aussi produire à son tour. Personne, non plus, ne pense à se servir d'une œuvre de poésie comme d'un secours qui l'aide à avancer sur la route que l'on suit; non, on veut tout de suite refaire une œuvre toute pareille. On ne cherche pas sérieusement à entrer dans l'ensemble; on n'a aucun désir de produire une œuvre désintéressée qui ne cherche que le bien général; non, on n'aspire qu'à faire remarquer sa propre personne et à la mettre, autant que possible, en évidence. Cette mauvaise tendance se montre partout, et on imite les virtuoses de nos jours, qui, dans leurs concerts, ne choisissent pas les morceaux qui donneraient à leurs auditeurs une vive jouissance musicale, mais bien ceux où l'exécutant pourra faire admirer à quel degré d'habileté il est parvenu. Partout l'individu veut s'étaler, et on ne rencontre nulle part un effort honnête, qui se subordonne à l'ensemble et ne pense qu'à la cause qu'il sert en s'oubliant lui-même. On se laisse, de plus, entraîner à des productions misérables, sans s'en douter. Enfant, on faisait déjà des vers, jeune homme, on s'imagine que l'on peut quelque chose, mais on devient homme, on sent ce qu'est la perfection, et on frémit des années que l'on a perdues à des tentatives aussi vaines. D'autres n'arrivent jamais à la conception du parfait et à la connaissance de leur incapacité ; ceux-là produisent jusqu'à la fin des moitiés d'œuvres. Ce qui est certain, c'est que, si d'assez bonne heure on pouvait bien savoir quelle foule d'œuvres parfaites le monde renferme déjà, et tout ce qu'il faut pour placer à côté d'elles une œuvre égale, certainement, sur cent jeunes gens, qui composent des vers aujourd'hui, à peine un seul se sentirait assez de persévérance, de talent, de courage pour continuer sans trouble les travaux qui doivent le conduire au rang des maîtres. Bien des jeunes peintres n'auraient jamais pris un pinceau dans leur main, s'ils avaient su et compris d'assez bonne heure ce qu'a vraiment accompli un maître comme Raphaël. »

Nous parlâmes des tendances erronées en général, et Goethe dit :

« Ma tendance vers la pratique des arts plastiques était au fond erronée[1], car je n'avais pour cette pratique aucune disposition naturelle, et tout développement en ce genre était pour moi impossible. J'avais un sentiment délicat du pittoresque des sites, ce qui fit à mes débuts concevoir sur moi des espérances ; mais mon voyage en Italie a détruit tout le contentement que j'éprouvais devant mes œuvres ; je gagnai une vue plus large, mais je perdis cette facilité de travail qui me

---

[1] Jusqu'à quarante ans, Goethe a désiré et a espéré devenir un grand peintre. On a publié quelques gravures d'après ses dessins.

charmait. Mon talent ne pouvant me conduire ni à l'habileté technique, ni à la vraie beauté, tous mes efforts aboutirent au néant. On dit avec raison que le développement harmonieux de toutes les facultés de l'homme est ce qu'il faut désirer, et que c'est là la perfection; oui, mais l'homme n'en est pas capable, et il doit se considérer et se développer comme un fragment d'être, en cherchant seulement à bien concevoir ce que sont tous les hommes réunis. »

Ces paroles me rappelèrent *Wilhelm Meister* où il est dit que pour voir l'homme vrai, il faudrait réunir l'humanité entière, et que nous ne sommes estimables qu'autant que nous savons estimer. Je pensai aussi aux *Années de voyage*, où Jarno conseille toujours de prendre un métier en disant que le siècle des spécialités est arrivé et que l'on doit estimer heureux celui qui comprend cette idée et l'applique dans la vie pour lui et pour les autres. Il s'agit de bien connaître son métier, afin de ne pas en sortir, mais aussi afin de ne pas trop se borner. Celui qui, par son métier, se trouve obligé d'en dominer, d'en juger, d'en diriger beaucoup d'autres, celui-là devra pénétrer aussi loin que possible dans plusieurs branches de connaissances. Ainsi un prince, un futur homme d'État ne sauraient avoir des connaissances trop variées, parce que la variété et la multiplicité des connaissances appartiennent à leur métier. De même pour le poëte, parce que le monde entier est le sujet de ses poëmes[1], et il faut qu'il sache le manier et le faire parler. Mais le poète n'a pas besoin d'être peintre; il peint avec des mots, cela doit lui suffire; il lais-

---

[1] Le Tasse, contemplant du haut d'un mont un paysage immense et varié déployé à ses pieds, s'écriait : « Voilà mon poëme! »

sera aussi à l'acteur l'art de donner pour les yeux à une fiction l'apparence de la réalité; c'est assez pour lui de créer la fiction. Car il ne faut pas confondre la connaissance d'un art et sa pratique. Toute pratique d'un art, pour être amenée à la perfection, demande une existence. Aussi Gœthe a voulu connaître beaucoup de choses, mais il n'en a fait qu'une seule. L'art auquel il a consacré son activité, et dans lequel il est devenu un maître accompli, c'est l'*art d'écrire en allemand*[1]. Seulement il a appliqué son art à beaucoup d'objets. Il ne faut pas non plus confondre les occupations véritables de la vie avec les occupations qui ne servent qu'au perfectionnement d'une autre activité. Ainsi il faut que l'œil du poëte soit exercé à saisir sous tous ses aspects la nature sensible. Si donc Gœthe a raison de dire que, lorsqu'il s'occupait de peinture, pour devenir peintre, il suivait une fausse voie, cette occupation était, au contraire, parfaitement légitime lorsqu'il ne lui donnait son

---

[1] En 1790, à Venise, entendant parler autour de lui le mélodieux langage des lagunes, et dans un moment de découragement, Gœthe écrivait : « J'ai essayé bien des choses, j'ai beaucoup dessiné, gravé sur cuivre, peint à l'huile, j'ai aussi bien souvent pétri l'argile; mais je n'ai pas eu de persévérance, et je n'ai rien appris, rien accompli. Dans un seul art je suis devenu presque un maître, dans l'art d'écrire en allemand. Et c'est ainsi, poëte malheureux, que je perds, hélas! *sur la plus ingrate matière*, la vie et l'art... Que voulut faire de moi la destinée? Il serait téméraire de le demander, car le plus souvent de la plupart des hommes elle ne veut pas faire grand'chose!... Un poëte? Elle aurait réussi à en faire un de moi, si *la langue ne s'était pas montrée absolument rebelle!* » — Chateaubriand et Lamartine ont également renié l'art qui a fait leur gloire. Ils ont dit : « *Si je renaissais, je voudrais renaître avec le génie du peintre, du musicien!...* » — Auraient-ils donc, sous cette forme, mieux réalisé leur idéal? Non, après avoir épuisé tous les genres de génie, ils seraient morts non satisfaits d'eux-mêmes et sans avoir jamais pu traduire complètement pour les sens le rêve insaisissable de leur âme.

temps qu'à titre de poëte. Gœthe m'a dit : « On croit avoir présent devant soi ce que je décris dans mes poésies; j'ai dû cette qualité à l'habitude prise par mes yeux de regarder les objets avec attention, ce qui m'a donné aussi beaucoup de connaissances précieuses. »

On ne doit pas trop élargir le cercle de ses connaissances. « Ce sont les naturalistes, disait Gœthe, qui sont surtout entraînés à ce danger, parce que, pour pouvoir bien observer la nature, il faut posséder une grande et harmonieuse variété de connaissances. »

D'autres pèchent par l'excès contraire. « Ch. M. de Weber n'aurait pas dû écrire de musique sur le poëme d'*Euryanthe*, il aurait dû voir immédiatement que le sujet ne valait rien. C'est là une connaissance que doit posséder le compositeur. »

« En résumé, disait Gœthe, l'art le plus grand, c'est de savoir se tracer une limite et de s'isoler. »

Tant que je restai près de lui, il chercha toujours à me contenir sur un seul point. Son conseil perpétuel était de me borner pour le moment à la poésie. Il me détournait de toute lecture et de toute étude étrangères à ce but. « J'ai dissipé bien trop de temps, disait-il un jour, à des objets qui n'appartenaient pas à ma profession. Lorsque je pense à ce que Lope de Vega a fait, le nombre de mes œuvres poétiques me paraît bien minime. J'aurais dû m'en tenir à mon vrai métier. Si je ne m'étais pas tant occupé des pierres, et si j'avais donné mon temps à des travaux meilleurs pour moi, je pourrais posséder une belle parure de diamants. » Il vante en cela son ami Meyer, qui, ayant consacré toute sa vie à l'étude exclusive de l'art, possède en ce genre les plus profondes connaissances : « J'ai aussi dans cette branche commencé de bonne heure; et j'ai consacré presque une demi-existence à la contemplation et à l'étude d'œuvres d'art, mais cependant, sous certains rapports, je reste loin de Meyer. Lorsque j'ai un nouveau tableau, je me garde bien de le lui montrer aussitôt, je veux voir d'abord jusqu'où je saurai aller tout seul. Et lorsque je pense m'être bien rendu compte des qualités et des défauts de l'œuvre, je la montre alors à Meyer; mais son regard est bien plus pénétrant que le mien, et maintes lumières nouvelles, grâce à lui, viennent m'éclairer. Tout cela me montre toujours mieux ce que c'est que d'être vraiment grand dans un genre. Meyer a en lui les connaissances artistiques de siècles tout entiers[1]. »

On demandera sans doute pourquoi Gœthe, s'il était si persuadé que l'homme ne doit faire qu'une seule chose, a dans sa vie étudié tant de sciences différentes. Je répondrai que si Gœthe venait au monde aujourd'hui, et s'il trouvait sa nation parvenue à cette hauteur poétique et scientifique à laquelle elle est arrivée, en grande partie grâce à lui, bien certainement il n'aurait pas de

---

[1] « Gœthe m'a dit un jour, à propos de son ami le peintre Meyer, une parole qui pouvait peut-être s'appliquer encore plus justement à lui-même : « Nous tous, disait-il, tant que nous sommes, Wieland, Herder, Schiller, nous avons laissé ce monde nous duper en quelque manière; aussi nous pouvons y revenir, il ne s'en fâchera pas. Mais il n'en est pas que je sache, de même pour Meyer; il est si clair, et ce qu'il voit, il le voit d'un regard si calme, si profondément intelligent, il le pénètre tellement, il est si complétement détaché de toute passion troublante, de tout esprit de parti, que dans le jeu que la nature joue avec nous, il voit toujours le dessous de cartes. Aussi son âme ne doit pas penser à revenir ici, car cela ne plaît pas à la nature qu'on voie ainsi son jeu sans qu'elle vous en prie; et si de temps en temps apparaît un esprit qui découvre tel ou tel de ses secrets, aussitôt apparaissent dix individus dont l'affaire est de le remettre sous le boisseau. » Falk. (*Portrait de Gœthe vu dans l'intimité*, p. 17.)

motif pour une activité si multiple et il se bornerait à une seule science. La théorie de Newton lui sembla une des grandes erreurs de son siècle; il voulut la combattre, et consacra à cette lutte des années entières de fatigues et de peines. De même pour sa *Théorie des métamorphoses;* il n'aurait pas écrit ce modèle de dissertation scientifique, si ses contemporains avaient été sur la voie qui conduit aux vérités qu'il a démontrées. Et le même raisonnement explique la variété de ses travaux poétiques. Gœthe n'aurait pas écrit de roman, si sa nation avait déjà possédé un *Wilhelm Meister*, et il se serait très-probablement consacré à la seule poésie dramatique[1]. On ne peut pressentir ce qu'il aurait produit, livré ainsi à un seul art, mais ce qui est certain, c'est que, tout examiné, un homme de bon sens ne souhaitera jamais que Gœthe eût été empêché d'exécuter tout ce qu'il a plu à son Créateur de le pousser à accomplir.

Mardi, 22 mars 1825.

Cette nuit, un peu après minuit, j'ai été réveillé par le cri : *Au feu!* Le théâtre brûlait; j'y ai couru, tout était en flammes; les pompes travaillaient, mais en vain. J'aperçus, placé aussi près de l'incendie que la flamme le permettait, un homme en manteau et en casquette militaire, fumant un cigare de l'air le plus tranquille. Au premier coup d'œil, on l'aurait pris pour un curieux oisif, mais on s'approchait souvent de lui pour recevoir des ordres qu'il donnait rapidement et qui étaient aussitôt exécutés. C'était le grand-duc Charles-Auguste. Il avait

---

[1] Ou plutôt à l'épopée. Gœthe avoue lui-même que sa nature paisible et conciliante le portait peu vers les agitations et les catastrophes rapides du drame.

vu bien vite qu'il fallait renoncer à sauver l'édifice; il ordonna donc de circonscrire l'incendie sur le théâtre, et de s'occuper surtout avec les pompes à préserver les maisons voisines, qui souffraient déjà beaucoup. Il semblait dire, dans sa résignation de prince : « Qu'il brûle ! on le rebâtira plus beau ! » Et cette reconstruction était utile, car le théâtre était vieux, sans la moindre beauté, et depuis longtemps trop étroit pour contenir le public qui croissait chaque année. Mais cependant il était triste de voir disparaître un édifice auquel se rattachaient pour Weimar tant de grands souvenirs d'un passé aimé. Je vis bien des larmes couler dans de beaux yeux qui pleuraient sa ruine. Je ne fus pas moins ému par un artiste de l'orchestre : il pleurait son violon brûlé. Quand le jour vint, je distinguai dans la foule plusieurs jeunes filles et dames de la haute société, qui avaient passé la nuit à regarder l'incendie, et qui se tenaient encore là, toutes frissonnantes sous le vent froid du matin. J'allai me reposer un peu, et dans la matinée j'étais chez Gœthe. Le domestique me dit qu'il n'était pas bien portant, et qu'il était resté au lit. Cependant Gœthe me fit venir près de lui, et, en me tendant la main, il me dit : « Tout est perdu, mais que faire ? Ce matin, de bonne heure, mon petit Wolf est venu me voir dans mon lit, il m'a serré la main, m'a regardé fixement et m'a dit : « Ainsi va de l'homme ! » Il n'y a rien à ajouter à ce mot de mon cher Wolf, par lequel il cherchait à me consoler. Là où j'ai pendant trente ans travaillé avec amour, il n'y a plus que ruines et cendres ; mais, comme dit Wolf, ainsi va de l'homme ! J'ai eu peu de sommeil toute cette nuit ; par mes fenêtres, qui donnent sur la place, j'ai aperçu sans cesse les flammes monter vers le ciel. Pendant ce temps, comme vous le pensez bien, j'ai vu passer dans mon âme plus d'un souvenir du temps passé, j'ai revu Schiller et nos longues années de travail commun, et aussi maint cher disciple que j'ai vu naître et grandir. Tout cela n'a pas été sans me remuer profondément, et aussi je veux aujourd'hui bien sagement garder le lit. »

Je le louai de sa prudence. Cependant il ne me paraissait pas du tout affaibli ou affecté; au contraire, il me semblait tout à fait à son aise et l'esprit fort serein. Cette résolution de garder le lit me parut plutôt être une vieille ruse de guerre, qu'il a coutume d'employer dans les événements extraordinaires, lorsqu'il craint une grande affluence de visiteurs [1].

Il me pria de m'asseoir sur une chaise près de son lit et de rester un instant. « J'ai beaucoup pensé à vous et je vous ai plaint, me dit-il. Qu'allez-vous faire de vos soirées? »

« — Oui, répondis-je, j'ai en effet une grande passion pour le théâtre. Lorsque, il y a deux ans, je vins ici, sauf trois ou quatre pièces que j'avais vues à Hanovre, je ne connaissais pour ainsi dire rien. Tout m'était nouveau, acteurs et pièces, et comme, d'après vos conseils, je me suis abandonné entièrement à mes impressions, sans chercher à penser et à réfléchir sur les sujets, je peux dire en toute vérité que pendant ces deux hivers le théâtre m'a fait passer les heures les plus douces et les plus charmantes dont j'aie jamais joui. Aussi j'étais tellement entiché de théâtre, que non-seulement je ne manquais aucune représentation, mais que je m'étais fait admettre aux répétitions, et ce n'est pas encore assez, car parfois,

---

[1] Et de paroles inutiles — Voir sa lettre à Zelter du 27 mars 1825.

en passant devant le théâtre, si je voyais les portes ouvertes, j'allais m'asseoir pendant des demi-heures sur les bancs vides du parterre et je regardais jouer en imagination. »

« Vous êtes un peu fou, me dit Gœthe en riant, mais voilà les hommes que j'aime. Plût à Dieu que tout le public fût composé de pareils enfants ! Et au fond, vous avez raison; il y a là quelque chose ! Celui qui n'a pas le goût usé et qui a encore assez de jeunesse trouvera difficilement un endroit où il puisse ressentir autant de bien-être qu'au théâtre. On ne vous demande rien; si vous ne voulez pas, vous pouvez ne pas ouvrir la bouche; vous êtes assis, aussi à l'aise qu'un roi, et vous regardez passer devant vous des images vivantes qui donnent à votre esprit et à vos sens tout le plaisir qu'ils peuvent désirer. Poésie, peinture, chant, musique, art dramatique, que n'y a-t-il pas? Lorsque, dans une soirée, tous ces arts, tous ces charmes de jeunesse et de beauté réunissent contre nous leurs heureux efforts, alors c'est une fête à laquelle nulle autre ne peut se comparer. Et lors même que nous ne trouvons qu'un mélange de bon et de mauvais, cependant cela vaut toujours mieux que de regarder à sa fenêtre, ou de jouer au cercle une partie de whist dans la fumée des cigares. Le théâtre de Weimar, vous le savez, n'est pas du tout à dédaigner; c'est encore un vieux rejeton de notre beau temps; là se sont formés de nouveaux et de vigoureux talents, et nous pouvons encore entraîner et plaire par des œuvres qui offrent du moins l'apparence d'un ensemble. »

« C'est il y a vingt et trente ans, dis-je, que j'aurais voulu le voir ! »

« Nous avions alors des circonstances très-favorables

qui nous ont beaucoup aidés. Pensez un peu : l'ennuyeuse période du goût français venait de finir; le public était encore tout frais pour les impressions; Shakspeare produisait ses premiers et vifs effets; les opéras de Mozart étaient jeunes, et enfin chaque année se jouaient ici, à Weimar, les pièces de Schiller, montées par lui-même, et apparaissant dans leur première gloire ; vous vous imaginez sans peine qu'avec de pareils mets, vieux et jeunes étaient traitables, et que nous avions toujours un public reconnaissant. »

« — Les contemporains, dis-je, ne peuvent vanter assez l'excellence du théâtre de Weimar dans ce temps.

« — Je ne peux le nier, il avait de la valeur ! La cause principale de ce succès, c'était la liberté absolue que me laissait le grand-duc; je pouvais couper et rogner comme je voulais. Je ne cherchais pas à avoir des décorations splendides et une garde-robe éclatante, non, je cherchais seulement les bonnes pièces. Depuis la tragédie jusqu'à la farce, tout genre m'était bon; mais pour trouver grâce, une pièce devait avoir une valeur. Qu'elle eût de la grandeur et de la solidité, ou de la grâce et de la gaieté, ce n'était pas assez, il fallait que ce fût une œuvre consistante, une œuvre en bonne santé; sentimentalités larmoyantes, faiblesses maladives étaient exclues une fois pour toutes, ainsi que les horreurs repoussantes et tout ce qui attente à la pureté des mœurs; par tous ces spectacles j'aurais perdu acteurs et public. Au contraire, les bonnes pièces relevaient les acteurs. Car l'étude et la pratique continuelle de la perfection doivent nécessairement faire quelque chose de l'être que la nature n'a pas oublié. Je me maintenais aussi en contact perpétuel avec les acteurs. Je dirigeais les premières répétitions, et j'éclaircissais à chacun son rôle à mesure qu'il le lisait; j'assistais aux répétitions principales et je cherchais avec eux les moyens de mieux faire; je ne manquais pas les représentations, et je faisais le jour suivant mes observations sur ce qui ne m'avait pas paru bon la veille. Je leur fis faire ainsi des progrès dans leur art. Je cherchais en même temps à relever la classe des comédiens dans l'estime générale; je recevais chez moi les meilleurs d'entre eux et ceux qui donnaient le plus d'espérances, et je montrais ainsi au monde que je les jugeais dignes d'avoir avec moi toutes les relations de la société. Le reste de la bonne compagnie de Weimar ne resta pas en arrière de moi, et acteurs et actrices obtinrent bientôt une entrée honorable dans les meilleurs cercles. Tout cela devait aider à leur éducation intérieure et extérieure. Mon élève Wolf à Berlin, notre Durand, sont des personnes du tact social le plus fin. MM. Œls et Graff sont assez cultivés pour faire honneur à la meilleure compagnie. Schiller agissait comme moi. Il avait beaucoup de relations avec les acteurs et les actrices. Il assistait comme moi à toutes les répétitions, et après chaque représentation réussie d'une de ses pièces, il avait l'habitude d'inviter chez lui les acteurs, et de passer un jour en plaisirs. On se félicitait mutuellement de ce qui avait eu du succès, et on discutait sur les perfectionnements à apporter à la prochaine représentation. Mais lorsque Schiller arriva, il trouva déjà acteurs et public très-avancés, et cela, il faut le dire, contribua au rapide succès de ses pièces. »

« — Cet incendie de la salle, dans laquelle vous et Schiller avez pendant des années accompli tant de bien, est comme le signe extérieur de la fin d'une époque que

Weimar ne reverra pas de sitôt. Que de joies vous devez avoir éprouvées pendant cette direction, si riche en magnifiques succès pour le théâtre ! »

« — Que de peines aussi et d'ennuyeux tourments ! répondit Gœthe avec un soupir. »

« — Oui, dis-je, surveiller et maintenir un être à tant de têtes ne doit pas être facile. »

« — On obtient beaucoup par la sévérité, plus par la douceur, et presque tout par une attention soutenue et une justice impartiale, devant laquelle se tait toute considération de personnes. J'avais à me défendre de deux ennemis qui auraient pu me mettre en danger. L'un était mon affection passionnée pour le talent, qui aurait pu me rendre partial. L'autre, vous le devinerez sans qu'il soit nécessaire de le nommer. Notre théâtre ne manquait pas de femmes jeunes et belles, et, de plus, d'un esprit plein de grâces séduisantes. Je sentis la passion m'entraîner vers plusieurs, et on faisait parfois la moitié du chemin vers moi ; mais je rassemblais mes forces et je disais : « Pas plus loin ! » Je savais quelle était ma place et ce que je lui devais. Je n'étais pas là simple particulier, j'étais chef d'un établissement dont la prospérité me tenait plus à cœur que mes satisfactions passagères. Si je m'étais engagé dans des intrigues d'amour, je serais devenu semblable à une boussole qui ne montre plus la vraie route dès qu'un aimant placé à ses côtés agit sur elle. Mais comme je me conservai entièrement pur, comme je restai entièrement maître de moi-même, je restai aussi maître du théâtre, et jamais ne me manqua la considération nécessaire sans laquelle toute autorité est bientôt perdue. »

Cette confession de Gœthe me parut très-curieuse.

J'entendais là avec joie confirmer par lui-même ce que j'avais déjà appris par d'autres personnes. Je sentis que je l'aimais plus que jamais, et en le quittant, c'est de tout cœur que je lui serrai la main.

Je passai près de l'incendie encore fumant. Je trouvai près des décombres des fragments brûlés d'une copie de rôle. C'étaient des passages du *Tasso* de Gœthe[1].

Jeudi, 24 mars 1825.

J'ai dîné avec Gœthe. La ruine du théâtre a été le sujet presque exclusif de la conversation. Madame de Gœthe et mademoiselle Ulrike se représentaient les heures de bonheur qu'elles avaient passé dans l'ancienne salle. Elles avaient retiré des ruines quelques reliques qui leur semblaient sans prix; ce n'était rien de plus que quelques pierres et quelques morceaux brûlés de tenture. Mais ces morceaux venaient juste de l'endroit du balcon où elles avaient leurs places!

« Ce qu'il faut surtout, dit Gœthe, c'est se remettre promptement et se réorganiser aussi vite que possible. Je ferais déjà rejouer la semaine prochaine, soit dans le palais des Princes, soit dans la grande salle de l'hôtel de ville. Il ne faut pas, par un intervalle trop long, laisser au public le temps de se chercher d'autres ressources contre l'ennui de ses soirées. » — « Mais, dis-je, on n'a pour ainsi dire sauvé aucun décor! » — « Il n'y a pas besoin de beaucoup de décors! Il n'y a pas besoin de grandes pièces. Il n'est pas nécessaire de former un ensemble, à plus forte raison un grand ensemble. Il faut choisir des pièces où le lieu ne change pas. Une comédie en un

---

[1] Gœthe les envoya à Zelter. Ils avaient cela de curieux qu'ils parlaient de ruine et de désastre.

acte, un vaudeville, une opérette, puis un air, un duo, le final d'un opéra favori, et vous serez déjà suffisamment satisfaits. Il faut seulement traverser passablement avril; en mai, vous avez déjà les chanteurs des bois. Dès le commencement des mois d'été, vous aurez pour spectacle la reconstruction d'une nouvelle salle. — Cet incendie est pour moi un événement bien curieux, car je vous dirai que pendant les longs soirs de cet hiver je me suis occupé avec Coudray à tracer le dessin d'un beau théâtre nouveau, convenable pour Weimar. Nous avions fait venir le plan et la coupe des principaux théâtres allemands; nous avons emprunté les dispositions qui nous paraissent les meilleures, écarté ce que nous jugions fautif, et nous sommes ainsi arrivés à un plan qui pourra se laisser regarder. Dès que le grand-duc aura donné son approbation, on pourra donc commencer immédiatement les travaux; et ce n'est pas un petit bonheur que ce désastre nous ait trouvés, par un singulier hasard, si bien préparés. » Nous accueillîmes avec joie l'heureuse nouvelle que Goethe nous donnait, et il continua : « Dans l'ancienne salle, les premières étaient réservées à la noblesse, les secondes étaient pour les ouvriers et les domestiques[1]; mais la haute bourgeoisie riche était souvent très-embarrassée, car, à certains jours, le parterre était rempli par les étudiants[2], et il ne restait

---

[1] Depuis 1848 seulement les premières places sont accessibles à tout le monde. Ce petit fait montre combien les mœurs allemandes sont encore féodales. Noble et bourgeois sont des mots qui, au delà du Rhin, ont toujours un sens.

[2] Les étudiants de Iéna viennent quelquefois au théâtre à Weimar. Une vieille tradition les autorise à accompagner en chœur dans la salle le *Chant des Brigands* (acte IV, scène v). Aussi, lorsque l'on joue *les Brigands* de Schiller, ils ne manquent jamais cette représentation. La ville de Weimar, d'ordinaire si paisible, a, ces jours-là, une animation

de libre que les quelques banquettes du parquet et quelques petites loges derrière le parterre, ce qui était tout à fait insuffisant. Nous avons mieux arrangé cela. Tout le parterre sera entouré de loges, et entre les premières et les secondes nous plaçons un étage intermédiaire; nous gagnons ainsi beaucoup de place, sans trop agrandir la salle. » Nous félicitâmes Gœthe des bons soins qu'il consacrait au théâtre et au public.

Pour faire aussi quelque chose en faveur de notre joli théâtre futur, j'allai après-dîner à Oberweimar avec mon ami Doolan, et, assis dans l'auberge, près d'une tasse de café, nous écrivîmes ensemble le premier acte du texte d'un opéra, d'après Métastase.

Dimanche, 27 mars 1825.

J'ai dîné chez Gœthe en grande compagnie. Il nous a montré le plan du nouveau théâtre. Il est comme il nous l'a décrit il y a quelques jours, et promet une fort belle salle. On dit alors qu'un si beau théâtre exigerait de plus beaux décors, une troupe plus complète, mais que la caisse ne suffirait plus à payer les dépenses. « Oui, pour ménager la caisse, dit Gœthe, on engagera une petite troupe à bon marché; mais que l'on ne croie pas

---

très-curieuse. Il y a dans les rues un spectacle qui vaut le spectacle du théâtre. Des carrosses de louage qui ont dû voir Wallenstein, traînés par des chevaux plus transparents que le coursier fantastique de Méphisto, amènent au galop une bruyante et folle jeunesse, revêtue du costume des Universités : justaucorps de velours noir garni de brandebourgs, bottes à canons, rapière, écharpe blanche, toque minuscule brodée d'or. Tous les étudiants cependant ne prennent pas cette tenue élégante et légère; en hiver, beaucoup viennent tout simplement et en voisins, avec une bonne robe de chambre traînant sur les talons. Rien n'est plus bizarre et plus pittoresque que les promenades de ces jeunes gens parcourant la ville par groupes en chantant leur hymne philosophique et bachique : *Gaudeamus igitur, dum juvenes sumus!...*

par de pareilles mesures servir à la caisse! Rien ne lui nuit plus que des économies dans ces dépenses essentielles. Il faut penser à remplir la salle à chaque représentation. Et on y arrive en ayant acteurs et actrices d'un talent remarquable et d'une jolie figure. Si j'étais encore à la tête de la direction, je servirais la caisse en faisant encore un autre pas en avant, et vous verriez que l'argent ne nous manquerait pas. » On demanda ce qu'il ferait. « J'emploierais un moyen bien simple. Je ferais jouer *le dimanche*[1]. J'aurais quarante représentations au moins de plus, et ce serait bien malheureux si la caisse ne gagnait pas par an dix ou quinze mille thalers. » On trouva ce moyen très-pratique. On rappela que la classe ouvrière, si nombreuse, était dans la semaine occupée d'habitude tard dans la soirée, et que le dimanche était son seul jour de loisir, qu'elle préférait certainement le noble plaisir du théâtre à la danse et à la bière qu'elle allait chercher dans les cabarets des villages environnants. Les fermiers, les employés et les habitants aisés des petites villes voisines attendraient le dimanche comme un jour désiré pour se rendre à Weimar. A Weimar même, jusqu'alors, pour celui qui n'était pas admis à la cour, ou qui n'avait pas d'intérieur de famille, ou qui ne faisait pas partie d'un cercle, la soirée du dimanche avait été pénible et très-ennuyeuse. On ne savait où aller si l'on était seul. Et cependant il doit y avoir le dimanche soir un lieu où l'on puisse se plaire et aller oublier les tourments de la semaine. L'idée de jouer le dimanche comme dans les autres villes d'Allemagne

---

Une partie de l'Allemagne, il n'y a pas longtemps, observait encore l'inaction publique du dimanche aussi scrupuleusement que l'Angleterre.

fut donc accueillie par une approbation générale, mais il s'éleva un léger doute : cela plairait-il à la cour?

« La cour de Weimar, dit Gœthe, a trop de sagesse et de bonté pour empêcher une mesure qui tend au bien de la ville et d'un établissement important. La cour fera volontiers ce petit sacrifice et remettra à un autre jour ses soirées du dimanche. Si cela ne convient pas, il y a pour le dimanche assez de pièces que la cour n'a pas le désir de voir, qui sont tout à fait appropriées à la classe populaire et qui rempliront très-bien la caisse. »

On parla ensuite de l'abus que l'on faisait des forces des comédiens.

« Dans ma longue pratique, dit Gœthe, j'ai considéré comme un point capital de ne jamais mettre à l'étude une pièce et surtout un opéra pour lesquels je ne pouvais prévoir avec une certaine assurance un succès de plusieurs années. Personne ne pense assez à la dépense de forces que demande l'étude d'une pièce en cinq actes et surtout d'un opéra de même longueur. Oui, mes amis, il faut bien du travail avant qu'un chanteur puisse tenir sa partie pendant toute une pièce, et il en faut énormément avant que les chœurs marchent convenablement. Je frémis quand je vois avec quelle légèreté on donne souvent l'ordre de mettre à l'étude un opéra sur le succès duquel on ne sait rien et dont on n'a entendu parler que par quelques nouvelles très-incertaines de journaux. Nous possédons maintenant en Allemagne une poste passable, et même nous commençons à avoir des malles-poste; pourquoi, à la nouvelle d'un opéra donné avec succès, ne pas envoyer le régisseur ou un autre acteur sûr qui verrait par ses yeux si l'opéra est vraiment bon et si nos forces sont suffisantes pour le jouer? Les

11.

frais d'un pareil voyage ne sont rien à côté des immenses avantages qu'il donnerait et des mésaventures qu'il préviendrait. Et ensuite, quand on a monté une bonne pièce, un bon opéra, on devrait le donner à courts intervalles, tant qu'il attire le monde et remplit assez la salle. De même, quand on reprend un vieil ouvrage, qui dort depuis des années et qui, pour être joué avec succès, a besoin aussi d'être de nouveau étudié avec soin, il faut le jouer de suite et fréquemment, tant que le public s'y intéresse. Mais on a la manie de chercher toujours du nouveau, on joue une, au plus deux fois une pièce ou un opéra dont l'étude a coûté des peines incroyables, et entre ces deux représentations, on laisse s'écouler six à huit semaines, de telle sorte qu'une nouvelle étude est encore nécessaire; c'est là vraiment vouloir perdre le théâtre, et c'est un impardonnable abus des forces des acteurs. »

Goethe semblait considérer cette question comme très importante, et elle paraissait lui tenir bien à cœur, car il y mettait une chaleur que dans sa grande tranquillité on lui voit rarement.

« En Italie, continua-t-il, on donne le même opéra tous les soirs pendant quatre et six semaines, et les grands enfants d'Italie ne demandent pas du tout de changement. Le Parisien instruit voit les pièces classiques de ses grands poëtes si souvent, qu'il les sait par cœur, et son oreille connaît l'accent de chaque syllabe. Ici, à Weimar, on m'a bien fait l'honneur de donner mon *Iphigénie* et mon *Tasso*, mais combien de fois? A peine tous les trois ou quatre ans une fois. Le public les trouve ennuyeux. Je le crois bien! Les acteurs ne sont pas exercés à les jouer, et le public n'est pas exercé à les entendre. Si par des représentations fréquentes les acteurs entraient assez dans leurs rôles pour donner de la vie à leur jeu, s'il avaient l'air, non de réciter, mais d'exprimer des sentiments qui naissent au moment même dans leur cœur, alors le public bien certainement serait intéressé et ému.

« Oui, il est vrai, j'ai eu autrefois une illusion; j'ai cru possible de former un théâtre allemand. J'ai eu cette illusion que je pourrais moi-même travailler à cette œuvre et poser quelques-unes des clefs de voûte de l'édifice; j'écrivis mon *Iphigénie*, mon *Tasso*, et j'eus la puérile espérance que tout allait marcher; mais rien ne bougea, rien ne se remua, et tout resta comme devant. Si j'avais produit de l'effet et trouvé du succès, je vous aurais écrit toute une douzaine de pièces comme *Iphigénie* et *Tasso*. Les sujets ne manquaient pas. Mais, je vous le répète, je n'avais pas d'acteurs pour jouer ces œuvres avec esprit et vie, je n'avais pas de public pour les accueillir, les écouter et les sentir[1]. »

---

[1] La faute ne doit pas être rejetée tout entière sur le public. *Iphigénie, le Tasse* sont des poëmes admirables, mais ce ne sont pas là de vraies tragédies. Il faut un parterre de littérateurs pour qu'elles soient applaudies comme elles le méritent. Plusieurs tragédies de Gœthe ont en Allemagne le sort des tragédies de Racine en France; on les joue par respect humain, par patriotisme, plus que pour le plaisir de la majorité des spectateurs. Elles exigent des acteurs trop parfaits et des auditeurs trop instruits. Et cependant que de coupures on se permet ! Il n'y a pas une seule pièce classique, soit de Gœthe, soit de Schiller, qui se joue aujourd'hui comme elle a été écrite. Quand Gœthe était directeur, il faisait représenter ses pièces en entier; le public de Weimar allait alors au théâtre pour *s'exercer à comprendre le beau*, ce qui n'était pas pour tous une récréation. Gœthe a donné sa démission surtout parce qu'il était ennuyé de ne pouvoir être écouté et jugé par ses pairs. Il n'a jamais consenti, comme Schiller, à faire des concessions au goût du vulgaire. Il est resté sur les sommets, mais seul.

Mercredi, 30 mars 1825.

Grand thé ce soir chez Gœthe. J'y ai rencontré les jeunes Anglais qui habitent Weimar[1] et un jeune Américain.

Il y avait alors à Weimar toute une colonie de jeunes Anglais appartenant, pour la plupart, à de riches familles, et qui, au milieu de leur tour d'Europe, faisaient une station prolongée dans la ville de Gœthe. Celui-ci montrait pour eux une grande sympathie qui s'explique par une certaine analogie d'opinions. Gœthe, en effet, ressemble assez, par un grand nombre de ses idées politiques, à un lord anglais. Il aurait été très-bien à sa place et dans son groupe naturel à la Chambre haute d'Angleterre, assemblée conservatrice par essence et très-libérale quand il le faut.

Thackeray, en 1831, a été au nombre de ces jeunes Anglais, habitants passagers de Weimar, et dans une lettre, écrite en 1855 à M. Lewes, il a donné d'intéressants détails sur son séjour. De cette lettre assez longue nous voulons au moins extraire les passages suivants :

« Quoiqu'il n'allât plus dans le monde, Gœthe faisait un accueil très-bienveillant aux étrangers. Chez sa belle-fille, le thé était toujours servi pour nous. Nous passions chez elle, de la façon la plus agréable, de longues heures, de longues soirées, consacrées soit à la causerie, soit à la musique. Nous parlions de tous les romans et de tous les poëmes français, anglais et allemands. Mon bonheur en ce temps était de faire des caricatures pour les enfants. Quand je repassai à Weimar, je fus touché de voir qu'on se les rappelait encore, et que quelques-unes même avaient été conservées; mais vingt-deux ans auparavant, encore jeune homme, j'avais été rempli de fierté quand on m'avait dit que plusieurs de mes dessins avaient été regardés par le grand Gœthe.

« Il restait toujours dans les pièces particulières qu'il habitait, où un très-petit nombre de privilégiés étaient seuls admis; mais il aimait à savoir tout ce qui se passait, et s'intéressait à tous les étrangers. Lorsqu'une personne, par sa physionomie, frappait son imagination, un artiste de Weimar faisait son portrait. Gœthe avait ainsi de ce peintre toute une galerie de portraits aux deux crayons. Sa maison d'ailleurs n'était que tableaux, dessins, moulages, statues et médailles.

Je me rappelle toujours le trouble que je ressentis quand je fus averti, moi, jeune homme de dix-neuf ans, que M. le Conseiller intime me recevrait telle matinée. Cette audience si importante pour moi eut lieu dans une petite antichambre de son appartement particulier, entièrement garnie de moulages et de bas-reliefs antiques. Il portait une longue redingote grise, une cravate blanche et un ruban rouge à la boutonnière.

Dimanche, 10 avril 1825.

J'ai dîné chez Gœthe. « J'ai la joie de vous annoncer, m'a-t-il dit, que le grand-duc a approuvé notre plan pour le théâtre nouveau; on va jeter les fondations. Nous

Il avait ses mains derrière son dos, exactement comme dans la statuette de Rauch. Son teint était très-brillant, clair, et coloré; ses yeux extraordinairement noirs, perçants, éclatants. Je me sentis tout craintif devant eux, et ils me rappelèrent les yeux du héros d'un certain roman appelé *Melmoth le Voyageur*, avec lequel on effrayait les enfants il y a une trentaine d'années; ce personnage avait fait un pacte avec une Certaine Personne, et dans l'âge le plus avancé ses yeux conservaient leur imposante splendeur. Je crois que Gœthe a été encore plus beau comme vieillard que comme jeune homme. Sa voix était riche de nuances et douce. Il me fit sur moi-même quelques questions auxquelles je répondis de mon mieux. Je me rappelle que je fus d'abord étonné et ensuite un peu rassuré en m'apercevant qu'il ne parlait pas le français avec un bon accent.

« *Vidi tantum*, trois fois. Une fois, se promenant dans le jardin de sa maison (*Frauenplan*); une fois, par une belle journée de soleil, dans sa voiture qui allait au pas. Il avait une casquette et était enveloppé dans un manteau à collet rouge. Il caressait sa petite-fille, belle enfant aux cheveux d'or, qui depuis longtemps repose sous la terre (Alma, sœur de Wolfang et de Walter).

« Ceux d'entre nous qui recevaient d'Angleterre des livres ou des revues les lui envoyaient, et il les examinait avec empressement. Le *Frazer's Magazine* était alors tout récent, et je me rappelle qu'il contemplait avec grand intérêt ces admirables portraits qui étaient alors publiés. Mais un de ces portraits, me raconta madame Gœthe, fut par lui repoussé avec colère; c'était une très-affreuse caricature de M. R***. « Ils me donneront une mine dans ce genre-là ! » dit-il; quoique je ne puisse rien imaginer de plus serein, de plus majestueux, de plus *sain* que l'illustre vieillard.

« Le soleil était à son couchant, mais son calme et vif éclat illuminait encore le petit Weimar. Dans tous les salons la causerie portait sur les lettres et sur les arts... Le respect témoigné par la cour à ce patriarche des lettres ennoblissait aussi bien le souverain que le sujet. Depuis ces heureux jours, j'ai acquis une expérience de vingt-cinq années, j'ai connu une immense variété d'hommes, et nulle part je ne me rappelle avoir vu une société plus simple, plus bienveillante, plus courtoise, plus distinguée que celle de cette chère petite ville saxonne où le bon Schiller et où le grand Gœthe ont vécu et sont ensevelis. »

avons eu à lutter, mais nous l'avons emporté. Soyez content, vous aurez un beau théâtre. »

On a suivi son conseil, et on joue dans la salle de l'hôtel de ville.

Jeudi, 14 avril 1825.

Le soir, chez Gœthe. Comme notre conversation roulait sur le théâtre, je lui demandai quelles maximes il suivait pour l'adoption d'un nouveau sociétaire.

« Je ne pourrais guère le dire, répondit-il. J'agissais très-différemment suivant les circonstances. Si le nouvel acteur était déjà précédé d'une grande réputation, je le laissais jouer et j'examinais comment il s'harmonisait avec les autres, si sa manière ne dérangeait pas notre ensemble et surtout s'il venait remplir un vide. Si c'était un jeune homme qui n'eût jamais abordé la scène, j'examinais sa personne, je voyais s'il avait quelque chose de prévenant, de sympathique, et surtout s'il était maître de lui. Car un acteur qui n'a pas d'empire sur lui-même et qui en face d'un étranger ne sait pas se montrer sous le point de vue qu'il estime le plus favorable a en général peu de talent. Son métier en effet demande un démenti perpétuel de lui-même; il faut qu'il revête perpétuellement le masque d'autrui et qu'il vive une vie étrangère. Si son extérieur et ses manières me plaisaient, je le faisais lire, aussi bien pour connaître la force et l'étendue de sa voix que pour voir ses facultés. Je lui donnais d'abord quelque morceau d'un grand poëte d'un ton élevé pour voir s'il savait sentir et rendre la grandeur vraie; puis un morceau passionné, farouche, pour mettre à l'épreuve son énergie; je passais alors à un morceau brillant de raison, d'esprit, d'ironie, de traits, pour voir comment il s'en tirerait et si son intelligence avait une souplesse suffisante. Enfin je lui donnais un morceau peignant la douleur d'un cœur blessé, les tortures d'une grande âme, pour voir s'il savait aussi exprimer l'émotion touchante. S'il réussissait dans toutes ces épreuves variées, j'avais l'espérance fondée d'en faire un très-remarquable comédien. S'il avait été bien meilleur dans une épreuve que dans les autres, je prenais note du genre auquel il était surtout propre. Connaissant dès lors ses côtés faibles, je cherchais avant tout à faire en sorte qu'il les fortifiât et les perfectionnât. Si j'avais remarqué des fautes de dialecte et des provincialismes, je le pressais de s'en débarrasser et je lui recommandais de demander des conseils amicaux à un acteur n'ayant pas ce défaut, et qu'il chercherait à fréquenter. Je lui demandais aussi s'il savait danser et tirer des armes, et s'il disait non, je le confiais pour quelque temps au professeur de danse et d'escrime. Quand il était capable de monter sur la scène, je lui donnais d'abord des rôles en harmonie avec son propre caractère, et je ne lui demandais provisoirement que de se jouer lui-même. Ensuite, s'il avait une nature, par exemple, un peu trop ardente, je lui donnais des rôles flegmatiques; s'il me paraissait, au contraire, trop paisible et trop lent, je lui donnais des caractères vifs et emportés, afin de lui apprendre à se dépouiller lui-même et à se plonger dans un caractère étranger. »

Nous avons parlé alors de la distribution des rôles, et Gœthe entre autres a dit ces paroles qui m'ont semblé remarquables : « C'est une grande erreur de penser que les acteurs médiocres conviennent aux pièces médiocres. Dans une pièce de second ou de troisième rang, mettez des forces de premier ordre, vous la relèverez d'une façon incroyable et vous en ferez vraiment quelque chose de bon. Mais si une pièce inférieure est jouée par des artistes inférieurs, il n'est pas étonnant que l'effet soit absolument nul. Les acteurs de second ordre sont aussi très-utiles dans les grandes pièces. Ils sont ce que sont dans un tableau ces figures à demi éclairées qui rendent les plus précieux services, en faisant ressortir puissamment les figures placées en pleine lumière. »

Samedi, 16 avril 1825.

J'ai dîné chez Gœthe avec d'Alton [1]. C'est tout à fait un homme dans le goût de Gœthe, aussi ils sont au mieux. Il est dans sa science très-considérable, et Gœthe ne perd pas une de ses paroles. Comme homme, il est aimable, spirituel, d'une grande facilité d'élocution, et les pensées jaillissent chez lui avec une abondance que l'on rencontre rarement ; on ne peut se rassasier de l'écouter. Gœthe dans ses travaux a cherché toujours à embrasser l'ensemble de la nature ; aussi, devant un grand savant qui a consacré sa vie à une branche spéciale, il est inférieur. L'un est maître d'une richesse infinie de détails, l'autre a vécu davantage dans la contemplation des grandes lois générales. De là vient que Gœthe, qui est toujours sur la voie d'une grande synthèse, mais à qui manque la confirmation de ses pressentiments par ignorance des faits, saisit avec passion toutes les occasions de lier des rapports avec les grands naturalistes.

---

[1] Naturaliste et antiquaire distingué, mort en 1840. Il avait vécu longtemps près de Weimar, à Tiefurt, où il étudia spécialement l'histoire naturelle du cheval. Parmi ses élèves à l'Université de Bonn, il a compté le prince Albert.

Chez eux, il trouve ce qui lui manque, comme ils trouvent en lui ce qui, chez eux, n'existe qu'incomplétement. Il sera dans peu d'années âgé de quatre-vingts ans, mais il ne sera jamais rassasié de recherches et d'expériences. Dans aucune branche il n'a fini ; il veut aller toujours plus loin, toujours plus loin ! toujours apprendre, toujours apprendre ! et en cela il montre une éternelle et indestructible jeunesse.

J'avais ces pensées en l'écoutant ce matin causer vivement avec d'Alton. D'Alton parlait des animaux rongeurs, de la forme et des modifications de leur squelette; Goethe avait soif d'écouter toujours et encore de nouveaux récits de faits observés.

Mercredi, 27 avril 1825.

Vers le soir je suis allé chez Goethe, qui m'avait invité à une promenade en voiture. « Avant de partir, me dit-il, il faut que je vous montre une lettre de Zelter, que j'ai reçue hier, et qui touche à notre affaire du théâtre. » Zelter avait écrit entre autres ce passage[1] : « Que tu ne serais pas un homme à bâtir à Weimar un théâtre pour le peuple, je l'avais deviné depuis longtemps. Celui qui se fait feuille, la chèvre le mange. C'est à quoi devraient réfléchir d'autres puissances, qui veulent enfermer dans le tonneau le vin qui fermente. « Mes amis, nous avons vu cela! « Oui, et nous le voyons encore. » — Goethe me regarda et nous nous mîmes à rire. « Zelter est un bon et digne homme, dit-il, mais il lui arrive parfois de ne pas me comprendre et de donner à mes paroles une fausse interprétation. J'ai consacré au

---

[1] Lettre du 23 avril 1825. La citation : *Mes amis...* est prise dans Goethe. (33ᵉ Épigramme.)

peuple et à son enseignement ma vie entière, pourquoi ne lui construirais-je pas aussi un théâtre! Mais ici, à Weimar, dans cette petite résidence[1] où l'on trouve, comme on a dit par plaisanterie, fort peu d'habitants et dix mille poëtes, peut-il être beaucoup question du peuple, et surtout d'un théâtre du peuple! Weimar, sans doute, deviendra une très-grande ville, mais il nous faut cependant attendre encore quelques siècles pour que le peuple de Weimar compose une masse telle, qu'il ait son théâtre et le soutienne. »

On avait attelé; nous partîmes pour le jardin de sa maison de campagne. La soirée était calme et douce, l'air un peu lourd, et l'on voyait de grands nuages se réunir en masses orageuses. Gœthe restait dans la voiture silencieux, et évidemment préoccupé. Pour moi, j'écoutais les merles et les grives qui, sur les branches extrêmes des chênes encore sans verdure, jetaient leurs notes à l'orage près d'éclater. Gœthe tourna ses regards vers les nuages, les promena sur la verdure naissante qui, partout autour de nous, des deux côtés du chemin, dans la prairie, dans les buissons, aux haies, commençait à bourgeonner, puis il dit : « Une chaude pluie d'orage, comme cette soirée nous la promet, et nous allons revoir apparaître le printemps dans toute sa splendeur et sa prodigalité! » Les nuages devenaient plus menaçants, on entendait un sourd tonnerre, quelques gouttes tombèrent, et Gœthe pensa qu'il était sage de retourner à la ville. Quand nous fûmes devant sa porte : « Si vous n'avez rien à faire, me dit-il, montez chez moi, et restez encore une petite heure avec moi. » J'acceptai avec grand

---

[1] C'est le nom des villes où réside le souverain.

plaisir. La lettre de Zelter était encore sur la table. « Il est étrange, bien étrange, dit-il, de voir avec quelle facilité on peut être méconnu par l'opinion publique. Je ne sais pas avoir jamais péché contre le peuple, mais maintenant, c'est décidé, une fois pour toutes ; je ne suis pas un ami du peuple ! Oui, c'est vrai, je ne suis pas un ami de la plèbe révolutionnaire, qui cherche le pillage, le meurtre et l'incendie ; qui, sous la fausse enseigne du bien public, n'a vraiment devant les yeux que les buts les plus égoïstes et les plus vils. Je suis aussi peu l'ami de pareilles gens que je le suis d'un Louis XV. Je hais tout bouleversement violent, parce qu'on détruit ainsi autant de bien que l'on en gagne. Je hais ceux qui les accomplissent aussi bien que ceux qui les ont rendus inévitables. Mais pour cela, ne suis-je pas un ami du peuple? Est-ce que tout homme sensé ne partage pas ces idées? Vous savez avec quelle joie j'accueille toutes les améliorations que l'avenir nous fait entrevoir. Mais, je le répète, tout ce qui est violent, précipité, me déplaît jusqu'au fond de l'âme, parce que ce n'est pas conforme à la nature. Je suis un ami des plantes, j'aime la rose comme la fleur la plus parfaite que voie notre ciel allemand, mais je ne suis pas assez fou pour vouloir que mon jardin me la donne maintenant, à la fin d'avril. Je suis content, si je vois aujourd'hui les premières folioles verdir; je serai content quand je verrai de semaine en semaine la feuille se changer en tige, j'aurai de la joie à voir en mai le bouton, et enfin, je serai heureux quand juin me présentera la rose elle-même dans toute sa magnificence et avec tous ses parfums. Celui qui ne veut pas attendre, qu'il aille dans une serre chaude.

« On répète que je suis un serviteur des princes, un

valet des princes! comme si cela avait un sens! Est-ce que par hasard je sers un tyran, un despote? Est-ce que je sers un de ces hommes qui ne vivent que pour leurs plaisirs en les faisant payer à un peuple? De tels princes et de tels temps sont, Dieu merci, loin derrière nous. Le lien le plus intime m'attache depuis un demi-siècle au grand-duc, avec lui j'ai pendant un demi-siècle lutté et travaillé, et je mentirais si je disais que je sais un seul jour où le grand-duc n'a pas pensé à faire, à exécuter quelque chose qui ne serve pas au bien du pays, et qui ne soit pas calculé pour améliorer le sort de chaque individu. Pour lui personnellement, qu'a-t-il retiré de son rôle de prince, sinon charges et fatigues? Est-ce que sa demeure, son costume, sa table, sont plus brillants que chez un particulier aisé? Que l'on aille dans nos grandes villes maritimes, on verra la cuisine et le service d'un grand négociant sur un meilleur pied que chez lui. Nous célébrerons cet automne le cinquantième anniversaire du jour où il a commencé à gouverner et à être le maître. Mais ce maître, quand j'y pense vraiment, qu'a-t-il été tout ce temps, sinon un serviteur? Le serviteur d'une grande cause : le bien de son peuple! S'il faut donc à toute force que je sois un serviteur des princes, au moins ma consolation c'est d'avoir été le serviteur d'un homme qui était lui-même serviteur du bien général[1]. »

---

[1] C'est le lendemain, 28 avril, que M. Cousin, revenant de Berlin, où il avait eu des « aventures » que l'on connaît, fit sa seconde visite à Gœthe, qui, quoique souffrant, tint à le recevoir et à « donner un témoignage public d'intérêt à l'ami de Hegel. » Dans les quelques paroles de Gœthe que M. Cousin rapporte, on reconnaît plusieurs idées exprimées dans les conversations avec Eckermann.

Dimanche, 1er mai 1825.

Avant-hier, en passant devant le théâtre, j'avais vu les travaux interrompus, et j'avais appris que les plans proposés par Goethe et Coudray étaient abandonnés. Aujourd'hui j'ai dîné chez Goethe; je craignais de le voir blessé d'une mesure aussi inattendue, mais pas le moins du monde, il était de l'humeur la plus douce et la plus sereine, au-dessus de toute petite susceptibilité. « On a cherché à circonvenir le grand-duc, me dit-il, en lui faisant valoir les grandes économies que l'on réaliserait avec un autre plan, et on a réussi. Cela ne me fâche pas. Un théâtre nouveau n'est, en fin de compte, qu'un nouveau bûcher qui brûlera aussi tôt ou tard. C'est là ma consolation. D'ailleurs, un peu plus ou un peu moins grand, un peu plus haut ou un peu plus bas, cela ne vaut pas la peine d'en parler. Vous aurez toujours une salle très-passable, sinon celle que j'avais désirée et conçue. Vous irez, j'irai aussi, et tout se terminera très-bien. Le grand-duc m'a objecté qu'un théâtre n'a pas besoin d'être une œuvre splendide d'architecture; je n'ai, à la vérité, rien à opposer à cette opinion. Il m'a dit ensuite que le but d'une salle, c'était, en définitive, de gagner de l'argent. Cette idée semble d'abord un peu positive, mais, en y pensant bien, elle a aussi sa noblesse. Car si un théâtre veut gagner de l'argent, il faut que tout en lui soit parfait. Il doit avoir la meilleure administration, les meilleurs acteurs, et jouer des pièces qui puissent continuellement attirer la foule. C'est, en peu de mots, exiger beaucoup, presque l'impossible. Shakspeare et Molière n'avaient pas d'autre idée. Tous deux voulaient aussi, avec leur théâtre, avant tout, gaguer de l'argent. Mais, pour parvenir à leur but principal, ils devaient travailler à tout maintenir excellent, et, aux œuvres anciennes applaudies, ajouter de temps en temps une œuvre nouvelle et solide capable de charmer et d'attirer. L'interdiction du *Tartuffe* a été pour Molière un coup de tonnerre, mais non pas tant pour le poëte que pour le directeur Molière, qui avait à veiller à la prospérité d'une troupe considérable et qui devait aviser à se procurer du pain pour lui et pour les siens. Rien n'est plus dangereux pour la prospérité d'un théâtre que de ne pas intéresser personnellement la direction aux recettes, et de la laisser vivre dans cette certitude insouciante que le déficit de la fin de l'année sera couvert par des ressources étrangères. Il est dans la nature de l'homme de laisser tomber son activité dès que son intérêt personnel ne la rend plus nécessaire. Il ne faut pas cependant demander que le théâtre d'une ville comme Weimar se soutienne par lui-même, et qu'aucune subvention annuelle du trésor du prince ne lui soit nécessaire. Mais tout a ses limites, et quelques milliers de thalers par an de plus ou de moins ne sont pas du tout quelque chose d'indifférent, surtout quand on voit que la diminution des recettes suit la décadence du théâtre, et qu'ainsi on perd et l'argent et l'honneur. A la place du grand-duc, lorsque la direction changera, je fixerais pour subvention une somme annuelle fixe; je prendrais pour cela la moyenne des subventions des dix dernières années, et je fixerais, sur cette proportion, la somme estimée suffisante pour un entretien convenable. Il faudrait se contenter de cette somme. J'irais plus loin, et je dirais : Si le directeur et les régisseurs, par leur sage et énergique direction, ont amené dans la caisse, à à fin de l'année, un excédant de recettes, cet excédant sera partagé comme gratification entre le directeur, les régisseurs et les principaux acteurs. Vous verriez comme tout s'animerait, et comme l'établissement sortirait de ce demi-sommeil dans lequel il faut qu'il tombe peu à peu. Nos règlements de théâtre renferment bien des dispositions pénales, mais ils ne renferment aucune loi spéciale pour encourager et récompenser les services. C'est une grande lacune. Car si à chacune de mes fautes j'ai à attendre une retenue de mes gages, je dois aussi attendre un encouragement, si je fais plus que l'on n'a le droit de me demander. C'est lorsque tout le monde fait plus que l'on n'a droit d'attendre et d'exiger qu'un théâtre touche à la perfection. »

Madame de Goethe et Mademoiselle Ulrike entrèrent, toutes deux en très-gracieuse toilette d'été, que le beau temps leur avait fait prendre. La conversation à table fut gaie et variée. On y parla des parties de plaisir des semaines précédentes et des projets semblables pour les semaines suivantes. « Si les belles soirées se maintiennent, dit madame de Goethe, j'aurais un grand désir de donner ces jours-ci dans le parc un thé, au chant des rossignols. Qu'en dites-vous, cher père? » — « Cela pourrait être très-joli! répondit Goethe. » — « Et vous, Eckermann, dit madame de Goethe, cela vous convient-il? peut-on vous inviter? » — « Mais, Ottilie, s'écria mademoiselle Ulrike, comment peux-tu inviter le docteur! Il ne viendra pas, ou, s'il vient, il sera comme sur des charbons ardents, on verra que son esprit est ailleurs, et qu'il aimerait beaucoup mieux s'en aller. » — « A parler franchement, répondis-je, je préfère flâner avec Doolan dans les champs des environs. Les thés, les soirées avec thé, les conversations avec thé, tout cela répugne si fort à mon naturel, que la seule pensée de ces plaisirs me met mal à mon aise ! » — « Mais, Eckermann, dit madame de Gœthe, à un thé dans le parc, vous êtes en plein air, par conséquent dans votre élément. » — « Au contraire, dis-je, quand je suis si près de la nature que ses parfums viennent jusqu'à moi, et que cependant je ne peux vraiment me plonger en elle, alors l'impatience me saisit, et je suis comme un canard que l'on met près de l'eau en l'empêchant de s'y baigner. » — « Ou bien, dit Gœthe en riant, comme un cheval qui passe sa tête par la fenêtre de l'écurie et voit devant lui d'autres chevaux gambader sans entraves, dans un beau pâturage. Il sent toutes les délices rafraîchissantes de la nature libre, mais il ne peut les goûter. Laissez donc Eckermann, il est comme il est, et vous ne le changerez pas. Mais, dites-moi, mon très-cher, qu'allez-vous donc faire en pleins champs avec votre Doolan, pendant toutes les belles après-midi ? » — « Nous cherchons quelque part un vallon solitaire, et nous tirons à l'arc. » — « Hum ! dit Gœthe, ce n'est pas là une distraction mal choisie. » — « Elle est souveraine, dis-je, contre les ennuis de l'hiver. » — « Mais comment donc, par le ciel ! dit Gœthe, avez-vous ici, à Weimar, trouvé arcs et flèches ? » — « Pour les flèches, j'avais, en revenant de la campagne de 1814, rapporté avec moi un modèle du Brabant. Là, le tir à l'arc est général. Il n'y a pas si petite ville qui n'ait sa société d'archers. Ils ont leur tir dans des cabarets, comme nous y avons des jeux de quilles, et ils se réunissent d'habitude vers le soir dans ces endroits où je les ai regardés souvent avec le plus grand plaisir. Quels hommes bien faits ! et quelles poses pittoresques, quand ils tirent la corde! Comme toutes leurs énergies se développent, et quels adroits tireurs ce sont! Ils tiraient habituellement, à une distance de soixante ou quatre-vingts pas, sur une feuille de papier, collée à un mur d'argile détrempée; ils tiraient vivement l'un après l'autre et laissaient leurs flèches fixées au but. Et il n'était pas rare que sur quinze flèches cinq eussent touché le rond du milieu, large comme un thaler ; les autres étaient tout à côté. Quand tout le monde avait tiré, chacun allait reprendre sa flèche et on recommençait le jeu. J'étais alors si enthousiaste de ce tir à l'arc, que je pensais que ce serait rendre un grand service à l'Allemagne que de l'y introduire, et j'étais assez sot pour croire que ce fût possible. Je marchandai souvent un arc, mais on n'en vendait pas au-dessous de vingt francs, et où un pauvre chasseur pouvait-il trouver une pareille somme? Je me bornai à une flèche, comme l'instrument le plus important et travaillé avec le plus d'art ; je l'achetai dans une fabrique de Bruxelles pour un franc, et avec un dessin, ce fut le seul butin que je rapportai dans mon pays[1]. »

« — Voilà qui est tout à fait digne de vous, répondit Goethe. Mais ne vous imaginez pas que l'on pourrait rendre populaire ce qui est beau et naturel ; ou du moins il faudrait pour cela avoir beaucoup de temps et recourir à des moyens désespérés. Je crois facilement que ce jeu du Brabant est beau. Notre plaisir allemand du jeu de quilles paraît, en comparaison, grossier, commun, et il tient beaucoup du Philistin. »

« — Ce qu'il y a de beau au tir de l'arc, dis-je, c'est qu'il développe le corps tout entier et qu'il réclame l'em-

[1] Il s'était engagé comme chasseur dans la guerre de 1814.

ploi harmonieux de toutes les forces. Le bras gauche, qui soutient l'arc, doit rester bien tendu sans bouger ; le droit, qui tire la corde, ne doit pas être moins fort ; les pieds, les cuisses, pour servir de base solide à la partie supérieure du corps, s'attachent avec énergie au sol ; l'œil, qui vise, les muscles du cou et de la nuque, tout est en activité et dans toute sa tension. Et puis, quelles émotions, quelle joie quand la flèche part, siffle et perce le but ! Je ne connais aucun exercice du corps comparable. »

« — Cela, dit Gœthe, conviendrait à nos écoles de gymnastique, et je ne serais pas étonné si, dans vingt ans, nous avions en Allemagne d'excellents archers par milliers. Mais, avec une génération d'hommes mûrs il n'y a rien à faire, ni pour le corps, ni pour l'esprit, ni pour le goût, ni pour le caractère. Commencez adroitement par les écoles, et vous réussirez. »

« — Mais, dis-je, nos professeurs allemands de gymnastique ne connaissent pas le tir à l'arc. »

« — Eh bien, dit Gœthe, que quelques écoles se réunissent et fassent venir de Flandre ou de Brabant un bon archer ; ou bien qu'ils envoient en Brabant quelques-uns de leurs meilleurs élèves, jeunes et bien faits, qui deviendront là-bas de bons archers et apprendront aussi comment on taille un arc et fabrique une flèche. Ils pourraient ensuite entrer dans les écoles comme professeurs temporaires et aller ainsi d'école en école. Je ne suis pas du tout opposé aux exercices gymnastiques en Allemagne, aussi j'ai eu d'autant plus de chagrin en voyant qu'on y a mêlé bien vite de la politique, de telle sorte que les autorités se sont vues forcées ou de les restreindre, ou de les défendre et de les suspendre. C'était jeter l'enfant que l'on baigne avec l'eau de la baignoire[1]. J'espère que l'on rétablira les écoles de gymnastique[2], car elles sont nécessaires à notre jeunesse allemande, surtout aux étudiants, qui ne font en aucune façon contre-poids à leurs fatigues intellectuelles par des exercices corporels, et perdent ainsi l'énergie en tout genre. Mais parlez-moi donc de votre flèche et de votre arc. Ainsi, vous avez rapporté une flèche du Brabant ! Je voudrais bien la voir. »

« — Il y a longtemps qu'elle est perdue, répondis-je. Mais je me la rappelais si bien, que j'ai réussi à en faire une pareille, et non une seule, mais toute une douzaine. Ce n'était pas aussi facile que je le pensais, et je me suis mépris bien souvent. Il faut que la tige soit droite et ne se courbe pas après quelque temps, qu'elle soit légère, assez solide pour ne pas se briser au choc d'un corps solide. J'ai essayé le peuplier, le pin, le bouleau : ces bois avaient un défaut ou un autre ; avec le tilleul je réussis. Le choix de la pointe en corne m'a donné aussi du mal ; il faut prendre le milieu même d'une corne, sinon elle se brise. Et les plumes, que d'erreurs avant d'arriver ! »

« — Il faut, n'est-ce pas, dit Gœthe, coller seulement les plumes à la flèche ? »

« — Oui, mais il faut que ce soit collé avec grande adresse, et l'espèce de colle, l'espèce de plumes à choisir, rien n'est indifférent ; les barbes des plumes de l'aile des grands oiseaux sont bonnes, en général, mais celles que j'ai trouvées les meilleures sont les plumes rouges

---

[1] Proverbe.
[2] On sait que les écoles de gymnastique sont aujourd'hui en grand honneur en Allemagne, un peu à cause de nous.

du paon, les grandes plumes du coq d'Inde, et surtout les fortes et magnifiques plumes de l'aigle et de l'outarde. »

« — J'apprends tout cela avec grand intérêt, dit Gœthe. Celui qui ne vous connaît pas ne croirait guère que vous avez des goûts si pratiques. Mais dites-moi donc aussi comment vous vous êtes procuré votre arc. »

« — Je m'en suis fabriqué quelques-uns moi-même, répondis-je. J'ai fait d'abord de la bien triste besogne, mais j'ai ensuite demandé des conseils aux menuisiers et aux charrons, essayé tous les bois du pays, et j'ai enfin réussi. Après des essais de différents genres, on me conseilla de prendre une tige assez forte pour que l'on pût la fendre (schlachten) en quatre parties. »

« — *Schlachten*, me demanda Gœthe, quel est ce mot? »

« — C'est une expression technique des charrons; cela répond à fendre. Lorsque les fibres d'une tige sont droites, les morceaux fendus sont droits, et on peut s'en servir, sinon, non. »

« — Mais pourquoi ne pas les scier? dit Gœthe, on aurait des morceaux droits. »

« — Oui, mais quand les fibres du bois se courbent, on les couperait, et la tige ne pourrait plus dès lors servir à un arc. »

« — Je comprends, dit Gœthe; un arc se brise quand les fibres de la tige sont coupées. Mais continuez, vous m'intéressez. »

« — Mon premier arc était trop dur à tendre; un charron me dit : « Ne prenez plus un morceau de ba-« liveau, le bois est toujours très-roide; choisissez un « des chênes qui croissent près de Hopfgarten[1]. Le bois

[1] Village auprès de Weimar.

« en est tendre. » Je vis alors qu'il y avait chênes et chênes, et j'appris beaucoup de détails sur la nature différente du même bois, suivant son exposition ; je vis que les fibres des arbres se dirigent toujours vers le soleil, et que si un arbre est exposé d'un côté au soleil, de l'autre à l'ombre, le centre des fibres n'est plus le centre de l'arbre ; le côté le plus large est du côté du soleil, aussi les menuisiers et les charrons, s'ils ont besoin d'un bois fin et fort, choisissent plutôt le côté qui a été exposé au nord. »

« — Vous devez penser, me dit Goethe, combien vos observations sont intéressantes pour moi qui me suis occupé pendant la moitié de mon existence du développement des plantes et des arbres. Racontez toujours ! Vous avez donc choisi un chêne tendre ? »

« — Oui, et un morceau du côté opposé au soleil. Mais après quelques mois, mon arc se déformait. Je fus donc obligé de recourir à d'autres bois, au noyer d'abord, et enfin à l'érable, qui ne laisse rien à désirer. »

« — Je connais ce bois, dit Goethe, il pousse souvent dans les haies ; je m'imagine en effet qu'il doit être bon ; mais j'ai vu rarement une jeune tige sans nœuds, et il vous faut pour votre arc une tige absolument libre de nœuds. »

« — Quand on veut faire monter l'érable en arbre, on lui retire les nœuds, ou en grossissant il les perd de lui-même. Quand il a quinze ou dix-huit ans, il est donc bien lisse, mais on ne sait pas comment il est à l'intérieur et quels mauvais tours il peut jouer. Aussi, on fera bien de faire scier son arc dans la partie la plus rapprochée de l'écorce. »

« — Mais vous disiez qu'il ne fallait pas scier le bois

d'un arc, mais le fendre, le *schlachten*, comme vous dites. »

« — Quand il se laisse fendre, certainement, c'est-à-dire quand les fibres sont assez grosses, mais les fibres de l'érable sont trop fines et trop entremêlées. »

« — Hum! hum! dit Gœthe. Avec vos goûts d'archer vous êtes arrivé à de très-jolies connaissances, et à des connaissances vivantes, à celles que l'on n'obtient que par des moyens pratiques. C'est là toujours l'avantage d'une passion, elle nous fait pénétrer le fond des choses. Les recherches et les erreurs donnent aussi des enseignements; on connaît non-seulement la chose elle-même, mais tout ce qui la touche tout alentour. Que saurais-je moi-même sur les plantes, sur les couleurs, si j'avais reçu ma science toute faite et si je l'avais apprise par cœur? Mais comme j'ai tout cherché et trouvé par moi-même, comme à l'occasion je me suis trompé, je peux dire que sur ces deux sujets j'ai quelques connaissances, et que j'en sais plus qu'il n'y en a sur le papier. Mais parlez-moi toujours de votre arc. J'ai vu des arcs écossais tout droits, et d'autres au contraire recourbés à leur extrémité; lesquels tenez-vous pour les meilleurs? »

« Je pense que la force du jet est plus grande dans les arcs à extrémités recourbées. Depuis que je sais comment on courbe les arcs, je courbe les miens; ils lancent mieux et sont aussi plus jolis à l'œil. »

« — C'est par la chaleur, n'est-ce pas, dit Gœthe, que l'on produit ces inflexions? »

« — Par une chaleur humide. Je trempe mon arc dans l'eau bouillante à six ou huit pouces de profondeur, et après une heure, quand il est bien chaud, je l'introduis entre deux morceaux de bois qui ont à leur intérieur une ligne creusée suivant la forme que je veux donner à l'arc. Je le laisse dans cet étau au moins un jour et une nuit, et quand il est sec il ne bouge plus. »

« — Savez-vous, dit Gœthe en souriant mystérieusement; je crois que j'ai pour vous quelque chose qui ne vous déplairait pas. Que diriez-vous, si nous descendions et si je vous mettais à la main un vrai arc de Baschkir? »

« — Un arc de Baschkir! m'écriai-je avec enthousiasme, un vrai? »

« — Oui, mon cher fou, un vrai! Venez un peu. »

Nous descendîmes dans le jardin. Gœthe ouvrit la porte de la pièce inférieure d'un petit pavillon, dans laquelle je vis, aux murs et sur des tables, des curiosités de toute espèce. Je ne jetai qu'un coup d'œil sur tous ces trésors; je n'avais d'yeux que pour mon arc. « Le voici, dit Gœthe, en le tirant d'un amas d'objets bizarres de toute espèce. Il est bien resté tel qu'il était quand un chef de Baschkirs me le donna en 1814. Eh bien, qu'en dites-vous? »

J'étais plein de joie de tenir cette chère arme dans mes mains. La corde me parut encore fort bonne. Je l'essayai, il se tendait très-suffisamment. « C'est un bon arc, dis-je, la forme surtout m'en plaît, et elle me servira désormais de modèle. »

« — De quel bois le croyez-vous fait? me demanda Gœthe. »

« — Cette fine écorce de bouleau qui le couvre empêche de voir; les extrémités sont libres, mais trop noircies par le temps. C'est sans doute du noyer. Il a été fendu. »

« — Eh bien! si vous l'essayiez! dit Gœthe. Voici aussi

une flèche; mais méfiez-vous de la pointe, elle est peut-être empoisonnée. »

Nous retournâmes dans le jardin et je tendis l'arc. « Sur quoi tirerez-vous? » dit Gœthe.— « D'abord en l'air, il me semble! » — « Eh bien, allez! » Je lançai ma flèche vers les nuages lumineux, dans le bleu de l'air. La flèche monta droit, et en retombant, se ficha en terre. « A mon tour, » dit Gœthe. Je fus heureux de son désir. Je lui donnai l'arc et tins la flèche. Gœthe ajusta la fente de la flèche sur la corde, prit l'arc comme il le fallait, non cependant sans chercher un peu. Puis il visa et tira. Il était là comme un Apollon, vieilli de corps, mais l'âme animée d'une indestructible jeunesse. La flèche ne s'éleva que très-peu haut. Je courus la ramasser. « Encore une fois! » dit Gœthe. Il tira cette fois horizontalement dans la direction de l'allée du jardin. La flèche alla à peu près à trente pas. J'avais un bonheur que je ne peux dire à voir ainsi Gœthe tirer avec l'arc et la flèche. Je pensai aux vers :

> La vieillesse m'abandonne-t-elle?
> Et de nouveau suis-je un enfant?

Je lui rapportai la flèche. Il me pria de tirer aussi horizontalement, et me donna pour but une tache dans les volets de son cabinet de travail. Je visai. La flèche n'arriva pas loin du but, mais elle s'enfonça tellement dans ce bois tendre, que je ne pus la retirer. « Laissez-la fichée, me dit Gœthe, elle y restera pendant quelques jours et sera un souvenir de notre partie[1]. »

Le temps était beau, nous nous promenâmes dans le

---

[1] Ce récit a quelques longueurs, mais il laisse dans l'esprit le souvenir d'une petite scène pittoresque qui me semble intéressante, et je n'ai pas cru devoir l'altérer en l'abrégeant trop.

jardin, puis vînmes nous asseoir sur un banc, le dos appuyé au feuillage nouveau d'une haie touffue. Nous causâmes sur l'arc d'Ulysse, sur les héros d'Homère, puis sur les tragiques grecs, et enfin sur cette opinion que le théâtre grec était par Euripide tombé en décadence[1]. Goethe n'est pas du tout de cet avis.

« En général, dit-il, je ne crois pas qu'un art puisse tomber en décadence par la faute d'un seul homme. Il faut pour cela une réunion de circonstances qui ne sont pas faciles à indiquer. L'art tragique des Grecs pouvait aussi peu tomber en décadence par la faute d'Euripide que la sculpture par la faute d'un sculpteur venant après Phidias et moins grand que lui. Quand un siècle est grand, il marche sans s'arrêter sur la voie de la perfection, et les œuvres médiocres n'ont aucune influence. Et quel grand siècle que le siècle d'Euripide! Ce n'était pas le temps de la perversion du goût, c'était le temps de son perfectionnement. La sculpture n'avait pas encore atteint son apogée et la peinture était dans ses premiers développements. Si les pièces d'Euripide, comparées à celles de Sophocle, avaient de grands défauts, ce n'est pas une raison pour que les poëtes postérieurs dussent imiter ces défauts et se perdre par eux. Mais si, au contraire, elles avaient de grandes beautés, telles que certains esprits peuvent les préférer aux pièces de Sophocle, pourquoi les poëtes postérieurs n'imitaient-ils pas ces beautés et ne devenaient-ils pas ainsi au moins aussi grands qu'Euripide lui-même? Si, après les trois grands tragiques connus, il n'en est pas venu un qua-

---

[1] Les romantiques ont beaucoup rabaissé Euripide, parce qu'il est plus philosophique que religieux. Goethe l'a défendu contre eux.

trième aussi grand, un cinquième, un sixième, c'est là un fait qui ne s'explique pas avec tant de simplicité, sur lequel chacun peut faire ses suppositions, et que l'on peut jusqu'à un certain point comprendre. L'homme est un être simple. Quelque riche, quelque varié, quelque inépuisable qu'il puisse être, cependant le cercle de ses émotions est bientôt parcouru. Chez nous, pauvres Allemands, Lessing a écrit deux à trois pièces de théâtre passables, moi trois à quatre, Schiller cinq à six; s'il en avait été de même chez les Grecs, il y avait certainement place pour un quatrième, un cinquième et un sixième poëte tragique; mais avec l'abondance de production des Grecs, chez lesquels chacun des trois grands poëtes a écrit plus de cent ou près de cent pièces; et lorsque les sujets tragiques empruntés à Homère et à la tradition héroïque avaient été tous traités trois à quatre fois, on peut bien croire que les sujets à la fin s'étaient épuisés, et qu'un grand poëte, venant le quatrième, ne savait plus où se diriger. Et, au fond, pourquoi ce poëte? Ce que l'on avait ne suffisait-il pas pour longtemps? Les œuvres d'Eschyle, de Sophocle et d'Euripide n'avaient-elles pas une variété, une profondeur telles, que l'on pouvait les écouter sans cesse, sans qu'elles devinssent banales et bonnes à supprimer. Les quelques débris grandioses qui sont venus jusqu'à nous sont si riches, si remarquables, que nous autres pauvres Européens, voilà déjà des siècles que nous sommes occupés après eux, et nous avons à ronger et à travailler après eux encore pendant quelques siècles. »

Jeudi, 12 mai 1825.

Gœthe m'a parlé avec le plus grand enthousiasme de Ménandre. « Après Sophocle, dit-il, il n'y a personne que j'aime autant. On trouve en lui au degré suprême pureté, noblesse, grandeur, sérénité; sa grâce est inimitable. C'est certainement un grand malheur de ne posséder de lui que si peu de chose, mais ces quelques fragments sont sans prix, et un homme bien doué y apprend immensément. Il faut seulement que celui dont nous voulons apprendre ait toujours une nature en harmonie avec la nôtre. Ainsi, par exemple, malgré toute sa grandeur, et quelle que soit l'admiration que je ressens pour lui, Caldéron n'a eu sur moi absolument aucune influence, ni en bien ni en mal. Mais il aurait été dangereux pour Schiller, il l'aurait égaré; aussi, c'est un bonheur que Caldéron n'ait été généralement connu en Allemagne qu'après sa mort. Pour la partie technique et scénique, le mérite de Caldéron est sans bornes; au contraire, Schiller le dépasse beaucoup par la solidité, la gravité et la grandeur de son but, et c'eût été grand dommage s'il avait perdu ses mérites sans gagner peut-être ceux de Caldéron. »

Nous arrivâmes à Molière. « Molière, a dit Gœthe, est si grand que chaque fois qu'on le relit, on éprouve un nouvel étonnement. C'est un homme unique; ses pièces touchent à la tragédie, elles saisissent, et personne en cela n'ose l'imiter. *L'Avare* surtout, dans lequel le vice détruit toute la piété qui unit le père et le fils, a une grandeur extraordinaire, et est à un haut degré tragique. Dans les traductions faites en Allemagne pour la scène, on fait du fils un parent; tout est affaibli et perd son sens. On craint de voir apparaître le vice dans sa vraie nature, mais que représentera-t-on alors? Et l'effet tragique ne repose-t-il pas partout sur la vue d'objets intolérables? Tous les ans, je lis quelques pièces de Molière, de même que de temps en temps je contemple les gravures d'après de grands maîtres italiens. Car de petits êtres comme nous ne sont pas capables de garder en eux la grandeur de pareilles œuvres ; il faut que de temps en temps nous retournions vers elles pour rafraîchir nos impressions. On parle toujours d'originalité, mais qu'entend-on par là ? Dès que nous sommes nés, le monde commence à agir sur nous, et ainsi jusqu'à la fin, et en tout ! Nous ne pouvons nous attribuer que notre énergie, notre force, notre vouloir ! Si je pouvais énumérer toutes les dettes que j'ai faites envers mes grands prédécesseurs et mes contemporains, ce qui me resterait serait peu de chose. Ce qui est important, c'est l'instant de notre vie où s'exerce sur nous l'influence d'un grand caractère. Lessing, Winckelmann et Kant étaient plus âgés que moi, et il a été de grande conséquence pour moi que les deux premiers agissent sur ma jeunesse, et le dernier sur ma vieillesse; et aussi que Schiller fut bien plus jeune que moi et dans toute la verdeur de son activité, lorsque je commençais à me fatiguer du monde. Puis il n'a pas été moins important pour moi de voir sous mes yeux les débuts des frères Humboldt et Schlegel. J'ai recueilli par là d'inappréciables avantages. »

Nous parlâmes ensuite de l'influence qu'il avait à son tour exercée sur les autres. Je rappelai Bürger, disant que sur un talent aussi inné, une influence de Gœthe n'était guère possible.

« Bürger, me dit-il, avait bien avec moi une certaine parenté dans le talent [1], mais son éducation morale prenait ses racines dans un tout autre sol et lançait des ra-

---

[1] Ses ballades sont aussi populaires que celles de Gœthe.

meaux dans une tout autre direction, et chacun dans son développement suit la ligne droite, et continue comme il a commencé. Un homme qui, à trente ans, a pu écrire une poésie comme *Madame Schnips*[1], est certes dans une voie un peu différente de la mienne. Il s'était par son remarquable talent créé un public auquel il suffisait pleinement, et il n'avait aucune raison pour se préoccuper des qualités d'un émule qui n'avait pas d'ailleurs d'autres rapports avec lui.

« En général, continua-t-il, on n'apprend que de celui qu'on aime. Les jeunes talents qui paraissent aujourd'hui ont bien pour moi cette disposition, mais chez mes contemporains, je ne l'ai rencontrée que clair-semée. Je ne saurais nommer un homme considérable à qui je convinsse alors de tout point. Tout de suite on m'a, pour mon *Werther*, adressé tant de blâmes, que, si j'avais voulu rayer chaque ligne critiquée, de tout l'ouvrage une seule ligne ne serait pas restée. Mais tous ces blâmes ne m'inquiétaient nullement, car ces jugements tout personnels d'esprits remarquables, pris en masse, se compensaient. Celui qui n'espère pas un million de lecteurs ne devrait pas écrire.

« Voilà vingt ans que le public dispute pour savoir quel est le plus grand : Schiller ou moi. Ils devraient

[1] Dans son célèbre article sur les poésies de Bürger, Schiller, à propos de *Madame Schnips* et d'autres pièces du même genre, avait dit : « Il arrive trop souvent à M. Bürger de se confondre avec le peuple, au lieu de se baisser avec dignité vers lui, et tandis qu'il devrait, en badinant et se jouant, élever son public à sa hauteur, c'est souvent lui qui prend plaisir à se faire semblable à son public. » (Traduction de M. Regnier.) C'était là montrer un esprit tout à fait opposé à celui de Gœthe, lui qui a écrit sur la *parodie chez les anciens* pour montrer que dans l'antiquité la parodie elle-même avait un caractère élevé et était ennoblie par l'art.

être bien contents qu'il y ait là deux gaillards sur lesquels on peut disputer. »

Lundi, 6 juin 1825.

Gœthe m'a appris que Preller[1] venait de prendre congé de lui pour aller passer quelques années en Italie.

« En guise de bénédictions pour son voyage, dit Gœthe, je lui ai donné ce conseil, de ne pas se laisser dérouter, et de se tenir constamment à Poussin et à Claude Lorrain; avant tout, d'étudier les œuvres de ces deux grands maîtres, pour bien comprendre comment ils ont regardé la nature et comment ils s'en sont servis pour exprimer leurs visions et leurs émotions artistiques. Preller est un talent remarquable, et je ne suis pas inquiet de lui. Il me parait d'un caractère très-sérieux et je suis presque sûr qu'il se sentira attiré vers Poussin plutôt que vers Claude Lorrain. Cependant je lui ai recommandé l'étude spéciale du dernier et ce n'est pas sans raison. Car il en est de la formation de l'artiste comme de la formation de tout autre talent. Nos forces vraies se développent pour ainsi dire d'elles-mêmes, mais ces germes et ces dispositions de notre nature qui ne s'élèvent pas chaque jour en nous et qui ne sont pas si énergiques, demandent une culture particulière, pour qu'elles parviennent à une puissance égale. Ainsi, comme je l'ai souvent répété, un jeune chanteur peut avoir certaines notes innées tout à fait excellentes et qui ne laissent rien à désirer; mais, il aura d'autres notes moins fortes, moins pures, moins pleines. Il faut, par le tra-

---

[1] Peintre de Weimar, directeur de l'Académie.

vail, qu'il les rende toutes égales. Je suis sûr que Preller réussira dans les sujets sérieux[1], grandioses, sauvages aussi peut-être ; mais s'il sera aussi heureux dans les sujets sereins, gracieux et aimables, c'est une question. Voilà pourquoi je lui ai vanté surtout Claude Lorrain, pour que par l'étude il s'approprie ce qui peut-être n'est pas chez lui une disposition naturelle. Je lui ai aussi fait une autre remarque. Jusqu'à présent j'ai vu de lui beaucoup d'études d'après nature. Elles étaient excellentes, conçues avec vie et énergie, mais c'étaient seulement des objets isolés qui plus tard nous servent peu dans nos compositions originales. Je lui ai conseillé de ne jamais dessiner désormais d'après nature un objet isolé, un arbre seul, un monceau de pierres seul, une chaumière seule, mais de prendre toujours avec l'objet le fond et les accessoires environnants. Car dans la nature nous ne voyons jamais rien dans l'isolement, nous voyons toujours un objet en rapport avec ce qui est devant, à côté, derrière, au-dessus, au-dessous. Un objet isolé peut nous sembler pittoresque, mais ce qui a produit de l'effet sur nous, ce n'est pas l'objet seul, c'est l'objet dans les relations qu'il a avec tout ce qui est autour, au-dessous et au-dessus de lui ; tout concourt à l'effet. Ainsi, dans une promenade je rencontre un chêne dont l'effet pittoresque me surprend. Si je le dessine seul, il ne me paraîtra peut-être plus du tout comme je le voyais, parce que tout ce qui dans la nature produisait l'effet, le soutenait, le relevait, manque. Une partie de bois peut être belle, parce que ce

---

[1] En effet, M. Preller a donné, entre autres compositions sérieuses et grandioses, une fort remarquable série de dessins sur les principales scènes de l'*Odyssée*.

ciel, cette lumière, cette position du soleil agissent sur elle. Si je supprime tout cela dans mon dessin, il me paraîtra peut-être insignifiant, sans force ; le charme propre manque. Et ceci encore : Rien ne peut être beau sans être motivé avec vérité et conformément aux lois naturelles. Pour que la nature paraisse vraie dans un tableau, il faut que toutes les causes agissantes soient reproduites. Je trouve près d'un ruisseau des pierres régulières dont les parties exposées à l'air sont couvertes d'une verdure pittoresque de mousse. Ce n'est pas seulement l'humidité de l'eau qui a amené ces mousses ; c'est peut-être une pente placée au nord, ou bien l'ombre des arbres, ou un buisson qui, à cet endroit du ruisseau, a produit cette formation. Si dans mon tableau je néglige et laisse de côté ces causes agissantes, il sera sans vérité et n'aura pas de force persuasive. La place d'un arbre, la nature du terrain dans lequel il croît, les autres arbres qui sont derrière et à côté ont une grande influence sur son développement. Un chêne placé sur le sommet occidental d'une colline rocheuse, exposée au vent, prendra une tout autre forme qu'un chêne qui verdit dans le sol humide d'une vallée abritée. Tous deux, dans leur genre, peuvent avoir leur beauté, mais elle aura un caractère différent ; et dans un paysage composé, ils ne peuvent être placés que là où ils étaient placés dans la nature. Il est donc très-important pour l'artiste d'indiquer, en dessinant les objets environnants, quelle était cette place naturelle. Il est bien entendu qu'il serait absurde de vouloir dessiner aussi tous les détails prosaïques qui ont aussi peu d'influence sur la forme et le développement de l'objet principal que sur son aspect pittoresque momentané. J'ai fait part à Preller des principales de ces petites indications, et je suis sûr que chez un talent inné comme lui, elles jetteront des racines et fructifieront. »

Samedi, 11 juin 1825.

Aujourd'hui, pendant le dîner, Gœthe a beaucoup parlé du livre du major Parry sur lord Byron. Il en a fait un très-grand éloge et il a dit que dans cette peinture lord Byron apparaissait bien plus parfait et bien plus maître de ses idées que dans tout ce que l'on avait jusqu'à présent écrit sur lui.

« Le major Parry, continua-t-il, doit même avoir été un esprit remarquable, et même très-élevé, pour comprendre si bien son ami et le peindre si parfaitement. Un jugement de son livre m'a surtout beaucoup plu, en répondant tout à fait à mes désirs; il me semble digne d'un ancien Grec, d'un Plutarque : « Le noble lord, dit
« Parry, manquait de toutes les vertus qui font l'orne-
« ment de la classe bourgeoise, et que sa naissance, son
« éducation, sa manière de vivre l'empêchaient d'acqué-
« rir. Or, tous ses critiques défavorables sont de la classe
« moyenne et ils regrettent, en le blâmant, de ne pas
« trouver en lui ce qu'ils ont raison d'apprécier en eux-
« mêmes. Les bonnes gens ne réfléchissent pas que
« dans sa haute sphère, il possédait des mérites dont ils
« ne peuvent se faire aucune idée juste. » Hein ! qu'en dites-vous? n'est-ce pas, on n'entend pas quelque chose comme cela tous les jours. »

« — Je suis heureux, dis-je, de voir exprimer publiquement un aperçu qui, une fois pour toutes, paralyse et abat tous les critiques mesquins dont les efforts cherchaient à rabaisser un homme qui vivait aussi haut. »

Nous avons parlé ensuite des sujets d'histoire universelle dans leurs rapports avec la poésie, cherchant en quoi l'histoire d'un peuple pouvait être au poëte plus favorable que l'histoire de tel autre.

Gœthe a dit : « Le poëte doit saisir un fait particulier, et si ce fait est normal, il y trouvera place pour une peinture universelle. L'histoire d'Angleterre est excellente pour des peintures poétiques, parce qu'elle est solide, normale, et par là offre des faits généraux, c'est-à-dire qui se répètent sans cesse. Au contraire, l'histoire de France ne convient pas à la poésie, parce qu'elle retrace une ère qui ne se représentera plus[1]. Aussi, toute la partie de la littérature de cette nation qui repose sur cette époque spéciale, vieillira avec le temps. »

Un peu après, Gœthe a ajouté : « Il ne faut pas prononcer de jugements sur l'époque actuelle de la littérature française. L'Allemagne, en y pénétrant, y produit une grande fermentation, et ce n'est que dans vingt ans que l'on verra les résultats qu'elle a donnés. »

Nous parlâmes ensuite des esthéticiens qui se donnent bien du mal pour enfermer l'essence de la poésie et du poëte dans des définitions abstraites, sans parvenir à des idées claires.

« Qu'y a-t-il tant à définir, a dit Gœthe. Le sentiment vivant des situations, et la puissance de les peindre par des mots, voilà le poëte. »

[1] Si un Shakspeare français avait mis notre histoire du moyen âge en chroniques, Gœthe n'aurait pas exprimé ici un jugement qui me semble peu exact. Les travaux d'Augustin Thierry ont donné de l'unité à notre passé, et ont démontré que les siècles les plus reculés avaient avec le nôtre assez d'idées communes pour rendre leur peinture encore intéressante pour nous. — Si la lutte de la nation pour arriver à la liberté n'offre pas en France le même caractère qu'en Angleterre, elle ne manque pas pour cela d'épisodes nombreux dignes de la poésie. Ce n'est pas la poésie qui nous a manqué, c'est le poëte.

Mercredi, 15 octobre 1825.

Ce soir j'ai trouvé Gœthe dans de très-hautes pensées, et j'ai recueilli mainte grande parole. Nous avons causé sur l'état de la littérature contemporaine, et Gœthe a dit : « Le manque de caractère dans tous les individus qui font des recherches et qui écrivent, voilà la source du mal pour notre littérature contemporaine. C'est surtout dans la critique que ce manque de caractère a des résultats fâcheux pour le monde, car on répand ainsi l'erreur pour la vérité, ou par une vérité misérable on en anéantit une grande qui nous rendrait service. Jusqu'à présent le monde croyait à l'âme héroïque d'une Lucrèce, d'un Mucius Scevola et par eux il se laissait enflammer, enthousiasmer. Aujourd'hui la critique historique arrive pour nous dire que ces personnages n'ont jamais vécu, et qu'il faut les regarder comme des fictions et des fables, poésies sorties de la grande âme des Romains. Que voulez-vous faire d'une vérité aussi misérable ! Si les Romains étaient assez grands pour inventer de pareilles poésies ; nous devrions au moins être assez grands pour les croire vraies.

« Jusqu'à présent je faisais ma joie d'un grand événement du treizième siècle. Lorsque l'empereur Frédéric II était en lutte avec le pape et que tout le nord de l'Allemagne était exposé sans défense à une attaque, on vit pénétrer dans l'empire des hordes asiatiques; déjà elles étaient en Silésie, mais arrive le duc de Liegnitz, et par une grande défaite, il les terrifie. Ils se tournent alors vers la Moravie ; là, c'est le comte Sternberg qui les écrase. Ces braves m'apparaissaient donc jusqu'alors comme deux grands sauveurs de la nation allemande.

Arrive la critique historique pour dire que ces héros se sont sacrifiés fort inutilement, car la horde asiatique était déjà rappelée et elle se serait retirée d'elle-même. Voilà maintenant un grand événement de l'histoire nationale dépouillé d'intérêt, anéanti. Cela désespère[1] »

Puis Gœthe a parlé des autres savants et littérateurs. « Je n'aurais jamais su quelle est la misère humaine, et combien peu les hommes s'intéressent vraiment à de grandes causes, si je ne les avais pas éprouvés à propos de l'un de mes travaux scientifiques. J'ai vu alors que pour la plupart la science ne les intéresse que parce qu'ils en vivent, et qu'ils sont même tout prêts à déifier l'erreur, s'ils lui doivent leur existence. Ce n'est pas mieux en littérature. Là aussi un grand but, un goût véritable pour le vrai, le solide, et pour leur propagation sont des phénomènes très-rares. Celui-ci vante et exalte celui-là, parce qu'il en sera à son tour vanté et exalté; la vraie grandeur leur est odieuse, et ils la chasseraient volontiers du monde pour rester seuls importants. Ainsi est la masse, et ceux qui la dominent ne valent pas beaucoup mieux. ***[2], avec son grand talent, avec son érudition universelle, aurait pu rendre beaucoup de services à l'Allemagne. Mais son manque de caractère a privé la nation des résultats importants de ses travaux et lui-même de l'estime de la nation. Un homme comme Lessing, voilà ce qui nous manque. Car ce qu'il y a de plus grand dans Lessing, n'est-ce pas son caractère, sa fermeté? Des hommes aussi

---

[1] Ce désespoir de poëte rappelle les vers si connus de Voltaire :

    On court, hélas! après la vérité!
    Ah! croyez-moi, l'erreur a son mérite;
    Le raisonner tristement s'accrédite, etc.

Comparer la conversation du 1ᵉʳ février 1827.

[2] Frédéric Schlegel?

pénétrants, aussi instruits, il y en a beaucoup, mais où trouver un pareil caractère? Beaucoup sont assez spirituels et remplis de connaissances, mais ils sont en même temps remplis de vanité, et pour que les masses à courte vue les admirent comme des têtes pétillantes d'esprit, ils bravent toute décence, toute pudeur; rien ne leur est sacré. Madame de Genlis avait parfaitement raison de s'élever contre les libertés et les licences de Voltaire[1]; car, au fond, quelque spirituel que l'on soit, par là on ne sert en rien le monde; rien ne se bâtit sur une pareille base. On peut même produire les plus grands maux, en embrouillant l'esprit humain, et en lui retirant le point d'appui qui lui est toujours nécessaire. Et puis, que savons-nous donc, et avec tout notre esprit, où sommes-nous arrivés jusqu'à présent?

« L'homme n'est pas né pour résoudre le problème du monde, mais pour chercher à se rendre compte de l'étendue du problème et se tenir ensuite sur la limite extrême de ce qu'il peut concevoir.

« Ses facultés ne sont pas capables de mesurer les mouvements de l'univers, et vouloir aborder l'ensemble des choses avec l'intelligence, quand elle n'a qu'un point de vue si restreint, c'est un travail vain. L'intelligence de l'homme et l'intelligence de la Divinité sont deux choses très-différentes.

« Dès que nous accordons à l'homme la liberté, c'en est fait de l'omniscience de Dieu; et si d'un autre côté Dieu sait ce que je ferai, je ne suis plus libre de faire

[1] Les moyens employés par Voltaire pour répandre en tous lieux ses idées ne se justifient pas, mais s'expliquent par les mœurs gâtées de son siècle. Le blâme que lui inflige ici le sage et prudent Gœthe n'exclut pas l'admiration la plus profonde. Voir plus loin la conversation du 16 décembre 1828.

autre chose que ce qu'il sait. Je ne cite ce dilemme que comme un exemple du peu que nous savons, et pour montrer qu'il n'est pas bon de toucher aux secrets divins.

« Aussi nous ne devons exprimer parmi les vérités les plus hautes que celles qui peuvent servir au bien du monde. Les autres, nous devons les garder en nous, mais semblables aux douces lueurs d'un soleil caché, elles peuvent répandre et elles répandront leur éclat sur ce que nous faisons[1]. »

Dimanche, 25 décembre 1825.

Ce soir, vers six heures, je suis allé chez Gœthe, que j'ai trouvé seul et avec qui j'ai passé quelques belles heures. « Depuis quelque temps, me dit-il, j'ai l'âme surchargée; tant de biens m'arrivent de tant de côtés, que je passe mon temps en remercîments et que je ne peux vraiment vivre. Chaque gouvernement allemand tour à tour m'annonce qu'il m'a accordé un privilége pour l'édition de mes œuvres, et comme pour chaque gouvernement la situation est différente, il me faut faire une réponse différente; puis sont venues les propositions d'innombrables libraires, qui demandaient examen, discussion, réponses; puis à l'occasion de mon *Jubilé*[2], des

---

[1] Comparer un passage de l'entretien du 18 mars 1831.
[2] Le 7 novembre 1825 avait été célébré le cinquantième anniversaire de l'arrivée de Gœthe à Weimar. Il avait reçu une foule de riches cadeaux; les facultés de philosophie, de médecine, voire même de théologie, lui avaient envoyé des diplômes de docteur. « Comme créateur d'un nouvel esprit dans la science et dans la vie, disait la dédicace de cette dernière faculté, comme souverain dans le royaume des libres et énergiques pensées, vous avez puissamment servi les vrais intérêts de l'Église et de la théologie évangélique. » — Le grand-duc lui fit hommage d'une médaille portant sur une face son propre portrait et celui de la grande-duchesse Louise, sur l'autre face le portrait de Gœthe couronné de lauriers. Des députations de toute espèce étaient venues le fê-

milliers de félicitations me sont arrivées, et je n'ai pas encore fini avec les lettres de remercîment. On n'aime pas à être creux et banal, on veut dire à chacun quelque chose de convenable et d'approprié à sa personne. Mais je vais devenir maintenant un peu plus libre, et je me sens de nouveau disposé à causer.

« J'ai fait ces jours-ci une remarque que je veux vous communiquer. Tout ce que nous faisons a une conséquence; mais un acte juste et sage n'a pas toujours une conséquence favorable; de même qu'une action à contre-sens n'amène pas toujours des suites fâcheuses; très-souvent, c'est tout le contraire qui arrive. Il y a quelque temps, précisément dans ces traités avec les libraires, j'avais fait une faute, et j'étais fâché de l'avoir faite. Mais les circonstances ont tellement tourné que cela aurait été une grande faute de ne pas avoir fait cette faute. De pareils faits se répètent souvent dans la vie; aussi les hommes du monde, qui ne l'ignorent pas, vont à l'œuvre avec une grande hardiesse et une grande assurance. »

Cette remarque me parut neuve. Nous parlâmes alors de ses œuvres, et nous en vînmes à son élégie *Alexis et Dora*[1]. « Dans ce poëme, dit-il, on a blâmé la conclusion, fortement passionnée, et on demandait que l'élégie se terminât avec calme et douceur, sans ce bouillonnement de jalousie; mais je ne peux trouver cette critique juste. La jalousie est si proche de l'amour, elle est là si naturelle, qu'il manquerait quelque chose au poëme si elle n'apparaissait pas. J'ai connu même un jeune homme,

---

liciter. La ville avait illuminé, et le bourgmestre lui avait apporté un diplôme donnant à tous ses descendants le droit de bourgeoisie, etc. Enfin, comme Voltaire en 1778, il avait été « étouffé sous les roses. »

[1] Poésies, traduites par M. Blaze de Bury, p. 196.

qui, dans son amour passionné pour une jeune fille qu'il avait rapidement conquise, s'écriait : « Mais n'agira-t-elle « pas avec un autre tout comme avec moi? »

Je fus pleinement de l'avis de Gœthe, et je lui rappelai la situation originale décrite dans cette élégie, où, en si peu d'espace, avec si peu de traits, tout est si bien dessiné, que l'on croit voir tout l'intérieur domestique, toute la vie des acteurs en jeu. « Ces peintures sont si vraies, dis-je, que l'on croirait que vous les avez tracées d'après votre propre expérience. »

« — J'ai du plaisir à vous entendre parler ainsi, dit Gœthe. Peu d'hommes ont une imagination amie de la vérité réelle; on aime mieux errer dans des pays et dans des situations étranges, dont on ne peut se faire aucune idée nette, et qui donnent à notre imagination un développement bien bizarre. D'autres, au contraire, se cramponnent de toutes leurs forces au réel tout nu, et, comme ils manquent absolument de poésie, ils montrent des exigences de vérité excessives. Ainsi, à propos de cette élégie, quelques personnes disaient que j'aurais dû faire suivre Alexis par un serviteur qui aurait porté son petit fardeau; et elles ne voyaient pas que cela aurait suffi pour détruire tout ce qu'il y a d'idyllique et de poétique dans la situation. »

De cette élégie la conversation passa à *Wilhelm Meister*. « Il y a des critiques étonnants! dit-il. Ils ont dit pour ce roman que le héros se trouvait trop en mauvaise compagnie. Mais ce qu'on appelle la mauvaise compagnie n'était là pour moi qu'une espèce de réceptacle dans lequel je versais tout ce que j'avais à dire de la bonne compagnie, et l'instrument dont je me servais était lui-même un être poétique et ajoutait à la variété de mou œuvre. Si j'avais voulu faire peindre la bonne compagnie par ce qu'on appelle la bonne compagnie, personne n'aurait pu lire le livre.

« Il y a toujours quelque haute idée cachée sous les frivolités apparentes de *Wilhelm Meister*, et il s'agit seulement d'avoir assez de coup d'œil, assez de connaissance du monde, assez de pénétration dans le regard pour apercevoir la grandeur dans la petitesse. Quant à ceux qui n'ont pas ces qualités, la peinture de la vie que le roman renferme sera comme un panorama qui leur suffira. »

Goethe m'a montré ensuite un remarquable ouvrage anglais qui reproduit tout Shakspeare en gravures. Chaque page comprenait une pièce dans six petits dessins sous chacun desquels étaient écrits quelques vers, de sorte que les yeux apercevaient tout de suite la pensée principale et les situations les plus intéressantes. Toutes ces tragédies et comédies immortelles passaient ainsi devant l'esprit comme un cortége de masques.

« On est épouvanté quand on voit toutes ces vignettes, dit Goethe. On s'aperçoit alors de l'infinie richesse et de l'infinie grandeur de Shakspeare! Il n'y a pas une seule situation de la vie humaine qu'il n'ait peinte et exprimée! Et avec quelle facilité, quelle liberté! Il est impossible de parler sur Shakspeare, tout reste insuffisant. Dans mon *Wilhelm Meister*, j'ai tourné autour de lui en essayant de le toucher çà et là, mais ce que j'ai dit n'a pas grande signification. Ce n'est pas un poëte dramatique; il n'a jamais songé à la scène, elle était bien trop étroite pour son grand esprit : le monde visible tout entier était lui-même trop étroit pour lui. — Il y a en lui vraiment par trop de richesse et de puissance! Un esprit qui produit ne doit lire chaque année qu'une seule de ses pièces, s'il ne veut pas trouver en lui sa perte. J'ai bien fait de me débarrasser de lui par mon *Goetz de Berlichingen* et par mon *Egmont*, et Byron a très-bien fait de ne pas avoir pour lui un trop grand respect et de suivre sa propre voie.

« Combien d'Allemands distingués ont trouvé en lui leur perte, en lui et en Caldéron !

« Shakspeare nous présente des pommes d'or dans des coupes d'argent. En étudiant ses pièces, nous savons bien lui prendre ses coupes d'argent, mais nous ne savons y mettre que des pommes de terre ; c'est là le malheur ! »

Je me mis à rire de cette charmante comparaison.

Goethe me lut alors une lettre de Zelter[1] sur une représentation de *Macbeth*, joué à Berlin avec des accompagnements musicaux qui ne répondaient pas au caractère grandiose de la pièce. Goethe, par sa manière de lire cette lettre, a donné aux idées qu'elle renferme toute leur vie, et souvent il s'arrêtait pour me faire remarquer certains passages frappants. — Puis il dit : « Je considère *Macbeth* comme la meilleure pièce de Shakspeare pour le théâtre; c'est là qu'il a le mieux compris les exigences de la scène. — Mais si vous voulez connaître la liberté de son esprit, lisez *Troïle et Cressida*, où il a traité à sa manière le sujet de l'*Iliade*. »

Nous parlâmes ensuite de Byron, remarquant combien son genre d'esprit est inférieur à l'innocente sérénité de Shakspeare, et combien, par ses négations multipliées, il s'est attiré de reproches, qui, en grande partie, n'étaient pas immérités. — « Si Byron, dit Goethe, avait eu l'oc-

---

[1] Lettre du 12 décembre 1825.

casion de se décharger au Parlement, par des paroles fréquentes et amères, de toute l'opposition qui était en lui, il aurait été comme poëte bien plus pur. Mais comme au Parlement il a à peine parlé, il a conservé en lui tout ce qu'il avait sur le cœur contre sa nation, et pour s'en délivrer il ne lui est resté d'autre moyen que de le convertir et de l'exprimer en poésie. Si j'appelais une grande partie des œuvres négatives de Byron des discours au Parlement comprimés, je crois que je les caractériserais par un nom qui ne serait pas sans justesse. »

Nous avons enfin parlé d'un des poëtes allemands contemporains qui s'est fait un grand nom depuis quelque temps[1], et dont nous avons aussi blâmé l'esprit négatif. « Il ne faut pas le nier, dit Gœthe, il a d'éclatantes qualités, mais il lui manque *l'amour*. Il aime aussi peu ses lecteurs et les poëtes ses émules que lui-même, et il mérite qu'on lui applique le mot de l'Apôtre : « Si je « parlais avec une voix d'homme et d'ange, et que je « n'eusse pas l'amour, je serais un airain sonore, une « cymbale retentissante. » Encore ces jours-ci je lisais ses poésies, et je n'ai pu méconnaître la richesse de son talent; mais, je le répète, l'amour lui manque, et par là il n'exercera jamais autant d'influence qu'il l'aurait dû. On le craindra, et il deviendra le dieu de ceux qui seraient volontiers négatifs comme lui, mais qui n'ont pas son talent[1]. »

Dimanche soir, 29 janvier 1826.

Le premier improvisateur allemand, le docteur Wolff, de Hambourg, est ici depuis plusieurs jours, et il a mon-

---

[1] Sans doute Henri Heyne, qui a publié ses premières poésies en 1822.

tré déjà au public son rare talent. Vendredi soir il a, en présence de la cour de Weimar et devant de nombreux auditeurs, donné une belle séance d'improvisation. Gœthe, ce soir-là même, l'invita à venir le voir le lendemain matin. Il improvisa devant Gœthe pendant cette matinée. Le soir je le vis, il paraissait très-heureux, disant que cette heure ferait époque dans sa vie, parce que Gœthe, en quelques paroles, avait ouvert une nouvelle route devant lui, et parce que dans ses critiques il avait touché juste le point délicat.

Quand j'allai chez Gœthe, nous parlâmes tout de suite de Wolff, et je dis : « Le docteur Wolff est très-heureux d'avoir reçu de Votre Excellence un bon conseil. »

« — J'ai été sincère avec lui, dit Gœthe, et si mes paroles ont produit sur lui de l'effet et l'ont stimulé, c'est très-bon signe. Il a décidément du talent, il ne faut pas mettre cela en doute, mais il souffre de la maladie universelle du temps actuel : l'excès de retour sur soi-même, et de cela je voudrais le guérir. Je lui ai donné un sujet pour l'éprouver. Peignez-moi, lui dis-je, votre *Retour à Hambourg*. Il fut prêt immédiatement, et il commença à parler en vers pleins d'harmonie. Il me fallait l'admirer, mais je ne pus le louer. Vous ne m'avez pas peint, lui dis-je, le *Retour à Hambourg*, mais les sentiments d'un fils revenant vers ses parents, ses amis, et cette poésie pourrait aussi bien convenir pour un retour à Mersebourg ou à Iéna que pour un retour à Hambourg. Et cependant quelle ville remarquable, originale, que Hambourg ! et quel champ riche elle offrait aux descriptions les plus intéressantes par leurs détails, s'il avait su et osé saisir l'objet comme il le fallait ! »

J'observai que le public devait porter la faute des pen

chants si personnels des poëtes, puisqu'il accordait son approbation sans réserve à toutes les peintures de sentiments.

« Cela peut être, dit-il, mais, quand on donne au public quelque chose de meilleur, il est encore plus content. Je suis sûr que si un grand improvisateur tel que Wolff réussissait à peindre la vie des grandes villes, comme Rome, Naples, Vienne, Hambourg et Londres, avec une vérité si frappante et tant de vie que l'on pût croire les avoir devant les yeux, il entraînerait et ravirait tout le monde. S'il peut arriver à peindre les objets en dehors de lui, il est sauvé; cela dépend de sa volonté, car il n'est pas sans imagination; mais il faut qu'il se décide vite et qu'il ose s'emparer de ce qu'il voit. »

« Je crains, dis-je, que cela ne lui soit plus difficile qu'on ne pense, car cela demande un changement complet dans sa manière de concevoir. S'il réussit, il y aura en tout cas un temps d'arrêt momentané dans ses productions, et il aura besoin d'un long exercice pour que la peinture des objets extérieurs lui soit familière et soit en lui comme une seconde nature. »

« Oui, il est vrai que ce passage est immense, mais il ne faut que du courage et une prompte décision. C'est comme la crainte de l'eau avant le bain; sautez vite, et l'élément est à vous. Un chanteur aussi a d'abord de la peine à se rendre maître des notes qui ne sont pas dans sa voix ordinaire, il faut cependant qu'il arrive à les rendre dociles comme les autres. De même pour le poëte. On ne mérite pas le nom de poëte tant qu'on ne sait exprimer que ses quelques sentiments personnels; celui-là est un poëte qui sait s'assimiler le monde et le peindre. Il est alors inépuisable, et peut toujours être nouveau, mais une nature personnelle a bientôt exprimé le peu qu'elle a en elle, et elle se perd alors dans la manière. On parle toujours de l'étude des anciens; qu'est-ce que cela veut dire, sinon : tourne-toi vers le monde réel et cherche à le peindre; car c'est là ce que firent les anciens lorsqu'ils vivaient. »

Gœthe, en parlant ainsi, se promenait dans la chambre; pendant que moi je restais comme il aime me voir, assis sur ma chaise près de la table. Il se tint un instant près du poêle, puis, avec le geste de quelqu'un qui vient d'avoir une idée, il vint vers moi et me dit, le doigt placé sur ses lèvres : « Je vais vous apprendre quelque chose, et vous verrez que dans votre existence vous en trouverez souvent la confirmation. A toutes les époques de recul ou de dissolution les âmes sont occupées d'elles-mêmes, et à toutes les époques de progrès elles s'occupent du monde extérieur. Notre temps est un temps de recul, il est personnel[1]. Vous voyez cela non-seulement en poésie, mais en peinture et en bien d'autres choses. Dans tout effort sérieux et solide, au contraire, il y a un mouvement de l'âme vers le monde, comme vous le constaterez à toutes les grandes époques qui ont vraiment marché en avant par

---

[1] Gœthe emploie constamment les mots *subjectif* et *objectif*. J'essaye de les éviter autant que possible. Ces mots, en français, appartiennent à la langue philosophique, et on a tort, je crois, de les employer aujourd'hui dans la langue générale. *Personnel* et *extérieur* sont de vieux mots qui suffisent et qui sont au moins aussi bons que les deux mots nouveaux. J'en dirai autant des mots *individualité* et *personnalité*, qui nous viennent aussi de l'Allemagne et qui se substituent partout aux mots *caractère* et *personne*, sans rien ajouter à la pensée. *Productivité* a aussi remplacé *fécondité*, etc. Nous pouvons emprunter à l'Allemagne autre chose que l'abus des mots abstraits. Ils sont pour une langue un poison mortel et une cause rapide de décadence. L'histoire du latin et du grec est là pour nous le prouver et nous servir d'avertissement.

leurs œuvres; elles sont toutes tournées vers le monde extérieur. »

Ces mots furent le point de départ des considérations les plus intéressantes, qui portaient surtout sur les quinzième et seizième siècles. Puis l'entretien arriva sur le théâtre, et sur la sensiblerie débile et larmoyante des nouvelles productions. « Je me console et je me fortifie maintenant avec Molière, dis-je. J'ai traduit son *Avare* et je m'occupe à présent de son *Médecin malgré lui*. Quel homme que Molière! quelle âme grande et pure! » — « Oui, dit Gœthe, c'est là le vrai mot que l'on doit dire sur lui : c'était une âme pure! en lui rien de caché, rien de difforme. Et cette grandeur! Il gouvernait les mœurs de son temps; au contraire, Iffland et Kotzebue se laissaient gouverner par les mœurs du leur; ils n'ont pas su les franchir et s'élancer au delà. Molière montrait aux hommes ce qu'ils sont pour les châtier. »

« — Cela serait ainsi, dis-je, si l'on pouvait voir les pièces de Molière sur la scène dans toute leur pureté; mais pour le public, tel que je le connais, elles ont beaucoup trop d'énergie et de naturel. Est-ce que ce raffinement excessif ne serait pas dû à ce qu'on appelle l'idéalisme de certains écrivains? »

« — Non, dit Gœthe, il est dû à la société elle-même. Et d'ailleurs, que viennent faire nos jeunes filles au théâtre? Ce n'est pas là leur place, leur place est au couvent, et le théâtre n'est fait que pour les hommes et les femmes qui connaissent les choses humaines! Quand Molière écrivait, les jeunes filles restaient au couvent, et il n'avait aucune précaution à prendre. Mais puisqu'il est difficile de ne pas mener nos jeunes filles au théâtre, et puisqu'on donnera toujours ces pièces affaiblies et par là excellentes pour elles, soyez sage, faites comme moi, et restez chez vous. — Je n'ai, quant à moi, porté un vrai intérêt au théâtre qu'autant que j'ai pu y agir d'une façon pratique. C'était ma joie d'élever cette institution à un haut degré de perfection, et aux représentations, j'avais moins d'attention pour les pièces que pour la manière bonne ou mauvaise dont les acteurs jouaient leurs rôles. Le lendemain matin, j'envoyais au régisseur la note écrite de mes critiques, et j'étais bien sûr à la représentation suivante de voir les défauts évités. Mais maintenant que je ne peux plus agir ainsi d'une façon pratique, je ne me sens plus aucun désir d'aller au théâtre. Je serais obligé de laisser les vices se produire sans pouvoir les corriger, et cela ne me va pas. Il en est de même pour la lecture des pièces. Les jeunes poëtes allemands continuent toujours à m'envoyer leurs tragédies; qu'est-ce que je peux en faire? Je n'ai jamais lu les pièces allemandes que pour voir si je pourrais les faire jouer; pour le reste, elles m'étaient indifférentes. Et maintenant, dans ma situation actuelle, qu'ai-je à faire des pièces de ces jeunes gens? Pour moi-même, je ne gagne rien à lire comment on n'aurait pas dû composer une pièce, et je ne suis pas plus utile aux jeunes poëtes, puisque la chose est faite. S'ils m'envoyaient, au lieu de leurs pièces imprimées, le plan d'une pièce, je pourrais dire au moins: Continue, arrête-toi, fais ceci, fais cela, et mes paroles auraient un sens et une utilité. — Tout notre mal vient de ce que l'éducation poétique est tellement générale en Allemagne, que personne ne fait plus un mauvais vers. Les jeunes poëtes qui m'envoient leurs œuvres ne sont pas au-dessous de leurs prédécesseurs, et comme ils voient ceux-ci si prisés, ils ne conçoivent pas pourquoi on ne les prise pas aussi. Et cependant on ne doit rien faire pour les encourager, car de pareils talents il y en a maintenant par centaines, et il ne faut pas provoquer la production d'œuvres superflues quand il y en a tant de nécessaires qui ne sont pas accomplies. Il faudrait un homme qui s'élevât au-dessus de tous; lui seul pourrait faire du bien, car il n'y a que les œuvres extraordinaires qui soient utiles au monde. »

Jeudi, 16 février 1826.

Je suis allé ce soir à sept heures chez Gœthe, que je trouvai seul dans sa chambre. Je m'assis près de lui à sa table, et lui appris que la veille j'avais vu à l'hôtel le duc de Wellington qui va à Saint-Pétersbourg.

« Eh bien, dit Gœthe s'animant, comment est-il? Parlez-moi de lui! Ressemble-t-il à son portrait? »

« — Oui, dis-je; mais il a quelque chose de mieux, de plus original. Quand on a jeté un coup d'œil sur son visage, tous ses portraits ne sont plus rien. Et le voir une fois suffit pour ne pas l'oublier; une telle impression ne s'efface pas. Son œil foncé a l'éclat le plus serein, et on se sent frappé par son regard. Sa bouche est parlante, même quand elle est fermée. Il a l'air de quelqu'un qui a beaucoup réfléchi, qui a eu la vie la plus grande, et qui maintenant traite le monde avec une grande sérénité et un grand calme, et que rien n'inquiète plus. Il m'a semblé dur et résistant comme une épée de Damas. Il paraît approcher de la soixantaine; il se tient droit, il est élancé sans être très-grand, et plutôt un peu maigre que gros. Je le vis au moment où il allait repartir et où il montait en voiture. Le salut qu'il a fait en s'inclinant fort peu et en portant la main à son chapeau, lorsqu'il a passé à travers la foule rangée, avait quelque chose de très-aimable. »

Gœthe écoutait ma description avec un intérêt visible. « Eh bien, dit-il, vous avez vu un héros de plus! C'est quelque chose! » Nous en vînmes à Napoléon, et je regrettais de n'avoir pas vu ce héros-là. « Oui, dit Gœthe, cela aussi méritait d'être vu... cet abrégé du monde! »

« — Il avait un grand air, n'est-ce pas? demandai-je. »

« — Il était lui, dit Gœthe, et on le regardait parce que c'était lui, voilà tout! »

J'avais apporté pour Gœthe une très-curieuse poésie dont je lui avais parlé il y a quelques soirs, une poésie de lui-même que cependant il ne se rappelait pas, tant elle est ancienne. Imprimée au commencement de l'année 1766 dans *les Visibles*, journal qui paraissait alors à Francfort, elle avait été apportée à Weimar par un ancien domestique de Gœthe, et, par lui, elle était arrivée entre mes mains. C'était, selon toute apparence, la plus ancienne de toutes les poésies connues de Gœthe. Elle avait pour sujet *la descente du Christ aux enfers*, et il était curieux de voir combien les scènes religieuses étaient familières à l'esprit du jeune auteur. L'inspiration semblait venir de Klopstock, mais l'exécution était tout autre; elle était plus forte, plus libre, plus légère, et avait plus d'énergie et plus de mouvement. Son feu extraordinaire faisait penser à la fermentation d'une vigoureuse jeunesse; le manque d'idées la faisait revenir plusieurs fois sur elle-même et elle était trop longue. Je présentai à Gœthe le vieux journal tout jauni, dont les feuilles ne tenaient plus qu'à peine, et en voyant le journal, il se rappela la poésie.

« Il est possible, dit-il, que j'aie composé cette poésie pour mademoiselle de Klettenberg. Il y a dans le titre : « Ébauché sur une prière faite à l'auteur; » et il n'y a qu'elle parmi mes amis qui pût me demander un pareil sujet. Je manquais alors de sujets, et j'étais heureux de trouver quelque chose à chanter. Encore ces jours-ci, il m'est tombé entre les mains une poésie de ce temps écrite en anglais[1] et dans laquelle je me plains de manquer de sujets. C'est là aussi un grand malheur pour nous autres, Allemands ; notre histoire primitive est dans un lointain trop obscur, et plus tard, l'absence d'une dynastie nationale lui ôte tout intérêt général. Klopstock s'est essayé à *Arminius*, mais c'est un sujet trop éloigné ; on n'a rien de commun avec ce temps, on ne sait ce qu'il vient nous dire, et sa peinture est restée sans effet, sans popularité. J'ai fait un essai heureux avec mon *Gœtz de Berlichingen* ; c'était déjà nous-mêmes que nous voyions-là, et on pouvait tirer un bon parti de cette époque.

« Avec *Werther* et *Faust* au contraire, c'est dans mon cœur qu'il me fallut de nouveau tout puiser, ce que l'on me donnait ne me menait pas loin ; je me servis une fois du diable et des sorciers, puis, satisfait d'avoir ainsi mangé mon héritage d'enfant du Nord, j'allai m'asseoir à la table des Grecs. Mais si j'avais connu, comme je les connais maintenant, toutes les œuvres parfaites qui existent chez eux depuis des centaines et des milliers d'années, je n'aurais jamais écrit une seule ligne ; j'aurais employé autrement mon activité. »

Jour de Pâques, 26 mars 1826.

Gœthe était aujourd'hui à dîner de l'humeur la plus sereine et la plus cordiale. Il avait reçu un envoi précieux : c'était le manuscrit de la dédicace du *Sardanapale* de

---

[1] Gœthe, à Strasbourg, a aussi composé une curieuse pièce de vers en français. — Voir Lewes, 1ᵉʳ vol., p. 87 ; 2ᵉ édit.

Byron. Il nous la montra pour dessert, en pressant en même temps sa fille de lui rendre la lettre écrite de Gênes par Byron[1]. « Tu vois, chère enfant, dit-il, j'ai là maintenant ensemble tout ce qui a trait à mes relations avec Byron; aujourd'hui je reçois d'une façon singulière cette page curieuse; il ne me manque plus que cette lettre. »

Mais l'aimable admiratrice de Byron ne voulait pas se priver de la lettre. « Cher père, vous me l'avez donnée, et je ne vous la rendrai pas : si vous voulez absolument que tout ce qui se ressemble se rassemble, donnez-moi encore cette page précieuse d'aujourd'hui, et je garderai les deux trésors l'un à côté de l'autre. » C'était ce que Gœthe voulait encore moins; la discussion se prolongea gaiement encore pendant quelque temps, jusqu'à ce qu'elle se perdît dans la vivacité de la conversation générale.

Quand nous fûmes levés de table et que les dames furent sorties, je restai seul avec Gœthe. Il alla chercher dans sa chambre de travail un portefeuille rouge, et, s'approchant avec moi de la fenêtre, il l'ouvrit : « Vous voyez, dit-il, j'ai mis là tout ce qui se rapporte à mes relations avec Byron. Voici sa lettre de Livourne, voici une copie de sa dédicace, voici ma poésie, voici ce

---

[1] Déjà Byron, en 1820, à Ravenne, avait voulu dédier *Marino Faliero* à Gœthe, mais sa lettre ne fut pas envoyée. (Voir Moore.) Il lui dédia plus tard *Werner*. En 1823, à Gênes, il lui écrivit quelques lignes pour lui recommander un jeune homme qui allait à Weimar. Gœthe avait répondu par une pièce de vers que Byron reçut à Livourne au moment de s'embarquer. Il écrivit à son tour à Gœthe une lettre affectueuse par laquelle se terminent les relations des deux grands poëtes. — Byron a dit de Gœthe : « Je considère Gœthe comme le plus grand génie de ce siècle. » — Gœthe a dit de Byron : « Il n'y a personne à comparer à un tel homme dans les siècles passés. »

que j'ai écrit sur les *Conversations de Medwin*; il ne me manque que la lettre de Gênes, mais elle ne veut pas la rendre. — Les Anglais peuvent penser de Byron ce qu'ils voudront, il n'en reste pas moins certain qu'ils ne peuvent pas montrer chez eux de poëte qui lui soit comparable. Il est différent de tous les autres, et presque en tout plus grand. »

Lundi, 15 mai 1826.

J'ai parlé avec Gœthe de Schütze, dont il a dit beaucoup de bien. — « Dans mes jours maladifs de la semaine dernière, dit-il, j'ai lu ses *Heures sereines*; et le livre m'a fait grand plaisir. Si Schütze eût vécu en Angleterre, il aurait fait époque, car, avec son don d'observer et de peindre, il ne lui a manqué que le spectacle d'une vie animée. »

Jeudi, 1ᵉʳ Juin 1826.

Gœthe m'a parlé du *Globe*[1]. « Les rédacteurs, a-t-il

---

[1] La collection lui avait été envoyée de Paris, et il recevait tous les numéros sans être abonné. Dans une lettre au comte Reinhard, du 27 février 1826, il disait : « Tous les soirs, je consacre quelques heures à la lecture des anciens numéros; je note, je souligne, j'extrais, je traduis. Cette lecture m'ouvre une curieuse perspective sur l'état de la littérature française, et, comme tout se tient, sur la vie et sur les mœurs de la France. » — Le 12 mai, il ajoutait : « Que ces messieurs du *Globe* soient bienveillants pour moi, cela est justice, car moi je suis vraiment épris d'eux. Ils nous donnent le spectacle d'une société d'hommes jeunes et énergiques jouant un rôle important. Je crois apercevoir leurs buts principaux; leur manière d'y marcher est sage et hardie. Tout ce qui se passe en France depuis quelque temps excite vraiment l'attention, et donne des pensées que l'on n'aurait jamais conçues. J'ai été heureux de voir quelques-unes de mes convictions intimes, et renfermées dans mon être intime, exposées et commentées suffisamment. Je ne cesserai de dire du bien de ces feuilles; elles sont le bien le plus cher que mes mains reçoivent aujourd'hui, je les ai fait brocher, et je

dit, sont des gens du monde enjoués, nets, hardis au suprême degré. Ils ont une manière de blâmer fine et galante; au contraire, nos savants allemands croient toujours qu'il faut se dépêcher de haïr celui qui ne pense pas comme nous. Je mets le *Globe* parmi les journaux les plus intéressants, et je ne pourrais pas m'en passer. »

Mercredi, 26 juillet 1826.

Ce soir j'ai eu le bonheur de recueillir beaucoup d'idées de Gœthe sur le théâtre. Je lui disais qu'un de mes amis avait l'intention d'arranger pour la scène les *Deux Foscari* de Byron; il doutait du succès, et il dit : « C'est là une séduction trompeuse, en effet. Quand nous lisons une pièce, et qu'elle produit sur nous un grand effet, nous croyons que cet effet serait le même sur la scène, et nous nous imaginons que nous pourrons facilement l'y adapter. Mais il y a quelque chose de bizarre : une pièce que le poëte à l'origine n'a pas écrite en la destinant à la scène n'y voudra pas monter, et, quels que soient les moyens que l'on emploie, elle résistera toujours par des

---

les lis et relis au commencement, à la fin, partout. Les derniers numéros m'ont été utiles en me servant d'introduction aux intéressantes leçons de M. Cousin; j'ai vu clairement à quel moment, de quelle manière, et dans quel but ces leçons ont été prononcées. Un article (de M. Ampère) sur la traduction de mon théâtre m'a fait grand plaisir. Je vois maintenant ces pièces d'un tout autre œil qu'au temps où je les ai écrites, et il est pour moi bien intéressant de constater l'effet qu'elles produisent sur une nation étrangère, et dans une époque dont les idées sont tout autres. Mais ce qui me plaît surtout c'est le ton sociable de tous ces articles : on voit toutes ces personnes penser et parler au milieu d'une compagnie nombreuse; au contraire, en Allemagne, on reconnaît à la parole du meilleur d'entre nous qu'il vit dans la solitude, et toujours c'est une seule voix que l'on entend. » — Plusieurs des articles du *Globe* sur la littérature allemande, traduits par Gœthe, furent publiés dans sa revue, *l'Art et l'Antiquité.*

défauts de convenance. Quelle peine ne me suis-je pas donnée avec mon *Gœtz de Berlichingen*; eh bien, ce n'est pas une vraie pièce pour le théâtre. C'est trop vaste; il m'a fallu la partager en deux parties : la dernière a bien l'effet théâtral, mais la première ne peut être considérée que comme une exposition. Si l'on voulait donner une seule fois la première partie, pour montrer la marche du sujet, puis ne plus jouer ensuite que la seconde partie, cela pourrait aller. Il en est de même pour *Wallenstein*; il ne faut pas jouer deux fois les *Piccolomini*, mais on revoit toujours avec plaisir la *Mort de Wallenstein*. »

Je lui demandai comment devait être une pièce pour être théâtrale.

« Il faut qu'elle soit symbolique, c'est-à-dire que chaque situation doit être importante par elle-même, et en même temps ouvrir une perspective sur une situation plus importante. Le *Tartuffe* de Molière est à ce point de vue un grand modèle. Pensez seulement à la première scène, quelle exposition ! Tout est intéressant dès le commencement, et fait pressentir des événements plus graves. L'exposition de *Minna de Barnhelm* de Lessing est aussi excellente, mais celle de *Tartuffe* est unique dans le monde; c'est ce qui existe de plus grand et de meilleur en ce genre. »

Nous fûmes conduits aux pièces de Caldéron :

« Chez Caldéron, dit Gœthe, vous trouvez la même perfection théâtrale. Ses pièces sont toutes prêtes à monter sur les planches; il n'y a pas un trait qui ne soit calculé en vue de cet effet. Caldéron est le poëte qui a eu avec son génie le plus d'intelligence. »

« — Il est singulier, dis-je, que les pièces de Shakspeare ne soient pas de vraies pièces pour le théâtre, lorsque Shakspeare les a toutes écrites pour son théâtre. »

« — Shakspeare, répondit Gœthe, écrivait ces pièces comme sa nature les lui dictait; son temps, l'organisation de la scène d'alors, n'exigeaient rien autre chose de lui; on acceptait et on approuvait ce que Shakspeare apportait. S'il avait écrit pour la cour de Madrid ou de Louis XIV, il se serait sans doute astreint à une forme plus sévère; mais il n'y a aucun malheur qu'il ait écrit comme il l'a fait, car ce que Shakspeare a perdu comme poëte dramatique, il l'a regagné comme poëte pur et simple. Shakspeare est un grand psychologue, et, tout ce que peut éprouver le cœur de l'homme, on l'apprend dans ses pièces. »

Nous avons parlé de la difficulté d'une bonne direction de théâtre, et Gœthe a dit :

« Le difficile, c'est de savoir rejeter l'accessoire, et ne pas le laisser nous détourner de nos grands principes. Ces grands principes consistent dans un bon répertoire de tragédies, d'opéras et de comédies, composé d'excellentes œuvres sur lesquelles on puisse compter, et qu'il faut considérer comme une base immuable. Par l'accessoire et l'accidentel, j'entends une pièce nouvelle que l'on est curieux de connaître, un acteur en représentation que l'on veut voir dans certains rôles, etc. Il ne faut pas que tout cela nous détourne de notre voie, et nous devons toujours revenir à notre répertoire. Notre temps est si riche en pièces vraiment bonnes, qu'il n'y a rien de plus facile à un connaisseur que de former un bon répertoire. Mais rien n'est plus difficile que de le maintenir.

— Lorsque je dirigeais le théâtre avec Schiller, nous avions un avantage, c'était d'aller jouer l'été à Lauchstedt[1]. Nous avions là un public d'élite qui ne voulait que de l'excellent; nous retournions à Weimar toujours familiarisés avec les meilleures pièces; nous pouvions répéter l'hiver toutes les représentations de l'été. De plus, le public de Weimar avait confiance dans notre direction, et même, lorsqu'il ne comprenait pas tout ce que nous faisions, il était convaincu qu'une vue élevée nous dirigeait dans notre manière d'agir. A partir de 1790, le vrai temps de l'intérêt que je portais au théâtre était déjà passé, je n'écrivais plus pour la scène, je voulais me consacrer entièrement à l'épopée. Schiller a ranimé mon intérêt éteint, et, par amour pour lui et pour ses œuvres, je m'occupai de nouveau du théâtre. Au moment de mon *Clavigo*, il m'eût été facile d'écrire une douzaine de pièces de théâtre; les sujets ne manquaient pas, et j'avais la production facile; j'aurais toujours pu écrire une pièce en huit jours, et je suis fâché de ne pas l'avoir fait[2]. »

[1] Petite ville d'eaux (près de Mersebourg); elle était alors très à la mode. Charles Auguste y allait souvent pendant l'été. Voir *Correspondance de Gœthe et de Schiller*. Lettres de juillet 1799 et juin 1802.

[2] Dans une lettre écrite au comte Reinhard, le 20 septembre de cette année, Gœthe parlait encore du *Globe* : « Des envois amicaux venus de France, et dus surtout à M. Cuvier, m'ont ramené vers l'étude de la nature. (Cuvier avait envoyé à Gœthe la collection de ses Éloges et de ses Lectures académiques). La conversation presque journalière que j'entretiens avec les Messieurs du *Globe* me donne beaucoup à penser. Je vois bien que leur but est placé plus loin qu'il n'est permis de regarder à un vieillard de mon âge; mais les observations qu'ils font sur le passé et sur l'avenir me donnent une sérieuse instruction. Ils sont sévères et audacieux; ils vont au fond des choses, et parfois avec des airs de Rhadamanthe; dans toutes leurs paroles ils poursuivent un certain dessein. aussi il ne faut pas s'abandonner à eux; mais, même quand on n'est pas de leur avis, on admire leur grande intelligence. Toutes ces affaires du monde sont du reste si immenses, qu'il me semble être sur une petite nacelle glissant au milieu d'une énorme flotte de guerre; ces vaisseaux me touchent, mais ni mon œil, ni mon esprit ne peuvent les mesurer... »

14.

Mercredi, 8 novembre 1826.

Gœthe a encore parlé aujourd'hui avec admiration de lord Byron : « J'ai lu de nouveau, m'a-t-il dit, sa *Métamorphose du bossu*, et je dois dire que son talent me semble toujours plus grand. Son *Diable* est issu de mon *Méphistophélès*, mais ce n'est pas une imitation, tout est entièrement original, nouveau, et tout est serré, riche de sens et spirituel. Il n'y a pas un passage faible; il n'y a pas une place, fût-elle grande comme la tête d'une épingle, où manquent l'invention et l'esprit. Sans l'hypocondrie et la négation, il serait aussi grand que Shakspeare et les anciens. » — Je marquai de l'étonnement. — « Oui, dit Gœthe, vous pouvez me croire, je l'ai de nouveau étudié, et je suis toujours forcé de lui accorder davantage. »

Dans un entretien précédent, Gœthe m'avait dit : « Lord Byron a trop d'empirisme. » Je n'avais pas bien compris ce qu'il voulait dire, je ne demandai pas d'explication et je méditai en silence ce mot. N'ayant rien gagné par la méditation, je me dis que je devais attendre jusqu'à ce que mon développement fût plus avancé, ou jusqu'à ce qu'une heureuse circonstance me découvrît le secret. Cette circonstance s'est présentée. Un soir, une représentation excellente de *Macbeth* avait produit de l'effet sur moi; le jour suivant, je prends les œuvres de Byron pour lire son *Beppo*; mais après le *Macbeth* ce poëme ne voulait plus me plaire, et plus je lisais, plus j'entrevoyais ce que Gœthe pouvait avoir voulu dire.

Dans *Macbeth*, ce qui avait agi sur moi, c'était une suite d'idées grandes, puissantes, élevées, qui n'auraient jamais pu venir d'un autre esprit que Shakspeare, nature profonde qui me révélait ce qui chez elle est inné. Tout ce qui dans cette pièce est donné par l'expérience était subordonné à l'esprit poétique, et ne servait qu'à lui permettre de s'exprimer et d'agir. Le grand poëte nous élevait jusqu'à lui pour nous faire partager les points de vue qu'il avait découverts. Au contraire, en lisant *Beppo*, je sentais que là dominait un monde impie, donné par l'expérience, et auquel l'esprit qui nous le présente s'était en quelque sorte associé. Ce n'étaient plus cette grandeur et cette pureté innées de l'esprit d'un poëte plein d'élévation; la manière de penser du poëte semblait, par un commerce fréquent avec le monde, être devenue de même nature que lui. Il semblait au même niveau que tous les hommes du monde, élégants et spirituels, dont il ne se distingait par rien, sinon par son grand talent de peintre, de telle sorte qu'il pouvait être considéré comme leur organe. Je sentis bien alors comment Byron « avait trop d'empirisme. » Ce n'est pas parce qu'il fait passer devant nos yeux trop de vie réelle, c'est parce que sa haute nature poétique semble se taire, et même semble obéir à une manière de penser tout empirique.

Mercredi, 29 novembre 1826.

J'avais lu aussi la *Métamorphose du bossu* de Byron, et après dîner j'en causai avec Goethe. « N'est-ce pas, dit-il, les premières scènes ont de la grandeur, et de la grandeur poétique ? Le reste, lorsque tout se disjoint et que l'on va assiéger Rome, je ne veux pas le vanter comme poétique, mais il faut avouer que c'est spirituel. »

« — Extrêmement, dis-je; mais il n'y a aucun art à être spirituel, quand on ne respecte rien. »

Gœthe se mit à rire. « Vous n'avez pas tout à fait tort, dit-il, et il faut avouer que le poëte en dit plus que l'on ne voudrait; il dit la vérité, mais elle blessera, et on aimerait mieux le voir la bouche close. Il y a des choses dans le monde que le poëte fait mieux de bien cacher que de découvrir, mais c'est là le caractère de Byron, et le vouloir autrement, ce serait le détruire. » — « Oui, dis-je, c'est excessivement spirituel; par exemple ce passage :

<blockquote>
Le diable dit la vérité bien plus souvent qu'il ne semble :
Il a un auditoire ignorant.
</blockquote>

« — Cela est certes aussi grand et aussi libre que tout ce que mon *Méphistophélès* a jamais dit. Puisque nous parlons de *Méphistophélès*, je veux vous montrer quelque chose que Coudray m'a rapporté de Paris; que dites-vous de cela? »

Il me présenta une lithographie représentant la scène où Faust et Méphistophélès, pour délivrer Marguerite de la prison, glissent en sifflant dans la nuit sur deux chevaux, et passent près d'un gibet. Faust monte un cheval noir, lancé à un galop effréné, et qui paraît, comme son cavalier, s'effrayer des spectres qui passent sous le gibet. Ils vont si vite que Faust a de la peine à se tenir. Un vent violent vient à sa rencontre, et a enlevé sa toque qui, retenue à son cou par un cordon, flotte loin derrière lui. Il tourne vers Méphistophélès un visage plein d'anxiété et semble épier sa réponse. Méphistophélès est tranquille, sans crainte, comme un être supérieur. Il ne monte pas un cheval vivant : il n'aime pas ce qui vit. Et d'ailleurs il n'en a pas besoin; sa volonté suffit pour l'entraîner aussi vite que le vent. Il n'a un cheval que parce qu'il faut qu'on se l'imagine à cheval ; il lui suffisait donc de ramasser parmi les premiers débris d'animaux qu'il a rencontrés, un squelette ayant encore sa peau. Cette carcasse est de ton clair, et semble jeter dans l'obscurité de la nuit des lueurs phosphorescentes. Elles n'a ni rênes ni selle, et galope sans cela. Le cavalier supra-terrestre, tout en causant, se tourne vers Faust d'un air léger et négligent ; l'air qui fouette à sa rencontre n'existe pas pour lui ; il ne sent rien, son cheval non plus ; ni un cheveu ni un crin ne bougent.

Cette spirituelle composition nous donna le plus grand plaisir. « On doit avouer, dit Gœthe, qu'on ne s'était pas soi-même représenté la scène aussi parfaitement. Voici une autre feuille, que dites-vous de celle-là ? »

Je vis la scène brutale des buveurs dans la cave d'Auerbach ; le moment choisi, comme étant la quintessence de la scène entière, était celui où le vin renversé jaillit en flammes et où la bestialité des buveurs se montre de diverses manières. Tout est passion, mouvement ; Méphistophélès seul reste dans la sereine tranquillité qui lui est habituelle. Les blasphèmes, les cris, le couteau levé sur lui par son voisin le plus proche ne lui sont de rien. Il s'est assis sur un coin de table et laisse pendre ses jambes ; lever son doigt, c'est assez pour éteindre et la passion et la flamme. Plus on considérait cet excellent dessin, plus on admirait la grandeur d'intelligence de l'artiste, qui n'avait pas créé une seule figure semblable à une autre et qui dans chacune d'elles présentait un nouvel instant de l'action.

« M. Delacroix, a dit Gœthe, est un grand talent, qui a, dans *Faust*, précisément trouvé son vrai aliment. Les Français lui reprochent trop de rudesse sauvage, mais ici, elle est parfaitement à sa place. On espère qu'il reproduira *Faust* tout entier, et j'attends surtout avec joie la cuisine des sorcières et les scènes du Brocken. On voit que son observation a sondé profondément la vie, et pour cela une ville comme Paris lui offrait les meilleures occasions. »

Je dis alors que de tels dessins contribuaient énormément à une intelligence plus complète du poëme. « C'est certain, dit Gœthe, car l'imagination plus parfaite d'un tel artiste nous force à nous représenter les situations comme il se les est représentées à lui-même. Et s'il me faut avouer que M. Delacroix a surpassé les tableaux que je m'étais faits de scènes écrites par moi-même, à plus forte raison les lecteurs trouveront-ils toutes ces compositions pleines de vie et allant bien au delà des images qu'ils se sont créées. »

Lundi, 11 décembre 1826.

J'ai trouvé Gœthe dans une animation très-gaie. Il me dit avec vivacité : « Alexandre de Humboldt est venu ce matin ici quelques heures. Quel homme ! Je le connais depuis longtemps, et cependant il me met toujours dans un nouvel étonnement. On peut dire qu'en connaissances et en science vivante il n'a pas son égal, et avec cela une variété de savoir que jamais je n'ai rencontrée à ce degré!... Quelque idée que l'on agite, il est partout chez lui, et nous accable de trésors intellectuels. Je crois voir une fontaine avec une quantité de tuyaux ouverts, on n'a qu'à mettre sa cruche, on a de l'eau fraîche tant que l'on en désire. Il doit rester ici quelques jours et je sens déjà qu'il me semblera que j'aurai vécu des années. »

Mercredi, 13 décembre 1826.

Après dîner, les dames louaient un portrait d'un jeune peintre, « et, ajoutaient-elles, ce qu'il y a de plus admirable, c'est qu'il a tout appris seul. » Cela se reconnaissait surtout aux mains, qui avaient des fautes de dessin.

« On voit, dit Gœthe, que le jeune homme a du talent, mais on doit le blâmer et non le louer d'avoir tout appris seul. On ne naît pas avec un talent pour le laisser abandonné à lui-même; il faut l'adresser à l'art et aux bons maîtres, afin qu'ils en fassent quelque chose. Ces jours-ci, j'ai lu une lettre de Mozart, où il écrit à un baron qui lui envoyait ses compositions à peu près ceci : « On « ne peut que vous blâmer, vous autres dilettantes, car « ordinairement, chez vous, de deux choses l'une : ou vous « n'avez aucune idée originale, et alors vous pillez ; ou « vous avez des idées, et alors vous ne savez pas vous « en servir. » N'est-ce pas divin? Cette grande parole que Mozart a prononcée à propos de musique ne s'applique-t-elle pas à tous les autres arts? Léonard de Vinci dit : « Si votre fils ne se sent pas porté, quand il dessine, à « faire ressortir tellement les objets par de fortes ombres, « qu'on pourrait les prendre avec la main, il n'a aucun « talent. » Et il ajoute encore : « Si votre fils ne possède « pas parfaitement perspective et anatomie, conduisez-le « chez un bon maître. » Or maintenant, c'est à peine si nos jeunes gens entendent l'une et l'autre quand ils quittent leurs maîtres. Les temps sont bien changés. Nos jeunes peintres manquent d'âme et d'esprit; leurs inventions ne disent rien et n'ont aucun effet; ils peignent des épées qui ne coupent pas et des flèches qui ne blessent pas ; et je crois souvent sentir une idée me dominer, c'est que tout esprit a disparu du monde ! »

« — Cependant, dis-je, on serait disposé à croire que les grands événements militaires de ces dernières années ont dû exciter l'esprit. »

« — Ils ont ranimé la volonté plus que l'esprit, et l'esprit politique plus que l'esprit artistique; toute naïveté et tout sentiment de la beauté sensible sont perdus; et sans ces deux grandes qualités, un peintre peut-il faire quelque chose de capable de vous plaire? »

Je lui dis que j'avais lu, il y a peu de jours, dans son *Voyage en Italie*, un passage sur un tableau du Corrége représentant le sevrage du petit Jésus ; il est sur le sein de Marie, on lui présente une poire, et l'enfant hésite entre le fruit et le sein de sa mère, il ne sait lequel choisir.

« Oui, dit Gœthe, ce petit tableau, voilà une œuvre ! Là il y a esprit, naïveté, sentiment de la beauté sensible. Le sujet sacré est devenu un sujet humain et universel ; c'est le symbole d'un degré de la vie que nous franchissons tous. Un tel tableau est immortel, parce qu'il s'étend aussi bien en arrière vers les premiers temps qu'en avant vers l'avenir. Si, au contraire, on peint le Christ qui fait approcher de lui les petits enfants, ce tableau ne dira rien ou fort peu de chose.

« Voilà plus de cinquante ans que j'observe la peinture allemande, bien plus même, que je travaille à avoir sur elle une influence, aujourd'hui je peux dire que dans l'état actuel il y a peu à attendre d'elle. Il faudrait qu'il vînt un grand talent qui s'appropriât tout ce qu'il y a de bon dans l'époque, et qui par là dominât tout. Tous les moyens sont prêts, les chemins indiqués, frayés. N'avons-nous pas devant les yeux des œuvres de Phidias lui-même, à qui notre jeunesse ne pouvait penser. Rien ne manque aujourd'hui qu'un grand talent, et il viendra, je l'espère. Il est peut-être déjà dans le berceau, et vous pourrez encore vivre pendant l'éclat de sa gloire. »

Mercredi, 20 décembre 1826.

J'ai raconté à Gœthe après dîner que j'avais fait une découverte qui m'avait donné le plus grand plaisir. J'avais remarqué à une bougie que dans la partie inférieure et transparente de la flamme se produisait le même phénomène par lequel le ciel paraît bleu; là aussi on voit l'obscurité à travers un corps sombre éclairé. Je demandai à Gœthe s'il connaissait ce fait et s'il l'avait rapporté dans sa *Théorie des couleurs*. « Sans doute, » dit-il. Il prit un volume et me lut le paragraphe où tout était exposé tel que je l'avais vu. « Cela me fait plaisir, dit-il, que ce phénomène vous ait frappé sans que vous le connussiez par ma *Théorie des couleurs;* vous l'avez saisi maintenant, et vous pouvez dire que vous le possédez. Vous avez là un point de départ qui peut vous servir pour passer aux autres phénomènes. Je veux tout de suite vous en montrer un nouveau. »

Il pouvait être environ quatre heures. Le ciel était couvert, et le crépuscule commençait. Gœthe alluma une bougie et la porta près de la fenêtre sur une table. Il la mit sur une feuille de papier blanc, et plaça un petit bâton devant la bougie, de façon à ce que la bougie fut entre le petit bâton et la fenêtre; le bâton projetait une ombre vers nous. « Eh bien, me dit Gœthe, vous voyez cette ombre! » — « Oui, dis-je, elle est bleue. » — « Vous retrouvez donc encore ici la teinte bleue; mais plaçons le petit bâton de l'autre côté de la bougie, entre elle et la fenêtre, que voyez-vous? » — « Encore une ombre. » — « Mais de quelle couleur? » — « Jaune orangée ; quelle est donc la cause de ce double phénomène? » — « Ceci est votre affaire; cherchez à l'expliquer. Il y a une explication, mais elle est difficile à trouver. Ne regardez pas dans ma *Théorie des couleurs* avant d'avoir perdu l'espoir de la trouver par vous-même. » Je le promis avec plaisir. « Je veux maintenant vous montrer sur de plus grandes proportions le phénomène que vous avez observé à la partie inférieure de la flamme d'une bougie, lorsqu'un objet clair et transparent, en se trouvant devant l'obscurité, produit la couleur bleue. » Il prit une cuiller, la remplit d'esprit de vin qu'il enflamma. Il produisait ainsi un corps transparent et clair, à travers lequel l'obscurité prenait une teinte bleue. En tournant l'esprit enflammé vers une partie sombre, le bleu devenait plus foncé ; en le tournant du côté du jour, le bleu s'affaiblissait ou disparaissait entièrement.

« Tout se passe de même, dit Gœthe, dans la nature, qui est si simple, et qui répète toujours en petit ses plus grands phénomènes. La loi qui donne au ciel sa couleur bleue se vérifie dans la flamme d'une bougie, dans de l'esprit de vin enflammé, dans la fumée qui s'élève au-dessus d'un village, et qui se détache sur un fond obscur de montagnes.

« — Comment les disciples de Newton expliquent-ils ce phénomène très-simple? demandai je.

« — Vous ne devez pas le savoir, c'est par trop niais, et on ne comprend pas assez tout le dégât qu'amène dans une tête bien faite l'admission d'une sottise. Ne vous occupez pas des Newtoniens, contentez-vous de la vraie théorie, et vous vous en trouverez bien. S'occuper du faux est peut-être en ce genre aussi désagréable et aussi nuisible que d'être obligé d'étudier une mauvaise tragédie pour en éclairer tou tes les parties et en exposer les côtés faibles. C'est ici absolument de même, et il ne faut pas s'occuper de pareilles choses sans nécessité. J'honore les mathématiques comme la science la plus élevée et la plus utile, tant qu'on l'emploie là où elle est à sa place; mais je ne peux approuver qu'on en fasse abus en dehors de son domaine, et là où la noble science semble une niaiserie. Comme si un objet n'existait que si l'on peut le prouver par les mathématiques! Ne serait-il pas fou celui qui ne voudrait croire à l'amour de son amante que si elle peut le lui prouver mathématiquement! Elle lui prouvera mathématiquement sa dot, mais non son amour. Ce ne sont pas non plus les mathématiciens qui ont trouvé la métamorphose des plantes! Je suis venu à bout de tout sans mathématiques, et il a bien fallu que les mathématiciens cependant en reconnaissent la valeur. Pour comprendre les phénomènes de la *Théorie des couleurs*, il ne faut rien de plus qu'une observation nette et une tête saine; mais ce sont deux choses plus rares qu'on ne croit. »

« — Comment parle-t-on maintenant en France et en Angleterre de la *Théorie des couleurs?* »

« — Les deux nations ont leurs qualités et leurs défauts. Ce qu'il y a de bon chez les Anglais, c'est qu'ils agissent toujours d'une façon pratique, mais ce sont des pédants. Les Français sont des têtes bien faites, mais tout chez eux doit être positif, et ce qui ne l'est pas, ils le rendent tel. Cependant pour la théorie des couleurs, ils sont en bonne voie, et un de leurs meilleurs esprits s'en rapproche de très-près. Il dit : « La couleur est dans les

« choses mêmes. » C'est-à-dire que, de même qu'il y a dans la nature un principe acidifiant, il y a un principe colorant. Il n'explique pas à la vérité les phénomènes, mais il donne à la nature le rôle actif, et enlève à la théorie l'étroitesse des mathématiques. »

On apporta les journaux de Berlin, Gœthe s'assit pour les lire, et il m'en donna un en même temps. Je trouvai aux nouvelles des théâtres que l'Opéra et le Théâtre-Royal ne donnaient tous deux que des pièces également mauvaises.

« Comment en serait-il autrement, dit Gœthe. Certes, avec le secours des bonnes pièces anglaises, françaises et espagnoles, on pourrait composer un répertoire tel que, chaque soir, serait jouée une bonne pièce. Mais est-ce que la nation sent le besoin de ne voir que de bonnes pièces ? C'était un autre temps, celui où écrivaient Eschyle, Sophocle et Euripide ; c'était un siècle qui avait près de lui un bon génie, et qui n'acceptait que la vraie grandeur et la perfection ; mais dans notre mauvaise époque, où est donc le besoin de la perfection ? Avec quoi le comprendrait-on ?

« Et puis, on veut du nouveau ! A Berlin, à Paris, le public est partout le même. Chaque semaine à Paris, on écrit et on joue une infinité de pièces nouvelles, et il faut passer toujours à travers cinq ou six pitoyables pour être enfin dédommagé par une bonne.

« Les acteurs en représentation, voilà le seul moyen pour soutenir maintenant un théâtre en Allemagne. Si j'étais encore directeur, pendant tout l'hiver, j'aurais de bons acteurs de passage. Par là, non-seulement on reverrait sans cesse jouer les bonnes pièces, mais l'intérêt se porterait plus sur les acteurs que sur les pièces ; on pourrait comparer et juger chaque jeu différent; le public gagnerait en pénétration, et nos propres acteurs seraient toujours, par le jeu de cet hôte, excités et stimulés. Sans cesse des acteurs en représentation, sans relâche, et vous vous étonnerez des résultats utiles qui sortiront de là pour le théâtre et pour le public. Je vois venir le temps où un homme né pour le métier et habile dirigera en même temps quatre théâtres; il les pourvoira l'un par l'autre d'acteurs en représentation, et je suis sûr qu'il se tirera mieux d'affaire avec quatre théâtres qu'avec un seul[1]. »

[1] « Dans une lettre écrite la veille (26 décembre) au comte Reinhard, Gœthe a tracé une esquisse de sa vie intime : « Je sors à peine de la maison, à peine de la chambre... je revois mes anciens travaux ; je rédige mes derniers, je comble les lacunes, je réunis des fragments dispersés... je dispose tout de manière à ce que l'on puisse au besoin finir sans moi... En ce moment, je m'occupe des lois de la température, je cherche à montrer la manière dont cette question s'est arrangée dans ma tête. La nature sera-t-elle d'accord avec mes vues? Pour savoir cela, il faut attendre. Si nous nous trouvions aujourd'hui comme jadis à Carlsbad, ce n'est plus avec l'optique que je vous tourmenterais ; c'est avec la météorologie. C'est là mon jeu d'échecs ; je joue contre la nature, je cherche à la tirer de ses mystérieuses retraites et à l'attirer en plein jour pour lui livrer bataille. Quand à des partisans, je n'en attends guère : je n'ai pas oublié la grande parole : *Et mundum tradidit disputationi eorum*... J'ai quelques objets d'arts nouveaux, en petit nombre, mais très-beaux. Le prince héréditaire de Bavière m'a donné un moulage de la *Medusa Rondanini*... J'ai acquis un grand dessin très-fini de Jules Romain... et quelques majoliques, peintes avec esprit. Au milieu du seizième siècle, c'est par troupes qu'il y avait des gens de talent, et quand les murs extérieurs et intérieurs étaient remplis de peintures, l'art allait confier ses créations à la fragile vaisselle qui couvre les tables et les buffets... Dans tout ce que cette époque a laissé, se montre un génie serein, qui, à l'aide de figures et de formes parées des simples couleurs primitives, savait se manifester facilement et joyeusement... Après vous avoir parlé de toutes ces reproductions de la vie, si j'arrive aux vivants eux-mêmes, j'aurai de bonnes nouvelles à vous donner. Tous les miens, sans être très-robustes, sont bien portants. Mon fils continue toujours à s'occuper d'af-

Mercredi, 27 décembre 1826.

J'avais bien réfléchi chez moi aux phénomènes de la lumière bleue et jaune, et à force de faire des observations avec une lumière, je croyais avoir deviné l'énigme. Je le dis aujourd'hui à Gœthe en dînant. « Ce serait beau, dit-il ; après dîner vous me l'expliquerez. » — « J'aimerais mieux l'écrire, dis-je, parce qu'en parlant la justesse de l'expression me manque aisément. » — « Vous l'écrirez plus tard, mais aujourd'hui vous me ferez la démonstration sous mes yeux pour que je voie si vous êtes dans le vrai. »

Après dîner, il faisait encore grand jour, Gœthe me demanda : « Pouvez-vous faire l'expérience maintenant? — Non. — Pourquoi? — Il fait encore trop clair ; il faut que le crépuscule commence pour que la bougie jette une ombre forte, et il faut cependant qu'il fasse encore assez clair pour que la lueur du jour éclaire cette ombre. — Hum! dit-il, vous n'avez pas tort. »

Quand le crépuscule commença à venir, je dis à Gœthe qu'il était temps. Il alluma les bougies et me donna la feuille de papier et le petit bâton. « Expérimentez et enseignez, maintenant, » me dit-il.

Je plaçai la bougie sur la table, près de la fenêtre, je

---

faires ; il tient la maison, et va dans le monde et à la cour ; les dames s'occupent de langue anglaise et sont aidées dans cette étude par plusieurs Anglais aimables et instruits ; le temps qu'elles ne consacrent pas à la cour et aux relations de société est rempli par la confection des cadeaux de Noël et d'anniversaires, œuvres pour lesquelles l'aiguille recourt à toutes les espèces de broderie. L'aîné de mes petits-fils a été un peu enlevé à l'affection de son grand-père ; les maîtres, et aussi l'âge, l'ont entraîné dans un cercle plus vaste, mais il m'a laissé son petit frère, le joli petit filleul ; plus il se montre heureux de rester près de moi, plus je me sens d'affection pour lui... »

plaçai le petit bâton sur le milieu du papier entre la fenêtre et la bougie ; le phénomène se montrait dans toute sa beauté. De chaque côté du petit bâton partait une ombre ; celle qui se dirigeait vers la bougie était très-jaune, celle qui se dirigeait de l'autre côté vers la fenêtre était, au contraire, très-bleue.

« Eh bien, comment se produit le bleu ? » — « Il faut d'abord que je dise de quel principe je tire mon explication des deux phénomènes. Lumière et ténèbres ne sont pas des couleurs, ce sont deux extrêmes dans l'intervalle desquels, naissent les couleurs, par une modification de chacun des extrêmes. La couleur jaune est à la limite de la lumière, elle apparaît quand je regarde la lumière à travers un milieu trouble ; la couleur bleue est à la limite des ténèbres, elle apparaît quand je considère l'obscurité à travers un milieu transparent éclairé.

« Ceci posé, expliquons nos phénomènes. Le petit bâton placé près de la bougie doit jeter une ombre, cette ombre serait noire si je fermais les volets, et si je supprimais la lumière du jour répandue ici. Mais comme cette lumière pénètre ici et forme un milieu clair, à travers lequel je regarde l'ombre portée par le petit bâton, cette ombre doit être colorée en bleu, selon la loi exprimée. » Gœthe rit et dit : « Voilà le bleu, mais le jaune ? » — « Il résulte de la loi de la lumière troublée d'ombre. La bougie jette sur le papier une lumière qui déjà a une légère teinte jaune. Le jour est assez fort pour former une ombre derrière le petit bâton, et cette ombre légère, en se mêlant à une pleine lumière, produit la couleur jaune. Si je rends cette ombre portée très-légère, en rapprochant le plus possible le petit bâton de la bougie, de manière à diminuer l'action du jour et à augmenter l'action de la bougie, alors l'ombre portée est jaune clair, c'est la lumière presque pure; si j'éloigne le petit bâton de la bougie, et si par conséquent l'ombre causée par le jour prend plus de force, alors le jaune devient rougeâtre, rouge même; il y a invasion d'une quantité plus forte de ténèbres dans la lumière. »

Gœthe sourit mystérieusement. « Eh bien, est-ce cela? dis-je. » — « Vous avez bien vu et fort joliment décrit le phénomène, mais vous ne l'avez pas expliqué. Votre commentaire est adroit, spirituel même, mais ce n'est pas le vrai. Revenez un jour à midi, quand le ciel sera pur, et je vous montrerai un phénomène qui vous fera concevoir la loi ici appliquée. Je suis heureux de vous voir vous intéresser aux couleurs; cela deviendra pour vous une source de joies indicibles. »

Après avoir quitté Gœthe, ces phénomènes me préoccupaient tellement, que j'en rêvai. Mais en rêve, je ne trouvai pas davantage leur explication.

Il y a quelques jours, Gœthe me disait : « Je ne mets pas vite au net mes notes sur les sciences, non pas que je croie pouvoir, encore maintenant, beaucoup servir la science et la faire avancer; c'est simplement à cause des liens nombreux et agréables que je me garde ainsi. Les occupations que l'on a avec la nature sont les plus innocentes. En littérature, il ne faut plus penser maintenant à aucun lien, à aucune correspondance. Les voilà qui veulent savoir quelle ville des bords du Rhin j'ai voulu indiquer dans *Hermann et Dorothée!* Comme s'il n'était pas mieux que chacun s'imaginât celle qu'il préfère! On veut de la vérité positive, de la réalité, et on perd ainsi la poésie. »

Mercredi, 3 janvier 1827.

Aujourd'hui, à dîner, nous avons causé des excellents discours de Canning pour le Portugal[1]. « Il y a des gens, dit Gœthe, qui prétendent que ces discours sont grossiers, mais ces gens-là ne savent pas ce qu'ils veulent; il y a en eux un besoin maladif de fronder tout ce qui est grand. Ce n'est pas là de l'opposition, c'est pur besoin de fronder. Il faut qu'ils aient quelque chose de grand qu'ils puissent haïr. Quand Napoléon était encore de ce monde, ils le haïssaient, et ils pouvaient largement se décharger sur lui. Quand ce fut fini avec lui, ils frondèrent la Sainte-Alliance, et pourtant jamais on n'a rien trouvé de plus grand et de plus bienfaisant pour l'humanité[2]. Voici maintenant le tour de Canning. Son discours pour le Portugal est l'œuvre d'une grande conscience. Il sait très-bien quelle est l'étendue de sa puissance, la grandeur de sa situation, et il a raison de parler comme il sent. Mais ces sans-culottes ne peuvent pas comprendre cela, et ce qui, à nous autres, nous paraît grand, leur paraît grossier. La grandeur les gêne, ils

---

[1] L'Espagne avait attaqué le Portugal. Grâce à Canning, l'Angleterre fit une démonstration énergique, et le Portugal recouvra son indépendance compromise.

[2] En prononçant ce jugement, Gœthe a dans la pensée cette sainte alliance qui n'a vécu que dans les rêves mystiques d'Alexandre et de Mme de Krudener : une union religieuse de tous les souverains, s'engageant ensemble et solennellement devant Dieu à faire le bonheur de tous les peuples et à obéir dans tous leurs actes « aux préceptes de la religion chrétienne, préceptes de justice, de charité et de paix. » Ainsi conçue, la sainte alliance était en effet une *grande et bienfaisante* idée, mais elle est restée à l'état d'idée pure et de beau rêve de roi. La sainte alliance que l'histoire connaît, n'a malheureusement rien de commun avec celle que l'âme poétique et bienveillante de Gœthe se plaisait à admirer.

15.

n'ont pas d'organe pour la respecter, elle leur est intolérable. »

Jeudi soir, 4 janvier 1827.

Gœthe a beaucoup loué les poésies de Victor Hugo. « Il a dit : C'est un vrai talent, sur lequel la littérature allemande a exercé de l'influence. Sa jeunesse poétique a été malheureusement amoindrie par le pédantisme du parti classique, mais maintenant le voilà qui a *le Globe* pour lui : il a donc partie gagnée.[1] Je le comparerais avec Manzoni. Il a une grande puissance pour voir la nature extérieure, et il me semble absolument aussi remarquable que MM. de Lamartine et Delavigne[2]. En examinant bien, je vois d'où lui et tous les nouveaux talents du même genre viennent. Ils descendent de Chateaubriand, qui, certes, est très-remarquable par son talent rhétorico poétique. Pour voir comment écrit Victor Hugo, lisez seulement ce poëme sur Napoléon : *Les Deux îles.* » — Gœthe me tendit le livre, et resta près du poêle. Je lus. — « N'a-t-il pas d'excellentes images? dit Gœthe, et n'a-t-il pas traité son sujet avec une liberté d'esprit complète? » — Et en parlant ainsi, il revint vers moi : — « Voyez ce passage,

---

[1] L'article du *Globe*, du 2 janvier 1827, que Gœthe venait de lire, est de M. Sainte-Beuve. Cet article, consacré à la critique des *Odes et Ballades*, tout en saluant le génie qui éclate dans maint passage, indique avec une finesse prophétique quels sont les penchants dangereux contre lesquels le poëte doit se mettre en garde pour l'avenir. — Dans le mois de novembre 1826, *le Globe* avait déjà extrait du troisième recueil de poésies de V. Hugo, qui allait paraître, *la Fée et la Péri*, *les Deux Iles* et le *Chant de fête de Néron*.

[2] En 1827, Victor Hugo était encore un débutant que l'on traitait comme un jeune homme d'espérance ; au contraire, Casimir Delavigne était depuis longtemps célèbre, et on reconnaissait en lui le chef de l'école classique. La comparaison entre les deux écrivains n'a donc, à cette époque, rien que de naturel.

comme c'est beau ! » — Il lut le passage où le poëte parle de la foudre remontant pour frapper le héros [1]. — « Voilà qui est beau ! car l'image est vraie, et on l'observera dans les montagnes ; quand on a un orage au-dessous de soi, on voit souvent l'éclair jaillir de bas en haut. Ce que je loue dans les Français, c'est que leur poésie ne quitte jamais le terrain solide de la réalité. On peut traduire leurs poésies en prose, l'essentiel restera. Cela vient de ce que les poëtes français ont des connaissances ; mais nos fous allemands croient qu'ils perdront leur talent, s'ils se fatiguent pour acquérir du savoir ; tout talent pourtant doit se soutenir en s'instruisant toujours, et c'est seulement ainsi qu'il parviendra à l'usage complet de ses forces. Mais laissons-les ; ceux-là on ne les aidera pas ; quant au vrai talent, il sait trouver sa route. Les jeunes poëtes qui se montrent maintenant en foule ne sont pas de vrais talents ; ce ne sont que des impuissants à qui la perfection de la littérature allemande a donné l'envie de créer. — Que les Français quittent le pédantisme et s'élèvent dans la poésie à un art plus libre, il n'y a rien là d'étonnant. Diderot et des esprits analogues au sien ont déjà, avant la Révolution, cherché à ouvrir cette voie. Puis la Révolution elle-même, et l'époque de Napoléon, ont été favorables à cette cause. Si les années de guerre, en ne permettant pas à la poésie d'attirer sur elle un grand intérêt, ont été par là pour un instant défavorables aux muses, il s'est cependant, pendant cette épo-

---

[1] Il a bâti si haut son aire impériale
Qu'il nous semble habiter cette sphère idéale
Où jamais on n'entend un nuage éclater !
Ce n'est plus qu'à ses pieds que gronde la tempête ;
   Il faudrait, pour frapper sa tête,
   Que la foudre pût remonter !
La foudre remonta ! Renversé de son aire...

que, formé une foule d'esprits libres, qui maintenant, pendant la paix, se recueillent et font apparaître leurs remarquables talents. »

Je demandai à Gœthe si le parti classique avait été aussi l'adversaire de l'excellent Béranger. « Le genre dans lequel Béranger a composé, dit-il, est un vieux genre national auquel on était accoutumé; cependant, pour maintes choses, il a su prendre un mouvement plus libre que ses prédécesseurs, et aussi il a été attaqué par le parti du pédantisme. »

La conversation vint sur la peinture et sur les défauts de l'école préraphaélique. « Vous avez la prétention, me dit Gœthe, de ne pas être un connaisseur, mais je veux vous montrer un tableau qui, cependant, est d'un de nos meilleurs peintres allemands vivants, et où vous apercevrez tout de suite les violations les plus choquantes des premiers principes de l'art. Vous allez voir; le détail est joliment fait; mais c'est l'ensemble qui ne vous satisfera pas; cela ne vous dira rien. Et la raison n'en est pas dans le défaut de talent du peintre; non, mais chez lui l'esprit, qui doit diriger le talent, est dans les ténèbres aussi bien que toutes les têtes des autres peintres comme lui préraphaélistes; il veut ignorer les maîtres parfaits, retourne à leurs prédécesseurs imparfaits et les prend pour modèles ! Raphaël et ses contemporains, sortant d'une manière petite, étaient parvenus à la nature et à la liberté, et les artistes actuels, au lieu de remercier Dieu, de se servir de ces avantages, et de s'avancer sur une route excellente, retournent à la petitesse. C'est trop fort! et c'est à peine si on peut concevoir cet obscurcissement des cervelles. Comme sur cette route ils ne trouvent aucun appui dans l'art lui-même, ils en cherchent dans la religion et dans un parti ; en effet, sans ces secours, leur faiblesse ne leur permettrait pas de se soutenir. — Il y a à travers l'art tout entier une filiation. Voyez-vous un grand maître, vous trouverez toujours qu'il a mis en œuvre les qualités de ses prédécesseurs, et c'est là précisément ce qui l'a rendu grand. Des hommes comme Raphaël ne se tiennent pas debout sur le sol sans racines. Il les ont dans l'antiquité et dans les chefs-d'œuvre créés avant eux. S'ils n'avaient pas recueilli toutes les qualités de leur temps, on aurait peu parlé d'eux. »

La conversation passa à l'ancienne poésie allemande; je rappelai Flemming [1]. « Flemming, dit Gœthe, est un très-joli talent, un peu prosaïque, bourgeois, mais il ne peut plus nous être utile. C'est singulier, continua-t-il, j'ai écrit à peu près en tout genre; et cependant, dans toutes mes poésies, il n'y en a pas une seule qui pourrait se placer dans le livre de cantiques luthérien. »

Je lui donnai raison en riant, et je me disais que cette curieuse remarque en disait plus qu'elle n'en avait l'air.

Dimanche soir, 12 janvier 1827.

J'ai assisté chez Gœthe à une soirée musicale, qui a été organisée par la famille Eberwein et par quelques artistes de l'orchestre. Il y avait peu d'auditeurs; parmi eux le surintendant général Rohr [2], le conseiller aulique

---

[1] Poëte de l'école d'Opitz, dont les *Poëmes religieux et mondains* (1642) sont estimés, mais ne sont plus lus. Il a composé un cantique très-célèbre.

[2] Les fonctions de surintendant général répondent à peu près à celles d'évêque. C'est M. Rohr qui a prononcé l'éloge de Gœthe, à ses funérailles. Il s'est fait connaître en Allemagne comme représentant distingué de la théologie rationaliste. Mort en 1848, à Weimar, où il était en fonctions depuis 1820.

Vogel[1], et quelques dames. Gœthe avait désiré entendre un quatuor, écrit par un jeune compositeur célèbre. Charles Eberwein, qui n'a que que douze ans, joua du piano à la grande satisfaction de Gœthe, et en réalité fort bien. Le quatuor fut donc bien exécuté.

« Il est bizarre, dit Gœthe, de voir où les compositeurs contemporains sont conduits par la perfection actuelle du mécanisme et de la partie technique; ce qu'ils font, ce n'est plus de la musique; cela est au-dessus du niveau des sentiments humains, et notre esprit et notre cœur ne nous fournissent plus rien que nous puissions faire servir à l'interprétation de pareilles œuvres. Quel effet cela vous fait-il? Pour moi, tout cela me vient dans l'oreille, et c'est tout. » — Je répondis qu'il en était absolument de même pour moi. — « L'allegro, cependant, continua-t-il, avait du caractère. Ce tourbillonnement, ce tournoiement perpétuel, m'a remis devant les yeux la danse des sorcières du Bloksberg, et j'ai pu trouver là une image à placer sous cette singulière musique. »

Après une pause, pendant laquelle on causa et on prit quelques rafraîchissements, Gœthe pria madame Eberwein de chanter quelques romances. Elle chanta alors la belle romance mise en musique par Zelter : *A minuit!* qui fit la plus profonde impression. « La romance, dit Gœthe, est toujours belle, quelque fréquente que soit son audition. Elle a dans sa mélodie quelque chose d'éternel, d'indestructible. » — Puis on chanta le *Roi des*

---

[1] Successeur de Rehbein, mort l'année précédente. M. Vogel était de plus et est encore vice président de la direction des sciences et des arts, dont Gœthe était président. Il a écrit deux Notices sur Gœthe; dans l'une, il raconte sa dernière maladie, dans l'autre, il donne des détails sur l'administrateur.

Aulnes, des chants empruntés au *Divan*, etc. Gœthe paraissait très-heureux.

Quand toute la compagnie se fut retirée, je restai encore quelques instants seul avec Gœthe, qui fit cette observation : « J'ai remarqué ce soir que ces chansons du *Divan* ne me disent plus rien. Tout ce qu'elles renferment d'oriental, de passionné, est mort en moi; c'est comme une peau de serpent restée sur le chemin. — Au contraire, la chanson : *A minuit*, m'intéresse toujours, c'est une partie vivante de mon être qui respire encore en moi. Du reste, il m'arrive souvent d'oublier entièrement ce que j'ai écrit. Ces jours-ci, je lisais un écrit français, et en lisant je me disais : L'homme ne parle pas mal, et tu ne parlerais pas mieux. Et en examinant avec attention, je vois que c'est une traduction d'un passage de mes écrits. »

Lundi soir, 15 janvier 1827.

Après avoir terminé *Hélène*, Gœthe, l'été passé, s'était occupé de la continuation des *Années de voyage*. Il me parle souvent des progrès de ce travail. « Pour faire un meilleur emploi de la matière dont je dispose, m'a-t-il dit un jour, j'ai défait toute la première partie, qui, avec ce que je vais y ajouter, formera maintenant deux parties. Je fais copier ce qui est imprimé; j'ai marqué les points où je veux introduire de nouveaux passages, et quand le copiste arrive à un de ces signes, je dicte la suite; de cette façon je suis forcé de ne pas laisser l'ouvrage languir. » — Un autre jour il me dit : « Toute la partie imprimée des *Années de voyage* est recopiée; mais j'ai encore des passages à refaire; je les ai indiqués par des feuilles de papier bleu; j'aperçois ainsi d'un coup d'œil ce qui me reste à faire, et j'ai le plaisir en ce moment de voir que le papier bleu disparaît peu à peu. »

Son secrétaire m'avait dit qu'il travaillait à une Nouvelle; je m'abstins d'aller le voir le soir, et je me contentai de le voir à dîner tous les huit jours. — La Nouvelle[1] était achevée depuis quelque temps; ce soir, il m'a montré les premières feuilles. J'étais enchanté, et je lus jusqu'à ce passage remarquable où, tout le monde étant réuni autour du tigre mort, le gardien vient annoncer que le lion s'est couché dans la ruine au soleil. — En lisant, j'avais admiré la clarté extraordinaire avec laquelle tous les plus petits détails descriptifs sont présentés aux yeux. On était obligé de voir tout comme le

---

[1] Gœthe va beaucoup parler de cette *Nouvelle* (qui devait être d'abord une petite épopée intitulée la *Chasse*) et il est nécessaire d'en prendre connaissance pour comprendre les conversations qui vont suivre. A la première lecture, elle peut paraître pour ainsi dire nulle. Le sévère Gervinus a même dit qu'elle était « d'une indicible insignifiance. » Cependant Gœthe nous affirme ici qu'il l'a portée en lui-même *trente ans!*... Pour la trouver digne de son auteur, il faut la lire à l'allemande, c'est-à-dire en lui donnant un long commentaire de rêveries. Les œuvres qui plaisent le plus au goût allemand sont celles qui peuvent servir le mieux de point de départ à des songes sans fin; et plus une œuvre est vague, comme celle-ci, plus elle prête à l'interprétation symbolique, plus elle peut nourrir ce besoin de subtilités idéales qui caractérise le génie germanique. Cependant, si tout chef-d'œuvre doit renfermer un sens profond, il est évident qu'il ne doit pas pour cela ressembler d'abord à une énigme. Pourquoi donc Gœthe, dans cette *Nouvelle*, comme dans la seconde partie de *Faust*, écrite au même temps, a-t-il prodigué l'incompréhensible et l'impénétrable? Il a, il est vrai, toujours aimé à intriguer son lecteur, mais ici cette explication ne suffit pas. Il faut, je crois, tout simplement penser à ses quatre-vingts ans. A cet âge, il avait encore des conceptions très-grandes, peut-être plus grandes que jamais, mais il ne savait plus les réaliser dans des fables poétiques bien liées et d'un intérêt suffisant; sa concision habituelle devint du laconisme sibyllin; son originalité autrefois si naturelle devint recherchée, raffinée; la vieillesse en lui se manifestait par l'affaiblissement, non de la pensée, mais de l'imagination.

poëte l'avait voulu. En même temps, le style était si maître de lui-même, si sûr, si réfléchi, que l'on ne pouvait rien pressentir de l'avenir et qu'on ne voyait rien au delà de la ligne que l'on lisait. — « Votre Excellence, dis-je, doit avoir travaillé sur un plan bien arrêté? » — « Oui, très-arrêté; il y a plus de trente ans que je voulais traiter ce sujet, et depuis ce temps je le porte dans ma tête. L'histoire de son exécution est singulière. Autrefois (c'était immédiatement après *Hermann et Dorothée*), je voulais traiter le sujet dans la forme épique, en hexamètres, et j'avais dans ce but ébauché un plan détaillé. Quand je voulus dernièrement reprendre mon projet, je ne pus trouver mon ancien plan, et je fus obligé d'en faire un nouveau, et celui-là, en harmonie avec la nouvelle forme que j'étais dans l'intention de donner au sujet. Mais voilà que lorsque tout est fini, je retrouve mon ancien plan, et je suis content maintenant de ne pas l'avoir eu auparavant entre les mains, car il n'aurait pu que m'embrouiller. L'action et la marche du développement étaient les mêmes dans les deux plans, mais le premier était entièrement conçu pour une épopée en hexamètres, et par conséquent il n'était pas possible de s'en servir pour un récit en prose. »

« — Une belle situation, dis-je, se présente quand Honorio est près du tigre étendu mort en face de la princesse; on voit arriver alors, avec son enfant, la maîtresse des animaux pleurant et gémissant,, et le prince avec sa suite, venant d'un autre côté, s'approche rapidement de ce groupe étrange. Cela ferait un excellent tableau que j'aimerais bien voir exécuté. »

« — A coup sûr, dit Gœthe, ce serait un beau tableau; cependant, continua-t-il après un peu de réflexion, le sujet serait presque trop riche ; il y aurait trop de figures, il deviendrait très-difficile au peintre de les grouper et de distribuer la lumière et l'ombre. Mais le moment précédent, lorsque Honorio s'agenouille près du tigre, et que la princesse à cheval se tient en face de lui, voilà ce que je me suis souvent figuré en tableau et qui serait bon à exécuter. » Je sentis que Gœthe avait raison, et j'ajoutai que c'était là en effet le point central de la situation.

Je remarquai encore que cette Nouvelle a un caractère tout autre que les autres Nouvelles des *Années de voyage*, car tout y est peintures extérieures, réelles. « Vous avez raison, dit Gœthe, il n'y a là rien de pris dans l'âme, rien de ce qui dans mes autres écrits est presque en excès. »

« — Je suis maintenant curieux de savoir, dis-je, comment on se rendra maître du lion ; je pressens que ce sera d'une manière toute nouvelle, mais le comment me reste tout à fait caché. » — « Cela ne vaudrait rien non plus que vous pussiez le deviner ; je ne vous trahirai rien aujourd'hui. Jeudi soir, je vous donnerai la fin ; jusque-là le lion restera couché au soleil. »

Je lui parlai de la seconde partie de *Faust*, et en particulier de la *Nuit classique de Walpurgis*; elle n'existe encore qu'à l'état d'esquisse, et Gœthe m'avait dit, il y a quelque temps, qu'il voulait la faire imprimer en esquisse. Je m'étais proposé de détourner Gœthe de ce dessein, car je craignais, une fois imprimée, qu'elle ne restât toujours inachevée. Gœthe avait fait sans doute ces réflexions dans l'intervalle, car il me prévint en me disant qu'il était décidé à ne pas faire imprimer cette esquisse. — « J'en ai la plus grande joie, dis-je,

et j'ai maintenant l'espérance que vous l'achèverez. »
— « En trois mois ce serait fait, dit-il, mais comment trouver du repos! Chaque jour exige beaucoup trop de moi; il m'est difficile de vivre à part et de m'isoler; ce matin le grand duc héréditaire est venu; demain à midi vient la grande duchesse. Je considère de pareilles visites comme une haute faveur qui embellissent ma vie, mais cependant elles occupent trop mon âme; il faut que je pense à ce que je pourrai lire de nouveau à ces hauts personnages, et au sujet de conversations digne d'eux que je pourrai avoir. »

« Mais, dis-je, vous avez bien l'hiver précédent achevé *Hélène*, et vous n'étiez pas moins dérangé qu'à présent. » — « C'est certain, dit Gœthe; aussi cela marche, et il faut que cela marche, mais c'est difficile. » — « C'est toujours un avantage que vous ayez un plan si détaillé. » — « Le plan est bien là, mais le plus difficile est encore à faire, et dans l'exécution tout dépend énormément de la fortune. La *Nuit classique de Walpurgis* doit être écrite en rimes, et tout doit porter un caractère antique. Trouver une pareille espèce de vers n'est pas facile; et puis le dialogue! » — « N'est-il pas déjà compris dans le plan? » — « Les idées sont indiquées, oui, mais il reste à trouver l'expression pour les bien rendre; et puis pensez à tout ce que l'on dit dans cette folle nuit. Quel discours doit être celui de Faust à Proserpine, pour la déterminer à renvoyer Hélène! Il faut que Proserpine elle-même en soit touchée aux larmes! Tout cela n'est pas facile, dépend beaucoup de la fortune, et presque absolument de la disposition et de la puissance du moment. »

Mercredi, 17 janvier 1827.

Dans ces derniers temps, Gœthe parfois ne se trouvait pas tout à fait bien, et nous avions dîné dans sa chambre de travail qui donne sur le jardin. Aujourd'hui le couvert était de nouveau mis dans la chambre d'*Urbino*[1], heureux signe pour moi. Gœthe et son fils, lorsque j'entrai, m'accueillirent amicalement, et avec l'amabilité naïve qui leur est particulière; Gœthe semblait de l'humeur la plus gaie, ce qui se voyait à l'extrême animation de ses traits. Dans la chambre du plafond, voisine de la chambre d'*Urbino*, je vis M. le chancelier de Müller penché sur une grande gravure; il vint bientôt vers nous, et je me félicitai de l'avoir pour compagnie au dîner. Madame de Gœthe devait venir aussi, cependant nous nous mîmes provisoirement à table. On parla avec admiration de la gravure, et Gœthe me dit que c'était une œuvre[2] du célèbre Gérard de Paris, envoyée en présent ces jours-ci par le peintre lui-même. — « Allez vite, ajouta-t-il, et, avant que la soupe n'arrive, régalez un peu vos yeux. » — J'allai avec joie contempler ce bel ouvrage, et je vis la dédicace écrite par le peintre. Mais je ne pus rester longtemps, madame de Gœthe entra, je me hâtai d'aller reprendre ma place. « N'est-ce pas, dit Gœthe, c'est quelque chose de grand! On peut étudier une pareille œuvre des jours et des semaines avant d'avoir découvert toutes les richesses qu'elle renferme en idées et en per-

---

[1] Ainsi nommée parce qu'on y voyait le portrait d'un duc d'Urbin, peint par F. Barocci.

[2] L'*entrée de Henri IV à Paris*, gravée par Toschi. — Gœthe a écrit une Notice sur les deux premières livraisons de la *Collection des Portraits historiques*, publiée par Gérard en 1826. Il y apprécie avec justesse le talent doux, spirituel et aimable de Gérard

fections de forme. Un autre jour, vous l'examinerez à loisir. »

Le dîner fut très-gai. Le chancelier communiqua une lettre d'un homme considérable de Paris, qui, au temps de l'occupation française, avait rempli ici comme ambassadeur des fonctions difficiles, et qui, depuis ce temps, avait conservé avec Weimar des relations amicales. Il parlait du grand duc et de Gœthe, disant que Weimar était une ville heureuse, puisque le génie y était en si étroite intimité avec la puissance suprême. Madame de Gœthe savait donner beaucoup de grâce à l'entretien. On parla de quelques emplettes, à propos desquelles elle railla le jeune Gœthe, qui prétendait ne pas s'y entendre. « Il ne faut pas, dit Gœthe, trop permettre aux belles dames, car leurs désirs deviennent bien vite infinis. Napoléon à l'île d'Elbe a encore reçu et dû payer des notes de modistes. Cependant, sur ce point, il faisait plutôt trop que trop peu. Un jour, aux Tuileries, on présentait à sa femme en sa présence des objet de mode d'un prix élevé. Comme Napoléon ne faisait pas une figure d'acheteur, le marchand lui fit entendre qu'il était trop peu généreux pour sa femme. Napoléon ne lui répondit pas une parole, mais il le regarda avec des yeux tels que le marchand serra vite sa marchandise et ne se fit plus voir. » — « Était-il consul quand il a fait cela, demanda madame de Gœthe. » — « Il était vraisemblablement empereur, car autrement son regard n'aurait pas paru si effrayant. Mais e ris de cet homme qui emporte le regard, et qui se croit sans doute déjà exécuté ou fusillé. »

Nous causions très-gaiement, la conversation se continua sur Napoléon, et le jeune Gœthe dit : « Je voudrais posséder tous ses exploits reproduits en tableaux ou en gravures excellentes, et j'en décorerais un grand salon. » — « Cela serait très-grandiose, répondit Gœthe, et cependant les exploits sont trop grands, les tableaux resteraient au-dessous. »

Le chancelier parla de l'*Histoire des Allemands*, par Luden [1]; j'admirai avec quelle perspicacité et quelle facilité le jeune Gœthe expliquait tous les défauts que les journaux ont reprochés à l'ouvrage par le temps où il avait été écrit, par les sentiments patriotiques et par les intentions qui animaient alors l'auteur. « Les guerres de Napoléon, dit-on, furent une clef pour celle de César. » — « Jusqu'alors, dit Gœthe, le livre de César n'était guère qu'un livre d'exercices dans les écoles. »

On parla ensuite de l'âge gothique, et, à ce propos, de l'habitude moderne de disposer des appartements dans le vieux goût allemand ou dans le goût gothique, et d'habiter dans cet entourage d'un temps vieilli. Gœthe dit alors : « Dans une maison qui renferme tant de chambres qu'on en laisse quelques-unes vides et qu'on n'y entre que trois ou quatre fois par an, on peut se permettre une pareille fantaisie, et on peut avoir aussi une chambre gothique, comme je trouve fort joli que madame Panckoucke [2], à Paris, en ait une chinoise. Mais garnir la chambre que l'on habite d'un pareil attirail d'ornements étrangers et vieillis, cela me paraît blâmable. C'est toujours une espèce de mascarade, qui, à la longue, ne produit à aucun point de vue de bons effets; elle peut même, sur l'homme qui s'y laisse aller, avoir une influence nuisible. Car c'est bien là faire une opposition à

---

[1] Professeur d'histoire à l'Université d'Iéna. Mort en 1847.
[2] Madame Panckoucke avait traduit en français quelques poésies de Gœthe. De là, sans doute, naquirent des relations entre eux.

la vie présente au milieu de laquelle nous sommes placés; une pareille idée ne peut venir que d'une manière de penser, et d'un système d'opinions vides et creux, et elle les fortifiera en les satisfaisant. On peut bien, pendant une joyeuse soirée d'hiver, se déguiser en Turc; mais que dire d'un homme qui se montrerait toute l'année sous ce costume? Ou qu'il est fou, ou qu'il a les plus grandes dispositions pour le devenir. »

Ces paroles sur un sujet qui touche tant à la vie intime, nous parurent fort justes, et nous les approuvâmes avec d'autant plus de facilité que personne de nous ne pouvait les regarder comme un léger reproche. La conversation vint alors sur le théâtre, et Gœthe me plaisanta sur le sacrifice que je lui avais fait le lundi soir précédent. « Voilà maintenant trois ans, dit-il, qu'il est ici, et c'est la première fois qu'il manque le spectacle par amour pour moi; je dois lui en tenir fortement compte. Je l'avais invité, il avait promis de venir, cependant je doutais qu'il tînt parole, surtout lorsque six heures et demie sonnèrent et qu'il n'était pas encore là. J'aurais été content tout de même s'il n'était pas venu; j'aurais dit : Voilà un homme qui décidément a la tête prise! le théâtre lui vaut mieux que ses plus chers amis, et rien ne peut détourner son penchant obstiné. Mais aussi je vous ai dédommagé! n'est-ce pas? Ne vous ai-je pas montré de jolies choses? »
— Gœthe faisait allusion par ces mots à la Nouvelle.

Nous parlâmes alors du *Fiesque* de Schiller, qui avait été joué le samedi précédent. « C'est la première fois, dis-je, que je voyais la pièce, et je me suis préoccupé de savoir comment on pourrait adoucir les scènes trop violentes; mais il me semble que l'on ne peut guère faire de changements sans détruire le caractère de l'ensemble. »

« — Vous avez parfaitement raison; cela ne peut pas se faire, dit Gœthe. Très-souvent Schiller a causé de cela avec moi, car lui-même ne pouvait pas souffrir ses premières pièces, et, lorsque nous étions directeurs, jamais il ne les faisait jouer. Mais comme nous manquions de pièces, nous aurions bien aimé à gagner au répertoire ces fruits de jeunesse. Il n'y avait pas moyen; tout s'était entrelacé à sa naissance, et Schiller même, désespérant de l'entreprise, abandonna son projet, et laissa les pièces comme elles étaient. »

« — C'est dommage, dis-je, car malgré toutes les violences, ces premières pièces me plaisent mille fois mieux que toutes ces pièces faibles, molles, forcées et sans naturel de nos poëtes tragiques contemporains; du moins, dans Schiller, c'est toujours un esprit et un caractère grandioses qui parlent. »

« — Oui certes, répliqua Gœthe. Schiller pouvait se tourner comme il le voulait; il ne pouvait rien faire qui ne fût bien au-dessus de ce que ces écrivains actuels produisent de meilleur; oui, quand Schiller se coupait les ongles, il était plus grand que ces messieurs. »

Nous nous mîmes à rire de cette énergique image, Gœthe continuait : « J'ai cependant connu des personnes que ces premières pièces de Schiller ne pouvaient satisfaire. Un été, aux eaux, je passais dans un chemin creux très-étroit, qui conduisait à un moulin. Je rencontrai le prince***; au même instant quelques mulets chargés de sacs de farine venaient sur nous; il nous fallut entrer dans une maisonnette pour leur faire place. Là, dans une petite chambre étroite, nous tombâmes aussitôt, suivant l'habitude de ce prince, dans un profond entretien sur les choses divines et humaines. Nous arrivâmes aux *Bri-*

gands, et le prince me dit : « Si j'avais été Dieu, sur
« le point de créer le monde, et si j'avais prévu dans ce
« moment que les *Brigands* de Schiller y seraient écrits,
« je n'aurais pas créé le monde. » — Le rire nous prit
à ces paroles. — « Que dites-vous de cela, c'était une
antipathie qui allait un peu loin, et qu'on ne saurait
guère s'expliquer. »

« — Cette antipathie, dis-je, nos jeunes gens et surtout nos étudiants ne la partagent pas du tout ; on peut donner les œuvres les meilleures, les plus mûres de Schiller et d'autres, on ne voit que peu ou point de jeunes gens ou d'étudiants au théâtre ; mais que l'on donne *les Brigands* ou *le Fiesque* de Schiller, la salle en est presque remplie. » — « C'était il y a cinquante ans comme aujourd'hui, dit Gœthe, et ce ne sera pas autrement, sans doute, dans cinquante ans. Ce qui a été écrit par un jeune homme est aussi surtout goûté par les jeunes gens. Et puis, que l'on ne pense pas que le monde soit si avancé en civilisation et en bon goût, que la jeunesse elle-même ait déjà dépassé l'époque de la violence ! Lors même que le monde, dans son ensemble, progresse, la jeunesse cependant doit toujours reprendre par le commencement ; chacun doit traverser comme individu toutes les époques de la civilisation du monde. Cela ne m'irrite plus, et il y a longtemps que j'ai là-dessus composé les vers que voici [1] :

> Ne défendez jamais les feux de la Saint-Jean,
> Et que jamais la joie ne se perde !

---

[1] *Xénies douces*, V° partie. — Ces vers sont devenus proverbiaux. A la Saint-Jean, les enfants allument des feux, y enflamment tous les vieux balais qu'ils peuvent se procurer, et courent à travers les champs en les agitant en guise de torches. Voir les *Annales* de Gœthe, année 1804.

Toujours on brandira les vieux balais
Et toujours enfants nouveaux naîtront !

« Je n'ai qu'à regarder par mes fenêtres[1] pour voir constamment sous mes yeux dans les enfants qui courent avec leurs balais le symbole du monde qui éternellement s'use et toujours se rajeunit. C'est ainsi que les jeux d'enfants, les plaisirs de la jeunesse se conservent et se perpétuent de siècle en siècle ; car, si absurdes qu'ils puissent paraître à l'âge mûr, les enfants sont pourtant toujours des enfants, et ceux de tous les siècles se ressemblent. Ainsi il ne faut pas défendre les feux de la Saint-Jean et ne pas ôter leur joie aux chers enfants. »

Ainsi passa en gais entretiens le temps du dîner. Puis nous tous, jeunes gens, sommes montés dans l'appartement supérieur ; le chancelier est resté avec Gœthe.

Jeudi soir, 18 janvier 1827.

Gœthe m'avait promis pour ce soir la fin de la Nouvelle. J'allai à six heures et demie chez lui et je le trouvai seul, renfermé dans son cabinet de travail. Je m'assis près de lui à sa table, et après que nous eûmes causé des événements du jour, Gœthe se leva et me donna les dernières feuilles désirées. « Voilà ! lisez la fin ! » dit-il. Je commençai. Pendant ce temps, Gœthe se promenait dans la chambre et s'arrêtait de temps en temps près du poêle. Comme d'habitude, je lisais tout bas et pour moi.

On sait quelle est la fin ; le lion qui semblait si effrayant laisse, au contraire, approcher de lui un enfant,

---

[1] Elles donnent sur une place appelée alors *place des Dames*, et aujourd'hui *place Gœthe*. Au milieu de cette place est une fontaine qui donne la meilleure eau de la ville, et autour de laquelle sont souvent réunis de nombreux groupes de servantes. Sans sortir de chez lui, Gœthe pouvait satisfaire ses goûts d'observateur.

qui lui retire l'épine qu'il avait dans la patte, et la Nouvelle se termine par ce chant de l'enfant :

« Ainsi, aux enfants dont le cœur est bon, un ange du ciel aime à donner son aide, afin d'arrêter la volonté mauvaise et de susciter de belles actions. — Pour enchaîner aux faibles genoux du fils bien-aimé le despote suprême de la forêt, ainsi ont conspiré la piété et la mélodie. »

Je n'avais pu lire sans émotion les scènes de cette conclusion. Cependant je ne savais pas ce que je devais dire, j'étais surpris sans être satisfait. Il y avait pour moi dans cette fin trop de solitude, d'idéal, de lyrisme, et il me semblait que tous les personnages que l'on avait vus devaient reparaître. Gœthe s'aperçut que j'avais un doute sur le cœur, et il chercha à le dissiper par ces mots : « Si j'avais fait reparaître à la fin quelques-uns des autres personnages, la conclusion serait devenue prosaïque. Que feraient-ils? que diraient-ils, puisque tout est fini? Le prince est retourné à cheval avec les siens à la ville, où son secours sera nécessaire; Honorio, dès qu'il saura que le lion est en sûreté, suivra avec ses chasseurs, l'homme sera bientôt hors de la ville avec sa cage de fer et emmènera le lion. Tout cela, ce sont des choses que l'on devine et qui pour ce motif ne doivent être ni dites ni peintes. Si on le faisait, on deviendrait prosaïque. Et c'était une conclusion idéale, lyrique même, qu'il fallait, car après le discours pathétique de l'homme au lion, qui déjà est de la prose poétique, il fallait s'élever encore, il fallait donc arriver à la poésie lyrique, au chant. Pour vous représenter la marche de cette Nouvelle, pensez à une plante qui sort d'une racine, jette quelque temps d'une tige solide de vertes feuilles et se termine enfin par une fleur. La fleur était inattendue, c'est une surprise, mais qui devait venir, et même tout cet édifice de verdure n'était construit qu'à cause d'elle, et elle seule pouvait être le motif suffisant de ce long travail. »

Ces paroles me firent respirer de nouveau ; des écailles me tombaient des yeux, et un pressentiment de l'excellence de cette composition étrange commença à s'élever en moi.

Gœthe continua : « Montrer qu'une humeur farouche et sauvage est plus souvent domptée par l'amour et par la piété profonde que par la force, tel était le but de cette Nouvelle; et c'est la beauté de ce but qui m'a entraîné à cette peinture du lion et de l'enfant. Cette intention est la partie idéale de la Nouvelle, la fleur; toute l'exposition, tous les détails empruntés à la réalité ne sont que le feuillage qui la soutient, et il n'existe que pour elle, il n'a de valeur que par elle. Qu'est-ce, en effet, que la réalité? Nous aimons à la voir retracée avec vérité ; elle peut même, dans ses reproductions, être l'occasion pour nous de prendre de certaines choses une connaissance plus précise. Mais cependant c'est seulement dans la partie idéale, celle qui a jailli du cœur du poëte, que ce qu'il y a de plus élevé dans notre nature trouve vraiment à gagner. »

Je sentis vivement combien Gœthe avait raison, car la conclusion de sa Nouvelle avait prolongé son effet sur moi, et m'avait rempli l'âme de sentiments de pieuse douceur que je n'avais pas éprouvés à ce degré depuis longtemps. Et je pensais en moi-même : « Avec quelle pureté et quelle profondeur le poëte, à un âge si avancé, doit encore tout sentir pour écrire une œuvre aussi belle ! » J'exprimai à Gœthe toute ma pensée, lui disant en même temps que dans son genre cette production était unique. « Je suis content, dit-il, si vous êtes satisfait, et j'ai aussi du plaisir à être enfin délivré d'un sujet que je porte partout en moi depuis trente ans. Schiller et Humboldt, à qui j'avais dans le temps communiqué mon projet, m'en ont détourné, parce qu'ils ne pouvaient pas savoir ce que l'idée renfermait : le poëte seul sait quels charmes il est capable de donner à son sujet. Aussi on ne doit jamais demander d'avis quand on veut écrire. Si Schiller, avant d'écrire son *Wallenstein*, m'avait demandé s'il devait l'écrire, je l'en aurais certainement détourné, car je n'aurais jamais pu penser que d'un pareil sujet on pouvait tirer une pièce aussi excellente. Schiller désapprouvait pour mon sujet l'emploi des hexamètres, que j'avais choisis alors, parce que je venais de quitter *Hermann et Dorothée*; il me conseillait les stances à huit vers. Mais vous voyez bien que je suis arrivé on ne peut mieux avec la prose. Il fallait une description très-précise des lieux, et ce mètre aurait été gênant. Et puis, grâce à la prose, la Nouvelle peut avoir un commencement tout réel, et une conclusion toute idéale ; les petites chansons y entrent aussi fort bien, ce qui aurait été aussi peu possible avec les hexamètres qu'avec les stances à huit vers. »

Nous parlâmes des autres nouvelles et récits introduits dans *les Années de voyage*, et nous fîmes la remarque que chacune se distinguait des autres par un caractère et un ton différents. « Je veux, me dit Gœthe, vous expliquer d'où vient cette différence; c'est que j'ai travaillé comme un peintre qui, dans certains sujets, évite certaines couleurs et en fait dominer d'autres. Par exemple,

16.

pour une matinée dans la campagne, il mettra sur sa palette beaucoup de bleu et peu de jaune. Au contraire, s'il peint un soir, il prendra beaucoup de jaune et laissera manquer presque entièrement le bleu. Dans mes différents écrits, j'ai procédé d'une façon analogue, et c'est peut-être là le motif des caractères différents qu'on leur reconnaît. »

Ce précepte me parut extrêmement judicieux, et je fus très-content d'avoir entendu Gœthe l'exprimer. Je lui exprimai aussi à propos de la Nouvelle l'admiration que je ressentais pour les peintures de paysages qu'elle contenait, et Gœthe me dit : « Je n'ai jamais observé la nature dans un but poétique; mais j'ai été conduit à la contempler constamment avec précision, d'abord en dessinant le paysage, et plus tard en faisant des études d'histoire naturelle; j'ai ainsi peu à peu appris la nature par cœur, jusque dans ses plus petits détails, et lorsque, comme poëte, j'ai besoin d'elle, elle est à mes ordres, et il ne m'est pas facile de manquer à la vérité. Schiller ne possédait pas cette observation de la nature. Tout ce que *Guillaume Tell* renferme sur le paysage suisse, c'est moi qui le lui ai raconté; mais c'était un esprit si admirable, que sur de tels récits il pouvait faire une œuvre qui avait de la réalité. »

La conversation roula alors entièrement sur Schiller, et Gœthe continua ainsi :

« Ce que Schiller savait créer surtout, c'était de l'idéal, et on peut dire qu'en cela il a aussi peu son égal dans une littérature étrangère que dans la littérature allemande. C'est à lord Byron qu'il ressemblerait le plus, mais celui-ci avait une plus grande connaissance du monde. J'aurais aimé à voir Schiller et Byron vivre dans le même temps, et ce que Schiller aurait pu dire d'un esprit aussi parent du sien aurait été curieux. Est-ce que Byron avait déjà publié quelque chose du vivant de Schiller? »

J'en doutais, mais je ne pouvais dire non avec certitude. Gœthe prit *le Dictionnaire de la conversation* et lut l'article de Byron, tout en faisant çà et là mainte remarque en passant. Lord Byron n'avait rien fait imprimer avant 1807, et ainsi Schiller n'avait rien vu de lui.

« A travers toutes les œuvres de Schiller, dit Gœthe, circule l'idée de liberté, et cette idée prit une autre forme à mesure que Schiller avançait dans son développement et devenait autre lui-même. Dans sa jeunesse, c'était la liberté du corps qui le préoccupait et qui se montrait dans ses poésies; plus tard, ce fut la liberté de l'esprit.

« Chose singulière que cette liberté physique! Selon moi, chacun en a facilement assez, s'il sait se satisfaire et s'il sait la trouver. A quoi nous sert-il de posséder en liberté plus que nous ne pouvons en mettre en usage? Voyez, voilà cette chambre et cette pièce à côté dont la porte est ouverte et dans laquelle vous apercevez mon lit; cela n'est pas grand, et l'espace est encore rétréci par toute sorte de meubles, de livres, de manuscrits, d'objets d'art; cependant il me suffit[1]; j'y ai habité tout l'hiver, et je n'ai presque pas mis le pied dans mes chambres du devant. A quoi donc m'a servi ma vaste demeure, et la liberté d'aller d'une chambre dans une autre, si cette liberté m'était inutile? Lorsqu'on a assez de liberté pour vivre sain et sauf et pour vaquer à ses affaires, on en a as-

---

[1] Très-probablement par la faute d'Eckermann, Gœthe, dans ce paragraphe, montre un torysme d'une nuance un peu vulgaire. La pensée est juste au fond, mais on sent qu'elle devrait être présentée différemment.

sez, et cette liberté-là, on l'a toujours facilement. De plus, nous ne sommes tous libres qu'à certaines conditions que nous devons remplir. Le bourgeois est aussi libre que le noble dès qu'il se tient dans les limites que Dieu lui a indiquées en le faisant naître dans sa classe. Le noble est aussi libre que le prince, car il n'a qu'à observer à la cour quelques lois d'étiquette, et il peut ensuite se considérer comme son égal. La liberté ne consiste pas à ne vouloir rien reconnaître au-dessus de nous, mais bien à respecter ce qui est au-dessus de nous. Car le respect nous élève à la hauteur de l'objet de notre respect [1], e par notre hommage nous montrons que la dignité réside aussi en nous et que nous sommes dignes de marcher au même rang. Dans mes voyages, j'ai souvent rencontré des négociants du nord de l'Allemagne qui croyaient se faire mes égaux en se plaçant à table près de moi avec des façons grossières. Ils ne devenaient pas ainsi mes égaux, mais ils le seraient devenus, s'ils avaient su m'apprécier et bien agir avec moi.

[1] On sait que Gœthe s'était enthousiasmé pour *Alonzo*, de M. de Salvandy, parce qu'il y avait rencontré cette pensée : « La jeunesse a besoin de respecter quelque chose. Ce sentiment est le principe de toutes les actions vertueuses, il est le foyer d'une émulation sainte qui agrandit l'existence et qui l'élève. Quiconque entre dans la vie sans payer un tribut de vénération la traversera tout entière sans en avoir reçu. » Dans ce même ouvrage, Gœthe n'avait pas moins admiré cette seconde pensée, qu'il considérait *comme le plus haut résultat que puisse donner la sagesse tirée de la vie :* « Je crois que le premier devoir de ce monde est de mesurer la carrière que le hasard nous a fixée, d'y borner nos vœux, de chercher la plus grande, la plus sûre des jouissances dans le charme des difficultés vaincues et des chagrins domptés; peut-être la dignité, le succès, le bonheur intime ne sont-ils qu'à ce prix. Mais, pour arriver à cette résignation vertueuse, il faut de la force, une force immense. » Cette pensée est en effet la pensée mère des *Années de Voyage*, qui ont pour second titre : *les Renonçants, les Résignés*.

« Si Schiller était dans sa jeunesse si préoccupé de la liberté physique, cela est dû en partie à la nature de son esprit, et plus encore au joug qu'il avait dû porter lorsqu'il était à l'École militaire; mais dans sa maturité, lorsqu'il posséda une liberté matérielle suffisante, il voulut la liberté de l'esprit, et je pourrais presque dire que cette idée l'a tué, car c'est elle qui le poussait à vouloir exiger de sa nature physique des efforts au-dessus de ses forces. Lorsque Schiller arriva ici, le grand-duc lui destinait une pension de mille thalers par an, et il s'offrit à lui en donner le double au cas où il serait par une maladie arrêté dans ses travaux. Schiller déclina cette dernière offre et ne voulut jamais en rappeler l'exécution. « J'ai le talent, disait-il, je dois savoir me suffire à moi-« même. » Mais comme dans ses dernières années sa famille s'augmentait, il fallut pour vivre qu'il écrivît deux pièces par an, et, pour y arriver, il se força au travail, même les jours et les semaines pendant lesquels il était souffrant; il fallait que son talent l'écoutât à toute heure et fût à ses ordres. Schiller ne buvait jamais beaucoup, il était très-sobre, mais, dans ces moments de faiblesse physique, il chercha à ranimer ses forces par un peu de liqueur et par d'autres spiritueux du même genre. Cela consuma sa santé, et cela fut nuisible aussi à ses œuvres elles-mêmes. Car j'attribue à cette cause les défauts que d'excellents esprits trouvent dans ses écrits. Tous les passages auxquels on reproche peu de justesse, je les pourrais appeler des passages pathologiques, car il les a écrits à des jours où les forces lui manquaient pour trouver les vraies idées qui convenaient à la situation. J'ai le plus grand respect pour le commandement absolu[1] de l'âme;

[1] Gœthe dit, en allemand : *l'impératif catégorique*. Cette expression

je sais tout le bien qu'il peut produire, mais il ne faut pas l'exagérer, car cette idée de la liberté absolue de l'esprit ne conduit plus à rien de bon. »

Au milieu de ces entretiens intéressants et d'autres encore sur lord Byron, sur de célèbres écrivains allemands, à propos desquels Schiller a dit un jour qu'il préférait Kotzebue, « car enfin Kotzebue produisait toujours quelque chose, » la soirée s'était rapidement écoulée, et Gœthe me donna la Nouvelle pour que je pusse encore chez moi l'examiner à loisir.

Dimanche soir, 21 janvier 1827.

Je suis allé ce soir, à sept heures et demie, chez Gœthe, et je suis resté une petite heure avec lui. Il m'a montré un volume de nouvelles poésies françaises [1] de Mademoiselle Gay, et il les a beaucoup vantées. « Les Français se développent aujourd'hui, dit-il, et ils méritent d'être étudiés. Je mets tous mes soins à me faire une idée nette de l'état de la littérature française contemporaine, et si je réussis, je veux un jour dire ce que j'en pense. Il est pour moi bien intéressant de voir commencer à agir chez eux ces éléments qui nous ont depuis longtemps déjà pénétrés. Les talents ordinaires sont toujours emprisonnés dans leur temps, et se nourrissent des éléments qu'il renferme. Aussi tout chez eux est comme chez nous, même la nouvelle piété,

---

nous est devenue familière, mais pourquoi donc ne pas dire simplement : Commandement absolu? » Kant forgeait pour des idées très-simples des mots très-obscurs, pourquoi l'imiter? Sa philosophie ne perdrait pas à être comprise facilement. Traduire en français, c'est éclaircir, rappelons-nous-le toujours.

[1] *Nouveaux Essais poétiques*, Paris, 1826.

seulement elle se montre en France un peu plus galante et plus spirituelle. »

« — Mais que dit Votre Excellence de Béranger et de l'auteur des pièces de Clara Gazul? » — « Je les excepte, ce sont de grands talents qui ont leur base en eux-mêmes et qui se maintiennent indépendants de la manière de penser du jour. »

L'entretien passa alors à la littérature allemande, et Gœthe me dit : « Je veux vous montrer quelque chose qui vous intéressera. Donnez-moi un des deux volumes qui sont devant vous. Vous connaissez Solger? » — « Certainement, dis-je, et je l'aime même; je possède sa traduction de *Sophocle*, avec l'introduction; elle me donne de lui une haute idée. » — « Vous savez qu'il est mort il y a plusieurs années; on a publié une collection de ses écrits posthumes et de ses lettres. Dans ses recherches philosophiques, présentées sous la forme du dialogue platonicien, il n'a pas été très-heureux; mais ses lettres sont excellentes : dans l'une d'elles, adressée à Tieck, il parle des *Affinités*, et c'est là ce que je veux vous lire, car on ne peut guère rien dire de meilleur sur ce roman. »

Gœthe me lut cette excellente dissertation[1], et nous reprîmes ensuite chacune des idées qu'elle présentait, admirant la grandeur de caractère qui se révélait dans ces vues, ainsi que la logique serrée de ses déductions et de ses raisonnements. Solger reconnaissait que les événements sortaient tous de la nature des différents caractères, mais il blâmait le caractère d'Édouard. — « Je ne peux pas trouver mauvais, dit Gœthe, qu'Édouard lui

---

[1] Elle est trop longue pour être citée; on la trouve dans le premier volume des *Écrits posthumes de Solger* p. 175 à 185.

déplaise, je ne peux pas le souffrir moi-même; mais je devais le représenter ainsi pour arriver à produire les événements du roman. Il a d'ailleurs beaucoup de vérité, car dans les hautes classes de la société on trouve assez de personnes chez lesquelles, comme chez lui, l'entêtement tient lieu de caractère. »

Solger mettait avant tous l'architecte, car, tandis que tous les autres personnages du roman se montraient aimants et faibles, il était le seul qui se maintînt fort et indépendant. Et ce qu'il y a de beau dans sa nature, c'est non-seulement qu'il ne tombe pas dans les égarements des autres caractères, mais c'est aussi que le poëte l'a fait si grand, qu'il *ne peut pas* y tomber.

Cette parole nous plut beaucoup, et Gœthe dit : « Elle est vraiment très-belle. » — « J'avais, ajoutai-je, toujours trouvé le caractère de l'architecte très-intéressant et très-attrayant, mais jamais je n'avais réfléchi que son excellence consistait à ne pas pouvoir, à cause de sa nature même, s'engager dans ces complications amoureuses. » — « Ne soyez pas surpris, dit Gœthe, car moi-même, en le créant, je n'avais pas fait cette réflexion non plus. Mais Solger a raison, c'est bien là son caractère. Cet article a été écrit dès 1809, et j'aurais eu du plaisir à entendre alors une si bonne parole sur les *Affinités*, car en ce temps, comme plus tard, on ne m'a rien montré de bien agréable sur ce roman. Solger, comme je le vois par ces lettres, m'a beaucoup aimé ; dans l'une d'elles, il se plaint que je ne lui aie pas répondu lorsqu'il m'envoya son *Sophocle*. Grand Dieu ! la cause n'est pas difficile à trouver ! J'ai connu de gros messieurs auxquels on faisait beaucoup d'envois pareils. Ils se composaient alors un certain formulaire, une certaine collection de paroles avec lesquelles ils répondaient à tout le monde; ils écrivaient ainsi des lettres par centaines, lettres qui toutes se ressemblaient, et qui toutes n'étaient que phrase pure[1]. Cela n'a jamais été dans ma nature. Lorsque je ne pouvais dire à quelqu'un rien de particulier, et qui lui fût bien approprié, j'aimais mieux ne pas répondre du tout. Je tenais pour indignes de moi des paroles superficielles, et voilà comment il s'est fait que je n'ai pu répondre à plus d'un homme estimable à qui j'aurais eu du plaisir à écrire. Vous voyez vous-même comment les choses se passent, et quels envois m'arrivent chaque jour de tous les coins, de toutes les extrémités, et vous devez avouer qu'il faudrait plus que la vie d'un seul homme pour répondre, ne fût-ce qu'à la légère. Cependant, pour Solger, j'en suis fâché; c'est un homme tout à fait excellent, qui aurait plus que beaucoup d'autres mérité quelques mots d'amitié. »

Je parlai de la Nouvelle, que j'avais de nouveau lue et examinée chez moi. « Tout le commencement, dis-je, n'est rien qu'une exposition, mais chaque détail est gracieux en même temps que nécessaire, de sorte que l'on croit que cette partie du récit est présentée pour elle-même et non pour servir à préparer ce qui suit. » « Si telle est votre impression, me dit Gœthe, je suis content. Mais cependant j'ai encore quelque chose à faire; d'après les lois d'une bonne exposition, je dois dès le commencement faire paraître les maîtres des bêtes fauves. Quand la princesse et l'oncle passent à cheval à côté de la baraque, il faut que ces gens sortent et prient la princesse d'honorer leur baraque d'une visite. » — « Certainement,

---

[1] Voir la lettre à Zelter du 10 avril 1827.

dis-je, vous avez raison ; il faut que ces gens soient indiqués dans l'exposition comme tous les autres personnages, et il est tout à fait naturel qu'ils ne laissent pas ainsi passer la princesse sans la prier d'entrer, car ces gens-là sont d'habitude près de leur caisse. » — « Vous voyez, dit Gœthe, à un tel travail, même lorsqu'il est terminé pour l'ensemble, on a toujours à reprendre pour le détail. »

Gœthe me raconta alors qu'un étranger lui avait fait depuis quelque temps plusieurs visites et lui avait dit qu'il voulait traduire tel et tel de ses ouvrages. « C'est une bonne personne, dit Gœthe, mais elle se montre au point de vue littéraire un vrai dilettante, car elle ne sait pas encore du tout d'allemand, et déjà elle parle de traductions qu'elle fera, et de portraits qui seront à la tête de ces traductions. C'est là le signe distinctif des dilettantes, de ne pas connaître les difficultés des choses et de vouloir toujours entreprendre ce qui est au-dessus de leurs forces. »

Jeudi soir, 29 janvier 1827.

Je suis allé ce soir vers sept heures chez Gœthe avec le manuscrit de la Nouvelle et un exemplaire de Béranger. J'ai trouvé M. Soret causant avec Gœthe sur la nouvelle littérature française. J'écoutai avec intérêt, et j'entendis dire que les nouveaux talents avaient, au point de vue de la facture du vers, beaucoup appris de Delille. L'allemand n'est pas très-familier à M. Soret, qui est de Genève, mais Gœthe s'exprime assez aisément en français; la conversation se faisait donc en français et ne redevenait allemande que lorsque je m'y mêlais. Je tirai le Béranger de ma poche et le donnai à Gœthe, qui désirait lire de nouveau ces excellentes chansons. M. So-

ret ne trouva pas ressemblant le portrait qui les précède.
Gœthe était content de tenir dans ses mains le joli exemplaire. « Ces chansons, dit-il, sont parfaites, et doivent être considérées comme le chef-d'œuvre du genre, surtout quand on ôte par la pensée le cri du refrain, car, pour des chansons à refrains, elles sont presque trop sérieuses, trop riches de traits, trop semblables à l'épigramme [1]. Béranger me rappelle toujours Horace et Hafiz, qui tous deux ont dominé leur temps, et dans leurs railleries enjouées ont attaqué la corruption des mœurs. Béranger prend à l'égard de ce qui l'entoure la même situation; mais, comme il est sorti de la classe inférieure, il ne hait pas trop les gravelures et les vulgarités, et il montre encore pour elles un certain penchant. »

On parla encore de Béranger et d'autres Français contemporains, puis M. Soret alla à la cour, et je restai seul avec Gœthe. Un paquet cacheté était sur la table. Gœthe plaça sa main dessus et dit : « Qu'est-ce que cela? C'est *Hélène*, qui part chez Cotta pour l'impression. » A ces mots, j'éprouvai plus que je ne pourrais dire; je sentais l'importance de cet instant. Quand un vaisseau nouvellement construit s'élance pour la première fois en mer, on ne sait quel sort sera le sien ; il en est de même pour les pensées d'un grand maître, réunies dans une œuvre qui pour la première fois apparaît dans le monde pour y

---

[1] « Puisque tu t'occupes en ce moment de littérature française, je te conseille de lire le *Théâtre de Clara Gazul* et les *Poésies de Béranger*, si tu ne connais pas déjà ces deux ouvrages. Tous deux te montreront de la façon la plus frappante ce que peut faire le talent, pour ne pas dire le génie, quand il apparaît dans une époque féconde et peut ne rien ménager. C'est à peu près ainsi que nous autres nous avons aussi autrefois commencé. » (Gœthe à Zelter, 2 mars 1827.)

agir pendant de longues années et y faire naître, y éprouver des destinées de toute nature.

« Je trouvais toujours de petites corrections à faire, dit-il, mais maintenant il faut enfin que cela finisse, et je suis content de voir le manuscrit partir pour la poste : je vais pouvoir tourner d'un autre côté mon âme délivrée. Qu'*Hélène* obéisse désormais à ses destins ! Ce qui me rassure, c'est que la civilisation est aujourd'hui en Allemagne arrivée à un degré si incroyablement élevé, que l'on n'a pas à craindre qu'une pareille production reste longtemps incomprise et sans action. » — « Là se trouve enfermée, dis-je, toute une antiquité. » — « Oui, les philologues y trouveront de l'occupation. » — « Pour la partie antique, je n'ai pas de craintes, dis-je, car tout y est grandement détaillé, chaque fait est développé à fond, et chaque chose dit explicitement ce qu'elle a à dire. Mais la partie moderne, romantique est bien difficile, car là est renfermée une moitié d'histoire universelle, et, dans un si grand sujet, tout est allusions et indications pures; tout exige beaucoup du lecteur. » — « Oui, dit Gœthe, mais tout est représenté d'une façon frappante pour les sens, et ce sera sur un théâtre un spectacle agréable à tous les yeux. Je n'ai pas voulu aller plus loin. Il faut que la foule des spectateurs fasse son plaisir du fait représenté ; aux initiés à comprendre le sens élevé de ce fait, et ils le saisiront comme ils le saisissent dans *la Flûte enchantée* et dans d'autres œuvres. » — « Ce sera, dis-je, une impression toute nouvelle de voir sur la scène une pièce qui commence en tragédie et finit en opéra. Ce n'est pas une petite difficulté que de jouer ces personnages dans toute leur grandeur, et de prononcer ces vers et ces discours sublimes. » — « Pour la première partie, dit Gœthe, ce sont les premiers artistes tragiques qui sont nécessaires, et dans la partie en opéra, ce sont les premiers chanteurs et les premières chanteuses qui doivent prendre les rôles. Le rôle d'Hélène doit être joué par deux artistes, car il serait rare qu'une chanteuse fût tragédienne suffisante. »

— « Cet ensemble, dis-je, nécessitera une grande magnificence et une grande variété de décorations et de costumes; je me réjouis à la pensée de le voir sur la scène. Pourvu seulement que la musique soit écrite par un vrai grand musicien! » — « Par exemple, par quelqu'un comme Meyerbeer, qui ait longtemps vécu en Italie; il faudrait une nature allemande familiarisée avec le style italien. Cela se trouvera, je n'en doute aucunement; ma joie dans ce moment, c'est d'être délivré. Il y a une pensée dont vraiment je me félicite, c'est d'avoir montré le chœur ne voulant plus descendre dans le monde inférieur, et se mêlant aux éléments sur les riantes surfaces de la terre. » — « C'est une nouvelle espèce d'immortalité, dis-je. »

« Et maintenant, la Nouvelle, qu'en dites-vous? » — « Je l'ai apportée. Après l'avoir relue, je trouve que Votre Excellence ne devrait pas faire le changement qu'elle projette. Cela fait tout à fait bien de voir ces gens arriver près du tigre mort comme des personnages entièrement nouveaux, avec leurs vêtements et leurs manières étranges et bizarres, et s'annonçant comme les propriétaires des bêtes. Si déjà vous les faites paraître dans l'exposition, cet effet est tout à fait affaibli, et même anéanti. »

« — Vous avez raison, dit Goethe, je laisserai les choses comme elles sont. Sans contestation possible, vous avez raison. C'était là aussi, sans doute, ma première intention, puisque je les avais laissés de côté; ce changement projeté était une exigence de l'esprit, qui m'aurait conduit à une faute. Mais c'est là un cas curieux d'esthétique : il faut sortir de la règle pour ne pas tomber dans un défaut. »

Nous causâmes alors sur le titre à donner à la Nouvelle; parmi ceux que nous proposions, les uns convenaient au commencement, les autres à la fin, mais aucun ne convenait à tout l'ensemble. « Savez-vous, dit Gœthe, nous l'appellerons *Nouvelle*, car qu'est-ce qu'une Nouvelle, sinon un événement dont on n'a pas encore entendu parler? C'est là l'idée vraie, et tout ce qui en Allemagne paraît sous le titre de Nouvelle n'a rien de la Nouvelle; ce sont des romans ou tout ce que vous voudrez. La *Nouvelle* dans les *Affinités* se présente aussi avec ce sens primitif d'événement inconnu. » — « Quand on y pense bien, dis-je, une poésie naît toujours sans titre, elle est ce qu'elle est sans cela; on pourrait dire que les poésies ne doivent pas avoir de titre, et que le titre n'appartient pas à ce genre. » — « Il n'y appartient pas non plus, dit Gœthe; les poésies des anciens n'avaient jamais aucun titre; c'est là un usage des modernes qui ont, dans des époques postérieures, appliqué des titres aux poésies des anciens. C'est un usage introduit par la nécessité de nommer les choses par un nom, pour les distinguer, dans une littérature devenue très-riche. — Tenez, voici quelque chose de nouveau, lisez. » — Et Gœthe me tendit la traduction d'une poésie serbe par M. Gerhard. Je la lus avec grand plaisir, car la poésie était fort belle et la traduction si simple et si claire, que chaque objet se dessinait sans la moindre obscurité devant les yeux. La poésie portait pour titre : *La Clef de la prison*. Je trouvai la conclusion un peu trop rapide. « C'est au contraire

là une beauté, me dit Gœthe, car le poëme laisse ainsi l'aiguillon au cœur, et l'imagination du lecteur est excitée à rêver toutes les possibilités qui peuvent naître. Il y a dans cette conclusion matière à toute une tragédie, mais à une tragédie comme il en existe déjà beaucoup; au contraire, toutes les belles peintures du poëme lui-même sont entièrement nouvelles et le poëte a fait très-sagement de donner tous ses soins à ces peintures en laissant les autres au lecteur. Je publierais bien ce poëme dans l'*Art et l'Antiquité*, mais il est trop long; j'ai demandé à Gerhard ces trois pièces rimées, que je publierai dans la prochaine livraison [1]. Que dites-vous de celle-ci, écoutez. »
— Et Gœthe lut le chant du *Vieillard qui aime une jeune fille*, puis le *Chant à boire des femmes*, et enfin, le chant énergique : *Danse devant nous, Théodore!* — Il lisai chaque poésie avec un ton et des inflexions toutes différentes, et on ne pourrait guère entendre une lecture plus parfaite.

Nous fîmes l'éloge de M. Gerhard, qui avait si bien réussi dans le choix des rhythmes et des refrains, et écri avec tant de facilité et de perfection que l'on ne savait pas comment il aurait pu mieux faire. — « On voit, dans un talent comme Gerhard, dit Gœthe, ce que peut une longue pratique. Et ce qui l'aide, c'est qu'il n'a pas une profession savante ; ce qu'il fait le ramène sans cesse à la vie pratique. Il a aussi beaucoup voyagé en Angleterre et dans d'autres pays, ce qui, avec son goût naturel pour la réalité, lui donne maints avantages sur nos jeunes poëtes pleins de science. S'il se borne toujours à mettre en vers

---

[1] Voir *Art et Antiquité*, VI, 143, et le recueil de chants serbes, publié par Gerhard. (Leipzig, 1828, Ier vol., p. 109.).

de bonnes traditions, tout ce qu'il fera sera bon; mais les œuvres tout à fait originales exigent bien des choses, et sont bien difficiles ! »

En parlant des poëtes, nous remarquâmes que presque aucun ne savait écrire en bonne prose. « L'explication est bien simple, dit Gœthe. Pour écrire en prose, il faut avoir quelque chose à dire ; celui qui n'a rien à dire peut faire des vers et des rimes, un mot fournit l'autre, et on voit à la fin paraître quelque chose qui n'est rien, mais qui cependant a l'air d'être quelque chose. »

Mercredi, 31 janvier 1827.

J'ai dîné avec Gœthe. — « Ces jours-ci, depuis que je vous ai vu, m'a-t-il dit, j'ai fait des lectures nombreuses et variées, mais j'ai lu surtout un roman chinois[1] qui m'occupe encore et qui me paraît excessivement curieux. » — « Un roman chinois, dis-je, cela doit avoir un air bien étrange. » — « Pas autant qu'on le croirait. Ces hommes pensent, agissent et sentent presque tout à fait comme nous, et l'on se sent bien vite leur égal ; seulement chez eux tout est plus clair, plus pur, plus moral; tout est raisonnable, bourgeois, sans grande passion et sans hardis élans poétiques, ce qui fait ressembler ce roman à mon *Hermann et Dorothée* et aux œuvres de Richardson. La différence, c'est la vie commune que l'on aperçoit toujours chez eux entre la nature extérieure et les personnages humains. Toujours on entend le bruit des poissons dorés dans les étangs, toujours sur les branches

---

[1] A la fin de décembre 1826 *le Globe* avait publié une longue analyse de *Iu-Kiao-Li ou les Deux Sœurs*, roman chinois traduit par Abel Rémusat. Cette analyse avait sans doute ramené l'attention de Gœthe vers la littérature chinoise.

chantent les oiseaux ; les journées sont toujours sereines et brillantes de soleil, les nuits toujours limpides ; on parle souvent de la lune, mais elle n'amène aucun changement dans le paysage; sa lumière est claire comme celle du jour même. Et l'intérieur de leurs demeures est aussi coquet et aussi élégant que leurs tableaux. Par exemple : « J'entendis le rire des aimables jeunes filles, et lorsqu'elles frappèrent mes yeux, je les vis assises sur des chaises de fin roseau. » — Vous avez ainsi tout d'un coup la plus charmante situation, car on ne peut se représenter des chaises de roseau sans avoir l'idée d'une légèreté et d'une élégance extrêmes. — Et puis un nombre infini de légendes, qui se mêlent toujours au récit et sont employées pour ainsi dire proverbialement. Par exemple, c'est une jeune fille dont les pieds sont si légers et si délicats, qu'elle pouvait se balancer sur une fleur sans la briser. C'est un jeune homme, dont la conduite est si morale et si honorable, qu'il a eu l'honneur, à trente ans, de parler avec l'Empereur. C'est ensuite un couple d'amants qui dans leur longue liaison ont vécu avec tant de retenue que, se trouvant forcés de rester une nuit entière l'un près de l'autre, dans une chambre, ils la passent en entretiens sans aller plus loin. Et ainsi toujours des légendes sans nombre, qui toutes ont trait à la moralité et à la convenance. Mais aussi, par cette sévère modération en toutes choses, l'empire chinois s'est maintenu depuis des siècles, et par elle il se maintiendra dans l'avenir. — J'ai trouvé dans ce roman chinois un contraste bien curieux avec les chansons de Béranger, qui ont presque toujours pour fond une idée immorale et libertine, et qui par là me seraient très-antipathiques, si ces sujets, traités par un aussi grand talent que Béranger, ne devenaient

7.

pas supportables, et même attrayants. Mais, dites vous-même, n'est ce pas bien curieux que les sujets du poëte chinois soient si moraux et que ceux du premier poëte de la France actuelle soient tout le contraire? »

« Un talent comme Béranger, dis-je, ne pourrait rien faire d'un sujet moral. » — « Vous avez raison, c'est précisément à propos des perversités du temps que Béranger révèle et développe ce qu'il y a de supérieur dans sa nature. » — « Mais, dis-je, ce roman chinois est-il un de leurs meilleurs? » — « Aucunement, les Chinois en ont de pareils par milliers et ils en avaient déjà quand nos aïeux vivaient encore dans les bois. Je vois mieux chaque jour que la poésie est un bien commun de l'humanité, et qu'elle se montre partout dans tous les temps, dans des centaines et des centaines d'hommes. L'un fait un peu mieux que l'autre, et surnage un peu plus longtemps, et voilà tout. M. de Matthisson ne doit pas croire que c'est à lui que sera réservé le bonheur de surnager, et je ne dois pas croire que c'est à moi; mais nous devons tous penser que le don poétique n'est pas une chose si rare, et que personne n'a de grands motifs pour se faire de belles illusions parce qu'il aura fait une bonne poésie. Nous autres Allemands, lorsque nous ne regardons pas au delà du cercle étroit de notre entourage, nous tombons beaucoup trop facilement dans cette présomption pédantesque. Aussi j'aime à considérer les nations étrangères et je conseille à chacun d'agir de même de son côté. La littérature *nationale*, cela n'a plus aujourd'hui grand sens ; le temps de la littérature *universelle* est venu, et chacun doit aujourd'hui travailler à hâter ce temps. Mais, en appréciant les étrangers, il ne faut pas nous attacher à une certaine œuvre particulière et vouloir la faire admirer comme un chef-d'œuvre; si nous cherchons les chefs-d'œuvre, il ne faut penser ni aux Chinois, ni aux Serbes, ni à Calderon, ni aux Niebelungen, il faut toujours retourner aux anciens Grecs, car dans leurs œuvres se trouve toujours le modèle de l'homme dans sa vraie beauté. Le reste, nous ne devons le considérer qu'historiquement, et pour nous approprier le bien que nous pouvons y trouver. »

J'étais heureux d'avoir entendu Gœthe développer ses idées sur un sujet aussi important. Le bruit des grelots de traîneaux qui passaient nous fit approcher de la fenêtre, car nous attendions le retour d'un grand nombre de traîneaux qui le matin étaient passés, allant au *Belvédère*[1]. Gœthe continua ses instructifs développements. Il me parla d'Alexandre Manzoni, et me dit que le comte Reinhard l'avait vu peu de temps auparavant, à

[1] A Weimar, en hiver, c'est une des parties de plaisir les plus goûtées; à une heure convenue, les jeunes gens conduisent leur traîneau à la porte de la jeune fille à laquelle ils ont offert une place (chaque traîneau ne peut contenir que deux personnes). On se réunit, et, quand tous les traîneaux, garnis de grelots sonores, sont bien rangés les uns derrière les autres, ils partent ensemble au grand galop, formant une longue file brillante et bruyante. C'est un coup d'œil charmant de voir passer si rapidement devant soi cet essaim joyeux de jeunes filles, enveloppées de fourrures, et ne laissant voir que leurs frais visages épanouis, dont le souffle vif de l'air a encore ravivé les riantes couleurs. — On se rend à quelque distance de Weimar, on fait une collation, on danse; mais, avant de repartir, chaque jeune fille doit payer à son cavalier le prix de la promenade en traîneau. Ce prix, immédiatement exigible, consiste en *un baiser*. C'est la tradition qui impose ce payement en nature, et jusqu'à présent la tradition ne court pas le risque de se perdre. — On devine maintenant pourquoi Gœthe est si préoccupé et tient tant à voir les traîneaux; chacun d'eux peut-être entraînait ce soir là un couple de jeunes fiancés, et jusqu'à son dernier jour l'auteur de *Werther* a eu du bonheur à contempler et à admirer la jeunesse et l'amour réunis; il avait étudié le monde entier, mais nulle part il n'avait trouvé une harmonie plus vraie et qui sût mieux rafraîchir le cœur du vieillard.

Paris, où il avait été bien accueilli dans la société, comme un jeune auteur de réputation, et que maintenant il était retourné dans une propriété qu'il possède à la campagne, près de Milan, où il vit heureux avec sa mère et sa jeune famille[1]. — « A Manzoni il ne manque rien, dit-il, sinon de savoir quel bon poëte il est, et quels sont, comme tel, les droits qui lui appartiennent. Il a un respect beaucoup trop grand de l'histoire, et par suite il aime à ajouter toujours à ses pièces quelques explications dans lesquelles il montre combien il est resté fidèle aux détails précis de l'histoire. Ces faits peuvent être historiques, mais, malgré tout, ses caractères ne le sont pas, pas plus que ne le sont mon Thoas et mon Iphigénie. Jamais aucun poëte n'a connu dans leur vérité les caractères historiques qu'il reproduisait, et, s'il les avait connus, il n'aurait guère pu s'en servir. Ce que le poëte doit connaître, ce sont les effets qu'il veut produire, et il dispose en conséquence la nature de ses caractères. Si j'avais voulu représenter Egmont tel qu'il est dans l'histoire, père d'une douzaine d'enfants[2], sa conduite si légère aurait paru très-absurde. Il me fallait donc un autre Egmont, qui restât mieux en harmonie avec ses actes et avec mes vues poétiques, et, comme dit Claire, c'est là *mon* Egmont. — Et pourquoi donc y aurait-il des poëtes, s'ils ne faisaient que répéter les récits de l'historien? Le poëte doit aller au delà, et, quand il le peut, reproduire une nature plus élevée et meilleure. Les caractères de Sophocle portent tous quelque chose de l'âme élevée du grand poëte, et les caractères de Shakspeare portent de même quelque

---

[1] Voir la lettre de Reinhard à Gœthe du 2 octobre 1826.
[2] Comme le voulait Schiller.

chose de son âme. C'est ainsi qu'il en doit être, et c'est ainsi qu'il faut faire. Shakspeare même va plus loin encore et transforme ses Romains en Anglais, et il a eu raison, car autrement sa nation ne l'aurait pas compris. C'est en cela que les Grecs étaient si grands : ils s'occupaient moins de l'exactitude historique d'un fait que de la manière dont le poëte l'avait traité. Nous avons par bonheur en Philoctète un exemple excellent ; les trois grands tragiques ont traité le sujet ; Sophocle le dernier et le mieux. L'excellente pièce de ce poëte est heureusement venue jusqu'à nous ; on n'a au contraire trouvé que des fragments des *Philoctète* d'Eschyle et d'Euripide, mais suffisants pour montrer comment ils avaient traité leur sujet. Si j'en avais le temps, je rétablirais ces pièces, comme je l'ai fait pour *le Phaéton* d'Euripide, et ce travail ne serait pour moi ni désagréable ni inutile. — Dans ce sujet la donnée était très-simple : il faut ramener Philoctète de l'île de Lemnos, avec son arc. Mais la manière dont l'événement doit se passer, voilà ce qui dépend du poëte, voilà où chacun pouvait montrer la puissance de son invention et où l'un pouvait surpasser l'autre. Ulysse doit aller le chercher, mais doit-il ou non être reconnu de Philoctète, et comment se doit-il rendre méconnaissable ? Ulysse doit-il venir seul, ou avoir un compagnon, et quel sera ce compagnon ? Dans Eschyle, le compagnon est inconnu ; dans Euripide, c'est Diomède ; dans Sophocle, le fils d'Achille. — Et ensuite, dans quel état doit-on trouver Philoctète ? L'île doit-elle être habitée ou non, et si elle est habitée, une âme compatissante doit-elle s'être rencontrée ou non, pour l'accueillir ? Et cent autres choses pareilles qui toutes dépendaient de la volonté du poëte, et dans le choix ou l'éloignement desquelles il pouvait prouver la supériorité de sa raison. C'est en cela qu'elle s'exerce, et c'est ainsi que devraient encore faire les poëtes actuels, au lieu de demander toujours si un sujet a déjà été traité ou non ; et au lieu d'aller du sud au nord chercher des événements inouïs qui souvent sont assez barbares, et dont ils font des pièces qui n'ont de succès qu'à titre de peintures d'événements curieux. Mais aussi, faire quelque chose d'un sujet simple par la manière magistrale dont on l'a traité, cela demande de l'esprit, un grand talent, et c'est ce qui manque! » — Nous revînmes encore à la fenêtre, attirés par un bruit de grelots, mais ce n'était pas encore le retour des traîneaux. Après avoir causé et plaisanté de choses sans importance, je demandai à Gœthe où il en était avec sa *Nouvelle*. « Je l'ai laissé reposer ces jours-ci, me dit-il, mais il y a encore un trait à introduire dans l'exposition : le lion rugira, quand la princesse passe à cheval devant la baraque, ce qui me permettra de placer quelques bonnes réflexions sur l'épouvante que répand ce puissant animal. » — « Cette pensée est très-heureuse, dis-je ; grâce à elle, non-seulement, dans l'exposition, tout, pris en soi, est bon et nécessaire, mais aussi tout sert à donner à ce qui suit un effet plus grand. Jusqu'à présent le lion paraissait un peu trop doux, car il ne montrait aucun signe de férocité. Ce rugissement nous la fait au moins pressentir, et, lorsqu'il suivra plus tard paisiblement la flûte de l'enfant, on sera plus frappé. » — « Élever ainsi à la perfection, en ajoutant des traits nouveaux, une œuvre encore imparfaite, c'est là la vraie manière de changer et de perfectionner, dit Gœthe. Mais refaire toujours et accroître ce qui est fini, comme Walter Scott l'a fait avec ma Mignon, en la rendant encore sourde et muette, c'est là une méthode de changements que je ne peux louer. »

Jeudi soir, 1ᵉʳ février 1827.

Gœthe m'a raconté une visite que lui a faite le prince héréditaire de Prusse, accompagné du grand-duc. — « Les princes Charles et Guillaume de Prusse sont aussi venus ce matin chez moi. Le prince héréditaire, avec le grand-duc, est resté environ trois heures, nous avons parlé de maintes choses et j'ai pris une haute opinion de l'esprit, du goût, des connaissances et de la manière de penser de ce jeune prince. »

Gœthe avait devant lui un volume de la *Théorie des couleurs*. « Je vous dois toujours, dit-il, une réponse au phénomène de l'ombre colorée. Mais, comme cette réponse suppose beaucoup de connaissances et est liée à beaucoup d'autres idées, je ne veux pas aujourd'hui vous donner une explication qui serait détachée violemment de l'ensemble ; j'ai pensé au contraire qu'il serait bon de passer les soirées où nous sommes réunis à lire ensemble toute la théorie des couleurs. Nous aurons toujours ainsi un sujet solide d'entretien, et vous même, sans vous en apercevoir, vous vous assimilerez toute la théorie. Ce que vous avez appris commence déjà à vivre en vous, et à devenir créateur, ce qui me fait pressentir que la science entière deviendra très-vite votre propriété. Lisez donc le premier chapitre [1]. »

En disant ces mots, Gœthe me tendait le livre ouvert. Je me sentis très-heureux des bonnes intentions qu'il

---

[1] Le pauvre Gœthe, dont les idées sur les couleurs avaient été si mal accueillies, semble ici, en désespoir de cause, s'emparer d'Eckermann pour avoir au moins dans le monde *un* disciple sûr et reconnaissant.

montrait pour moi. Je lus les premiers paragraphes sur les *couleurs psychologiques.*

« Vous voyez, dit-il, il n'y a rien en dehors de nous qui ne soit en même temps en nous, et notre œil a ses couleurs comme le monde extérieur. Dans cette science, il faut, avec le plus grand soin, faire une séparation tranchée entre ce qui est hors de nous et ce qui est en nous ; on doit commencer par les couleurs qui appartiennent à notre œil, pour que dans toutes les observations on distingue toujours bien si la couleur existe réellement hors de nous ou si elle n'est qu'une couleur apparente que l'œil produit par lui-même. Je crois donc avoir dans l'exposé de cette science trouvé le vrai commencement en traitant d'abord de l'organe à l'aide duquel doivent se produire toutes les perceptions et toutes les observations. »

Je lus jusqu'aux intéressants paragraphes sur les *couleurs produites,* où il est enseigné que l'œil a le besoin du changement, qu'il n'aime pas à rester sur la même couleur, qu'il en réclame tout de suite une autre, et cela si fortement, que, s'il ne la rencontre pas réellement, il la produit lui-même. Nous fûmes par là amenés à parler d'une grande loi qui circule à travers la nature entière et sur laquelle reposent toute la vie et toutes les jouissances de la vie. — Gœthe dit : « Il en est de même, non-seulement de tous nos autres sens, mais aussi de notre suprême essence spirituelle ; comme l'œil est un sens supérieur, la loi sur la nécessité des changements se manifeste dans les couleurs d'une manière frappante, et nous l'apercevons clairement là avant de l'apercevoir partout ailleurs. Il y a des airs de danses, qui nous plaisent beaucoup, parce que le ton majeur et le ton mineur s'y succèdent; au contraire, des airs de danses qui sont seulement dans le ton majeur ou seulement dans le ton mineur nous fatiguent très-vite. »

« Cette loi, dis-je, paraît être aussi un des principes du bon style, qui aime à éviter la répétition d'un son déjà entendu. Elle pourrait aussi servir beaucoup au théâtre, si on savait bien l'appliquer. Les pièces, et surtout les tragédies, dans lesquelles règne partout sans variété un seul et unique ton, ont quelque chose de lourd et de fatigant, et quand l'orchestre, dans les entractes d'une tragédie déjà triste, fait entendre une musique d'une tristesse qui abat encore l'esprit, alors on souffre une peine intolérable, à laquelle on aimerait, n'importe par quel moyen, pouvoir échapper. »

« C'est peut-être, dit Gœthe, sur cette loi de la nécessité des changements que repose l'habitude de Shakspeare d'intercaler des scènes gaies dans ses tragédies; mais à la tragédie plus haute des Grecs, elle n'est pas applicable; un seul ton fondamental règne dans tout l'ensemble. »

« La tragédie grecque, dis-je, n'est pas aussi de telle longueur qu'un seul ton, y régnant partout le même, puisse fatiguer; et puis, il y a le changement entre le chœur et le dialogue; la pensée élevée sur laquelle elle repose, ne peut pas d'ailleurs devenir à charge, parce qu'elle a en elle une certaine réalité solide qui est toujours de nature sereine. »

« Vous pouvez avoir raison, dit Gœthe, et il serait vraiment intéressant de chercher dans quelles limites la tragédie grecque a été soumise à la loi générale de la nécessité des changements. Mais vous voyez comme tout est lié, et comment même une loi de la théorie des couleurs peut conduire à des recherches sur la tragédie grecque. Il faut cependant se garder de pousser trop loin une pareille loi et de vouloir l'appliquer souvent ailleurs ; on marche bien plus sûrement en ne lui donnant l'autorité que d'une analogie et d'un exemple. »

Nous parlâmes de la manière dont Gœthe avait exposé sa théorie des couleurs, déduisant tout de lois premières auxquelles il ramène les faits isolés, ce qui permet à l'esprit de concevoir l'ensemble avec netteté. — « Cela peut être ainsi, dit-il, et vous pouvez me faire cet éloge, mais cette méthode exige aussi des élèves qui ne vivent pas dans la dissipation et qui soient capables de reprendre le sujet par la base. De très-jolis esprits m'ont suivi dans ma théorie ; par malheur, ils ne restaient pas sur le droit chemin, et, avant que je m'en fusse aperçu, ils le quittaient pour suivre une idée à eux, au lieu de garder toujours l'œil fixé sur l'objet. Cependant une tête bien faite et que la vérité préoccupe pourrait encore faire beaucoup de découvertes. »

Nous parlâmes des professeurs qui, après avoir trouvé mieux, continuaient à professer la doctrine de Newton. — « Il ne faut pas s'en étonner, ces personnes restent dans l'erreur parce qu'elles lui doivent leur existence. Il leur faudrait désapprendre, et ce serait fort gênant. » — « Mais, dis-je, comment leurs expériences peuvent-elles faire voir la vérité, puisque le principe de leur doctrine est faux ? » — « Aussi ils ne font pas voir la vérité ; ce n'est pas là du tout leur dessein ; ils ne désirent faire voir que leur opinion propre. En conséquence ils cachent les expériences par lesquelles la vérité pourrait apparaître au jour et qui feraient sentir l'inconsistance de leur théorie. Et puis, pour parler des écoliers, quel est celui parmi eux qui se préoccupe de la vérité! Ils sont, comme les autres, pleinement satisfaits s'ils peuvent échanger entre eux des bavardages d'empiristes. Et voilà tout. Les hommes en général sont singuliers : dès qu'un lac est gelé, les voilà tous immédiatement qui sont dessus et qui s'amusent sur la surface polie. Mais à qui vient l'idée de chercher quelle est la profondeur du lac et quel genre de poissons nagent partout sous cette glace ?... Niebuhr vient de découvrir un traité de commerce entre Rome et Carthage, traité d'une époque très-reculée, et qui prouve que toute la partie de l'histoire de Tite Live se rapportant à l'état primitif du peuple romain n'est rien que fables, car ce traité montre que déjà, de très-bonne heure, Rome s'est trouvée dans un état de civilisation bien plus avancé que celui qui ressort des récits de Tite-Live. Si vous croyez maintenant que la découverte de ce traité va amener une grande réforme dans l'ancien enseignement de l'histoire romaine, vous êtes dans l'erreur. Pensez au lac gelé; ce sont là nos gens; j'ai appris à les connaître, ils sont ainsi et non autrement. »

« Mais pourtant, dis-je, vous ne devez pas regretter d'avoir écrit la *Théorie des couleurs;* non-seulement vous avez ainsi posé les bases solides de cette belle science, mais vous avez aussi donné un modèle de traité scientifique qui servira pour des sujets semblables. »

« Je n'ai aucun regret, quoique j'aie enfoui là les fatigues d'une demi-existence. J'aurais peut-être écrit une demi-douzaine de tragédies de plus, voilà tout, et assez de gens après moi sauront les écrire. Mais vous avez raison, je crois aussi que le traité est bon; il y a de la méthode. J'ai écrit de la même façon une théorie du son, et ma *Métamorphose des plantes* repose sur la même méthode d'observation et de déduction. Ce qui s'est passé pour ma *Métamorphose des plantes* est étrange ; j'y vins comme Herschell vint à ses découvertes. Il était si pauvre qu'il ne pouvait acheter aucun télescope, et il fut obligé de s'en fabriquer un lui-même. Mais ce fut là son bonheur, car ce télescope de sa propre fabrique était meilleur que tous les autres, et c'est avec son aide qu'il fit ses grandes découvertes. C'est aussi par le chemin de l'expérience que je suis entré dans la botanique. Je me rappelle encore très-bien que la science me paraissait trop vaste, lorsque j'en venais à la division en familles, et je n'avais pas le courage de l'étudier. Je fus poussé à me tracer une route pour moi, et à chercher un lien de ressemblance entre toutes les plantes; c'est ainsi que je découvris la loi des métamorphoses. Je ne cherche pas du tout en botanique à augmenter le nombre des connaissances isolées ; je laisse cela à d'autres, qui me surpassent en ce genre. Je n'ai cherché qu'à ramener les faits isolés à une grande loi générale.

La minéralogie, de même, n'a eu d'intérêt pour moi qu'à deux points de vue : d'abord à cause de sa grande utilité pratique, et ensuite parce que j'espérais trouver par elle des documents sur la formation du monde primitif, espérance que donnaient les théories de Werner. Mais depuis la mort de l'excellent homme, on a tout mis dans la science sens dessus dessous, et je ne travaille plus ouvertement ; je conserve en silence mes convictions.
— Dans la théorie des couleurs, il me reste encore à développer mes idées sur l'arc-en-ciel, ce que je ferai bientôt. C'est un problème excessivement difficile que j'espère cependant résoudre. Aussi j'ai du plaisir à revoir avec vous toute la théorie des couleurs, car,

surtout avec l'intérêt que vous témoignez pour elle, tout se rafraîchit en moi. Dans les sciences naturelles je me suis essayé à peu près dans toutes les branches; cependant je n'ai jamais été attiré que par ces objets terrestres qui m'entouraient et que je pouvais percevoir immédiatement par mes sens; ainsi je ne me suis jamais occupé d'astronomie, parce que là, les sens ne suffisent plus; il faut déjà demander des secours à des instruments, à des calculs, à la Mécanique; ces sciences, qui exigent toute une vie, n'étaient pas mon affaire. — Si j'ai réussi à quelque chose dans les sciences qui se trouvaient à ma portée, c'est que ma vie est tombée dans un temps plus riche qu'aucun autre en découvertes sur la nature. Enfant, je rencontrai déjà la théorie de Franklin sur l'électricité, loi qu'il venait de découvrir. Et pendant toute mon existence jusqu'à l'heure présente, une découverte a suivi l'autre, de telle sorte que non-seulement j'ai été de bonne heure entraîné vers la nature, mais je me suis toujours senti plus tard maintenu dans une vive excitation. Maintenant on avance aussi sur les routes que j'ai préparées avec une rapidité que je ne pouvais soupçonner, et je ressemble à celui qui, marchant vers l'aurore, s'arrête étonné devant l'éclat du soleil quand il s'élève tout à coup avec ses rayons. »

A cette occasion Gœthe cita avec admiration, parmi les Allemands, les noms de Carus, de d'Alton et de Meyer de Kœnigsberg.

« Je serais heureux si les hommes, après avoir trouvé le vrai, ne le renversaient et ne l'obscurcissaient pas; car l'humanité a besoin d'une tradition positive qui passe de générations en générations, et ce serait un bonheur si cette tradition positive était faite de vérités. A ce point de vue je verrais avec joie les sciences naturelles, arrivées à la clarté, se tenir fermes dans le vrai et ne plus chercher la transcendance, quand on a atteint les limites du concevable. Mais aux hommes le repos est impossible, et tout d'un coup, sans qu'on s'y attende, voilà la confusion qui reparaît.

« Ainsi, dans ce moment, ils ébranlent le Pentateuque de Moïse, et, si la critique destructive est sensible quelque part, c'est bien dans les questions religieuses ; car là tout repose sur la foi, à laquelle on ne peut revenir dès qu'on l'a perdue[1]. — Dans la poésie, la critique destructive n'est pas si nuisible. Wolf a renversé Homère, mais il n'a touché en rien au poëme, car ce poëme a la force merveilleuse des héros de la Walhalla, qui se taillent en pièces le matin et qui, à midi, se trouvent assis à table avec tous leurs membres, sains et saufs. »

Gœthe était de la meilleure humeur et j'étais heureux de l'entendre encore parler sur ces grands sujets. — « Restons fermement, en silence, sur le droit chemin, dit-il en finissant, et laissons aller les autres ; voilà ce qui vaut le mieux. »

Mercredi, 7 février 1827.

Gœthe aujourd'hui a blâmé certains critiques, que Lessing ne satisfait pas et qui lui demandent l'impossi-

---

[1] Gœthe oscille sans cesse, à l'égard des doctrines nouvelles, entre plusieurs pensées tout à fait opposées. Le 15 octobre 1825, au nom de l'intérêt public, il regrettait la vieille histoire romaine, détruite par Niebuhr; le 1ᵉʳ février 1827, il célèbre, au contraire, ses découvertes; aujourd'hui, il blâme les travaux critiques qui s'attaquent à la Bible. Tantôt domine en lui le poëte, tantôt l'ennemi de l'erreur, tantôt, enfin, l'ami du calme. — Il ne faut pas en vouloir à la vérité d'être parfois révolutionnaire; ce n'est pas sa faute : « le vrai est ce qu'il peut. » Gœthe lui-même détruit avec joie, avec violence, quand il a devant lui Newton.

ble. — « Quand on compare les pièces de Lessing avec celles des anciens, a dit Gœthe, et qu'on les trouve mauvaises, misérables, qu'a-t-on dit par là ? Plaignez donc cet homme extraordinaire d'avoir été obligé de vivre dans une époque si pitoyable, qui ne lui offrait pas de sujets meilleurs que ceux qu'il a traités dans ses pièces! Plaignez-le d'avoir été obligé, dans sa *Minna de Barnhelm*, ne trouvant rien de mieux, de s'intéresser aux gestes de la Saxe et la Prusse. — Son action a été toute polémique, et a dû l'être; c'est encore la faute de son triste siècle ! Dans *Émilia Galotti*, il tournait ses coups contre les princes; dans *Nathan*, contre les prêtres.

Vendredi, 16 février 1827.

Je racontais à Gœthe que j'avais lu ces jours-ci l'écrit de Winckelmann sur l'imitation des ouvrages d'art grecs, et j'avouais qu'il m'avait souvent semblé que Winckelmann n'avait pas encore alors ses idées parfaitement éclaircies sur ce sujet. — « Vous avez parfaitement raison, me dit Gœthe; on le surprend de place en place comme tâtonnant; mais ce qu'il y a de grand en lui, c'est qu'i tâtonne toujours là où il y a quelque chose; il ressemble à Colomb, lorsque celui-ci, n'ayant pas encore, à la vérité, découvert le nouveau monde, le portait déjà dans sa pensée pleine de pressentiments. On n'apprend rien en le lisant, mais on devient quelque chose. — Meyer est allé plus loin, et il a porté la connaissance de l'art à son apogée. Son *Histoire de l'art* est un ouvrage immortel, mais Meyer ne serait pas devenu ce qu'il est, s'il ne s'était pas formé dès l'enfance sur Winckelmann, et s'il n'avait pas suivi sa route. On voit là encore ce que fait un grand précurseur et ce qu'on peut accomplir quand on sait se servir utilement de ses travaux. »

Mercredi, 21 février 1827.

Dîné chez Gœthe. Il a beaucoup parlé et avec admiration sur Alexandre de Humboldt ; il a commencé à lire son ouvrage sur Cuba et la Colombie[1], et ses vues sur le projet de percement de l'isthme de Panama paraissaient avoir pour lui un intérêt tout spécial : « Humboldt, a-t-il dit, avec sa grande connaissance du sujet, a proposé d'autres points où l'on pourrait peut-être parvenir plus avantageusement au but, en se servant de quelques rivières qui coulent dans le golfe du Mexique. Tout cela est réservé à l'avenir et à un grand esprit d'entreprise. Mais ce qui est sûr, c'est que, si on réussit à percer un canal tel qu'il puisse donner passage du golfe du Mexique dans l'Océan Pacifique à des vaisseaux de toute charge et de toute grosseur, ce fait aura d'incalculables résultats et pour le monde civilisé et pour le monde non-civilisé. Je m'étonnerais bien que les États-Unis manquassent de se saisir d'une œuvre pareille. On pressent que ce jeune État, avec sa tendance décidée vers l'Ouest, aura aussi pris possession, dans trente ou quarante ans, des grandes parties de terre situées au delà des montagnes Rocheuses, et les aura peuplées. On pressent aussi bien que tout le long de cette côte de l'océan Pacifique, où la nature a déjà creusé les ports les plus vastes et les plus sûrs, se formeront peu à peu de très-importantes villes de commerce, qui seront les intermédiaires de grands échanges entre la Chine et l'Inde d'un côté et les États-

---

[1] *Essai politique sur l'île de Cuba.* Paris, 1826.

Unis de l'autre. Et en ce cas, il ne serait plus seulement désirable, il serait presque nécessaire que des vaisseaux de commerce et de guerre puissent entretenir, entre les côtes occidentales et orientales de l'Amérique du Nord, des relations plus rapides qu'elles ne peuvent l'être jusqu'à présent par l'ennuyeux, périlleux et coûteux doublement du cap Horn. Aussi, je le répète, il est absolument indispensable pour les États-Unis d'établir un passage entre le golfe du Mexique et l'océan Pacifique, et je suis sûr qu'ils l'établiront. Je voudrais voir cela de mon vivant, mais je ne le verrai pas. Ce que je voudrais voir aussi, c'est l'union du Danube et du Rhin. Mais c'est là aussi une entreprise si gigantesque, que je doute qu'elle s'accomplisse, surtout en pensant à la faiblesse des moyens dont nous disposons en Allemagne. Et enfin, en troisième lieu, je voudrais voir les Anglais en possession d'un canal à Suez. — Je voudrais voir ces trois grandes choses, et elles mériteraient bien que l'on restât encore quelque cinquante ans pour l'amour d'elles.

Mercredi, 21 mars 1827.

Gœthe m'a montré un petit livre de Hinrichs[1] sur l'essence de la tragédie grecque. « Je l'ai lu avec grand intérêt, dit-il. Hinrichs a surtout pris *Œdipe* et *Antigone* de Sophocle pour servir de base au développement de ses vues. C'est un livre très-curieux, et je veux vous le donner pour que vous le lisiez aussi et que nous puissions en causer. Je ne suis pas du tout de son opinion, mais il est extrêmement instructif de voir comment un homme

---

[1] Publié en 1827. M. Hinrichs a été élève de Hegel. Il est aujourd'hui professeur à l'Université de Halle. Il avait publié, en 1825, des *Leçons sur Faust*. Il a écrit également sur les poésies de Schiller.

d'une culture philosophique si complète considère une œuvre poétique d'art, au point de vue particulier de son école. Je ne veux rien vous dire de plus aujourd'hui pour ne pas vous donner de préventions. Lisez, et vous verrez que cette lecture donne toutes sortes de pensées. »

Mercredi, 28 mars 1827.

J'ai rapporté à Gœthe le livre de Hinrichs, que j'ai lu avec empressement. J'avais repassé aussi toutes les pièces de Sophocle, pour être en pleine possession du sujet. — « Eh bien, dit Gœthe, comment l'avez-vous trouvé? N'est-ce pas, il serre de près les choses? » — « Ce livre, dis-je, me fait un effet tout à fait étrange. Aucun n'a suscité en moi tant de pensées, et tant de contradictions. » — « C'est cela même! Ce qui nous ressemble nous laisse en repos, mais ce qui nous est opposé, voilà ce qui nous rend féconds. » — « Ses vues, dis-je, m'ont paru extrêmement dignes d'attention; il ne s'arrête pas à la superficie des choses, mais aussi il se perd bien souvent dans la subtilité des relations intimes qu'il découvre, et il contemple si fort ses propres idées, qu'il perd de vue aussi bien l'ensemble que les détails de l'objet qu'il a à examiner; il faut faire violence et à soi-même et à cet objet pour arriver à ses pensées. Il me semblait souvent que mes organes étaient trop grossiers pour saisir l'extraordinaire subtilité de ses distinctions. » — « Si vous aviez la même préparation philosophique que lui, cela irait mieux. Mais, pour parler franchement, cela me fait de la peine de voir un homme comme Hinrichs, né sur la côte du nord de l'Allemagne, et certainement vigoureux, arrangé de pareille façon par la philosophie hégélienne ; voir et penser sans préventions, naturellement, cela ne lui est plus possible, et il s'est peu à peu formé une manière de penser et une manière de s'exprimer si artificielles et si pénibles que dans son livre on tombe sur des passages où notre intelligence reste arrêtée et où on ne sait plus ce qu'on lit. » — « Je ne m'en suis pas mieux tiré non plus, dis-je. Mais cependant j'ai eu le plaisir de rencontrer des passages qui m'ont semblé tout à fait humains et clairs, par exemple sa relation de la fable d'Œdipe. » — « Là, il devait se tenir fortement au sujet. Mais il y a dans son livre des passages, et non pas en petit nombre, où la pensée ne marche pas, n'avance pas, et où des mots obscurs se meuvent toujours dans le même espace et dans un même cercle, absolument comme mes sorcières de *Faust*, quand elles comptent. Donnez-moi un peu le livre! De la sixième leçon sur le chœur je n'ai, pour ainsi dire, rien compris[1]. Que dites-vous, par exemple, de ceci qui vient vers la fin : « Cette réalité (la vie du peuple) est, à cause de sa propre et vraie signification, la vraie réalité, et, étant elle-même en même temps la vérité et la certitude, elle constitue pour cela la certitude intellectuelle générale, laquelle certitude est en même temps la certitude conciliative du chœur, de telle sorte que c'est seulement dans cette certitude (qui se montre comme le résultat de tout le mouvement de l'action tragique), que le chœur pour la première fois se montre proportionné à la conscience générale du peuple, et, comme tel, il ne représente plus

---

[1] Cet aveu de Gœthe peut nous épargner en mainte occasion une grande perte de temps. Nous nous obstinons parfois à vouloir comprendre certains philosophes hégéliens; si nous sommes sages, ne soyons pas si obstinés. Pour grande peine nous risquons fort de n'avoir que maigre salaire.

seulement le peuple, mais pour sa certitude il existe en lui-même et pour lui-même..... » Je crois que nous en avons assez ! — Qu'est-ce que les Anglais et les Français doivent penser du langage de nos philosophes, si nous-mêmes Allemands nous ne le comprenons pas. » — « Et malgré tout cela, dis-je, nous sommes d'accord pour reconnaître que le livre a au fond une noble intention et qu'il a le mérite de faire penser. » — « Son idée sur la famille et sur l'État, et sur les conflits tragiques qui peuvent en résulter, est certainement juste et féconde ; cependant je ne peux accorder qu'elle soit pour l'art tragique la meilleure ou même la seule bonne. Il est certain que nous vivons tous dans des familles et dans l'État, et il n'est pas facile qu'un sort tragique nous atteigne sans nous atteindre comme membres de la famille et de l'État. Cependant nous pouvons être d'excellents personnages tragiques en étant seulement membres d'une famille ou membres d'un État. Ce qu'il faut vraiment, c'est un conflit sans solution possible, et ce conflit peut naître de la contradiction de relations quelconques, pourvu que cette contradiction ait son fond dans la nature et soit une contradiction vraiment tragique. Ainsi Ajax tombe dans l'abîme entraîné par le démon de l'ambition trompée, Hercule par le démon de la jalousie amoureuse. Dans ces deux cas, il n'y a pas le moindre conflit entre l'amour pieux de la famille et la vertu civile, qui sont selon Hinrichs, les éléments de la tragédie grecque. »

« — On voit bien, dis-je, que dans cette théorie il ne pensait qu'à Antigone. Il semble aussi n'avoir eu devant les yeux que le caractère et la manière d'agir de cette héroïne, lorsqu'il a soutenu que l'amour pieux de la famille apparaît avec grande pureté dans l'épouse, et avec toute la pureté concevable dans la sœur, disant que seule la sœur pouvait avoir pour le frère un amour entièrement pur, sans sexe. »

« Je croirais, dit Gœthe, que l'amour de la sœur pour la sœur est encore plus pur et plus détaché du sexe. Nous savons que dans d'innombrables circonstances, qu'on l'ait su ou qu'on l'ait ignoré, un frère et une sœur ont senti l'un pour l'autre une inclination où les sens avaient une très-grande part. En général, vous aurez remarqué que, dans ses considérations sur la tragédie grecque, Hinrichs part d'une idée, et il croit que Sophocle était un poëte qui, dans l'invention et la disposition de ses pièces, partait également d'une idée et, d'après elle, arrêtait ses caractères, leur sexe, leur condition. Mais Sophocle pour ses pièces ne partait pas le moins du monde d'une idée; il s'emparait de quelque tradition de son peuple, depuis longtemps connue, dans laquelle se trouvait déjà une idée heureuse, et son seul soin, c'était de la transporter sur le théâtre aussi bien que possible et avec tout son effet. Les Atrides ne veulent pas non plus laisser inhumer Ajax, et, de même que dans *Antigone* la sœur lutte pour le frère, dans *Ajax* le frère lutte pour le frère. Si la sœur de Polynice prend soin de son frère resté sans sépulture, comme le frère d'Ajax prend soin de son frère mort, ce sont là des traits dus au hasard, ils n'appartiennent pas à l'invention du poëte, mais à la tradition que le poëte suivait et devait suivre. »

« Ce qu'il avance sur la manière d'agir de Créon, dis-je, paraît aussi peu solide. Il cherche à soutenir que Créon, en défendant l'inhumation de Polynice, agit par pure vertu politique; comme Créon n'est pas seulement homme, mais prince, il établit ce principe : Un homme représente la puissance tragique de l'État ; cet homme ne peut être aucun autre que celui qui est la personne de l'État lui-même, c'est-à-dire le prince, et c'est l'homme en tant que prince qui exerce de la façon la plus morale la vertu politique. »

Goethe souriait un peu, et il me répondit : « Ce sont là des théories qui pourront bien ne trouver personne pour les accepter. Créon n'agit pas du tout par vertu politique, mais par haine contre le mort. Polynice, en cherchant à reconquérir l'héritage paternel dont on l'avait dépouillé violemment, ne commettait contre l'État aucun attentat tellement inouï que sa mort ne fût pas suffisante et qu'il fallût encore châtier un cadavre sans crime. D'ailleurs, on ne devrait jamais déclarer conforme à la vertu politique une manière d'agir qui n'est pas conforme à la vertu en général. Créon, en défendant d'inhumer Polynice, non-seulement laisse empester l'air par la décomposition du cadavre, mais il est cause que des chiens et des oiseaux de proie traînent partout des lambeaux déchirés du mort et souillent même les autels des dieux ; dans une pareille action, qui insulte à l'homme et aux divinités, il n'y a pas de vertu politique, il y a bien plutôt un crime politique. Aussi il a tout le monde contre lui : les anciens de l'État, qui forment le chœur, sont contre lui ; tout le peuple est contre lui ; Tirésias est contre lui ; sa propre famille est contre lui. Il n'entend rien, il persiste dans son obstination impie jusqu'à ce qu'il ait conduit tous les siens à l'abîme, et lui-même à la fin n'est plus rien qu'une ombre. » — « Et cependant, dis-je, quand on l'entend parler, on croirait qu'il a quelque peu raison. » — « C'est en cela justement que Sophocle est un maître, et c'est en cela, en général, que consiste la vie du drame. Ses personnages ont tous reçu le don d'éloquence, tous savent si bien exposer les motifs de leurs manières d'agir, que l'auditeur est presque toujours du côté de celui qui a parlé le dernier. On voit que dans sa jeunesse il s'est livré à des études très-sérieuses sur la rhétorique, études dans lesquelles il s'est exercé à rechercher toutes les raisons et toutes les apparences de raisons que l'on peut présenter pour la défense d'une action. Cette grande facilité l'a cependant aussi induit en erreur, car il va parfois trop loin. Ainsi, dans *Antigone*, il y a un passage qui m'a toujours paru une tache, et je donnerais beaucoup pour qu'un bon philologue nous prouvât qu'il est interpolé et sans authenticité. Lorsque l'héroïne a, dans le cours de la pièce, exprimé tous les motifs excellents de ses actes, lorsqu'elle a montré la générosité de l'âme la plus pure, elle donne, au moment où elle va à la mort, un motif qui est tout à fait mauvais et qui touche presque au comique. Elle dit que ce qu'elle fait pour son frère, elle ne l'aurait pas fait pour ses enfants morts, si elle avait été mère, pour son époux mort, si elle avait été épouse; car, dit-elle, si mon mari était mort, j'en aurais pris un autre; si mes enfants étaient morts, j'aurais eu de mon nouveau mari d'autres enfants; mais il n'en est pas de même pour mon frère. Je ne peux pas retrouver un nouveau frère, car mon père et ma mère sont morts, et ainsi je n'ai plus personne qui puisse me donner un frère. C'est là du moins le sens nu de ce passage, qui, selon moi, placé dans la bouche d'une héroïne marchant à la mort, trouble l'émotion tragique, paraît très-recherché et beaucoup trop semblable à un calcul de dialecticien. Je le répète, je désirerais bien qu'un philologue prouvât que ce passage est apocryphe. »

Nous continuâmes à parler de Sophocle, remarquant qu'il cherchait beaucoup moins à donner à ses pièces un but moral qu'à traiter complétement son sujet, en se préoccupant surtout de l'effet théâtral.

« Je ne m'oppose pas, dit Gœthe, à ce qu'un poëte dramatique ait devant les yeux un but moral; mais, lorsqu'il s'agit de développer son sujet devant le regard du spectateur d'une façon claire et riche d'effet, alors le but moral auquel il tend ne lui rend pas grand service, et ce qu'il doit posséder, c'est bien plutôt une grande puissance de peintre et une grande connaissance de la scène, afin qu'il sache ce qu'il doit prendre et ce qu'il doit laisser. Si le sujet peut produire une impression morale, elle se manifestera même quand le poëte n'aurait pensé absolument qu'à écrire une œuvre artistique et capable de produire de l'effet. Si un poëte a l'âme aussi élevée que Sophocle, il peut faire tout ce qu'il voudra, l'effet qu'il produira sera toujours moral. Mais de plus Sophocle connaissait les planches et savait son métier comme pas un.»

« C'est dans son *Philoctète*, dis-je alors, et dans la grande ressemblance que cette pièce a, pour la disposition et pour la marche de l'action, avec l'*Œdipe à Colone*, que l'on voit combien il connaissait le théâtre, et combien il visait à l'effet théâtral. Dans les deux pièces nous voyons le héros sans secours, vieux, souffrant d'infirmités corporelles. Pour soutien Œdipe a près de lui sa fille, Philoctète son arc. La ressemblance va plus loin encore. On les a tous deux chassés au milieu de leurs souffrances; mais, après que l'oracle a dit que par leur secours seulement serait remportée la victoire, on cherche

à reprendre possession d'eux. Vers Philoctète va Ulysse; vers Œdipe, Créon. Le discours de tous deux commence par la ruse et par de douces paroles ; mais, comme celles-ci restent sans fruit, ils emploient la violence, et nous voyons Philoctète dépouillé de son arc, Œdipe, de sa fille. »
— « Ces actes de violence, dit Gœthe, fournissaient l'occasion de très-beaux dialogues, et ces misères désespérées remplissaient d'émotions l'âme du peuple, frappé en même temps et de ce qu'il entendait et de ce qu'il voyait; voilà pourquoi le poëte, qui cherchait à produire une impression sur son public, a aimé à reproduire ces situations. Dans *Œdipe*, pour accroître l'effet, Sophocle a représenté son héros comme un vieillard débile, et cependant toutes les circonstances indiquent que ce devait être un homme dans la fleur de l'âge. Mais le poëte ne pouvait pas accepter tant de vigueur dans le personnage, parce qu'il n'aurait plus produit aucun effet, et il l'a transformé en un vieillard faible et ayant besoin d'aide. »
— « Il y a encore d'autres ressemblances avec Philoctète, dis-je. Les deux héros, dans chaque pièce, n'agissent pas; ils souffrent, et chacun de ces héros passifs a en face de lui deux personnages actifs. Œdipe a Créon et Polynice; Philoctète a Néoptolème et Ulysse. Et cette dualité de personnages actifs en face d'un héros unique était nécessaire pour que le sujet fut présenté dans les dialogues sous toutes ses nuances et aussi pour que la pièce elle-même, prenant plus de corps, eût la plénitude convenable. »
— « Vous pourriez encore ajouter, dit Gœthe, que les deux pièces se ressemblent en ceci que nous y voyons cette même situation si pleine d'effet dans laquelle, par un changement heureux, à l'un des héros restés sans consolations est rendue sa fille chérie, et à l'autre son arc

non moins aimé. Les deux pièces se ressemblent aussi par la réconciliation qui les termine ; les deux héros obtiennent la délivrance de leurs maux ; Œdipe est enlevé au ciel, et la promesse divine nous fait pressentir la guérison que Philoctète trouvera devant Ilion, grâce à Esculape.

« Mais si nous voulons, nous modernes, connaître la manière dont nous devons nous y prendre aujourd'hui pour réussir sur la scène, Molière est l'homme auquel nous devons nous adresser. Connaissez-vous son *Malade imaginaire?* Il y a une scène qui, toutes les fois que je lis la pièce, me semble toujours le symbole de la parfaite connaissance des planches. Je parle de la scène où le malade imaginaire demande à sa petite-fille Louison si un jeune homme n'est pas allé dans la chambre de sa sœur aînée. Un autre poëte, qui n'aurait pas su son métier comme Molière, aurait fait raconter par la petite Louison, tout simplement et tout de suite, ce qui s'est passé, et tout était fini. Mais quelle vie, quel effet dans tout ce que Molière invente pour retarder ce récit! D'abord il représente la petite Louison faisant comme si elle ne comprenait pas son père; puis elle nie savoir quelque chose; puis, menacée des verges, elle se laisse tomber comme morte ; puis, comme son père laisse éclater son désespoir, elle sort tout à coup de son feint évanouissement avec toute son espiègle gaieté et enfin tout se raconte peu à peu. Mon explication ne vous donne que la plus maigre idée de la vie de cette scène; mais lisez-la, pénétrez-vous de sa valeur théâtrale, et vous avouerez qu'elle renferme plus de leçons pratiques que toutes les théories. Je connais et j'aime Molière depuis ma jeunesse, et pendant toute ma vie j'ai appris de lui. Je ne manque pas de lire chaque année quelques-unes de ses pièces, pour me maintenir toujours en commerce avec la perfection. Ce n'est pas seulement une expérience d'artiste achevé qui me ravit en lui, c'est surtout l'aimable naturel, c'est la haute culture de l'âme du poëte. Il y a en lui une grâce, un tact des convenances, un ton délicat de bonne compagnie que pouvait seule atteindre une nature comme la sienne, qui, étant née belle par elle-même, a joui du commerce journalier des hommes les plus remarquables de son siècle. De Ménandre je ne connais que ses quelques fragments, mais ils me donnent aussi de lui une si haute idée, que je tiens ce grand Grec pour le seul homme qui puisse être comparé à Molière. »

« — Je suis heureux de vous entendre parler si favorablement sur Molière. Vos paroles sonnent autrement que celles de M. de Schlegel! Encore ces jours-ci, c'est avec un grand dégoût que j'ai avalé ce qu'il dit sur Molière, dans ses Leçons sur la poésie dramatique. Comme vous savez, il le traite tout à fait de haut en bas, comme un vulgaire faiseur de farces, qui n'a vu la bonne compagnie que de loin, et dont le métier était d'inventer des bouffonneries de tout genre, propres à divertir son maître. Ce sont ces facéties d'un comique bas qu'il aurait le mieux réussies, et, ce qu'elles renferment de mieux, il l'avait volé; pour la haute comédie il lui fallait se forcer, et il a toujours échoué. » — « Pour un être comme Schlegel, dit Goethe, une nature solide comme Molière est une vraie épine dans l'œil; il sent qu'il n'a pas une seule goutte de son sang, et il ne peut pas le souffrir. Il a de l'antipathie contre *le Misanthrope* que, moi, je relis sans cesse comme une des pièces du monde qui me sont les plus chères; il donne au *Tartuffe*, malgré lui, un petit bout d'éloge, mais il le rabat tout de suite autant qu'il lui est possible. Il ne peut pas lui pardonner d'avoir tourné en ridicule l'affectation des femmes savantes, et il est probable, comme un de mes amis l'a remarqué, qu'il sent que, s'il avait vécu de son temps, il aurait été un de ceux que Molière a voués à la moquerie. — Il ne faut pas le nier, Schlegel sait infiniment ; et on est presque effrayé de ses connaissances extraordinaires, de sa grande lecture. Mais cela n'est pas tout. Même dans la plus grande érudition, il n'y a encore aucun jugement. Sa critique est essentiellement étroite ; dans presque toutes les pièces il ne voit que le squelette de la fable et sa disposition ; toujours il se borne à indiquer les petites ressemblances avec les grands maîtres du passé ; quant à la vie et à l'attrait que l'auteur a répandus dans son œuvre, quant à la hauteur et à la maturité d'esprit qu'il a montrées, tout cela ne l'occupe absolument en rien. A quoi bon tous les artifices employés par le talent, s'ils ne servent à nous faire voir à travers la pièce l'aimable ou le grand caractère de l'auteur ? C'est là seulement ce qui passe dans le peuple pour le former. — Dans la manière dont Schlegel traite le théâtre français, je trouve tout ce qui constitue le mauvais critique, à qui manque tout organe pour honorer la perfection, et qui méprise comme la poussière une nature solide et un grand caractère. »

« — Il est juste en revanche pour Shakspeare et Calderon, dis-je, et montre même pour eux un goût prononcé. » — « Tous deux sont des hommes sur lesquels on ne peut jamais dire assez de bien, mais je n'aurais pas été étonné de voir Schlegel les outrager pareillement de ses insultes. Il est juste aussi pour Eschyle et Sophocle ; cependant je crois qu'il les loue, non parce qu'il a une conviction vivante de leur mérite extraordinaire, mais uniquement parce qu'il est de tradition chez les philologues de les placer tous deux très-haut. Car, au fond, la petite personne de Schlegel n'était pas capable de concevoir des natures si élevées et de les apprécier à leur juste valeur. — S'il en avait été ainsi, il aurait été juste aussi envers Euripide, et n'aurait pas agi avec lui comme il l'a fait. Mais il sait que les philologues ne le tiennent pas en honneur excessif, et il se sent bien aise, sur cette grande autorité, d'avoir la permission de tomber d'une façon honteuse sur ce grand ancien et de le morigéner autant qu'il le peut, en vrai maître d'école. Je ne nie pas qu'Euripide n'ait ses défauts; mais il a toujours été cependant un digne rival de Sophocle et d'Eschyle. S'il ne possédait pas la haute gravité et la sévère perfection d'art de ses deux prédécesseurs, s'il a eu dans sa manière d'écrire ses pièces un laisser aller plus humain, c'est qu'il connaissait assez ses Athéniens pour savoir que ce ton qu'il prenait était justement celui qui convenait à ses contemporains. Mais un poëte que Socrate nommait son ami, qu'Aristote plaçait très-haut, que Ménandre admirait, et à la mort duquel Sophocle et la ville d'Athènes prenaient des vêtements de deuil, devait pourtant bien être, en effet, quelque chose. Quand un moderne comme Schlegel relève un défaut dans un si grand ancien, il ne doit lui être permis de le faire qu'à genoux [1]. »

[1] « Je suis content de voir que tu suis mes exhortations et que tu t'occupes de Molière. Nos chers Allemands croient montrer de l'esprit en avançant des paradoxes, c'est-à-dire des injustices. Ce que Schlegel, dans ses *Leçons*, dit de Molière m'a profondément affligé; j'ai gardé le silence pendant de longues années, mais maintenant je veux parler à mon tour et apporter quelque consolation à un grand nombre d'esprits de tous les temps en combattant ces erreurs. — Les Français eux-mêmes

Dimanche, 1ᵉʳ avril 1827.

Le soir, chez Gœthe, j'ai causé avec lui de la représentation de son *Iphigénie*, donnée hier, et dans laquelle M. Kruger, du théâtre royal de Berlin, a joué Oreste avec grand succès. « La pièce, dit Gœthe, a ses difficultés. Elle est riche en vie intérieure, mais pauvre en vie extérieure. Mettre en saillie la vie intérieure, voilà la difficulté. La pièce a pour fond des horreurs barbares de toute espèce, et de ces horreurs sortent les effets les plus

ne s'expliquent pas avec un plein accord sur le *Misanthrope ;* tantôt Molière doit avoir retracé le caractère d'un certain courtisan connu pour sa verte rudesse ; tantôt, c'est lui-même qu'il a peint. Il a dû certainement puiser dans son cœur, il a dû retracer ses rapports avec le monde ; mais quels rapports ? seulement les plus généraux. Je parierais qu'en plus d'un endroit tu as deviné les allusions. Ne joues-tu pas le même personnage avec ceux qui t'entourent ? Pour moi, je suis déjà assez vieux, et je n'ai pas encore réussi à me placer à côté des dieux d'Épicure. » (Lettre à Zelter du 27 juillet 1828).—Voir encore sur les Schlegel la lettre du 26 octobre 1831 : « Les frères Schlegel, qui avaient reçu beaucoup de belles facultés, ont été toute leur vie et sont de malheureuses créatures. Ils voulaient paraître avoir plus d'importance qu'il ne leur était donné d'en avoir ; ils cherchaient une influence supérieure à celle qu'il leur était possible d'exercer ; aussi ils ont fait beaucoup de mal dans l'art et dans la littérature. Les artistes et les amis de l'art ne se sont pas encore guéris de leurs fausses doctrines, qui préconisaient, enseignaient et propageaient l'alliance de l'égoïsme avec la débilité. Il faut même laisser debout cette erreur pendant quelque temps, car on plongerait dans le désespoir ceux auxquels on ouvrirait les yeux. En attendant, nous autres, nous sommes réduits à protéger des artistes dont personne ne veut acheter les œuvres, car elles ne disent rien à personne. Aussi nos excellentes Sociétés d'art se moquent honnêtement de nous en mettant en loterie des tableaux que personne ne voudrait acheter ; celui qui les gagne ne sait pas trop s'il doit être content... Frédéric Schlegel s'est asphyxié à force de ruminer ces absurdités sur la morale et la religion que dans sa malheureuse existence il aurait si volontiers communiquées et répandues : il s'est alors réfugié dans le catholicisme, et dans son naufrage, il a entraîné Adam Müller... » etc. — Voir aussi la *Correspondance de Gœthe et de Schiller.* Les deux amis sont d'accord. Schiller même, avec son caractère plus vif, blâmait la tolérance, parfois presque bienveillante, que Gœthe montrait pour les *Dioscures* romantiques.

saisissants. — La parole écrite n'est certes qu'un terne reflet de la vie excitée en moi lorsque je la composais. L'acteur doit nous rendre cette première chaleur qui animait le poëte pour la première fois en face de son sujet. Il faut que nous voyons des Grecs, des héros vigoureux, que tout à l'heure encore entourait le souffle des mers, que des maux et des dangers de toute sorte ont poursuivis et tourmentés, et qui expriment avec énergie ce que dit leur conscience au fond de leur poitrine. Il ne nous faut pas des acteurs qui ne sachent pas sentir avec force, et qui récitent un rôle appris superficiellement par cœur, encore moins des acteurs qui ne sachent pas leur rôle. Je dois avouer que je n'ai pas encore réussi à voir une représentation parfaite de mon *Iphigénie*. Voilà pourquoi je ne suis pas allé hier au théâtre. Car c'est pour moi une intolérable souffrance de me battre avec ces spectres qui ne veulent pas apparaître sous leurs vraies formes. »

« — Vous auriez sans doute été satisfait de l'Oreste tel que M. Kruger l'a joué, dis-je, son jeu était si clair que rien n'était plus facile à comprendre et à concevoir que son rôle. Tout se gravait, et je n'oublierai ni son geste ni son accent. — Ce que son âme aperçoit dans son exaltation, la vision, il savait par les mouvements de son corps, par les différents changements de ton de sa voix, la rendre pour ainsi dire perceptible pour les yeux. Cet Oreste aurait empêché Schiller de regretter l'absence des Furies; elles étaient derrière lui, elles étaient autour de lui. Ce passage remarquable où Oreste, se réveillant de son abattement, se croit plongé dans les Enfers, a produit un grand saisissement. On voyait ce cortége d'ancêtres qui passent en s'entretenant ensemble; on voyait Oreste se mêler à eux, les interroger, les suivre. On se croyait soi-même entraîné, on était aussi parmi les bienheureux, tant l'artiste avait tout senti avec clarté et profondeur, tant était grande sa puissance pour mettre l'inconcevable devant les yeux. »

— « Vous êtes donc encore des gens sur lesquels on peut arriver à produire une impression! dit Goethe en riant. Mais allez; continuez; Kruger a ainsi été réellement bon? ses ressources physiques sont remarquables? »

« — Son organe est pur, sonore, très-exercé, et par là capable de la plus grande flexibilité et de la plus grande variété. Sa force physique, son adresse corporelle sont des secours qui l'aident à franchir heureusement toutes les difficultés. Il semble s'être rompu à tous les exercices du corps pendant toute sa vie. »

« Un acteur, à vrai dire, reprit Goethe, devrait aussi prendre des leçons d'un sculpteur et d'un peintre. Ainsi, pour représenter un héros grec, il lui est absolument nécessaire d'avoir bien étudié les statues antiques qui sont parvenues jusqu'à nous, et d'avoir empreint en lui la grâce sans recherche qu'ils avaient dans tous leurs mouvements, soit qu'ils fussent assis, debout ou en marche. — Et ce n'est pas tout de s'occuper du corps. L'acteur doit, par une étude assidue des meilleurs écrivains anciens et modernes, donner à son esprit un grand développement, ce qui non-seulement l'aidera à comprendre ses rôles, mais répandra sur toute sa personne, sur toute sa tenue une couleur plus noble. — Mais racontez toujours! Qu'avez-vous encore remarqué de bon en lui? »

« — Il semble qu'il a une grande affection pour son rôle. il s'éait l expliqué clairement, par une étude attentive, chaque détail ; il vivait et remuait dans son héros avec une grande liberté ; il n'y avait rien qui ne fût devenu sien. Aussi chaque mot avait la justesse de l'expression et de l'accent, et il était si sûr de lui que le souffleur était un personnage tout à fait superflu. »

« — Voilà qui est bien, dit Gœthe, et voilà ce qu'il faut ! Il n'y a rien de plus insupportable qu'un acteur qui n'est pas maître de son rôle, qui doit, à chaque nouvelle phrase, être aux écoutes du côté du souffleur ; son jeu devient aussitôt nul, sans force, sans vie. Quand, dans une pièce comme mon *Iphigénie*, les acteurs ne possèdent pas parfaitement leurs rôles, il vaut mieux ne pas jouer. Car la pièce ne peut avoir du succès que si tout marche d'une façon sûre, rapide et vivante. — Ah ! c'est ainsi ! J'ai du plaisir à voir que Kruger s'en est si bien tiré. — Zelter me l'avait recommandé, et j'aurais été fâché s'il n'avait pas aussi bien réussi. Je vais lui jouer un petit tour ; je lui donnerai comme souvenir un exemplaire de mon *Iphigénie* joliment relié, et j'y écrirai quelques vers sur son jeu. »

La conversation passa à l'*Antigone* de Sophocle, et à la haute moralité qu'elle renferme, puis s'éleva la question : D'où est venue dans le monde la moralité ?

« De Dieu même, comme tout autre bien, dit Gœthe. Ce n'est pas un produit de la réflexion humaine ; c'est une belle essence qui est créée avec nous, innée en nous. Elle existe plus ou moins dans l'homme en général ; elle existe à un haut degré dans quelques-uns, elle est un don spécial de certaines âmes. Celles-là ont révélé par des actions ou par des doctrines ce qu'elles renfermaient de divin dans leurs profondeurs ; leur apparition a, par sa beauté, saisi les hommes, qui ont été puissamment entraînés à les honorer et à rivaliser avec elles. — L'expérience et la sagesse pouvaient arriver aussi à la connaissance de la valeur de la beauté morale et du bien, car elles voyaient le vice avoir pour conséquences la destruction du bonheur particulier comme du bonheur général ; au contraire, ce qui est noble et juste a toujours amené avec soi et accru le bonheur de tous comme le bonheur de chaque individu. La beauté morale pouvait donc ainsi devenir une doctrine et se répandre sous la forme de la parole sur des populations entières. »

« — Je lisais dernièrement quelque part, dis-je, cette opinion, que la tragédie grecque avait pour but spécial de montrer la beauté de la moralité. »

« — Elle ne montre pas tant la moralité que les diverses relations de la nature humaine conçue dans sa vérité. Mais elle montre surtout cette nature humaine dans ses conflits avec des puissances ou des institutions rudes et dures, parce que là elle pouvait devenir tragique, et c'est dans cette région que se trouvait aussi la moralité, élément essentiel de la nature humaine. — D'ailleurs, la moralité d'*Antigone* n'appartient pas à Sophocle, elle était dans le sujet, que Sophocle pouvait choisir d'autant plus volontiers qu'il renfermait autant d'effets dramatiques que de beauté morale. »

Gœthe a parlé ensuite du caractère de Créon et d'Ismène, et de la nécessité de ces deux figures pour que les belles âmes de ses héroïnes puissent se développer, puis il a dit : « Tout ce qui est noble est de nature calme et semble dormir jusqu'à ce que son contraire l'éveille et le contraigne à se montrer. Ce contraire, c'est Créon, placé ici en partie à cause d'Antigone, afin que par lui se manifestent l'âme noble d'Antigone et la justice de sa cause; en partie aussi pour lui-même, afin que sa malheureuse erreur nous paraisse haïssable. Mais comme Sophocle voulait nous montrer la nature élevée de son héroïne avant le fait même, il fallait trouver un second contraire; il existe dans la sœur d'Antigone, Ismène. Dans celle-ci le poëte nous a donné un beau type de caractère ordinaire, et la grandeur d'Antigone, qui dépasse sa sœur d'une façon si frappante, nous devient ainsi bien plus visible. »

Nous avons parlé alors des écrivains dramatiques en général, et de l'influence considérable qu'ils exerçaient et qu'ils pouvaient exercer sur la grande masse du peuple. Gœthe a dit : « Un grand poëte dramatique qui est fécond, et qui pénètre toutes ses œuvres d'une noble pensée, peut arriver à faire de l'âme de ses œuvres l'âme du peuple. Cela mériterait bien la peine d'être tenté. De Corneille sort une puissance capable de faire des héros. C'était quelque chose pour Napoléon, qui avait besoin d'un peuple de héros; voilà pourquoi il disait de Corneille que, s'il vivait encore, il le ferait prince. Un poëte dramatique qui connaît sa vraie destinée doit donc travailler sans cesse à se développer en s'élevant, afin que l'influence qu'il exerce sur le peuple soit bienfaisante et noble. Il ne faut pas étudier nos contemporains et nos rivaux, mais les grands hommes du temps passé, dont les ouvrages ont conservé depuis des siècles même valeur et même considération. Un homme qui a vraiment l'âme douée de grandeur sentira seul ce besoin; et c'est justement ce besoin de commerce avec nos grands prédécesseurs qui est le signe d'une forte vocation. Que l'on étudie Molière, que l'on étudie Shakspeare, mais avant toutes choses les anciens Grecs, et toujours les Grecs. »

« — Pour les natures élevées, dis-je, l'étude des écrits de l'antiquité peut certainement être d'un prix infini, mais en général elle paraît avoir peu d'influence sur le caractère personnel. S'il en était ainsi, tous les philologues et tous les théologiens devraient être des hommes excellents ; mais il n'en est pas du tout ainsi ; et les connaisseurs de l'antiquité grecque et latine sont des gens de valeur solide ou de pauvres créatures, suivant les bonnes ou mauvaises qualités que Dieu a déposées dans leur nature, ou qu'ils doivent à leur père et à leur mère. »

« — Ce que vous dites est parfaitement juste, mais cela ne veut pas dire du tout que l'étude des écrits de l'antiquité soit en général sans effet sur le développement du caractère. Un coquin reste certainement un coquin, et une nature petite, même dans un commerce de chaque jour avec la grandeur de la pensée antique, ne grandira pas d'un pouce. Mais si une créature noble, dans l'âme de laquelle Dieu a mis la faculté de s'élever peu à peu à la grandeur de caractère et à l'élévation d'esprit, fait connaissance et vit en commerce intime avec les hautes natures de l'antiquité grecque et romaine, elle se développera magnifiquement ; chaque jour elle croîtra visiblement et tendra à une grandeur égale. »

Mercredi, 11 avril 1827.

Je suis allé aujourd'hui à une heure chez Gœthe, qui m'avait invité à faire une promenade en voiture avant le dîner. Nous avons suivi la route d'Erfurt. Le temps était très-beau ; de chaque côté de la route les champs de blé rafraîchissaient le regard de la plus vive verdure ; Gœthe semblait tout sentir avec la sérénité joyeuse et la jeunesse du printemps nouveau, mais dans ses paroles respirait la sagesse du vieillard. Il prit la parole ainsi : « Je le dis toujours et je le répète, le monde ne pourrait pas subsister, s'il n'était pas si simple. Voilà déjà maintenant des milliers d'années que ce pauvre sol est labouré, et ses forces sont toujours les mêmes. Un peu de pluie, un peu de soleil, et le printemps reverdit encore, et ainsi toujours. » — Je ne répondis pas; Gœthe laissait errer ses regards sur les champs cultivés, puis bientôt, les ramenant sur moi, il commença ainsi à me parler sur un autre sujet : « J'ai fait ces jours-ci une étrange lecture, celle des lettres de Jacobi et de ses amis. C'est un livre excessivement curieux, et il faut que vous le lisiez, non pour y apprendre quelque chose, mais pour jeter un coup d'œil sur l'état des esprits et de la littérature à cette époque; on n'en a aucune idée. On ne voit là que des hommes qui ont tous une certaine importance, mais il n'y pas ombre de direction uniforme et d'intérêt commun; chacun d'eux est soigneusement ramassé sur lui-même, et suit sa route, sans prendre le moindre intérêt aux efforts d'autrui. Ils me paraissent ressembler à des billes de billard, qui sur le tapis vert courent aveuglément les unes à travers les autres sans se connaître entre elles, et qui ne se touchent que pour se fuir encore plus [1]. »

---

[1] Dans un fragment sur cette correspondance, Gœthe a dit encore : « C'est une lecture très-intéressante pour le public... mais pour moi, elle est fort triste... Je vois clairement pourquoi je n'ai jamais pu, au fond, être d'accord avec tous ces hommes d'ailleurs si bons, si remarquables... Chacun parle une langue différente avec la persuasion que la sienne est la bonne; quant au sujet même de la discussion, personne ne l'aborde. A peu d'exception près, ils sont tous allés à la noce, mais pas un n'a vu la mariée... Ils se complimentent beaucoup, mais dès que l'on veut mettre, franchement son âme à nu, ils s'éloignent... Jacobi ignorait la nature et ne voulait pas l'étudier; il disait même qu'*elle lui cachait son Dieu*. Il triomphe en s'imaginant m'avoir prouvé qu'il n'y a pas de

Cette image si frappante me fit rire, et je demandai le nom de ces correspondants ; Gœthe me les nomma en me donnant quelques détails sur chacun d'eux.

« Jacobi était, au fond, né diplomate. C'était un bel homme de taille élancée, de manières fines et distinguées, qui, comme ambassadeur, aurait été parfaitement à sa place. Mais il lui manquait quelque chose pour être poëte ou philosophe. Ses relations avec moi étaient d'une nature particulière. Il aimait ma personne, sans prendre part à mes travaux ou sans même tout à fait les approuver. Aussi l'amitié était nécessaire pour nous maintenir attachés l'un à l'autre. Au contraire, mes relations avec Schiller furent si uniques, parce que nous trouvions le lien le plus charmant dans la communauté de nos efforts, et entre nous il n'y avait pas besoin de ce qui s'appelle spécialement amitié. »

Je demandai si Lessing paraissait dans la correspondance : « Non, dit-il, mais Herder et Wieland y figurent. Ces unions ne convenaient pas à Herder ; il vivait trop haut pour pouvoir supporter longtemps le creux ; Hamann de même voyait cette société au-dessous de lui. Wieland est

philosophie de la nature, comme si, pour celui qui a des yeux, le monde visible ne révélait pas partout nuit et jour les lois les plus mystérieuses. C'est dans cette harmonie constante de l'infinie variété que je *vois* avec la plus grande évidence les signes tracés par la main de Dieu. Aussi j'aime notre Dante, qui nous permet de poursuivre la *petite fille de Dieu* : « De Dieu le Père est issue la Nature, vierge ravissante ; l'Esprit « de l'homme a recherché et obtenu son amour ; l'union n'a pas été « stérile ; un enfant de génie est né ; cet enfant, c'est la Philosophie de « la Nature. Vous voyez donc bien qu'elle est la petite-fille de Dieu ! »

> E se tu ben la tua Fisica note,
> Tu troverai non dopo molte carte,
> Che l'arte vostra quella, quanta puote,
> Segue, come 'l maestro fa il discente,
> Sì che vostr' arte *a Dio quasi è nipote.*
> (Dante, *Inferno*, canto XI, 101.)

dans ces lettres, comme partout, plein de sérénité, et tout à fait à l'aise. Ne tenant précisément à aucune opinion, il savait entrer dans toutes. Il semblait être un roseau, que le souffle des opinions inclinait de côté et d'autre, mais qui cependant restait toujours solidement fixé par ses fines racines. — Mes relations personnelles avec Wieland ont toujours été excellentes, surtout dans la première période, quand il m'appartenait à moi seul. C'est sur mon encouragement qu'il a écrit ses petits romans. Mais quand Herder arriva à Weimar, Wieland me devint infidèle; Herder le détourna de moi, car la puissance d'attraction de cet homme était très-grande. »

La voiture se tourna pour revenir. Nous vîmes vers l'est de nombreux nuages de pluie qui se poussaient les uns sur les autres. « Ces nuages, dis-je, sont si épais qu'ils menacent à tout instant de se résoudre en pluie; est-il donc possible qu'ils se dissipent, si le baromètre remonte? » — « Oui, dit Gœthe; ces nuages disparaîtraient aussitôt en se répandant dans l'espace comme les fils d'une quenouille qui se dévide. Telle est la forte confiance que j'ai dans le baromètre. Oui, je dis toujours et je le soutiens : Si dans la nuit de la grande inondation de Pétersbourg le baromètre était monté, les eaux ne seraient pas sorties. Mon fils croit à l'influence de la lune sur le temps, et vous y croyez peut-être aussi; je ne vous en blâme pas, car la lune semble être un astre trop important pour qu'on ne lui doive pas accorder une influence marquée sur notre terre, mais le changement du temps, l'élévation ou la descente du baromètre ne dépendent en rien du changement de lune; ce sont des faits purement terrestres. Je me représente la terre avec son cercle de vapeurs comme un grand être vivant qui aspire et respire éternellement. Si la terre aspire, elle attire à elle le cercle de vapeurs qui s'approche de sa surface et s'épaissit en nuages et en pluie. Je nomme cet état l'*affirmation aqueuse*; s'il durait au delà du temps réglé, il noierait la terre. Mais celle-ci ne le permet pas; elle respire de nouveau et renvoie en haut les vapeurs d'eau, qui se répandent dans tous les espaces de la haute atmosphère et s'amincissent à tel point, que non-seulement l'éclat du soleil les traverse, mais que l'éternelle nuit de l'espace infini, vu à travers elles, se colore d'une brillante teinte bleue[1]. J'appelle ce second état de l'atmosphère la *négation aqueuse*. Dans l'état opposé, non-seulement il tombe beaucoup d'eau, mais, de plus, il n'est pas possible que l'humidité de la terre s'évapore et se sèche; au contraire, dans l'état de négation aqueuse, non-seulement aucune humidité n'arrive d'en haut, mais de plus l'humidité de la terre s'élève et disparaît dans l'air, de telle sorte que si cet état se prolongeait au delà du temps réglé, même sans soleil, la terre courrait risque de se dessécher et de se durcir entièrement. — La chose est bien claire, et c'est à ces quelques principes simples et pénétrant profondément que je m'arrête, sans me laisser détourner par quelques anomalies isolées. Baromètre élevé : sécheresse, vent d'est. Baromètre bas : humidité, vent d'ouest; voilà la loi dominante à laquelle

---

[1] Voir l'explication de ce fait dans la *Théorie des couleurs*, § 155. Si la lumière nous vient du soleil, nous devons la beauté et l'éclat du ciel à l'existence de l'atmosphère. Là où elle cesse, disparaissent toutes ces couleurs brillantes qui charment nos sens terrestres. Dans les espaces qui séparent les mondes règne une nuit profonde. La faible lueur des étoiles perdues dans l'immensité, le sifflement passager d'un globe glissant rapidement dans le vide, voilà toute la vie de ces déserts. L'éther est noir et muet. Mais grâce au *milieu* qui nous sépare de cet infini effrayant, le ciel nous apparaît orné des teintes les plus riches et les plus variées.

je m'arrête. Si maintenant un nuage chargé d'eau paraît, même quand le baromètre est élevé et que le vent d'est souffle, ou bien si le ciel est pur par un vent d'ouest, je ne m'en inquiète pas et cela ne trouble en rien ma foi à la grande loi; seulement j'en conclus qu'il existe encore, avec celle-ci, d'autres lois agissantes, que l'on ne peut pénétrer tout d'un coup [1]. Je veux vous dire quelque chose qui pourra vous servir de règle dans la vie. Il y a dans la nature de l'accessible et de l'inaccessible. Il faut bien faire la distinction et la respecter. C'est déjà beaucoup de bien savoir combien il est difficile de distinguer partout où l'un cesse et où l'autre commence. Celui qui l'ignore se tourmentera peut-être toute sa vie pour toucher l'inaccessible, sans jamais se rapprocher du vrai. Mais celui qui fait cette sage distinction se bornera à l'accessible, et en parcourant cette région dans tous les sens, en s'y fortifiant, il pourra même conquérir une petite partie de l'inaccessible, tout en restant toujours prêt à avouer que nous ne pouvons approcher certains objets qu'à une certaine distance, et que la nature garde toujours derrière elle un problème que les facultés humaines ne sont pas capables de résoudre. »

Nous rentrâmes un peu trop tôt pour nous mettre immédiatement à table, et, avant le dîner, Gœthe me montra la gravure d'un paysage de Rubens [2]. C'était une soirée d'été. A gauche, au premier plan, on voyait des ouvriers qui revenaient des champs vers leur maison; au

---

[1] Ces idées sont développées tout au long dans l'*Essai d'une théorie de la Température*. — Voir aussi la lettre à Zelter du 5 octobre 1828.

[2] Le tableau se trouve à Florence, galerie du palais Pitti. — Voir les *Fragments* de Gœthe sur la peinture de paysage, avec les additions de Meyer.

milieu du tableau, un troupeau de moutons se dirigeait derrière son berger vers le village; à droite, dans le fond, on chargeait une voiture de foin; les chevaux dételés paissaient à côté; plus loin, dispersés dans les prairies et dans des bouquets d'arbres, paissaient aussi des juments avec leurs poulains, qui semblaient devoir passer la nuit ainsi en plein air. Plusieurs villages et une ville bornaient l'horizon lumineux de ce tableau qui renfermait l'expression la plus aimable de l'idée d'activité et de repos. Toutes les parties en étaient si bien liées ensemble, et chaque détail avait tant de vérité, que je dis : « Rubens a bien certainement copié ce tableau d'après nature. » — « Pas le moins du monde, dit Gœthe; on n'a jamais vu dans la nature un tableau aussi parfait; nous devons cette composition à l'esprit poétique du peintre. Mais le grand Rubens avait une mémoire si extraordinaire qu'il portait toute la nature dans sa tête, et que chacun de ses détails était toujours à sa disposition. De là vient cette vérité de l'ensemble et de chaque partie, qui nous fait croire que tout n'est qu'une pure et simple copie de la nature. On ne fait plus maintenant de pareils paysages : cette manière de sentir et de voir la nature a disparu; la poésie manque à nos peintres. Et puis nos jeunes talents sont laissés à eux-mêmes, ils manquent de maîtres pleins de vie qui les fassent pénétrer dans les secrets de l'art. On apprend bien quelque chose des morts, mais, nous nous en apercevons, on saisit quelques particularités plutôt qu'on ne pénètre dans les profondeurs de la pensée et du travail d'un maître. »

Monsieur et Madame de Gœthe entrèrent et nous prîmes place à table. La conversation roula gaiement sur les différents événements du jour, sur le théâtre, sur les bals, sur la cour, etc.; mais bientôt nous fûmes ramenés à des objets sérieux, et nous nous trouvâmes enfoncés dans un entretien sur les doctrines religieuses de l'Angleterre. Goethe nous dit : « Il faudrait que vous eussiez comme moi étudié l'histoire de l'Église pour concevoir comment ici tout est lié. Il est aussi extrêmement curieux de voir avec quelles doctrines les mahométans commencent leur éducation. Comme base de la *Religion*, ils affermissent la jeunesse dans cette conviction que rien ne peut arriver à l'homme qui n'ait depuis longtemps été arrêté par la volonté divine, ils se trouvent ainsi pour toute leur vie parfaitement armés et tranquilles, et ils n'ont guère plus besoin d'autre chose. Je ne veux pas chercher ce qu'il peut y avoir dans cette doctrine de vrai ou de faux, d'utile ou de nuisible, mais il y a certainement en nous tous quelque chose de cette foi, même sans que nous l'ayons reçue : « La balle sur laquelle mon nom n'est pas écrit, « ne m'atteindra pas, » dit le soldat dans la bataille, et, sans cette conviction, comment pourrait-il conserver le courage et la gaieté en se lançant au milieu des plus pressants dangers ? La doctrine de la foi chrétienne : « Un « seul passereau ne tombe pas du toit sans la volonté « de votre Père, » est sortie de la même source, et elle annonce une Providence qui tient son regard fixé sur le plus petit objet, et sans la volonté et permission de laquelle rien ne peut arriver. En *Philosophie*, les mahométans commencent leur éducation par ce principe : « Il « n'y a rien dont le contraire ne puisse se soutenir, » et l'exercice auquel ils soumettent l'esprit de la jeunesse consiste à trouver et à exprimer pour chaque opinion l'affirmation contraire la plus opposée, ce qui doit produire une grande souplesse de pensée et de parole. Quand on

a ainsi soutenu le contraire de tout principe, on a pour résultat le *doute*, qui constitue entre les deux idées la vérité. Mais on ne peut pas persévérer dans le doute; il est dans l'esprit un excitant à l'examen, à des *expériences* nouvelles, et si ces expériences sont parfaitement conduites, elles ont pour résultat la *certitude*, terme dernier dans lequel l'homme trouve son plein repos. Vous voyez que rien ne manque à cette doctrine; avec tous nos systèmes nous ne sommes pas allés plus loin, et personne d'ailleurs ne peut aller plus loin. »
— « Cela me rappelle les Grecs, dis-je alors, dont la méthode d'enseignement philosophique doit avoir été semblable; leur tragédie nous le prouve ; la marche de l'action repose dans son essence entièrement sur l'opposition des contraires; aucun des personnages ne peut avancer une opinion sans que l'opinion contraire ne soit soutenue avec autant de vraisemblance par un autre personnage. »

« Vous avez parfaitement raison, et on y retrouve aussi le doute éveillé dans l'esprit du spectateur ou du lecteur, jusqu'à ce qu'enfin, au dénouement, le sort nous donne la certitude, qui se rattache à la morale et défend sa cause. »

Nous nous levâmes de table, et Gœthe m'emmena avec lui dans le jardin pour continuer notre conversation. « Il est curieux, dis-je, de voir comment Lessing, dans ses écrits théoriques, dans *le Laocoon* par exemple, ne marche jamais droit vers un résultat, mais nous fait faire cette course philosophique à travers les deux opinions contraires, puis à travers le doute, jusqu'à ce qu'enfin il nous fasse parvenir à une espèce de certitude. Nous assistons au travail de la pensée et de la découverte, plutôt que nous ne recueillons de larges vues et des vérités propres à exciter notre propre méditation et à nous rendre nous-mêmes créateurs. »

« Vous avez raison ; Lessing a même dit une fois que si Dieu voulait lui donner la vérité, il refuserait ce présent, et préférerait le travail de la recherche. Ce système philosophique des mahométans est une jolie mesure, dont on peut se servir pour soi et pour les autres, quand on veut savoir à quel degré de vertu intellectuelle on est parvenu. Lessing, fidèle à son naturel polémique, aime à s'arrêter dans la région des contradictions et du doute. Distinguer, voilà son affaire, et il était merveilleusement servi dans ce travail par sa grande intelligence. Moi, vous me trouverez tout autre; je ne me suis jamais engagé dans les contradictions ; j'ai toujours cherché à niveler les doutes qui s'élevaient en moi, et je n'ai exprimé que les résultats auxquels je parvenais. »

Je demandai à Gœthe quel était, selon lui, le plus grand des philosophes modernes ; il me répondit :

« Kant ; voilà, sans doute possible, le plus grand. C'est aussi celui dont la doctrine, n'ayant pas cessé d'exercer une influence, a pénétré le plus profondément dans notre civilisation allemande. Il a aussi agi sur vous, sans que vous l'ayez lu. Maintenant vous n'avez plus besoin de le lire, car ce qu'il pouvait vous donner, vous le possédez déjà. Si cependant plus tard vous voulez lire un ouvrage de lui, je vous recommande la *Critique du Jugement*, dans laquelle il a traité excellemment de la rhétorique, passablement de la poésie, mais insuffisamment des beaux-arts. »

« — Votre Excellence a-t-elle eu des relations personnelles avec Kant ? »

« — Non. Kant ne s'est jamais occupé de moi, quoique ma nature me fît suivre un chemin semblable au sien. J'ai écrit ma *Métamorphose des Plantes* avant de rien connaître de Kant, et cependant elle est tout à fait dans l'esprit de sa doctrine. La distinction du sujet qui perçoit et de l'objet aperçu, et cette vue que toute créature existe pour elle-même, et que l'arbre à liége n'a pas poussé pour que nous ayons de quoi boucher nos bouteilles, tout cela était commun à Kant et à moi, et je fus heureux de me rencontrer avec lui dans ces idées. Plus tard j'ai écrit la *Théorie de l'Expérience*, ouvrage qu'il faut considérer comme la critique du sujet et de l'objet et comme le moyen de les concilier. Schiller me détournait toujours de l'étude de la philosophie de Kant. Il disait d'habitude que Kant n'avait rien à me donner. Lui-même il l'étudiait au contraire avec zèle; je l'ai étudié aussi, et ce n'est pas sans y avoir gagné. »

Mercredi, 18 avril 1827.

Avant le dîner, je suis allé avec Gœthe faire un petit tour en voiture sur la route d'Erfurt. Nous y avons rencontré des voitures de transport de toute espèce, chargées de marchandises pour la foire de Leipzig, et aussi quelques troupes de chevaux à vendre, parmi lesquels se trouvaient de fort belles bêtes.

« Il faut que je rie de ces esthéticiens, dit Gœthe, qui se tourmentent pour enfermer dans quelques mots abstraits l'idée de cette chose inexprimable que nous désignons sous cette expression : *le beau*. Le beau est un phénomène primitif qui ne se manifeste jamais lui-même, mais dont le reflet est visible dans mille créations diverses de l'esprit créateur, phénomène aussi varié, aussi divers que la nature elle-même. »

« — J'ai souvent entendu affirmer que la nature était toujours belle, dis-je, qu'elle était le désespoir de l'artiste, et qu'il était rarement capable de l'atteindre. »

« — Je sais bien, dit Gœthe, que souvent la nature déploie une magie inimitable, mais je ne crois pas du tout qu'elle soit belle dans toutes ses manifestations. Ses intentions sont toujours bonnes, mais ce qui manque, c'est la réunion des circonstances nécessaires pour que l'intention puisse se réaliser parfaitement. Ainsi le chêne est un arbre qui peut être très-beau. Mais quelle foule de circonstances favorables ne faut-il pas voir combinées pour que la nature réussisse une fois à le produire dans sa vraie beauté! Si le chêne croît dans l'épaisseur d'un bois, entouré de grands arbres, il se dirigera toujours vers le haut, vers l'air libre et la lumière. Il ne poussera sur ses côtés que quelques faibles rameaux, qui même dans le cours du siècle doivent dépérir et tomber. Lorsqu'il sent enfin sa cime dans l'air libre, il s'arrête content, et puis commence à s'étendre en largeur pour former une couronne. Mais il est déjà alors plus qu'à la moitié de sa carrière; cet élan vers la lumière qu'il a prolongé pendant de longues années, a épuisé ses forces les plus vives, et les efforts qu'il fait pour se montrer encore puissant en s'élargissant ne peuvent plus complétement réussir. Quand sa crue s'arrêtera, ce sera un chêne élevé, fort, élancé, mais il n'aura pas entre sa tige et sa couronne les proportions nécessaires pour être vraiment beau. — Si au contraire un chêne pousse dans un lieu humide, marécageux, et si le sol est trop nourrissant, de bonne heure, s'il a assez d'espace, il poussera dans tous les sens beaucoup de branches et de rameaux; mais ce qui manquera, ce seront des forces qui puissent l'arrêter et le retarder, aussi ce sera bientôt un arbre sans nœuds, sans ténacité, qui n'aura rien d'abrupte, et, vu de loin, il aura l'aspect débile du tilleul; il n'aura pas la beauté, du moins la beauté du chêne. — S'il croît sur la pente d'une montagne, dans un terrain pauvre et pierreux, il aura cette fois trop de nœuds et de coudes, c'est la liberté du développement qui manquera; il sera étiolé, sa crue s'arrêtera de bonne heure, et devant lui on ne dira jamais : « Là il vit une force qui sait nous en imposer. »

« — J'ai pu voir de très-beaux chênes, dis-je, il y a quelques années, lorsque de Gœttingue je fis quelques excursions dans la vallée du Weser. Je les ai trouvés vigoureux, surtout à Solling, dans les environs de Hœxter. »

« — Un terrain de sable ou sablonneux, dit Gœthe, dans lequel ils peuvent pousser en tous sens de vigoureuses racines, paraît leur être surtout favorable. Quant à l'exposition, il leur faut un endroit tel qu'ils puissent recevoir de tous les côtés lumière, soleil, pluie et vent. S'ils poussent commodément, abrités du vent et de l'orage, ils viennent mal, mais une lutte de cent années avec les éléments les rend si forts et si puissants que la présence d'un chêne, arrivé à sa pleine croissance, nous saisit d'admiration. »

« — Ne pourrait-on pas, demandai-je, de ces explications tirer une conséquence et dire : « Une créature est « belle quand elle est arrivée au sommet de son déve- « loppement naturel? »

« — Parfaitement ; mais il faudrait dire d'abord ce que l'on entend par le sommet du développement naturel. »

« — Je désignerais ainsi cette période de la croissance pendant laquelle le caractère qui est spécial à telle ou telle créature apparaît empreint en elle dans sa perfection. »

« — Prise dans ce sens, l'expression est juste, surtout si on ajoute encore qu'il faut, outre cette empreinte parfaite du caractère, que la construction des divers membres de cette créature soit en harmonie avec sa destination naturelle, et par conséquent puisse atteindre son but. Par exemple une jeune fille nubile, que la nature destine à donner naissance à des enfants qu'elle doit ensuite allaiter, ne sera pas belle, si elle n'a pas comme il le faut le bassin large, le sein abondant. L'excès serait également un manque de beauté, puisque l'excès ne serait plus utile à la fin marquée. — Pourquoi quelques-uns de ces chevaux de main que nous venons de rencontrer peuvent-ils être dits beaux, sinon parce que tout dans leur organisation sert parfaitement à une fin légitime. Nous avons admiré l'élégance, la légèreté gracieuse de leurs mouvements, mais il y avait en eux encore autre chose que pourrait nous expliquer un bon cavalier ou un connaisseur en chevaux; nous autres, nous ne recevons que l'impression générale. »

« — Ne pourrait-on pas appeler beau un cheval de charrette, comme ceux que nous avons rencontrés traînant les marchandises des Brabançons? »

« — Certainement! et pourquoi pas? Un peintre, dans le caractère si fortement marqué, dans l'expression si vigoureuse des os, des tendons et des muscles d'un pareil animal, trouverait sans doute un jeu bien plus varié de beautés diverses que dans le caractère plus doux et plus égal d'un élégant cheval de selle. — Le principal, c'est toujours que la race reste pure, et que l'homme n'ait pas porté sur elle sa main mutilante. Un cheval auquel on a coupé la queue et la crinière, un chien avec des oreilles rognées, un arbre privé de ses plus puissants rameaux, et plus que tout une jeune fille dont le corps a été dès sa jeunesse gâté et déformé par le corset, tout cela, ce sont des choses que le bon goût éloigne et qui n'ont place que dans le catéchisme de la beauté des Philistins. »

Au milieu de ces entretiens et d'autres du même genre nous étions rentrés. Nous fîmes encore, avant dîner, quelques tours dans le jardin de la maison. Le temps était très-beau; le soleil du printemps commençait déjà à prendre de la force et à faire sortir des haies et des buissons feuilles et fleurs. Gœthe était tout à l'idée et à l'espérance d'un été plein de bonheurs. — Le dîner fut très-gai. Le jeune Gœthe avait lu l'*Hélène* de son père, et il en parla avec la pénétration de l'esprit naturel. Il avait eu beaucoup de plaisir à lire la partie antique, mais pour la seconde moitié, espèce d'opéra romantique, il était facile de voir qu'elle n'avait pas pris vie devant son imagination.

« Tu as au fond raison, dit Gœthe. C'est là une chose singulière. On ne peut pas dire que l'intelligible soit toujours beau, mais certes le beau est toujours intelligible, ou du moins doit l'être. La partie antique te plaît parce que tu peux l'embrasser, parce que tu en domines les divers fragments et que tu peux, avec ton intelligence, pénétrer jusqu'à la mienne. Dans la seconde partie, ce sont aussi des idées de l'intelligence et de la raison qui paraissent et qui ont été mises en œuvre, mais il y a là des difficultés, et il faut quelque étude avant de pénétrer dans les choses et de retrouver, avec sa propre raison, la raison de l'auteur. »

Gœthe parla ensuite avec beaucoup d'éloges des poésies de madame Tastu, dont la lecture l'a occupé ces jours-ci, et dont il a énuméré les différents mérites.

Lorsque le reste de la compagnie partit, je me disposai à me retirer également, mais Gœthe me pria de rester encore un peu, et il fit apporter un portefeuille rempli de gravures et d'eaux-fortes de maîtres hollandais. « Je veux encore, me dit-il, vous donner pour dessert un petit régal, » et il étalait devant moi un paysage de Rubens. Vous avez déjà vu ce tableau avec moi; mais on ne peut jamais assez regarder l'excellent, et cette fois il s'agit, de plus, de quelque chose de tout particulier. Voudriez-vous me dire ce que vous voyez? » — « En commençant par le fond, dis-je, nous avons au dernier plan un ciel très-clair, comme après le coucher du soleil. Puis, tout à fait dans l'éloignement, un village et une ville, éclairés par les lueurs du soir. Au milieu du tableau, une route, sur laquelle marche rapidement un troupeau de moutons se dirigeant vers le village. A droite, des tas de foin et une charrette qui vient d'être chargée. Des chevaux harnachés paissent auprès. Plus loin, çà et là, dans les bouquets d'arbres, des juments avec leurs poulains, qui semblent devoir passer la nuit dehors. Puis, plus près, un groupe de grands arbres, et enfin, tout à fait au premier plan à gauche, des ouvriers qui rentrent chez eux. » — « Bon! c'est peut-être tout, mais le principal manque encore. Tout ces objets ici reproduits : le troupeau de moutons, la charrette avec le foin, les chevaux, les ouvriers rentrant chez eux, de quel côté sont-ils éclairés? »

« — Ils reçoivent la lumière de notre côté, et projettent leurs ombres vers l'intérieur du tableau. Les ouvriers qui rentrent chez eux, surtout, sont en pleine lumière, ce qui produit un excellent effet.

« — Mais comment Rubens a-t-il amené ce bel effet? »

« — En faisant ressortir ces figures claires sur un fond sombre. »

« — Mais ce fond sombre, comment est-il produit? »

« — Par la masse d'ombre que le groupe d'arbres projette du côté des figures; mais qu'est-ce donc! ajoutai-je alors tout surpris, les figures projettent leur ombre vers l'intérieur du tableau, et le groupe d'arbres, au contraire, projette son ombre vers nous! La lumière vient de deux côtés opposés! Voilà certes qui est tout à fait contre nature! »

« — Voilà justement ce dont il s'agit, dit Gœthe en souriant légèrement. — Voilà en quoi Rubens se montre grand et prouve que son libre esprit est au-dessus de la nature, et agit avec elle comme il convient à son but élevé. La double lumière est à coup sûr une violence, et vous pourrez toujours dire qu'elle est contre nature; mais si cela est contre nature, j'ajoute aussitôt que cela est plus haut que nature; je dis que c'est un coup hardi du maître qui montre avec génie que l'art n'est pas soumis entièrement aux nécessités imposées par la nature et qu'il a ses lois propres. L'artiste doit, dans le détail, suivre la nature avec une fidélité religieuse; il ne doit, dans le squelette d'un animal, dans la position relative de ses tendons et de ses muscles, apporter aucun changement arbitraire qui détruirait son caractère original; cela s'appelle anéantir la nature. Mais, dans les hautes régions de la pratique artistique, pour faire d'un tableau un vrai tableau, il a plus large carrière, et il doit même en venir à des fictions, comme Rubens l'a fait dans ce paysage avec la double lumière. L'artiste est avec la nature dans un double rapport : il est son maître et son esclave en même temps. Il est son esclave, en ce sens qu'il doit agir avec des moyens terrestres pour être compris; il est son maître, en ce sens qu'il soumet et fait servir ces moyens terrestres à ses hautes intentions. L'artiste veut parler au monde par un ensemble; mais cet ensemble, il ne le trouve pas dans la nature; il est le fruit de son propre esprit, ou, si vous voulez, son esprit est fécondé par le souffle d'une haleine divine. — Si nous ne jetons sur ce tableau qu'un regard peu attentif, tout nous semble si naturel que nous le croyons copié simplement d'après nature. Mais il n'en est pas ainsi. Un si beau tableau n'a jamais été vu dans la nature, aussi peu qu'un paysage de Poussin ou de Claude Lorrain, qui nous paraît très-naturel, mais que nous cherchons en vain dans la réalité. »

« — Des traits aussi hardis de fiction artistique[1], analogues à cette double lumière de Rubens, se trouvent-ils aussi dans la littérature? demandai-je.

« Il ne faut pas aller bien loin, répondit Goethe après un instant de réflexion. Je pourrais vous en montrer dans Shakspeare par douzaines. Prenez seulement *Macbeth*.

---

[1] On peut en citer bien d'autres exemples. Le Laocoon a les cuisses de longueur différente. L'Apollon du Belvédère est bossu et boiteux; il n'a ni les épaules ni les jambes égales. Le *Miracle de Bolsène* est éclairé par deux jours qui ne s'expliquent pas. L'*École d'Athènes* a une faute énorme de perspective: elle a deux points de vue. Les sonates de Beethoven renferment des fautes grossières d'harmonie, etc. Mais remarquons-le vite : avant de s'autoriser d'une de ces fautes pour l'imiter, l faut être bien sûr d'être, comme celui qui l'a commise, un homme de génie.

Lorsque lady Macbeth veut exciter son époux à l'action, elle dit : « J'ai allaité des enfants…, » etc. Que cela soit vrai ou non, il importe peu; lady Macbeth parle ainsi et doit parler ainsi pour augmenter l'effet de son discours; mais dans le cours de la pièce, lorsque Macduff apprend le désastre des siens, dans sa violente fureur il s'écrie : « Il n'a pas d'enfants !… » Ces mots sont en contradiction avec ceux de lady Macbeth. Shakspeare ne s'en est pas inquiété. Il ne cherche qu'à donner à chaque discours toute sa force, et de même que lady Macbeth, pour donner à ses paroles tout leur effet, devait dire : « J'ai allaité ses enfants, » Macduff, pour la même raison, devait dire : « Il n'a pas d'enfants !» — En général, ce n'est pas avec tant de précision et de minutie qu'il faut examiner les coups de pinceau d'un peintre ou les mots d'un poëte; si une œuvre d'art est sortie d'un esprit libre et hardi, il faut, pour la contempler, pour en jouir, avoir autant que possible un esprit aussi libre et aussi hardi. — Ainsi de ces paroles de Macbeth : « Ne me donne aucune fille…,» il serait insensé de vouloir conclure que lady Macbeth est une jeune femme qui n'a pas encore eu d'enfants. Et il serait aussi insensé de vouloir aller plus loin et d'exiger que lady Macbeth fût représentée sur la scène comme une toute jeune personne. Shakspeare ne fait pas du tout dire à Macbeth ces paroles pour indiquer la jeunesse de lady Macbeth; ces paroles, comme celles de lady Macbeth et de Macduff que j'ai citées plus haut, ne sont là que par une raison oratoire, et ils ne prouvent rien, sinon que le poëte fait toujours dire à ses personnages ce qui, dans chaque situation, est le plus juste, le plus convenable, et capable de produire le plus d'effet, sans tant se tourmenter et calculer pour chercher si ces paroles ne seraient point peut-être en contradiction avec un autre passage. — D'ailleurs Shakspeare n'a guère pensé que chaque lettre de ses pièces serait un jour comptée, comparée et confrontée; lorsqu'il écrivait, il avait la scène devant les yeux, il considérait ses pièces comme des œuvres douées de mouvement et de vie qu passent rapidement devant les yeux et par les oreilles d'un spectateur placé devant une scène, œuvres qu'on ne peut arrêter et censurer en détail, et dans lesquelles il ne s'agit toujours que de produire un grand effet au moment présent. »

Mardi, 24 avril 1827.

Auguste-Guillaume de Schlegel est ici. Gœthe, avant dîner, a fait avec lui une promenade en voiture autour du Webicht[1], et a donné en son honneur, ce soir, un grand thé, auquel assistait le compagnon de voyage de Schlegel, M. le docteur Lassen[2]. Tout ce qui, à Weimar, a un rang ou un nom était aussi invité; aussi le mouvement était grand dans les salons de Gœthe. M. de Schlegel était tout entouré par les dames, auxquelles il a montré des bandelettes couvertes d'images de dieux indiens, et le texte de deux grands poëmes indiens que, sauf lui et M. Lassen, personne, sans doute, ne comprenait. Schlegel avait une fort élégante toilette, et paraissait dans la fleur de la jeunesse, si bien que quelques personnes voulaient soutenir qu'il ne semblait pas ignorer l'emploi des cosmétiques. — Gœthe m'attira dans une fenêtre. « Eh bien, comment vous plaît-il? » — « Exactement autant qu'autrefois, » répondis-je. — « Sous beaucoup de rapports ce

[1] Petit bois entre Weimar et Tiefurt.
[2] Le célèbre orientaliste de l'Université de Bonn.

n'est certes pas là un homme; mais, à cause de son érudition variée et de ses grands mérites, il faut lui pardonner quelque chose. »

Mercredi, 25 avril 1827.

Dîné chez Gœthe avec M. le docteur Lassen. Schlegel a dîné encore aujourd'hui à la cour. M. Lassen a déroulé ses connaissances sur la poésie indienne, ce qui paraissait être très-agréable à Gœthe, qui pouvait ainsi compléter les idées fort incomplètes qu'il possède sur ce sujet. — Le soir, je suis retourné quelques instants chez Gœthe, il m'a dit que Schlegel, à la tombée du jour, était venu et avait eu avec lui, sur la littérature et l'histoire, un entretien très-instructif. « Il n'y a qu'à ne pas chercher des raisins sur les épines et des figues sur les chardons, a-t-il dit, et alors tout est parfait. »

Jeudi, 3 mai 1827.

La traduction très-heureusement réussie des œuvres dramatiques de Gœthe par Stapfer a été l'an dernier jugée dans *le Globe* [1], à Paris, par M. J. J. Ampère, d'une façon non moins excellente, et ce jugement a fait tant de plaisir à Gœthe qu'il en reparle très-souvent, et en expose très-souvent les mérites. « Le point de vue de M. Ampère, dit-il, est très-élevé. Les critiques allemands, dans des occasions semblables, aiment à partir de la philosophie; leur examen et leur discussion de l'œuvre poétique sont tels que leur commentaire explicatif n'est intelligible qu'aux philosophes de l'école à laquelle ils appartiennent; quant aux autres lecteurs, l'explication est

---

[1] Dans les numéros du 29 avril et du 20 mai 1826. Ce travail remarquable a été traduit par Gœthe. Il a été réimprimé par M. Ampère dans le premier volume de *Littérature et Voyages* (p. 169).

pour eux beaucoup plus obscure que l'ouvrage qu'elle veut éclaircir. Au contraire, M. Ampère agit tou- pratiquement, tout humainement. En homme qui connaît le métier à fond, il montre la parenté de l'œuvre avec l'ouvrier, et juge les différentes productions poétiques comme des fruits différents des différentes époques de la vie du poëte. Il a fait la plus profonde étude des vicissitudes de ma carrière sur cette terre et des situations diverses de mon âme, et il a eu le talent de voir ce que je n'avais pas dit et ce qu'on ne pouvait lire pour ainsi dire qu'entre les lignes. Avec quelle justesse n'a-t-il pas remarqué que dans les dix premières années de ma vie de ministre et d'homme de cour à Weimar, je n'avais autant dire rien fait, que c'est le désespoir qui m'a poussé en Italie; que là, pris d'un nouveau désir de produire, je saisis l'histoire du Tasse pour me délivrer, en prenant comme sujet tous les souvenirs et toutes les impressions de la vie de Weimar, qui me fatiguaient encore de leur poids accablant. Le nom de Werther renforcé[1] qu'il donne au Tasse est d'une justesse frappante. Il n'y a pas moins d'esprit dans ce qu'il dit sur le *Faust*, lorsqu'il montre que le dédain sarcastique et l'ironie amère de Méphistophélès sont des parties de mon propre caractère, aussi bien que la sombre activité toujours inassouvie du héros. »

Gœthe parlait ainsi très-souvent de M. Ampère en le louant; nous prîmes à lui un vif intérêt, nous cherchions à nous faire une idée nette de sa personne; nous n'y réussîmes pas, mais nous fûmes tous deux d'accord pour croire que ce devait être un homme d'âge moyen, pour

---

[1] Cette expression n'est pas dans l'Étude de M. Ampère, mais elle résume bien un de ses développements.

expliquer cette connaissance si approfondie qu'il avait de l'effet réciproque de la vie sur la poésie. Aussi nous fûmes bien surpris lorsque M. Ampère, il y a quelques jours, arriva à Weimar, et se montra à nous comme un joyeux jeune homme d'environ vingt ans, et nous ne fûmes pas moins surpris lorsque dans le cours de nos relations, il nous apprit que tous ses collaborateurs du *Globe*, dont nous avions admiré souvent la sagesse, la modération et le haut développement, étaient tous des jeunes gens comme lui-même.

« Je comprends bien, dis-je, que l'on puisse produire jeune une œuvre remarquable et écrire, comme Mérimée, des pièces excellentes à vingt ans; mais que dans ces années de jeunesse on ait le regard assez large, assez pénétrant, et que l'on juge d'aussi haut que ces messieurs du *Globe*[1], c'est là pour moi quelque chose d'absolument nouveau. »

« — Vous, dans votre pays, vous n'avez rien acquis si facilement, et nous aussi, dans notre Allemagne centrale, il nous a fallu acheter assez cher notre petite sagesse. Mais, c'est que nous tous, en réalité, nous menons une misérable vie d'isolement! Ce qui s'appelle vraiment le peuple ne sert que fort peu à notre développement, et tous les hommes de talent, toutes les bonnes têtes sont parsemées à travers toute l'Allemagne. L'un

---

[1] Est-il besoin de rappeler quels étaient *ces messieurs?* Presque tous les noms de ces jeunes gens sont devenus, sous le règne suivant, des noms célèbres. De la plupart des articles sont sortis plus tard des livres classiques. MM. Cousin, Guizot, Villemain publiaient dans cet heureux journal des fragments de leurs leçons; M. Sainte-Beuve lui donnait son *Tableau de la poésie au seizième siècle;* MM. Vitet, de Rémusat, Ampère, Dubois, Jouffroy, Damiron, Patin, y inséraient leurs premiers essais; les poésies inédites de l'école nouvelle y paraissaient; en un mot toute l'élite de la pensée libérale était là, active et militante.

reste à Vienne, un autre à Berlin, un autre à Kœnigsberg, un autre à Bonn ou à Dusseldorf, tous séparés les uns des autres par cinquante, par cent milles, et le contact personnel, l'échange personnel de pensées sont des raretés. Je sens ce qui pourrait exister, lorsque des hommes comme Alexandre de Humboldt passent par Weimar, et en un seul jour me font plus avancer dans mes recherches, dans ce qu'il me faut savoir, que je ne pourrais y réussir par des années de marche isolée sur ma route solitaire. — Imaginez-vous maintenant une ville comme Paris, où les meilleures têtes d'un grand empire sont toutes réunies dans un même espace, et par des relations, des luttes, par l'émulation de chaque jour, s'instruisent et s'élèvent mutuellement; où ce que tous les règnes de la nature, ce que l'art de toutes les parties de la terre peuvent offrir de plus remarquable est accessible chaque jour à l'étude; imaginez-vous cette ville universelle, où chaque pas sur un pont, sur une place rappelle un grand passé, où à chaque coin de rue s'est déroulé un fragment d'histoire. Et encore ne vous imaginez pas le Paris d'un siècle borné et fade, mais le Paris du dix-neuvième siècle, dans lequel, depuis trois âges d'hommes, des êtres comme Molière, Voltaire, Diderot et leurs pareils ont mis en circulation une abondance d'idées que nulle part ailleurs sur la terre on ne peut trouver ainsi réunies, et alors vous concevrez comment Ampère, grandissant au milieu de cette richesse, peut être quelque chose à vingt-quatre ans. — Vous disiez tout à l'heure qu'il nous était facile de comprendre que l'on pût, à vingt ans, écrire des pièces aussi bonnes que celles de Mérimée. Vous avez raison, et je crois aussi d'une façon générale qu'il est plus facile à un jeune homme d'écrire une œuvre solide que d'avoir la solidité du jugement. Mais, en Allemagne, aucun écrivain aussi jeune que Mérimée ne doit espérer montrer autant de maturité que Mérimée dans sa *Clara Gazul*. Schiller, il est vrai, était très-jeune quand il a écrit ses *Brigands, Cabale et Amour*, et *Fiesque*. Mais, si nous sommes sincères, reconnaissons que ces pièces sont des témoignages d'un talent extraordinaire, mais n'attestent pas dans l'auteur une grande maturité d'esprit. Il n'en faut faire aucun reproche à Schiller, mais à l'état de civilisation de son pays et à la grande difficulté que nous rencontrons tous à nous tirer d'affaire sur nos routes isolées. — Prenez, au contraire, Béranger. Il est né de parents pauvres; c'est le rejeton d'un pauvre tailleur, devenu un pauvre apprenti imprimeur, puis placé avec un mince traitement dans un bureau quelconque; il n'a jamais été élève d'aucun collège, d'aucune université, et cependant ses chansons prouvent partout un esprit si mûr, elles sont si pleines de grâce, d'esprit, elles respirent une ironie si fine, l'art y est si parfait, la langue tellement maniée en maître, qu'elles sont devenues l'admiration, non pas seulement de la France, mais de toute l'Europe instruite. — Imaginez maintenant ce même Béranger, non plus né à Paris, et vivant dans ce centre de l'univers, mais né d'un pauvre tailleur à Weimar ou à Iéna; faites-lui parcourir ici la même pénible carrière, et demandez-vous quels fruits aurait portés ce même arbre croissant dans un tel terrain, dans une telle atmosphère. — Ainsi, mon bon, je vous le répète : pour qu'un talent puisse se développer vite et heureusement, il faut qu'il y ait dans sa nation beaucoup d'esprit en circulation. Nous admirons les tragédies des anciens Grecs, mais, en y regardant bien, nous devrions admirer le temps et la nation qui les rendaient possibles plutôt que les auteurs mêmes. Car si ces pièces diffèrent un peu entre elles, si un poëte paraît un peu plus grand et un peu plus parfait que l'autre, cependant, vu d'ensemble, tout porte un même et unique caractère, répandu partout. C'est le caractère du grandiose, de la solidité, de la santé, de la perfection dans les limites de l'humanité, de la haute sagesse pratique de la vie, du sublime de la pensée, de l'observation des choses pure et forte, et que de qualités encore ne pourrait-on pas énumérer!... Et ces qualités ne se trouvent pas seulement dans les œuvres dramatiques qui nous sont parvenues, mais dans les œuvres lyriques et épiques; nous les trouvons chez les philosophes, chez les orateurs, chez les historiens, et aussi à un degré égal dans les œuvres d'art encore existantes; on doit donc être bien convaincu que ces qualités n'étaient pas le bien de quelques individus, mais qu'elles appartenaient à la nation, au temps tout entier, et qu'elles circulaient partout. — Prenez Burns. Pourquoi est-il devenu grand, sinon parce que les vieilles chansons de ses ancêtres vivaient dans la bouche du peuple, parce qu'elles lui ont été chantées pour ainsi dire autour de son berceau, parce qu'il a grandi, enfant, au milieu d'elles? C'est ainsi que portant dans son être même ces modèles admirables, il a eu un point d'appui vivant qui l'a poussé plus loin. — Et quelle est encore sa grandeur, sinon d'avoir trouvé aussitôt, dans sa nation, des oreilles capables d'entendre les chansons nouvelles qu'il venait à son tour de composer? Dans les champs, faucheurs et moissonneurs lui renvoyaient ses chansons; dans les auberges, de gais compagnons l'en saluaient! Là vraiment pouvait naître quelque chose!... Mais comme tout, au contraire, semble pauvre chez nous autres Allemands! Nos vieilles chansons sont aussi remarquables. Qu'est-ce qui en survivait encore dans le vrai peuple, lorsque j'étais jeune? Herder et ses successeurs ont dû commencer par les rassembler pour les arracher à l'oubli; au moins on les posséda alors imprimées dans les bibliothèques. Et plus tard, que de chansons écrites par Bürger et Voss! Qui pourrait prétendre qu'elles étaient inférieures à celles de l'excellent Burns, ou moins faites pour le peuple? Cependant, quelles sont celles qui ont pris vie dans le peuple? quelles sont celles que ses lèvres nous renvoient? Elles sont écrites, elles sont imprimées, elles restent dans les bibliothèques, et ont le sort commun à tous les poëtes allemands. — De mes chansons, à moi, qu'est-ce qui vit encore? Une jolie fille à son piano en chantera bien une ou deux; mais dans le vrai peuple, silence absolu. Quels sentiments m'inspire la pensée de ce temps où les pêcheurs italiens chantaient des strophes du Tasse! — Nous, Allemands, sommes d'hier. Depuis un siècle, il est vrai, nous avons fait un sérieux progrès en civilisation; mais quelques siècles passeront encore avant que nos paysans aient assez d'idées et un esprit d'une culture assez élevée pour rendre hommage à la beauté comme les Grecs, pour s'enthousiasmer en écoutant une jolie chanson, pour qu'enfin on puisse dire d'eux : C'étaient alors des barbares, mais il y a longtemps! »

Vendredi, 4 mai 1827.

Grand dîner chez Gœthe en l'honneur d'Ampère et de son ami Stapfer. La conversation a été vive, gaie, variée. Ampère a beaucoup parlé à Gœthe de Mérimée, d'Alfred de Vigny et d'autres talents remarquables. On a aussi beaucoup causé sur Béranger, dont Gœthe a chaque jour dans la pensée les incomparables chansons. On discuta la question de savoir si les chansons joyeuses d'amour étaient préférables aux chansons politiques. Gœthe dit qu'en général un sujet purement poétique était aussi préférable à un sujet politique que l'éternelle vérité de la nature l'est à une opinion de parti. « Du reste, dit-il, Béranger, dans ses poésies politiques, s'est montré le bienfaiteur de sa nation. Après l'invasion des alliés, les Français ont trouvé en lui le meilleur interprète de leurs sentiments étouffés. Il leur rappela, par mille souvenirs, quelle avait été la gloire de leurs armes sous cet Empereur, dont la mémoire vit encore dans chaque chaumière, et dont le poëte aime les grandes qualités, sans cependant désirer une continuation de sa domination despotique. Les Bourbons ne paraissent pas lui convenir: il est vrai que c'est maintenant une race affaiblie! Et le Français de nos jours veut sur le trône de grandes qualités, quoiqu'il aime à partager le gouvernement avec son chef et à dire aussi son mot à son tour. »

Après dîner, la société se répandit dans le jardin; Gœthe me fit un signe, et nous partîmes en voiture pour faire le tour du bois par la route de Tiefurt. Il fut, pendant la promenade, très-affectueux et très-aimable. Il était content d'avoir noué d'aussi heureuses relations avec Ampère, et il s'en promettait les plus heureuses suites pour la diffusion et la juste appréciation de la littérature allemande en France. « Ampère, dit-il, a placé son esprit si haut qu'il a bien loin au-dessous de lui tous les préjugés nationaux, toutes les appréhensions, toutes les idées bornées de beaucoup de ses compatriotes; par l'esprit, c'est bien plutôt un citoyen du monde qu'un citoyen de Paris. Je vois venir le temps où il y aura en France des milliers d'hommes qui penseront comme lui. »

Dimanche, 6 mai 1827.

Nouveau dîner chez Gœthe, avec la même société qu'avant-hier. On a beaucoup parlé de l'*Hélène* et de *Tasso*. Gœthe nous a raconté ensuite comment il avait eu, en 1797, l'idée de traiter la légende de Guillaume Tell en poëme épique. « Je visitai cette année pour la seconde fois les petits cantons et le lac des Quatre-Cantons; cette ravissante, splendide et grandiose nature fit encore sur moi tant d'impression, que j'eus le désir de peindre dans un poëme les richesses variées d'un si incomparable paysage. Mais, pour donner à ma peinture plus d'attrait, plus d'intérêt, plus de vie, je pensai qu'il fallait mettre sur cette terre si remarquable des figures humaines également remarquables; et la légende de Tell me parut être tout à fait ce que je désirais. Je faisais de Tell un héros primitif, d'une énergie antique, avec ce contentement intérieur et cette simplicité sans réflexion que l'on trouve chez les enfants; portefaix, il parcourait les cantons, partout connu, aimé, partout charitable; d'ailleurs vaquant tranquillement à son métier, occupé de sa femme et de ses enfants, et ne s'inquiétant pas de savoir qui est maître ou qui est esclave. — Je faisais de Gessler un tyran, mais un tyran commode, qui, à l'occasion, lorsque cela l'amuse, fera le bien, ou à l'occasion, si cela l'amuse aussi, fera le mal; homme d'ailleurs à qui le bien-être ou les souffrances du peuple sont des choses aussi indifférentes que si elles n'existaient pas. — Les qualités les plus élevées et les meilleures de la nature humaine, l'amour du sol de la patrie, le sentiment de la liberté et de la sécurité sous la garde de lois nationales, le sentiment de honte que font éprouver la soumission constante à un débauché venu de l'étranger et parfois ses mauvais traitements, enfin l'énergie croissant peu à peu et inspirant la résolution de rejeter un joug si odieux; toutes ces grandes et belles émotions, je les avais mises dans Walter Fürst, Stauffacher, Winkelried, etc. Ces illustres et nobles caractères étaient mes vrais héros, forces puissantes qui agissaient avec pleine conscience de leurs actions, tandis que Tell et Gessler n'entraient dans le poëme que par occasion, et n'étaient, dans l'ensemble, que des figures d'une nature passive. J'étais tout rempli de ce beau sujet, et déjà j'amassais peu à peu mes hexamètres. Je voyais le lac à la lueur paisible de la lune, et, dans les profondeurs des montagnes, brillait une brume étincelante; je le voyais aussi le matin, sous le ravissant éclat du soleil levant; dans les bois, dans les prairies, tout était vie et bonheur; puis je peignais, par un temps d'orage, une tempête qui s'élance des ravins et se jette sur les eaux. Je n'avais pas oublié non plus les nuits silencieuses et les réunions secrètes sur les ponts et sur les étroits passages des précipices. — Je racontai tous mes plans à Schiller, et son esprit organisait en drame mes paysages et mes personnages. Puis, comme j'avais d'autres choses à faire, et comme l'exécution de mes projets se remettait toujours, j'abandonnai entièrement mon sujet à Schiller, qui écrivit alors son admirable poëme. »

Cette communication intéressante nous fit à tous grand plaisir. Je dis qu'il me semblait que la magnifique description du lever du soleil, écrite en tercets dans la première scène de la seconde partie de *Faust*, pourrait être sortie du souvenir de ces impressions produites sur lui par la nature autour du lac des Quatre-Cantons.

« Je ne cacherai pas que ces tableaux viennent de là-bas ; oui, certes, et sans l'impression récente de cette merveilleuse nature, les idées renfermées dans ces tercets ne me seraient jamais venues ; mais ce sont là les seules médailles que j'aie frappées avec le lingot que j'avais trouvé dans le pays de Tell. J'ai laissé le reste à Schiller, qui, vous le savez, en a fait le plus bel usage. »

L'entretien passa à *Tasso*; on demanda quelle idée Goethe avait voulu exposer dans ce drame.

« Quelle idée ? dit-il, est-ce que je le sais ? J'avais la vie du Tasse, j'avais ma propre vie; en mêlant les différents traits de ces deux figures si étranges, je vis naître l'image du Tasse, et, comme contraste, je plaçai en face de lui Antonio, pour lequel les modèles ne me manquaient pas non plus. La cour, les situations, les relations d'amour, tout était à Weimar comme à Ferrare, et je peux dire justement de ma peinture : Elle est l'os de mes os, et la chair de ma chair. — Les Allemands sont, au reste, des gens bizarres ! Avec leurs pensées profondes, avec les idées qu'ils cherchent et qu'ils introduisent partout, ils se rendent vraiment la vie trop dure. Eh ! ayez donc enfin une fois le courage de vous laisser aller à vos impressions, de vous laisser récréer, de vous laisser émouvoir, de vous laisser élever et de vous laisser instruire, enflammer et encourager pour quelque chose de grand; et ne pensez pas toujours que tout serait perdu, si on ne pouvait découvrir au fond d'une œuvre quelque idée, quelque pensée abstraite[1]. — Vous venez me demander

---

[1] Goethe parle et pense ici tout à fait à la française; on voit qu'il vient

quelle idée j'ai cherché à incarner dans mon *Faust!* Comme si je le savais, comme si je pouvais le dire moi-même! « *Depuis le ciel, à travers le monde, jusqu'à l'enfer;* » Voilà une explication, s'il en faut une; mais cela, ce n'est pas l'idée, c'est la marche de l'action. On voit le diable perdre son pari, on voit un homme qui sort d'égarements pénibles et se dirige peu à peu vers le mieux. On dit que le poëme raconte l'histoire du salut de Faust. C'est là une remarque juste, utile, et qui peut jeter souvent de la clarté sur l'œuvre; mais ce n'est pas une idée qui puisse servir d'appui et à l'ensemble et à chaque scène détachée. Cela aurait été vraiment joli, si j'avais voulu rattacher à une seule idée, comme à un maigre fil traversant tout le poëme, les scènes si diverses, si riches de vie variée, que j'ai introduites dans *Faust!* En général, ce n'était pas ma manière, comme poëte, de chercher à incarner une abstraction. Je recevais dans mon âme des impressions, impressions de mille espèces, physiques, vivantes, séduisantes, bigarrées, comme une imagination vive me les offrait; je n'avais plus comme poëte qu'à donner à ces impressions, à ces images, une forme artistique, à les disposer en tableaux, à les faire apparaître en peintures vivantes, pour que, en m'écoutant ou en me lisant, on éprouvât les impressions que j'avais éprouvées moi-même. — Si je voulais exposer poétiquement une idée, alors j'écrivais de petites poésies, dans lesquelles pouvait dominer et se laisser facilement apercevoir une unité très-visible, comme par exemple

---

de causer avec M. Ampère; dans d'autres circonstances il partage davantage les opinions de ses compatriotes. Je renvoie simplement à ce qu'il a dit plus haut (pages 229 et 292) sur le sens que renferment *W. Meister* et *Faust*, sens réservé à certains initiés.

dans ma *Métamorphose des animaux*, dans celle des *Plantes*, dans le poëme intitulé *Legs*, etc., etc. La seule composition un peu compliquée à laquelle j'aie conscience d'avoir travaillé pour exposer une certaine idée, ce serait peut-être mon roman des *Affinités*. L'intelligence peut se rendre compte de ce roman, mais je ne veux pas dire par là qu'il en est meilleur! Au contraire, je suis de cette opinion que plus une œuvre poétique est incommensurable et insaisissable par l'intelligence, meilleure elle est. »

Mardi, 15 mai 1827.

M. de Holtey [1], venant de Paris, est ici depuis quelque temps, et, à cause de sa personne même et de ses talents, reçu cordialement partout. Il a lié des relations très-amicales avec Gœthe et sa famille.

Gœthe vit depuis quelques jours dans son jardin, où il jouit d'une activité calme qui le rend fort heureux. Je suis allé là lui faire aujourd'hui une visite avec M. le comte Schulenburg et M. de Holtey. Celui-ci lui a dit adieu; il part pour Berlin avec Ampère.

Mercredi, 20 juin 1827.

La table de famille était mise, avec ses cinq couverts; les chambres étaient vides et fraîches, ce qui, par un temps aussi chaud, était très-agréable. J'entrai dans le grand salon qui touche à la salle à manger et où l'on voit le buste colossal de Junon. Je m'y promenais depuis quelques instants lorsque Gœthe, venant de son cabinet de travail, entra, et me dit bonjour avec sa cordialité et son amabilité habituelles. Il s'assit près de la fenêtre sur une chaise : « Prenez aussi un peu une chaise, et mettez-

[1] Acteur, directeur de théâtre, poëte et romancier.

vous près de moi; nous causerons jusqu'à ce que tout le monde soit arrivé. Je suis content que vous ayez fait récemment chez moi la connaissance du comte Sternberg[1]; il est reparti; je suis rentré dans mes habitudes de travail paisible. »

« — Le comte me paraît une personne distinguée, dis-je, et ses connaissances semblent remarquables, car, quel que fût le sujet de la conversation, il était toujours comme chez lui, et avec une grande aisance il parlait de tout d'une façon sage et approfondie. »

« — Oui, c'est un homme très-remarquable; et ses relations, son cercle d'action, sont en Allemagne très-étendus. Comme botaniste, il est connu dans toute l'Europe par la *Flora subterranea*; et il est aussi très-considéré comme minéralogiste. Connaissez-vous l'histoire de sa vie? »

« — Non, dis-je, mais j'aimerais bien savoir quelque chose sur lui. J'ai vu un comte, un homme du monde, en même temps un savant à connaissances variées et profondes; c'est là, pour moi, un problème que j'aimerais à voir résoudre. »

Gœthe alors me raconta que le comte avait été, dans sa jeunesse, destiné à l'état ecclésiastique, et qu'il avait commencé ses études à Rome; privé de certaines faveurs que lui faisait l'Autriche, il était allé à Naples, et Gœthe m'a tracé à fond le récit d'une vie si curieuse, qu'elle serait un ornement pour les *Années de Voyage*. M. et madame de Gœthe entrèrent avec mademoiselle Ulrike, nous prîmes place à table. On causa gaiement

---

[1] Botaniste et géologue, président du Muséum national de Bohême. Voir, sur cette institution, les articles de Gœthe et de Varnhagen (*Gœthe's Werke*, XXXII, 181), et l'article de M. Ampère dans le *Globe* du 30 avril 1828.

sur divers sujets, entre autres sur les dévots à tête étroite que l'on rencontre dans certaines villes du nord de l'Allemagne [1]; on remarqua que les sectes piétistes avaient désuni et séparé des familles entières. Je pouvais raconter un trait de ce genre : j'avais presque perdu un excellent ami, parce qu'il ne réussissait pas à me convertir à ses opinions. C'était un esprit qui croyait que les bonnes œuvres ne sont rien, et que c'est seulement par la grâce du Christ qu'un homme peut être aimé de Dieu.

« — Une de mes amies, dit madame de Gœthe, m'a tenu un langage à peu près pareil, mais je n'ai jamais pu comprendre ce que signifient ces bonnes œuvres et cette grâce. »

« — Comme toutes les choses qui, aujourd'hui, circulent dans le monde et dans les conversations, celles-là ne sont aussi rien qu'un mauvais et vieux mélange. — Peut-être ne connaissez-vous pas leur origine ? Je peux vous la dire. La doctrine des bonnes œuvres, c'est-à-dire celle qui soutient que l'homme peut effacer ses péchés par la bienfaisance, les legs et les fondations pieuses, et conserver ainsi la grâce de Dieu, est la doctrine catholique. Les réformateurs, par opposition, ont rejeté cette doctrine et ils ont établi à sa place que l'homme ne doit chercher absolument et uniquement qu'à bien connaître les mérites du Christ et à se rendre digne de sa grâce, ce qui, en réalité, mène aussi aux bonnes œuvres. — Voilà les deux doctrines ; mais aujourd'hui tout est mêlé, confondu, et on ne sait plus d'où viennent toutes ces idées. »

Je pensai alors plutôt que je ne dis : « De tout temps les différences de croyances religieuses ont rendu les

---

[1] Le piétisme a eu à Berlin une de ses capitales.

hommes ennemis les uns des autres; le premier meurtre a eu pour cause une différence dans la manière d'adorer Dieu, » et, cette pensée me rappelant le *Caïn* de Byron, je dis que je l'avais lu ces jours-ci et que j'avais surtout admiré le troisième acte, et la manière dont est motivé le meurtre.

« N'est-ce pas, dit Gœthe, ces motifs sont excellents ! C'est d'une beauté telle que le monde n'a pas à en montrer une pareille. »

« — *Caïn* était d'abord interdit en Angleterre, dis-je, mais aujourd'hui tout le monde le lit et les jeunes voyageurs anglais emportent d'habitude un Byron complet avec eux. »

« — C'était une folie, car au fond il n'y a pourtant rien dans le *Caïn* que les évêques anglicans n'enseignent eux-mêmes. »

Le chancelier arriva et s'assit près de nous. Les petits-fils de Gœthe, Walter et Wolfgang, entrèrent aussi en sautant. Wolf s'approcha du chancelier. « Va chercher ton album, dit Gœthe, et montre à M. le chancelier ta princesse et ce que le comte Sternberg a écrit. » — Wolf revint bientôt avec le livre. Le chancelier examina le portrait de la princesse et les vers de Gœthe transcrits à côté. Il feuilleta ensuite le livre et trouva cette ligne, écrite par Zelter, et qu'il lut tout haut :

> Apprends à obéir!

« Eh bien ! c'est là la seule parole raisonnable du livre, » dit Gœthe en riant. « Oui, Zelter a toujours de la solidité et du grandiose. Je parcours en ce moment avec Riemer ses lettres; elles renferment d'inestimables trésors. Les lettres qu'il m'a écrites en voyage sont surtout de grande valeur ; car en sa qualité de bon architecte et de bon musicien il trouve toujours des objets intéressants à juger. A son entrée dans une ville, tous les édifices lui parlent, et lui disent leurs mérites et leurs défauts. Les sociétés chantantes l'attirent bien vite chez elles, et elles montrent au maître leurs qualités et leurs faiblesses. Si un sténographe avait écrit ses conversations musicales avec ses élèves, nous aurions un livre unique; car sur ces matières Zelter a du génie, il est grand, et toujours il sait frapper le clou sur la tête[1]. »

Mercredi, 5 juillet 1827.

Le directeur général des bâtiments Coudray nous a tracé le dessin de la balustrade en fer qu'il est en train de faire disposer à Osmannstedt[2] autour du tombeau de Wieland. Gœthe me dit après son départ : « A moi qui vis dans les siècles, entendre parler de statues et de monuments me fait toujours un effet étrange. Je ne peux penser à une statue élevée en l'honneur d'un grand homme sans que mon esprit la voie déjà renversée et brisée par des soldats qui doivent un jour venir. Je vois déjà briller sous les pieds des chevaux la balustrade de Coudray transformée en fers; j'ai d'ailleurs déjà vu de mon vivant chose pareille à Francfort. — Et puis le tombeau de Wieland est placé beaucoup trop près de l'Ilm ; la rivière, qui fait là un coude très-prononcé, n'a qu'à

---

[1] Expression proverbiale.
[2] Petit village auprès de Weimar, où Wieland habitait. Son tombeau y existe toujours. Il est placé dans un site très-pittoresque, au fond d'un parc, et tout à fait sur le bord de l'Ilm. Auprès de Wieland reposent dans ce tombeau sa femme et Sophie Brentano.

ronger le rivage pendant cent ans à peine pour toucher les morts. »

Après avoir causé gaiement de l'insupportable instabilité des choses de ce monde, reprenant le dessin de Coudray, nous fûmes conduits à parler des dessins originaux des grands maîtres. Gœthe m'en montra un; en le comparant avec la gravure, faite d'après le tableau achevé, il trouvait dans le dessin bien des supériorités. « J'ai eu le bonheur, dans ces derniers temps, me dit Gœthe, d'acheter à bon marché beaucoup de dessins de grands maîtres. De pareils dessins originaux sont sans prix, non-seulement parce qu'ils donnent l'idée de l'artiste dans toute sa pureté, mais aussi parce qu'ils nous mettent directement dans l'état d'esprit de l'artiste lui-même au moment de l'invention. Tous les traits de ce dessin de l'*Enfant Jésus dans le Temple* respirent la clarté parfaite et la fermeté sereine et tranquille qui remplissaient l'âme de l'artiste; ces sentiments bienfaisants passent en nous dès que nous considérons le dessin. — C'est là un grand avantage de l'art plastique; il est, par sa nature, absolument extérieur à nous-mêmes, et il nous attire vers lui, sans exciter violemment en nous le sentiment. Une œuvre est là, elle nous parle ou ne nous dit rien; c'est oui ou non. Au contraire, une poésie produit une impression bien plus vague, elle éveille en nous des émotions personnelles, et ces émotions sont différentes dans chaque lecteur, suivant sa nature et ses facultés. »

« — J'ai lu, dis-je, ces jours-ci, l'excellent roman anglais de Smollet : *Roderic Random;* il produit l'impression d'un bon dessin original. C'est une peinture toute directe; pas une trace de penchant pour le sentimental; c'est la vie réelle qui apparaît devant nous telle qu'elle est, souvent même assez peu attrayante, assez repoussante ; mais cependant l'ensemble satisfait, parce que tout y est parfaitement vrai. »

« — J'ai souvent entendu vanter *Roderic Random*, et je crois ce que vous m'en dites ; cependant je ne l'ai jamais lu. Mais connaissez-vous *Rasselas* de Johnson? Lisez-le, et vous me direz ce que vous en pensez. » — Je le promis et dis : « Dans lord Byron, je trouve souvent aussi de ces peintures immédiates qui font voir seulement l'objet, sans exciter notre sensibilité intime autrement qu'un dessin de bon peintre. *Don Juan*, surtout, est riche en passages de ce genre. »

« — Oui, dit Gœthe, c'est là une des grandeurs de lord Byron; ses tableaux ont toujours leurs traits jetés avec tant de légèreté qu'on les croirait nés à l'instant. Je ne me rappelle rien de *Don Juan*, mais de ses autres poésies je me rappelle des passages de ce genre, et surtout des peintures de la mer tout à fait sans prix; on aperçoit au loin une voile, puis une autre; on croit sentir le souffle de l'Océan. »

« — J'ai surtout, dans son *Don Juan*, admiré sa peinture de la ville de Londres; ses vers rapides la mettent devant les yeux. Et puis il ne s'inquiète pas scrupuleusement si un sujet est poétique ou non; il saisit tout, emploie tout comme cela se présente, jusqu'aux perruques frisées placées devant les fenêtres des coiffeurs et jusqu'aux nettoyeurs de réverbères. »

« — Oui, nos esthéticiens allemands parlent beaucoup de sujets poétiques ou non poétiques; ils n'ont pas tout à fait tort à un certain point de vue; mais au fond aucun sujet pris dans la réalité ne reste sans poésie dès que le poëte sait le traiter comme il faut. »

Nous parlons des *Deux Foscari*, et je dis que Byron traçait d'excellents portraits de femme.

« Oui, ses femmes sont bonnes, dit Gœthe ; et aussi c'est la seule forme qui nous soit restée, à nous autres modernes, pour verser notre idéalisme. — Quant aux hommes, il n'y a rien à faire. Avec son Achille et son Ulysse, la Bravoure et la Sagesse, Homère nous a tout pris. »

« — Mais, dis-je, ces tortures continuelles que l'on trouve dans les *Foscari* ont quelque chose de pénible; on conçoit à peine comment Byron a pu vivre dans ce sujet assez longtemps pour achever la pièce. »

« — C'était là le vrai élément de Byron, éternel tourmenteur de lui-même ; aussi de pareils sujets étaient ses thèmes favoris ; voyez toutes ses œuvres, il n'y a pas un seul sujet gai.—Mais, n'est-ce pas, dans les *Foscari* aussi, les descriptions sont belles? »

« — Elles sont excellentes; chaque mot est énergique, significatif, et conduit au but. Jusqu'à présent, d'ailleurs, je n'ai pas trouvé un seul vers terne dans Byron. Je crois toujours le voir sortant des vagues de la mer, tout pénétré encore des forces primitives de la création. » — « Oui, c'est tout à fait cela, dit Gœthe. » — « Plus je le lis, plus je l'admire; vous avez eu bien raison de lui élever, dans *Hélène*, l'éternel monument de l'amitié. »

« — Comme représentant du temps poétique actuel, je ne pouvais employer que lui; il est sans contestation le plus grand talent du siècle. Et puis, Byron n'est ni antique ni romantique, il est comme le jour présent lui-même. Il me fallait ce caractère. Il me convenait aussi à cause de sa nature mécontente et de ses instincts guerriers, qui l'ont fait périr à Missolonghi. Écrire un panégyrique de Byron, ce n'est ni facile ni sage; mais je ne négligerai jamais, à l'occasion, de l'honorer et de citer ses beaux passages. »

Gœthe continua à parler d'*Hélène* : « J'avais d'abord conçu la fin d'une tout autre façon; c'était un dénoûment fort bon, mais que je ne veux pas dire; puis lord Byron et Missolonghi m'en ont apporté un autre, et je l'ai accepté; mais je ne sais si vous l'avez remarqué, le chœur dans son chant de deuil sort tout à fait de son rôle; jusque-là il a une couleur tout antique, ce sont toujours des jeunes filles qui parlent; là, il devient tout à coup grave, exprime de hautes réflexions et dit ce que des jeunes filles n'ont jamais pensé et ne peuvent pas penser. »

« — Oui, j'avais fait cette remarque; mais, depuis que j'ai vu le paysage de Rubens, avec sa double lumière, depuis que je conçois ce qu'est une fiction, de pareils traits ne me troublent pas. Ces petites contradictions ne sont rien, si elles sont le prix d'une grande beauté. Il fallait que ce chant fût prononcé; il n'y a là que le chœur des jeunes filles; que les jeunes filles le chantent donc! »

« — Mais les critiques allemands, dit Gœthe en riant, que vont-ils dire? Auront-ils assez de liberté et d'audace pour passer là-dessus? Quant aux Français, ils seront arrêtés par leur raison; ils n'admettent pas que l'imagination ait ses lois, qui puissent et doivent être indépendantes de la raison. Si l'imagination ne créait pas ce qui restera éternellement douteux pour la raison, l'imagination serait peu de chose. C'est là ce qui sépare la poésie de la prose, dans laquelle la raison doit être toujours à l'aise. »

Nous étions sans lumière; en face de nous brillait sur

l'Ettersberg[1] les lueurs d'une claire nuit d'été. Je m'aperçus qu'il était dix heures; je me retirai, emportant avec joie ces remarquables paroles.

Lundi soir, 9 juillet 1827.

Je trouvai Gœthe seul; il examinait une collection d'empreintes des médailles du cabinet Stosch[2]. « On a été à Berlin assez bon pour m'envoyer toute la collection, afin que je puisse la voir; je connaissais déjà une partie de ces belles choses, mais je les trouve ici rangées par Winckelmann dans un ordre instructif. Je me sers de sa description, et, dans mes doutes, je le consulte. »

Le chancelier entra, et nous raconta les nouvelles des journaux; il nous parla, entre autres choses, d'un gardien de ménagerie qui avait tué un lion pour manger de sa chair. « Je m'étonne qu'il n'ait pas plutôt pris un singe, dit Gœthe, cela doit faire un morceau très-friand. » — Nous parlâmes de la laideur de ces bêtes, d'autant plus désagréables qu'elles ressemblent davantage à l'homme. « Je ne conçois pas, dit le chancelier, comment les princes souffrent près d'eux de pareilles bêtes, et même peut-être trouvent en elles du plaisir. » — « Les princes, dit Gœthe, sont tellement tourmentés par des hommes désagréables qu'ils cherchent à combattre les ennuyeuses impressions qu'ils en gardent à l'aide d'animaux plus désagréables encore. — Quant à cette répugnance que nous ressentons justement pour les singes ou pour les cris des perroquets, elle a sa cause dans le déplacement

---

[1] Haute colline qui domine Weimar.
[2] Voir l'article de Gœthe dans ses fragments sur l'art et l'ouvrage de Winkelmann, intitulé: *Description des pierres gravées du feu baron de Stosch*. Florence, 1749.

de ces animaux. Singes et perroquets ne nous étonneraient plus, nous plairaient même, si nous-mêmes nous étions sous les palmiers, montés sur des éléphants. — Quant aux princes, ils ont raison d'effacer un souvenir fâcheux par une image plus fâcheuse. » — « Je me rappelle des vers, dis-je, que vous avez peut-être vous-même oubliés :

> Si les hommes deviennent des brutes,
> Qu'on amène des bêtes dans la chambre,
> Les méchantes humeurs s'adouciront ;
> Nous sommes tous ensemble fils d'Adam. »

Gœthe rit et dit : « Oui, c'est bien cela. La grossièreté ne peut être chassée que par une grossièreté plus forte. Je me rappelle un trait des commencements de mon séjour ici. Il y avait encore parmi les nobles des gens d'une grossièreté très-bestiale, et un riche noble, à table, dans une excellente compagnie, tenait un jour en présence des dames des discours très-grossiers qui embarrassaient et fatiguaient tous ceux qui les entendaient. Les paroles ne pouvaient rien sur lui. Une personne distinguée, qui était assise en face de lui, fut assez résolue pour employer un autre moyen ; elle dit très-haut une très-grosse inconvenance ; tout le monde fit un saut, et le rustre, se sentant dépassé, n'ouvrit plus la bouche. Dès ce moment, à la joie universelle, l'entretien fut toujours gai avec grâce, et on sut grand gré à cette personne résolue de sa hardiesse inouïe, qui avait eu un si heureux résultat. »

Après avoir ri de cette anecdote, le chancelier nous parla de la nouvelle situation du parti ministériel et du parti de l'opposition à Paris ; il nous récita presque mot pour mot un discours énergique qu'un démocrate très-hardi[1] avait prononcé contre un ministre, en se défen-

[1] Voir le *Courrier français* du 3 juillet 1827. Le démocrate est M. de Kératry, le ministre attaqué est M. de Villèle. — M. de Kératry avait

dant devant les tribunaux. Gœthe et le chancelier discutèrent beaucoup sur cette affaire et sur les lois répressives de la presse. Gœthe se montrait, comme toujours, aristocrate modéré ; son ami continuait aussi à défendre la cause du peuple. Gœthe dit :

« Je ne suis en aucune façon inquiet des Français ; le point de vue d'où ils considèrent l'histoire du monde est si élevé, qu'il est désormais impossible chez eux d'opprimer l'esprit. Cette loi de répression n'aura qu'un effet bienfaisant ; les restrictions ne touchent d'ailleurs à rien d'essentiel, et n'empêchent que les personnalités. Une opposition qui ne rencontre pas de barrières devient plate. Les restrictions obligent à être spirituel, et c'est un grand avantage. Énoncer en face et grossièrement son opinion n'est excusable et bon que lorsqu'on a entièrement raison ; or un parti n'a jamais entièrement raison, par cela même qu'il est un parti ; voilà pourquoi le ton détourné lui convient très-bien, et en cela les Français ont toujours été de grands modèles. A mon domestique je dis simplement : « Jean, tire-moi mes bottes. » Il comprend cela ; mais, si je suis avec mon ami et si je désire qu'il me rende cet office, je ne peux pas m'exprimer si directement ; il faut que je cherche une tournure amicale, aimable, pour déterminer son affection à me servir. La

---

écrit, dans la langue politique du temps : « M. de Villèle ne peut plus « rester l'organe du trône sans l'avilir. » Il fut poursuivi ; dans sa défense, il disait : « Les affaires peuvent marcher avec des ministres d'une capacité médiocre ; elles marchent encore avec des ministres détestés, mais comment ? mais pour combien de temps ?.... Ce qu'il y a de sûr, de positif, c'est que de tels hommes seraient maudits. Et croyez-moi, messieurs, les malédictions données aux agents du pouvoir portent malheur au pouvoir même ! Ce sont de ces sortes de coups qui dirigés vers un second étage, s'arrêtent souvent au premier !.... » etc. — M. de Kératry fut acquitté.

nécessité avive l'esprit ; voilà pourquoi, je le répète, j'aime les restrictions de la liberté de la presse. Les Français ont toujours eu, jusqu'à présent, la réputation d'être la nation la plus spirituelle, et ils méritent de la conserver. Nous autres Allemands, nous aimons à laisser tomber tout droit notre opinion : aussi nous ne sommes pas très-avancés en fait d'éloquence indirecte. — Les partis de Paris pourraient acquérir encore plus d'importance, si leur esprit était plus libre, plus libéral, et s'ils se séparaient davantage. Chaque parti a un point de vue historique bien plus élevé que les partis anglais ; chez ceux-ci, les partis sont des forces puissantes, mais peu distinctes, se mêlant l'une à l'autre, et se paralysant. Les vues d'un grand esprit ont peine à les pénétrer, comme nous le constatons par Canning et par les ennuis que l'on fait endurer à ce grand homme d'État. »

Dimanche 15 juillet 1827.

Je suis allé ce soir, après huit heures, chez Gœthe ; il venait de rentrer de son jardin, et me dit : « Voyez ! un roman en trois volumes ! et de qui ? de Manzoni ! » — J'examinai ces livres, fort joliment reliés, et renfermant une dédicace pour Gœthe. — « Manzoni travaille beaucoup, » dis-je. « Oui, cela marche. » — « Je ne connais rien de Manzoni, continuai-je, sinon son *Ode à Napoléon*, que j'ai lue de nouveau ces jours-ci, dans votre traduction, et que j'ai extrêmement admirée. Chaque strophe est un tableau ! » — « Oui, l'ode est excellente. Mais quelqu'un en parle-t-il en Allemagne ? C'est absolument comme si elle n'existait pas, et cependant c'est la plus belle poésie qui ait été faite sur ce sujet. »

Pendant que Gœthe continuait à lire les journaux anglais qu'il lisait à mon arrivée, je pris le volume de romans allemands, traduits par Carlyle, contenant Musæus et Fouqué[1]. Je lus avec grand intérêt l'introduction placée en tête de l'ouvrage de Fouqué. C'était un jugement sur sa vie et son esprit. Le spirituel Anglais compare d'abord notre Fouqué à un chanteur qui n'a que peu de notes, mais justes et agréables; plus loin, il dit que Fouqué, ne cherchant pas dans l'Église poétique à être évêque ou grand dignitaire, s'est contenté, pour ainsi dire, des humbles fonctions de vicaire, mais les a parfaitement remplies. — Gœthe, après quelque temps, m'appela dans son cabinet, où il venait de passer : « Asseyez-vous un instant, me dit-il, et causons encore un peu. Voilà une traduction de Sophocle qui vient d'arriver; elle se lit bien, et paraît bonne; je veux la comparer avec Solger. Et Carlyle, qu'en dites-vous? » — Je lui communiquai ce que j'avais remarqué sur Fouqué. — « Eh bien! n'est-ce pas joli! oui, au delà de la mer il y a aussi des gens d'esprit[2] qui nous connaissent et savent nous apprécier. — Mais dans d'autres genres nous ne manquons pas aussi, en Allemagne, de bonnes têtes. J'ai lu dans les *Annuaires* de Berlin un article d'un historien sur Schlosser; c'est très-beau; c'est signé Henri Léo[3]; je n'ai jamais entendu ce nom, mais il faut que nous nous informions de lui. Il est au-dessus des Français, ce qui, en histoire, est certes quelque chose! Les Français restent

---

[1] Les *Contes populaires* de Musæus et l'*Ondine* de Fouqué sont, sinon beaucoup lus en France, du moins traduits en français.
[2] Un proverbe allemand dit : « Il y a aussi des gens au delà de la montagne. »
[3] M. Léo n'avait alors que vingt-huit ans. M. Léo s'est fait depuis une grande réputation comme un des adversaires les plus ardents du radicalisme et un des prôneurs du retour au moyen âge.

trop constamment attachés à la réalité; leur tête repousse l'idéalisme [1], et c'est là ce que l'Allemand possède avec pleine aisance. M. Léo a des vues excellentes sur les castes indiennes. On parle toujours et beaucoup d'aristocratie et de démocratie; la chose est pourtant bien simple : Quand nous sommes jeunes, ne possédant rien, ou ne sachant pas apprécier une possession paisible, nous sommes démocrates. Mais, arrivés au bout d'une longue vie à une propriété, nous désirons non-seulement qu'elle nous soit assurée, mais aussi que nos enfants et petits-enfants puissent jouir en paix de ce que nous avons acquis. Voilà comment nous sommes tous sans exception aristocrates dans la vieillesse, lors même que jeunes gens nous aurions eu d'autres opinions. Léo traite ce point avec beaucoup d'esprit.

« La critique, c'est là notre côté le plus faible, et il nous faudra longtemps attendre avant de trouver chez nous un homme comme Carlyle. Ce qu'il y a d'heureux maintenant, c'est que, grâce aux étroites relations qui sont nouées entre les Français, les Anglais et les Allemands, nous pouvons nous corriger mutuellement. C'est le

[1] Contradiction apparente avec ce que Gœthe a dit plus haut (p. 142). On peut concilier les deux pensées. Nous aimons les idées générales, philosophiques (qui sont, par essence, des idées révolutionnaires); mais nous n'aimons pas les théories abstraites. Remarquons aussi que Gœthe, en 1827, n'avait pas encore lu les *Leçons* de M. Guizot, qui prouvent que le génie français est très-capable de transformer le développement des faits en un développement d'idées. Mais d'ailleurs Gœthe aurait dû se rappeler Montesquieu. Dans ses *Considérations*, dans son *Esprit des Lois*, cet esprit si net et si français a su idéaliser l'histoire sans cesser d'être très-positif et d'observer patiemment les faits.—Gœthe, aujourd'hui, ne penserait plus à nous reprocher de repousser l'idéalisme, car nous n'avons plus rien à envier à l'Allemagne, nous sommes à notre tour inondés de théories historiques, vagues et ambitieuses. Au dix-huitième siècle, un jeune homme en sortant du Collége faisait sa Tragédie; aujourd'hui il écrit sa Philosophie de l'histoire.

grand avantage qui résulte d'une littérature universelle, et il se produira de plus en plus. Carlyle, dans sa *Vie de Schiller*, l'a jugé comme il aurait été difficile à un Allemand de le faire. Nous, en revanche, nous avons une idée très-nette de Shakspeare et de Byron, et nous savons peut-être apprécier leurs qualités mieux que les Anglais eux-mêmes. »

Mercredi, 18 juillet 1827.

Gœthe, aujourd'hui, à dîner, m'a dit pour premiers mots : « J'ai à vous annoncer que le roman de Manzoni dépasse tout ce que nous connaissons en ce genre. Je ne vous dirai que ceci : Tout ce qui est intime, tout ce qui sort de l'âme du poëte, c'est la perfection même, et tout ce qui est extérieur, dessin des lieux, etc., ne reste pas d'un cheveu en arrière. Voilà, je crois, un éloge. — L'impression à la lecture, la voici : on passe de l'émotion à l'admiration, et de l'admiration à l'émotion, et on ne sort pas de là. Je ne pense pas qu'une œuvre supérieure soit possible. On voit bien dans ce roman pour la première fois ce qu'est Manzoni ; la perfection de son âme s'y montre ; elle n'avait pas eu occasion de se développer dans ses œuvres dramatiques. Tout de suite après, je veux lire le meilleur roman de Walter Scott, *Waverley* sans doute, que je ne connais pas encore, et je verrai comment Manzoni se tient à côté du grand écrivain anglais. Il n'est guère possible d'avoir une âme plus complétement développée que celle qui nous apparaît ici ; en la contemplant, on ressent le bonheur que donne la vue d'un fruit dans sa pleine et parfaite maturité. Et dans l'action, dans chaque tableau isolé, une clarté comparable à celle du ciel italien lui-même ! »

« — A-t-il, lui aussi, quelques traces de sentimentalité ? » demandai-je.

« — Aucune absolument.— Il y a du sentiment, mais de la sentimentalité, point. — Dans chaque situation, les émotions ressenties sont viriles et simples. Je ne veux rien vous dire de plus aujourd'hui ; je suis encore dans le premier volume, mais vous en entendrez bientôt davantage. »

Samedi, 21 juillet 1827.

Quand j'entrai ce soir dans la chambre de Gœthe, je le trouvai lisant le roman de Manzoni. « Je suis déjà au troisième volume, dit-il en posant le livre, et j'ai bien des pensées nouvelles. Vous savez, Aristote dit que, pour qu'une tragédie soit bonne, elle doit exciter la crainte. Cela s'applique non pas seulement à la tragédie, mais à mainte autre poésie. Vous le vérifierez avec *le Dieu et la Bayadère*, et avec toute bonne comédie, dans l'intrigue du nœud ; vous le vérifierez même dans les *Sept Jeunes Filles en uniforme*[1], car nous ignorons comment la plaisanterie finira pour ceux qui la font. Cette crainte peut être de deux sortes : c'est de l'effroi, ou de l'inquiétude. Ce dernier sentiment s'élève en nous quand nous voyons un danger moral qui menace les personnages et se répand sur eux, comme par exemple dans *les Affinités*. Le lecteur ou le spectateur ressent de l'effroi quand les personnages sont menacés d'un danger physique, comme par exemple dans *les Galériens*[2] ou dans *le Franc-Archer* de Weber ; et même dans la scène de la Gorge du Loup[3],

---

[1] Comédie mêlée de couplets, de Louis Angely, souvent jouée à Weimar.
[2] Mélodrame en trois actes, traduit de St-Alderon par Théodore Hell (Winkler).
[3] Acte II, sc. VIII. — Pourquoi le titre allemand *Freyschütz* a-t-il été traduit par *Robin des Bois?*

l'effet produit sur les spectateurs dépasse l'effroi, il va jusqu'à nous anéantir complétement. Or, cet effroi, Manzoni en fait usage avec un étrange bonheur en sachant le résoudre en émotion, et en conduisant ainsi le lecteur par cette route à l'admiration. Le sentiment de l'effroi tient au sujet; tout lecteur l'éprouvera; l'admiration naît en ceux qui aperçoivent avec quelle perfection l'auteur dirige tous ses mouvements, et le connaisseur seul jouira de ce sentiment. Que dites-vous de cette esthétique? Si j'étais plus jeune, j'écrirais quelque chose suivant cette théorie, mais non pas cependant un ouvrage aussi considérable que celui de Manzoni. — Maintenant, je suis vraiment bien curieux de voir ce que les messieurs du *Globe* vont dire de ce roman; ils sont assez habiles pour en reconnaître les qualités; et l'ouvrage tout entier est tout à fait de l'eau pour le moulin[1] de ces libéraux, quoique Manzoni reste très-modéré. Mais les Français accueillent rarement un ouvrage avec une approbation complète comme nous; ils ne se placent pas facilement au point de vue d'un auteur; même chez les meilleurs, ils trouvent toujours quelque chose qui n'est pas dans leurs idées et que l'auteur aurait dû faire autrement.

« Quatre circonstances surtout contribuent à rendre l'ouvrage de Manzoni si excellent. D'abord, Manzoni est un historien de mérite; son poëme a gagné par là une dignité et une solidité qui l'élèvent bien au-dessus de ce qu'on se représente d'habitude sous le nom de roman. La religion catholique lui a ensuite rendu service; elle donne naissance à beaucoup de situations poétiques qui

---

[1] Expression proverbiale.

manqueraient à un protestant. Troisièmement, il a beaucoup souffert dans les luttes révolutionnaires ; car, sans s'y mêler personnellement, il a vu frapper ses amis, et quelques-uns se perdre. Enfin, chose encore favorable au roman, l'action se passe dans les ravissants environs du lac de Côme, que le poëte connaît dès son enfance, dont tous les spectacles lui sont familiers, qu'il sait par cœur ; aussi tous les lieux où se passent les scènes sont décrits avec un détail et une clarté admirables, et c'est là un des grands mérites de l'ouvrage. »

Lundi, 23 juillet 1827.

Quand j'allai ce soir vers huit heures chez Gœthe, on me dit qu'il n'était pas encore revenu de son jardin. J'allai au-devant de lui, et je le trouvai dans le parc, assis sur un banc sous la fraîcheur des tilleuls ; son petit-fils Wolfgang était près de lui. Gœthe me fit asseoir à ses côtés, et la conversation vint aussitôt sur Manzoni.—« Je vous disais dernièrement que l'historien servait au poëte dans ce roman, mais maintenant, dans le troisième volume, je trouve que l'historien joue un mauvais tour au poëte ; M. Manzoni tout d'un coup ôte son costume de poëte et reste pendant longtemps devant nous dans la nudité d'historien. Et cela pour décrire une guerre, une famine, une peste, choses déjà désagréables par elles-mêmes, et qui deviennent insupportables dans un récit circonstancié et détaillé comme une sèche chronique. Le traducteur allemand doit tâcher de cacher ce défaut, il faut qu'il abrége et fonde les descriptions de guerre, de famine et de peste, et n'en laisse que les parties dans lesquelles sont mêlés les personnages du roman. Si Manzoni avait eu près de lui un bon conseiller pour ami, il aurait facilement évité ce défaut; mais, comme historien, il a eu un trop grand respect de la réalité. Cela le tourmentait déjà dans ses œuvres dramatiques, et il sort de la difficulté en ajoutant sous la forme de notes le superflu de sa matière historique. Dans la circonstance présente il n'a pas su se tirer d'affaire, et n'a pas pu se séparer de ses matériaux. C'est très-curieux. Mais cependant, dès que les personnages du roman reviennent, le poëte reparaît dans toute sa gloire, et il nous force à lui rendre notre admiration habituelle. On ne conçoit guère comment un poëte comme Manzoni, qui peut disposer une aussi belle composition, a pu, ne fut-ce qu'un instant, pécher contre la poésie. Cependant la chose est simple, et voici comment elle s'est passée : Manzoni, de même que Schiller, est né poëte. Mais notre temps est si déplorable, que le poëte, dans la vie des hommes qui l'entourent, ne trouve plus de nature qu'il puisse mettre en œuvre. Pour se relever, Schiller a saisi deux grands secours, la philosophie et l'histoire; Manzoni, l'histoire seule. Le *Wallenstein* de Schiller est si beau, qu'il n'y a pas en ce genre une œuvre égale; cependant la philosophie et l'histoire nuisent à certaines parties et empêchent qu'il ne soit, comme poëme, tout à fait réussi. Manzoni de même a eu à souffrir d'un excès d'histoire. »

« Votre Excellence exprime là de belles pensées que j'écoute avec bonheur, » dis-je alors.

« C'est Manzoni qui nous les donne, » me répondit Gœthe.

Mercredi, 25 juillet 1827.

Gœthe a reçu ces jours-ci de Walter Scott une lettre qui lui a fait un grand plaisir. Il me l'a montrée aujourd'hui, et, comme l'écriture anglaise lui semblait assez illisible, il m'a prié de la lui traduire. Il paraît que Gœthe avait écrit le premier au célèbre poëte anglais, et cette lettre est une réponse. Walter Scott écrit :

« Je me sens très-honoré qu'une de mes œuvres ait été assez heureuse pour s'attirer l'estime de Gœthe, aux admirateurs duquel j'appartiens depuis l'année 1798, année où, malgré mon peu de connaissance de la langue allemande, je fus assez hardi pour traduire en anglais *Gœtz de Berlichingen*. Dans cette entreprise de jeune homme, j'avais tout à fait oublié que ce n'est pas assez de sentir la beauté d'un ouvrage de génie, mais qu'il faut aussi entendre à fond la langue dans laquelle il est écrit pour réussir à rendre sensible aux autres une pareille beauté. Cependant cet essai de jeunesse a encore pour moi quelque valeur, parce qu'il montre du moins que je savais choisir un sujet digne d'admiration.

« J'ai souvent entendu parler de vous, et cela par mon gendre Lockart, jeune littérateur distingué qui, il y a quelques années, avant d'être allié à ma famille, avait l'honneur d'être présenté au père de la littérature allemande. Au milieu du grand nombre de ceux qui se sentent le besoin de vous témoigner leur vénération, il est impossible que vous puissiez vous rappeler chaque individu, mais je crois que personne n'a eu pour vous des sentiments plus profonds que ce jeune membre de ma famille.

« Mon ami sir John Hope de Pinkie a eu dernièrement l'honneur de vous voir, et j'espérais vous écrire ; je pris en effet cette liberté plus tard, à l'occasion d'un voyage en Allemagne que deux de mes parents avaient l'intention de faire ; mais, la maladie les ayant empêchés d'exécuter leur dessein, ma lettre me revint après deux ou trois mois. Ainsi j'avais déjà osé essayer de faire la connaissance de Gœthe, même avant les flatteuses marques d'intérêt qu'il a été assez bon pour me donner en s'informant de moi.

« Pour tous les admirateurs du génie, il y a émotion et bonheur à voir une des plus grandes figures de l'Europe jouir d'une heureuse et honorable retraite à un âge où il se voit si grandement respecté. Un sort si favorable n'a pas, hélas! été accordé au pauvre lord Byron, emporté dans la fleur de ses ans, avec tant d'œuvres que nous espérions et que nous attendions encore de lui. Il était heureux des honneurs que vous lui rendiez, et sentait quelle était sa dette envers un poëte à qui tous les écrivains de la génération actuelle doivent tant, que c'est pour eux un devoir de ne lever vers lui que des regards de religieux respect.

« J'ai pris la liberté de charger MM. Treuttel et Würtz[1] de vous envoyer le récit essayé par moi de la vie de cet homme curieux qui, pendant de si longues années, a eu une terrible influence sur le monde qu'il dominait. Du reste, je ne sais pas si je ne lui dois pas quelques obligations pour les douze années qu'il m'a forcé à passer sous les armes; j'ai, pendant tout ce temps, servi dans un corps de notre milice, et, quoique paralysé de bonne heure, je suis devenu bon cavalier, bon chasseur et bon tireur. Dans ces derniers temps, j'ai un peu perdu ces beaux talents, car le rhumatisme, cette triste plaie de notre climat du Nord, a étendu son pouvoir sur mes membres. Mais je ne me plains pas, puisque depuis que j'ai dû renoncer aux plaisirs de la chasse, je peux voir mes fils en jouir.

[1] Éditeurs de la *Vie de Napoléon*.

« Mon fils aîné a un escadron de hussards ; pour un jeune homme de vingt-cinq ans, c'est beaucoup. Mon second fils vient d'obtenir à Oxford le grade de maître ès arts, et il va passer quelques mois à la maison avant d'aller dans le monde. Comme il a plu à Dieu de me prendre leur mère, c'est ma plus jeune fille qui conduit ma maison. Mon aînée est mariée, et vit dans sa famille.

« Telle est la situation domestique d'un homme dont vous avez été assez bon pour vous informer. J'ai une fortune assez grande pour vivre tout à fait comme je le désire, malgré quelques pertes très-lourdes. J'habite un beau et vieux château, où tout ami de Gœthe sera en tout temps le bienvenu. Le vestibule est garni d'armures qui auraient été bonnes, même pour *Jaxthausen;* un gros chien braque veille à l'entrée.

« J'ai d'ailleurs oublié l'homme qui savait prendre soin qu'on ne l'oubliât pas tant qu'il vécut. J'espère que vous pardonnerez les fautes de l'ouvrage, en pensant que l'auteur était animé du désir d'être envers cet homme extraordinaire aussi sincère que ses préjugés d'insulaire pouvaient le lui permettre.

« Cette occasion de vous écrire qui s'est offerte à moi tout à coup et par hasard, grâce à un voyageur, ne souffrant aucun retard, le temps me manque, et je ne peux plus que vous souhaiter une santé et un repos constants, et vous assurer de mon très-sincère, très-profond respect.

« WALTER SCOTT.

« Édimbourg, 9 juillet 1827. »

Cette lettre, comme je l'ai dit, fit à Gœthe le plus grand plaisir. — Il dit que les hommages qu'elle renfermait étaient trop grands pour qu'il ne dût pas en mettre une bonne part au compte de la politesse d'une personne de rang élevé et du meilleur monde. Il me fit remarquer la manière cordiale et pleine de bonhomie avec laquelle Walter Scott parle de sa famille; c'était pour lui un signe de confiance fraternelle qui le rendait heureux.

« Je suis curieux vraiment de voir cette *Vie de Napoléon* qu'il m'annonce, dit-il. J'entends sur ce livre des jugements si contradictoires et si passionnés, que j'ai d'avance cette certitude : l'ouvrage, quel qu'il soit, est remarquable. »

Je lui demandai s'il se rappelait encore Lockart.

« Parfaitement! sa personne fait une vive impression que l'on n'oublie pas aussitôt. Des voyageurs d'Angleterre et ma belle-fille m'ont dit que c'est un jeune littérateur d'avenir [1]. Mais je m'étonne un peu que Walter Scott ne me dise pas un mot de Carlyle, qui cependant, par ses travaux sur l'Allemagne, doit certainement lui être connu [2]. Ce qu'il y a d'admirable dans Carlyle, c'est que dans ses jugements sur les écrivains allemands il s'occupe bien moins des effets de l'œuvre que de son esprit et de son essence morale. Carlyle est une puissance morale de grande importance. Il est riche d'a-

---

[1] Il a publié, en 1836, une bonne *Vie de Walter Scott*.

[2] Le 17 juillet 1827, Gœthe avait écrit à Zelter : « Demande donc aux amis de la littérature anglaise que tu fréquentes s'ils pourraient te donner quelques renseignements sur *Thomas Carlyle*; il rend les plus grands services à la littérature allemande. » — L'année suivante, Gœthe et Carlyle entrèrent en correspondance. Gœthe a publié plusieurs analyses des travaux de Carlyle sur les poëtes allemands. Le spirituel Écossais lui semblait être, comme le spirituel Français M. Ampère, un des précurseurs les plus brillants de la *Littérature universelle*.

venir, et il est impossible de prévoir tout ce qu'il fera et toute l'influence qu'il exercera un jour. »

Lundi, 24 septembre 1827.

Avec Gœthe à Berka[1]. Nous sommes partis un peu après huit heures; la matinée était très-belle. — En montant la colline, comme la nature n'offre rien à contempler, Gœthe parla de la littérature. Un poëte allemand de réputation avait passé ces jours-ci par Weimar, et il avait donné son album à Gœthe : « Vous ne croiriez pas à la faiblesse de tout ce qu'il y a là dedans, me dit Gœthe. Tous ces poëtes écrivent comme s'ils étaient malades et comme si le monde entier était un lazaret. Tous parlent des souffrances et des misères de ce monde, et des joies de l'autre; ils sont déjà mécontents, et, en écrivant dans ce livre, chacun cherche à être plus désolé que tous les autres. C'est là vraiment mésuser de la poésie, qui nous a été donnée pour faire disparaître les petits ennuis de la vie, et pour rendre l'homme content du monde et de son sort. Mais la génération actuelle a peur de toute énergie solide; son esprit n'est à l'aise et ne voit la poésie que dans la faiblesse. — J'ai trouvé une bonne expression pour contrarier ces messieurs. Je veux appeler leur poésie *poésie de lazaret*; au contraire la poésie qui, non-seulement, inspire les chants de guerre, mais qui arme de courage les hommes, pour lutter dans les combats de la vie, je l'appelle *poésie tyrtéenne*. »

Il y avait à nos pieds, dans la voiture, une corbeille en jonc, à deux anses, qui attira mon attention. « Je l'ai

---

[1] Petit village très-voisin de Weimar, dans une charmante vallée.

rapportée de Marienbad, me dit Gœthe, où l'on a de semblables corbeilles de toute grosseur, et je suis tellement habitué à la mienne, que je ne peux voyager sans la prendre avec moi. Vous voyez, quand elle est vide, elle se replie sur elle-même et occupe peu d'espace ; quand on veut l'emplir, elle s'élargit en tous sens, et elle contient plus qu'on ne croirait. Elle est molle, flexible, et cependant si solide et si forte qu'on peut y emporter les objets les plus lourds. »

« — Elle est d'une forme très-pittoresque et même antique, » dis-je.

« — Vous avez raison ; elle se rapproche de l'antique, car non-seulement elle est parfaitement appropriée à son but et faite avec intelligence, mais sa forme est de plus très-simple et très-agréable à l'œil ; on peut dire d'elle qu'elle a atteint sa perfection. — Je m'en suis servi surtout lors de mes excursions minéralogiques dans les montagnes de Bohême [1]. Pour le moment elle renferme notre déjeuner. Si j'avais là un marteau, je ne manquerais pas aujourd'hui d'occasions pour casser çà et là une petite pierre et rapporter ma corbeille pleine d'échantillons. »

Nous étions arrivés sur la hauteur, et nous avions la vue des collines derrière lesquelles est placé Berka. Un peu à gauche, au delà de la vallée de l'Ilm, on apercevait une colline à laquelle les vapeurs de la rivière, en flottant au-devant, donnaient une teinte bleue. Je la regardai avec ma lorgnette, aussitôt le bleu s'affaiblit d'une manière frappante. « On voit, dis-je à Gœthe, combien l'objet

[1] Gœthe a tracé, dans une série de dissertations, une espèce de description géologique de la Bohême et surtout des environs de Marienbad, où il alla longtemps chaque année prendre les eaux et l'air des montagnes

regardé est modifié par la personne qui regarde. Une vue faible augmente l'opacité de l'air, une vue perçante la fait disparaître ou du moins la diminue. »

« — Votre observation est parfaitement juste ; car avec une bonne lunette on peut même faire évanouir les teintes bleues des montagnes les plus éloignées. Oui, dans tous les phénomènes, le sujet actif est plus important qu'on ne pense. Déjà Wieland le savait bien, lui qui disait toujours : « On pourrait bien amuser les gens, mais « s'ils étaient amusables ! »

A quelque distance, Gœthe fit arrêter la voiture : « Nous allons descendre, me dit-il, et voir si un petit déjeuner en plein air nous paraîtra agréable. » — Le domestique mit une serviette sur un de ces tas de pierres réguliers que l'on trouve le long des routes ; il alla chercher dans la voiture la corbeille de jonc, et mit sur la table des petits pains blancs tendres, des perdrix rôties et des concombres saumurés. Gœthe découpa une perdrix et m'en donna une moitié. Je mangeai debout ou en me promenant ; Gœthe s'était assis sur le coin d'un des tas de pierres. Cette pierre froide, encore humide de la rosée de la nuit, ne me semblait pas être un bon siége, et je le dis à Gœthe. Mais il m'assura que cela ne lui faisait rien du tout, et, tranquillisé, je vis dans ces assurances un nouveau signe de la vigueur qu'il sentait en lui. Le domestique avait aussi apporté de la voiture une bouteille de vin, et il nous versa à boire. « Notre ami Schütze, dit Gœthe, n'a pas tort de faire chaque semaine une excursion à la campagne ; nous suivrons son exemple, et, si le temps se maintient, ce ne sera pas là notre dernière partie. »

Je passai ainsi avec Gœthe une intéressante journée.

Il était inépuisable en mots pleins de sens ; il me parla beaucoup de la seconde partie de *Faust*, à laquelle il commençait à travailler sérieusement ; mais malheureusement je n'ai noté sur mon journal que ce que je viens d'écrire.

Mercredi, 26 septembre 1827.

Ce matin Gœthe m'avait invité à une promenade en voiture ; nous devions aller à la pointe d'Hottelstedt[1], sur la hauteur occidentale de l'Ettersberg. La journée était extrêmement belle. En montant la colline, nous ne pouvions marcher qu'au pas, et nous eûmes occasion de faire diverses observations. Gœthe remarqua dans les haies une troupe d'oiseaux, et il me demanda si c'étaient des alouettes. « O grand et cher Gœthe, pensai-je, toi qui as comme peu d'hommes fouillé dans la nature, tu me parais en ornithologie être un enfant !... — Ce sont des embérises et des passereaux, dis-je, et aussi quelques fauvettes attardées qui, après leur mue, descendent des fourrés de l'Ettersberg dans les jardins, dans les champs et se préparent à leur départ ; il n'y a pas là d'alouettes. Il n'est pas dans la nature de l'alouette de se poser sur les buissons. L'alouette des champs ainsi que l'alouette des airs monte vers le ciel, redescend vers la terre ; en automne, elle traverse l'espace par bandes et s'abat sur des champs de chaume, mais jamais elle ne se posera sur une haie ou sur un buisson. L'alouette des arbres aime la cime des grands arbres ; elle s'élance de là en chantant dans les airs, puis redescend sur la cime. Il y a aussi une autre alouette que l'on trouve dans les lieux solitaires, au midi des clai-

[1] C'est le point le plus élevé des environs de Weimar.

rières ; elle a un chant très-tendre, qui rappelle le son de la flûte, mais plus mélancolique. Cette espèce ne se trouve point sur l'Ettersberg, qui est trop vivant et trop près des habitations ; elle ne va pas d'ailleurs non plus sur les buissons. »

« — Ah! ah! vous paraissez en ces matières n'être pas tout à fait un apprenti. »

« — Je m'en suis occupé avec goût depuis mon enfance, et pour elles mes yeux et mes oreilles ont toujours été ouverts. Le bois de l'Ettersberg a peu d'endroits que je n'aie parcourus plusieurs fois. Quand j'entends maintenant un chant, je peux dire de quel oiseau il vient. Et même, si on m'apporte un oiseau qui, ayant été mal soigné dans sa captivité, a perdu son plumage, je saurai lui rendre bien vite et les plumes et la santé. »

« — Cela montre certes une grande habileté ; je vous conseille de persévérer sérieusement dans vos études ; avec votre vocation marquée, vous arriverez à d'excellents résultats. Mais parlez-moi donc un peu de la mue. Vous m'avez dit que les fauvettes descendent après la mue dans les champs. La mue arrive-t-elle donc à une époque fixe, et tous les oiseaux muent-ils ensemble? »

« — Chez la plupart des oiseaux la mue vient dès que la couvaison est terminée, c'est-à-dire dès que les petits de la dernière couvée peuvent se suffire à eux-mêmes. Mais alors il s'agit de savoir si, à partir de ce moment jusqu'à son départ, l'oiseau a le temps suffisant pour sa mue. S'il l'a, il mue ici et part avec son plumage nouveau. S'il ne l'a pas, il part avec son plumage ancien et ne mue que dans le Midi, plus tard. — Car les oiseaux n'arrivent pas au printemps et ne partent pas à l'automne tous en même temps. La cause, c'est que chaque espèce supporte plus ou moins facilement le froid et l'intempérie. L'oiseau qui arrive de bonne heure chez nous s'en va tard, et l'oiseau qui arrive tard s'en va tôt. Même dans une seule famille, par exemple dans celle des fauvettes, il y a de grandes différences. La fauvette à claquets ou la petite meunière se fait entendre chez nous dès la fin de mars, quinze jours plus tard viennent la fauvette à tête noire, le moine ; puis, environ une semaine après, le rossignol, et seulement à la fin d'avril ou au commencement de mai, la fauvette grise. Tous ces oiseaux avec leurs petits de la première couvée muent chez nous en août; aussi on prend ici, à la fin d'août, de jeunes moines qui ont déjà leur petite tête noire. Mais les enfants de la dernière couvée partent avec leur premier plumage et ne muent que plus tard, dans les contrées méridionales ; aussi au commencement de septembre on peut ici prendre des moines mâles qui ont encore leur petite tête rouge comme leur mère. »

— « La fauvette grise est-elle l'oiseau qui vient le plus tard chez nous, ou d'autres viennent-ils encore après elle ? » demanda Gœthe. — « L'oiseau moqueur jaune et le magnifique Pirol jaune d'or, n'arrivent que vers Pâques. Tous deux partent après leur couvaison achevée, vers le milieu d'août, et ils muent dans le Sud. Si on les garde en cage, ils muent en hiver, aussi ces oiseaux se gardent difficilement. Ils demandent beaucoup de chaleur. Si on les suspend près du poêle, ils dépérissent par manque d'air nourrissant; si on les met près de la fenêtre, ils dépérissent par suite du froid des longues nuits. »

« — On dit que la mue est une maladie, ou du moins qu'elle est accompagnée d'un affaiblissement du corps. »

« — Je ne saurais dire. C'est une augmentation de

vie, qui se passe très-heureusement en plein air sans la moindre fatigue, et qui réussit aussi très-bien à certains individus dans la chambre. J'ai eu des fauvettes qui pendant toute la mue n'ont pas cessé de chanter, ce qui est signe d'une parfaite santé. Si un oiseau pendant la mue est maladif, c'est qu'on le nourrit mal, que son eau est mauvaise, ou qu'il manque d'air. S'il n'a pas dans la chambre assez de force pour muer, qu'on le mette à l'air frais, il muera très-bien. Un oiseau libre mue sans s'en apercevoir, tant sa mue se fait doucement. »

« — Cependant vous sembliez dire que pendant leur mue les fauvettes se retirent dans les fourrés du bois ? »

« — Elles ont certainement pendant ce temps besoin de quelques secours. La nature agit avec tant de sagesse et de mesure, que jamais un oiseau ne perd tout d'un coup assez de plumes pour ne plus pouvoir voler et chercher sa nourriture. Mais cependant il peut arriver qu'un oiseau perde ensemble par exemple la quatrième, la cinquième, et la sixième penne à chaque aile ; il pourra bien voler encore, mais pas assez bien pour échapper aux oiseaux de proie ses ennemis et surtout au très-rapide et très-adroit hobereau ; voilà pourquoi les fourrés leur sont utiles à ce moment. »

« — Cela se conçoit. Est-ce que la mue marche également et comme symétriquement aux deux ailes. »

« — Autant que j'ai pu observer, sans aucun doute. Et c'est un bienfait. Car si un oiseau perdait à l'aile gauche trois pennes sans les perdre aussi à l'aile droite en même temps, l'équilibre serait rompu et l'oiseau ne serait plus le maître de ses mouvements. Il serait comme un vaisseau qui a d'un côté les voiles trop lourdes et de l'autre côté les voiles trop légères. »

« — Je vois que l'on peut pénétrer dans la nature du côté où l'on veut; on trouve toujours une preuve de sagesse!... »

Nous étions arrivés sur le haut de la colline, nous longions la forêt de pins qui la couvre. Nous passâmes près d'un tas de pierres. Gœthe fit arrêter, me pria de descendre et de chercher un peu si je ne trouverais pas quelques pétrifications. Je trouvai quelques coquilles et quelques ammonites brisées que je lui donnai en remontant en voiture. Nous reprîmes notre route.

« Toujours la vieille même histoire! dit-il; toujours le vieux sol marin! Quand on est sur cette hauteur, et que l'on voit Weimar et tous ces villages dispersés alentour, cela semble un prodige que de se dire : il y a eu un temps où dans cette large vallée se jouait la baleine. Et cependant il en est ainsi, ou du moins c'est très-vraisemblable. La mouette, volant dans ce temps au-dessus de la mer qui a couvert ces hauteurs, ne pensait guère que nous y passerions un jour tous deux en voiture. Qui sait si dans des siècles la mouette ne volera pas de nouveau au-dessus de ces collines?... »

Nous étions tout à fait en haut à l'extrémité de la pointe de l'Ettersberg; on ne voyait plus Weimar; mais devant nous, à nos pieds, s'étalait la large vallée de l'Unstrut, semée de villes et de villages, éclairée par le riant soleil du matin. « Là on sera bien! dit Gœthe en faisant arrêter, voyons encore si un petit déjeuner dans ce bon air nous fera plaisir! »

Frédéric disposa le déjeuner sur une petite éminence de gazon. Les lueurs matinales du soleil d'automne le plus pur rendaient splendide le coup d'œil dont on jouissait à cette place. Vers le sud et le sud-ouest, on découvrait toute la chaîne de montagnes de la forêt de Thuringe; à l'ouest, au delà d'Erfurt, le château élevé de Gotha et la cime de l'Inselsberg; et vers le nord, à l'horizon, les montagnes bleuâtres du Harz. Je pensais aux vers :

> Large, élevé, sublime, le regard
> Se promène sur l'existence!..
> De montagne en montagne
> Flotte l'esprit éternel
> Qui pressent l'éternelle vie......

Nous nous assîmes de façon à avoir devant nous, pendant notre déjeuner, la vue libre sur la moitié de la Thuringe. — Nous mangeâmes une couple de perdrix rôties, avec du pain blanc tendre, et nous bûmes une bouteille de très-bon vin, en nous servant d'une coupe d'or, qui se replie sur elle-même et que Gœthe emporte dans ces excursions, enfermée dans un étui de cuir jaune.

« Je suis venu très-souvent à cette place, dit-il, et ces dernières années, j'ai bien souvent pensé que pour la dernière fois je contemplais d'ici le royaume du monde et ses splendeurs. Mais tout en moi continue à bien se maintenir, et j'espère que ce n'est pas aujourd'hui la dernière fois que nous nous donnons ensemble une bonne journée. Nous viendrons à l'avenir plus souvent ici. A rester dans la maison on se sent figer. Ici, on se sent grand, libre comme la grande nature que l'on a devant les yeux; on est comme on devrait être toujours [1]. — Je domine dans ce moment une foule de points auxquels se rattachent les plus abondants souvenirs d'une longue existence. Que n'ai-je pas fait pendant ma jeunesse dans les montagnes d'Ilmenau! Et là-bas, dans le cher Erfurt, que de belles aven-

---

[1] Comparer les réflexions d'Egmont dans sa prison. (Acte V, scène II.)

tures! A Gotha aussi, dans les premiers temps, je suis allé souvent et avec plaisir; mais depuis longtemps on ne m'y voit pour ainsi dire plus. »

« — Depuis que je suis à Weimar, je ne me rappelle pas que vous vous y soyez rendu? »

« — C'est ainsi que vont les choses, dit Gœthe en riant. Je ne suis pas là noté au mieux. Voici l'histoire, je veux vous la raconter. Lorsque la mère du duc régnant était encore dans toute sa jeunesse, j'allais là très-souvent. Un soir, j'étais seul avec elle, prenant le thé, lorsque les deux princes arrivent en sautant, pour prendre le thé avec nous. C'étaient deux beaux enfants à cheveux blonds, de dix à douze ans. Hardi comme je pouvais l'être, je passai mes mains dans la chevelure de ces deux princes, en leur disant : « Eh bien, têtes à filasse¹, comment nous « portons-nous? » Les gamins me regardèrent avec de grands yeux, tout étonnés de mon audace, et ils ne me l'ont depuis jamais pardonné! — Je ne raconte pas ce trait pour m'en glorifier; mais cet acte est tout à fait dans ma nature. Jamais je n'ai eu beaucoup de respect pour la condition pure de prince, quand elle n'est pas alliée à une nature solide et à la valeur personnelle. Je me sentais moi-même si bien dans mon être, et je me sentais moi-même si noble que, si l'on m'avait fait prince, je n'aurais trouvé là rien de bien étonnant. — Quand on m'a donné des lettres de noblesse, bien des gens ont cru que je me

---

¹ Je rends par un équivalent aussi peu respectueux que l'original. Il y a dans le texte *Semmelkœpfe*, littéralement « têtes couleur de *petit pain blanc*. » C'est seulement sous la forme des *Semmel* que paraît en Allemagne le pain blanc, les Allemands préférant de beaucoup le pain bis; Gœthe dit quelque part : « *Pain bis* et *pain noir* sont un véritable *schibolet* entre Allemands et Français. » (*Mémoires*, trad. Carlowitz, tome II, p. 290.)

sentirais élevé par elles. Entre nous, elles n'étaient pour moi rien, rien du tout! Nous autres patriciens de Francfort, nous nous sommes toujours tenus pour les égaux des nobles; et, quand je reçus le diplôme, j'eus dans les mains ce que depuis longtemps je possédais déjà en esprit. »

Après avoir encore bu un bon coup dans la coupe dorée, nous nous rendîmes au pavillon de chasse d'Ettersberg, en faisant le tour de la montagne. Gœthe me fit ouvrir toutes les pièces, et me montra la chambre, à l'angle du premier étage, que Schiller avait habitée quelque temps. « Autrefois, me dit-il, nous avons passé ici plus d'une bonne journée. Nous étions tous jeunes, pétulants, et, l'été, c'étaient des comédies improvisées, l'hiver, des danses, des promenades en traîneaux aux torches, etc. — Je veux vous montrer le hêtre sur lequel, il y a cinquante ans, nous avons gravé nos noms. Comme tout a changé, comme tout a grandi!... Voilà l'arbre! Vous voyez, il est encore magnifique! On peut encore voir trace de nos noms, mais l'écorce s'est tellement resserrée et gonflée qu'on ne les découvre presque plus. Ce hêtre était alors tout seul au milieu d'une place libre et bien sèche. Le soleil resplendissait gaiement tout alentour, et c'était là que dans les beaux jours d'été, nous improvisions nos farces. Maintenant cet endroit est humide et désagréable. Les buissons se sont changés en arbres épais, et c'est à peine si on peut découvrir le magnifique hêtre de notre jeunesse!... »

Nous retournâmes alors au château, et, après avoir visité la collection d'armures, nous revînmes à Weimar.

Jeudi, 27 septembre 1827.

Les frères Riepenhausen[1] ont essayé de restituer les tableaux de Polygnote dans la Lesché de Delphes, en se servant de la description de Pausanias. Gœthe m'a montré leurs dessins, et il n'a pas assez d'éloges pour leur entreprise.

Lundi, 1ᵉʳ octobre 1827.

Après avoir vu deux actes du *Tableau* de Houwald, je suis allé chez Gœthe, qui m'a lu la seconde scène de la seconde partie du *Faust*. « Dans l'Empereur, me dit-il, j'ai cherché à peindre un prince qui a toutes les qualités nécessaires pour perdre son pays, ce qui en effet lui arrive réellement. Le bien de l'empire et de ses sujets ne l'inquiète nullement, il ne s'occupe que de lui-même, et ne pense qu'à trouver pour chaque jour nouveau une nouvelle manière de s'amuser. Le pays est sans lois, sans justice; les juges sont complices des crimes et protégent les coupables; rien n'empêche et rien ne punit les forfaits les plus inouïs. L'armée est sans solde, sans discipline; elle se paye en maraudant et se soutient ainsi par elle-même. Le trésor est vide et sans espérances de recettes. Dans le palais même de l'Empereur, tout va aussi mal; il n'a ni cuisine ni cave. Le maréchal du palais, qui de jour en jour est plus embarrassé, se met entre les mains des juifs, auxquels il engage tout; de telle sorte que le

---

[1] Bons peintres, nés à Gœttingue. Ils ont vécu et sont morts à Rome. Jean Riepenhausen n'est mort qu'en 1860. — Pour leur restitution des tableaux de Polygnote, voir le très-long article de Gœthe dans ses *Fragments sur l'art*. Rien de ce qui intéressait la Grèce ne lui restait étranger. Il a restitué récemment une tragédie d'Euripide, il se passionne maintenant pour la restitution de peintures de Polygnote. On sent qu'il voudrait ressusciter la Grèce tout entière.

pain que mange l'Empereur est déjà dévoré. — Le conseil d'État veut représenter à Sa Majesté cette pénurie et prendre conseil avec elle; mais Sa Majesté est peu disposée à daigner prêter sa haute attention à ces ennuyeux objets; elle aime mieux s'amuser. — Là est la vraie place de Méphisto, qui écarte l'ancien fou et prend place à côté de l'Empereur, comme nouveau fou et comme conseiller. »

Gœthe me lut alors la scène, imitant dans la perfection les murmures de la foule qui s'élèvent de temps en temps. — Ce fut pour moi une belle soirée.

Dimanche, 7 octobre 1827.

Ce matin, par un très-beau temps, j'étais déjà avant huit heures en voiture avec Gœthe sur la route d'Iéna, où il veut rester jusqu'à demain soir. — Arrivés à Iéna, nous sommes allés d'abord au Jardin botanique ; Gœthe examina toutes les plantes, qu'il trouva prospères. Après avoir visité encore le Cabinet de minéralogie et quelques autres collections scientifiques, nous nous rendîmes chez M. de Knebel[1], qui nous attendait pour dîner. — Quand nous arrivâmes, Knebel, qui est dans un âge très-avancé, vint d'un pas mal assuré sur sa porte, et serra Gœthe dans ses bras. Le dîner fut plein de cordialité et de gaieté; mais la conversation fut sans grande importance. C'était assez pour les deux vieux amis de se sentir ainsi l'un près de l'autre. Après dîner nous fîmes en voiture une promenade sur les bords de la Saale, vers le sud de la vallée; je croyais voir ces sites ravissants pour la pre-

[1] Mort en 1834, à quatre-vingt-dix ans. Il a écrit des poésies, donné d'excellentes traductions de *Properce* et de *Lucrèce*. Ses deux correspondances avec sa sœur Henriette et avec Gœthe sont d'un grand intérêt pour l'histoire de la littérature allemande.

mière fois, tant l'impression qu'ils produisirent alors sur moi fut vive. Revenus à Iéna, Gœthe nous fit conduire, en remontant un petit ruisseau, près d'une maison dont l'extérieur était très-ordinaire [1]. « Ici, dit-il, habita Voss [2], et je veux vous introduire sur ce sol classique. » — Nous traversâmes la maison et entrâmes dans le jardin. Il était fort simplement garni, et ce n'était guère qu'un gazon planté d'arbres à fruits. « Ces arbres étaient chers à Ernestine, dit Gœthe; même ici, elle ne pouvait oublier les excellentes pommes d'Eutin; elle me les vantait comme un fruit sans pareil. C'étaient les pommes de son enfance, voilà la raison! — Ici, j'ai passé bien des beaux jours avec Voss et avec son excellente Ernestine, et j'ai grand plaisir à me rappeler cet ancien temps. On ne reverra pas de sitôt un homme comme Voss. Bien peu d'écrivains ont eu, sur le développement des esprits en Allemagne, une influence égale à la sienne. Tout avait en lui une saine verdeur; aussi, ce qui le rapprochait des Grecs, ce n'étaient pas des rapports artificiels, c'était une union naturelle d'où sont sortis pour nous les fruits les plus précieux. Quand on connaît bien sa valeur, on ne sait comment honorer assez son souvenir [3].

[1] Dans les villes d'Université, une inscription indique les maisons qui ont été habitées par des professeurs illustres. Cette habitude fait d'une promenade dans les rues de Iéna, par exemple, un voyage à travers toute la littérature allemande.

[2] Auteur de *Louise* et de la traduction d'Homère; mort l'année précédente à Heidelberg. Il avait été vingt-trois ans professeur à Eutin près de Lubeck. Il s'y était marié avec Ernestine Boie, femme de grand mérite qui tient une place distinguée dans l'histoire de la littérature allemande. Quant Voss vint à Iéna en 1802, Gœthe fut enchanté, et il l'accueillit en frère. Il sentait en lui un allié précieux pour défendre l'Allemagne contre les excès du romantisme, qui naissait alors, et qui allait bientôt devenir envahissant.

[3] Comparer H. Heine, *de l'Allemagne*, tome Ier, p. 218.

Il était six heures; nous nous rendîmes à notre hôtel; on nous donna une grande chambre avec deux lits dans une alcôve; et nous causâmes là encore quelque temps, sans lumière, sur Voss. Gœthe me dit : « J'avais pour lui la plus haute estime, et j'aurais aimé à le garder à notre Université; mais nos ressources étaient trop insuffisantes pour que nous pussions lui offrir le traitement qui lui fut proposé à Heidelberg. Il me fallut, avec tristesse, me résigner à le laisser partir... Mon bonheur fut alors d'avoir Schiller. Nos deux natures étaient bien différentes, mais le but que nous poursuivions était le même, et notre liaison devint par là si intime, que l'un ne pouvait réellement pas vivre sans l'autre. » Gœthe me raconta alors quelques anecdotes qui me parurent très-caractéristiques. « Schiller, dit-il, comme on doit bien le pressentir d'un caractère aussi grandiose, avait la répugnance la plus prononcée pour toutes les démonstrations d'admiration creuse, pour toutes les fades apothéoses qu'on lui faisait ou qu'on voulait lui faire. Lorsque Kotzebue voulut célébrer sa gloire dans une cérémonie publique, Schiller tomba presque malade, tant était profonde sa répugnance pour de pareilles scènes. La visite d'un étranger lui était aussi désagréable. Lorsqu'il ne pouvait recevoir immédiatement l'étranger qui se présentait chez lui, s'il lui avait donné rendez-vous pour quatre heures, l'appréhension de ce moment le rendait positivement malade. Et parfois aussi, dans de pareilles circonstances, l'impatience le prenait et il était assez peu poli. Je me rappelle l'avoir vu recevoir si mal un chirurgien étranger qui était entré chez lui sans se faire annoncer, que le pauvre homme, tout décontenancé, ne savait comment se sauver assez vite[1]. — Je vous disais que nos natures étaient différentes; cela était vrai, non-seulement au point de vue intellectuel, mais au point de vue physique. Une odeur qui faisait du bien à Schiller me semblait un poison. Un jour, je vais chez lui; il n'était pas là, sa femme me dit qu'il allait rentrer bientôt; je m'assieds à sa table de travail, pour prendre quelques notes. J'étais assis depuis quelques instants, lorsque je me sentis je ne sais quel malaise qui augmenta jusqu'à ce qu'enfin je fusse sur le point de me trouver mal. Je ne savais à quoi attribuer cet état extraordinaire, quand je remarquai que d'un tiroir près de moi sortait une détestable odeur. Je l'ouvris, et je le trouvai rempli de pommes pourries. — J'allai aussitôt à une fenêtre, et un peu d'air me remit à mon aise. La femme de Schiller, qui entrait, me dit alors que ce tiroir devait toujours être plein de pommes pourries, parce que leur odeur plaisait à Schiller et qu'il ne pouvait vivre et travailler sans elle.

« Demain matin, je vous montrerai aussi la maison que Schiller a habitée à Iéna. »

On apporta de la lumière, nous soupâmes un peu, et

---

[1] « Un jour, je me trouvais chez Schiller, on frappe. Schiller fit un saut et ouvrit la porte. La personne qui se présentait était un jeune chirurgien de Berlin, fort convenable, qui lui demanda s'il pouvait avoir le grand honneur et le plaisir d'être reçu par le célèbre Schiller. Schiller lui répondit brusquement : « Je suis Schiller, aujourd'hui vous ne pou« vez lui parler; » et, poussant l'étranger, il lui ferma la porte au nez » *Correspondance et Conversations avec Gœthe*, par *Grüner* (page 114). Ce petit livre, publié en 1853, n'ajoute que fort peu de chose à ce qu'Eckermann nous apprend. On y trouve surtout des preuves nouvelles et multipliées de la passion de Gœthe pour les études minéralogiques. Grüner n'avait d'autre mérite que d'être grand amateur de minéralogie; c'est à ce titre qu'il devint le correspondant de Gœthe, qui montra pour lui la bienveillance extrême qu'il aimait à témoigner, même aux esprits les plus modestes, quand ils marchaient avec activité sur une bonne voie.

continuâmes notre causerie. Je racontai à Gœthe un rêve curieux que j'avais fait étant enfant, et qui s'était accompli littéralement le matin suivant. J'avais élevé trois petites linottes; je les aimais de toute mon âme. Elles voletaient à travers ma chambre, et venaient se poser sur ma main, dès que j'entrais. Un matin, une d'elles, au moment où j'ouvrais la porte, sortit et s'en alla je ne sais où. Je la cherchai toute l'après-midi sur tous les toits, et le soir j'étais inconsolable de n'avoir pas aperçu la moindre trace. Je m'endormis le cœur attristé, et le matin j'eus le rêve suivant. Je me voyais cherchant autour des maisons voisines mon oiseau perdu. Tout à coup j'entendais sa voix, et je l'apercevais sur un toit. Je l'appelle, il a le désir de venir vers moi pour manger, mais il n'ose pas cependant se poser sur ma main. Je cours alors chez moi, je prends sa tasse de millet, je la lui montre, il revient, et j'ai la joie de le ramener dans ma chambre. — Je m'éveillai là-dessus. Il était déjà jour; je m'habille aussitôt, et je n'ai rien de plus pressé que d'aller là où j'avais vu mon oiseau. Combien suis-je étonné en l'y trouvant réellement! Tout se passe absolument comme dans mon rêve. Je l'appelle, il s'approche, mais sans oser venir sur ma main. Je vais chercher sa graine, et je le ramène.

« — Cet événement est certes très-curieux, dit Gœthe, mais il est cependant très-naturel, quoique nous ne puissions en saisir la clef. Nous marchons tous au milieu de secrets, entourés de mystères. Nous ne savons pas ce qui se passe dans l'atmosphère qui nous entoure, nous ne savons pas quelles relations elle a avec notre esprit. Mais il y a une chose certaine, c'est que dans certaines circonstances notre âme, par certains organes, a plus de pouvoir que les sens, et qu'il lui est donné de pressentir, et même, oui, de voir réellement l'avenir le plus rapproché[1]. »

« — Il m'est arrivé dernièrement un fait pareil, dis-je. — Je revenais d'une promenade sur la grande route d'Erfurt : à dix minutes environ de Weimar, je me vis en imagination passant près du théâtre, et là je rencontrais une personne que je n'avais pas vue depuis des années, et à laquelle je n'avais pas pensé depuis très-longtemps. Je me sentis tout agité par cette idée, et quelle fut ma surprise, en tournant l'encoignure du théâtre, de trouver cette personne là même où mon imagination l'avait aperçue dix minutes auparavant. »

« — C'est un fait très-curieux, et ce n'est pas là un pur hasard, dit Gœthe. Je vous le répète, nous marchons à tâtons au milieu de secrets et de merveilles. — Une âme peut aussi par sa seule présence agir fortement sur une autre âme; je pourrais citer plusieurs exemples. Bien souvent, me promenant avec un ami, si une idée venait à me saisir vivement, l'ami avec lequel j'étais se

---

[1] Dans *Poésie et Vérité*, Gœthe a raconté une vision de ce genre. Il venait de faire ses derniers adieux à Frédérique, et cette séparation l'avait beaucoup attristé : « Pendant que je m'éloignais doucement du village, je vis, non avec les yeux de la chair, mais avec ceux de l'intelligence, un cavalier qui, sur le même sentier, s'avançait vers Sesenheim; ce cavalier, c'était moi-même; j'étais vêtu d'un habit gris bordé de galons d'or, comme je n'en avais jamais porté; je me secouai pour chasser cette hallucination et je ne vis plus rien. Il est singulier que huit ans plus tard, je me retrouvai sur cette même route, rendant une visite à Frédérique et vêtu du même habit dans lequel je m'étais apparu; je dois ajouter que ce n'était pas ma volonté, mais le hasard seul qui m'avait fait prendre ce costume. Mes lecteurs penseront ce qu'ils voudront de cette bizarre vision... elle me parut prophétique, et j'y trouvai la conviction que je reverrais ma bien-aimée... » (*Mémoires de Gœthe*, traduction de madame de Carlowitz, t. I, p. 270.)

mettait à me parler de cette idée. — J'ai connu aussi un homme qui, sans dire un mot, pouvait, par la seule puissance de l'âme, rendre tout à coup silencieuse une société livrée à de gais entretiens. Il pouvait même causer à tous un insupportable malaise. Nous avons tous en nous comme des forces électriques et magnétiques ; comme l'aimant lui-même, suivant que nous venons en contact avec des corps semblables ou dissemblables, nous attirons ou nous repoussons. Il est possible, vraisemblable même que si, sans le savoir, une jeune fille se trouvait dans une pièce obscure avec un homme ayant le projet de l'assassiner, la présence inconnue de cet homme lui donnerait une inquiétude qui la ferait fuir de cette pièce pour aller chercher de la société. »

« — Je connais, dis-je, dans un opéra une scène où deux amants se trouvent après une longue séparation réunis sans le savoir dans une même pièce obscure; à peine sont-ils ainsi ensemble, la force attractive commence à agir; ils se pressentent tous deux l'un près de l'autre; sans le vouloir ils se sentent tous deux entraînés l'un vers l'autre, et quelques instants suffisent pour que la jeune fille soit dans les bras du jeune homme. »

« — Entre amants, dit Gœthe, cette puissance magnétique a une énergie particulière, et elle peut s'exercer même à distance. Quand j'étais jeune, bien souvent, dans des promenades solitaires, j'appelais ardemment une jeune fille aimée, et je pensais à elle jusqu'à ce qu'elle vînt réellement vers moi. « Je n'étais pas bien dans ma chambre, me disait-elle; je ne pouvais rien faire, il a fallu que je vinsse. » — Je me rappelle un trait des commencements de mon séjour ici. — J'étais bien vite retombé amoureux. — Après un assez long voyage, je venais de rentrer à Weimar, mais j'étais toujours retenu à la cour jusqu'à une heure avancée de la nuit, et je n'avais pu encore aller voir ma bien-aimée; notre liaison ayant déjà attiré l'attention, j'évitais d'aller chez elle de jour, pour ne pas faire parler davantage. Mais le quatrième ou cinquième soir, je ne peux plus résister, et, avant d'y avoir pensé, je pars et je suis devant sa demeure. Je monte doucement l'escalier, et j'allais entrer dans sa chambre quand j'entends, à un bruit de voix, qu'elle n'est pas seule. Je redescends vite, et je me mets à errer dans les rues, qui alors n'étaient pas éclairées. — Plein de passion et de colère, je marchai à travers la ville pendant une heure environ, repassant sans cesse devant la maison de ma bien-aimée et souffrant d'un désir ardent de la voir. Enfin, j'étais sur le point de rentrer dans ma chambre solitaire, lorsque, en passant encore une fois devant sa maison, je ne vois plus de lumière. Elle est sortie! pensai-je alors, mais par cette obscurité, dans cette nuit, où est-elle allée? où la rencontrer? Je me remets à parcourir les rues, et plusieurs fois il me semble la reconnaître dans les personnes qui passent; mais, en m'approchant, j'étais détrompé. J'avais déjà, à cette époque, une foi absolue à l'influence réciproque, et je pensais pouvoir l'amener vers moi en le désirant fortement. Je me croyais entouré d'êtres supérieurs qui pouvaient diriger mes pas vers elle ou les siens vers moi, et je les implorais. Quelle folie est la tienne! me dis-je ensuite, tu ne veux pas aller la voir, et tu demandes des signes et des miracles! Cependant j'étais arrivé à l'esplanade, devant la petite maison que Schiller habita plus tard; là, il me prit l'envie de revenir sur mes pas, vers le palais, et de prendre une petite rue à droite. Je n'avais pas fait cent pas dans cette direction que j'aperçois une forme de femme tout à fait ressemblante à celle que j'appelais. La rue n'était éclairée que par les lueurs qui sortaient çà et là des fenêtres, et, comme déjà des apparences de ressemblance m'avaient trompé dans cette soirée, je n'osais pas arrêter cette personne. Nous passâmes tout à côté l'un de l'autre, si près que nos bras se touchèrent ; je m'arrêtai, nous regardâmes autour de nous : « Est-ce vous ? » dit-elle, et je reconnus sa voix chérie. « Enfin ! » m'écriai-je, et j'étais heureux à pleurer. Nos mains se pressèrent. « Ah ! dis-je, mon espérance ne m'a pas trompé. — Je vous demandais, je vous cherchais, quelque chose me disait que certainement je vous trouverais ; quel bonheur, Dieu soit loué ! c'était vrai ! — Mais, méchant, dit-elle, pourquoi n'êtes-vous pas venu ? J'ai appris aujourd'hui par hasard que vous êtes de retour déjà depuis trois jours, et toute l'après-midi j'ai pleuré, croyant que vous m'aviez oubliée. Il y a une heure, je me suis sentie toute tourmentée ; j'avais un besoin de vous voir que je ne peux vous exprimer. J'avais chez moi quelques amies ; il m'a semblé que leur visite durait une éternité. Enfin elles sont parties ; j'ai malgré moi pris mon chapeau et mon mantelet, et je me suis vue poussée dehors, marchant dans la nuit sans savoir où j'allais. Votre pensée ne me quittait pas, et il me semblait que nous dussions nous rencontrer. » — Pendant que son cœur s'épanchait ainsi, nos mains restaient l'une dans l'autre, nous nous les serrions, et nous nous montrions mutuellement que l'absence n'avait pas refroidi notre amour. Je l'accompagnai chez elle. Elle monta l'escalier noir devant moi, me tenant par la main pour me conduire. J'étais dans un inexprimable bonheur, non-seulement de la revoir, mais de n'avoir pas été déçu dans ma foi à une influence invisible. »

J'aurais encore écouté Gœthe pendant des heures ; il semblait disposé à montrer toute la tendresse qui vit dans son cœur, mais peu à peu la fatigue sembla le dominer, et nous nous couchâmes de très-bonne heure dans notre alcôve.

Le lendemain, nous étions levés de bon matin. En s'habillant, Gœthe me raconta un rêve de sa nuit. Il s'était vu transporté à Gœttingue, et avait eu avec les professeurs qu'il y connaît toute sorte d'entretiens agréables. Nous bûmes quelques tasses de café et allâmes visiter le cabinet anatomique; nous vîmes des squelettes d'animaux, entre autres d'animaux antédiluviens, et des squelettes d'hommes des siècles passés. Gœthe observa que la forme des dents montre que ces squelettes appartenaient à une race d'une grande moralité. Nous allâmes ensuite à l'observatoire, et le docteur Schrœn nous montra de beaux instruments dont il nous expliqua l'usage. Nous visitâmes aussi avec grand intérêt le cabinet météorologique, et Gœthe loua beaucoup le docteur Schrœn de l'ordre qui régnait partout. Puis nous descendîmes dans le jardin; Gœthe avait fait disposer un petit déjeuner dans un berceau sur une table de pierre. « Vous ne savez guère, me dit-il, à quelle place curieuse nous nous trouvons en ce moment. Ici a habité Schiller. Sous ce berceau, à cette table de pierre, assis sur ces bancs maintenant presque brisés, nous avons souvent pris nos repas, en échangeant de grandes et bonnes paroles. Il avait alors trente ans, moi, quarante; tous deux encore dans notre plein essor; c'était quelque chose! Tout cela passe, et s'en va, car moi aussi je ne suis plus aujourd'hui celui que j'étais alors; mais pour cette vieille terre, elle tient bon, et l'air, l'eau, le sol, tout cela est resté comme autrefois ! — Tout à l'heure, retournez donc chez Schrœn, et faites-vous montrer la mansarde que Schiller a habitée. »

Le déjeuner, dans cet air pur et à cette heureuse place, nous parut excellent; Schiller était avec nous, du moins dans notre esprit, et Gœthe rappela encore avec bonheur maint bon souvenir de lui.

Je montai plus tard avec Schrœn dans la mansarde de Schiller; on avait des fenêtres une vue splendide. Vers le sud, on apercevait plusieurs lieues du beau cours de la Saale qui se perd de temps en temps dans des bouquets de bois. L'horizon était immense; c'était un endroit excellent pour observer la marche des constellations et on se disait qu'il n'y en avait pas de meilleur pour composer tous les passages astronomiques et astrologiques du *Wallenstein*.

Je descendis et j'allai avec Gœthe chez M. le conseiller aulique Dœbereiner, que Gœthe estime beaucoup et qui nous fit quelques expériences de chimie. Midi arriva. Nous remontâmes en voiture. « N'allons pas dîner à l'hôtel, me dit Gœthe; jouissons de cette belle journée en plein air. Allons à Burgau. Nous avons du vin dans la voiture, nous trouverons toujours là-bas un bon poisson au bleu ou bien frit. » Nous fîmes comme Gœthe disait, et ce fut vraiment délicieux. Nous remontâmes la Saale, suivant le chemin charmant que j'avais découvert de la mansarde de Schiller. Bientôt arrivés à Burgau, nous descendîmes à l'auberge située sur le bord de la rivière, près du pont conduisant à Lobeda, que l'on a au loin devant soi, de l'autre côté des champs. Tout se passa à l'auberge comme Gœthe l'avait prévu. L'hôtesse s'excusa de n'avoir rien de prêt; mais elle nous dit qu'elle pouvait nous donner une soupe et un bon poisson[1]. Pendant qu'on préparait notre repas, nous allâmes nous promener au soleil sur le pont, et, pour nous distraire, nous regardâmes les trains de bois qui passaient de temps en temps sous le pont; les mariniers, tout couverts d'eau, se livraient à leur fatigant travail, au milieu de cris joyeux.

Nous mangeâmes notre poisson en plein air, puis, quand il fut fini, nous restâmes assis pour boire encore une bouteille de vin tout en causant. Près de nous passa un petit faucon qui par son vol et sa forme avait grande ressemblance avec le coucou. « Il y a eu un temps, dit Gœthe, où l'étude de l'histoire naturelle était encore si peu avancée que l'on croyait généralement que le coucou était un coucou seulement l'été, et que l'hiver il devenait un oiseau de l'ordre des rapaces. »

« — Cette opinion existe encore aujourd'hui dans le peuple, dis-je, et même on va jusqu'à dire que ce brave oiseau, quand il est grand, mange ses parents, et son nom est un symbole d'odieuse ingratitude. Je sais, dans ce moment-ci même, des gens qui ne veulent pas renoncer à ces absurdités et qui y tiennent autant qu'à n'importe quel article de leur foi de chrétien. »

« — Le coucou, je crois, est rangé dans la classe des grimpeurs, » dit Gœthe.

« — Oui, assez souvent, parce que deux doigts de ses faibles pieds sont dirigés en arrière. Mais ce n'est pas

---

[1] Les amis de Gœthe qui voudraient sur ses traces faire cette même promenade, ou les touristes curieux de visiter le champ de bataille d'Iéna, trouveront encore sur les bords pittoresques de la Saale l'auberge ici décrite, et l'hôtesse, je le sais par expérience, leur offrira, comme à Gœthe, « un bon poisson » pêché sous leurs yeux.

dans cette classe que je le mettrais. Il n'a pas ce qui est utile aux grimpeurs, par suite de leur manière de vivre : un bec solide, capable de percer toute écorce d'arbre morte, et des plumes à la queue très-fortes et taillées de manière à le soutenir dans son travail. Il manque aussi d'ongles longs et aiguisés propres à saisir; aussi, selon moi, ses pieds n'ont que l'apparence des pieds de grimpeur. »

« — Messieurs les ornithologistes, dit Gœthe, sont déjà bien heureux quand ils ont pu caser, à peu près convenablement, un oiseau original, car la nature joue un jeu fort libre et s'inquiète peu des divisions tracées par l'esprit borné de l'homme. »

« — Ainsi, continuai-je[1], on met le rossignol parmi les fauvettes, et cependant par l'énergie de sa nature, de ses mouvements, de sa manière de vivre, il a bien plus de ressemblances avec les passereaux. Pourtant je ne voudrais pas davantage le ranger parmi les passereaux. Il est entre les deux classes, c'est un oiseau isolé, comme le coucou, et d'un caractère tout à fait particulier. »

« — Tout ce que l'on rapporte sur le coucou m'intéresse beaucoup à ce singulier oiseau, dit Gœthe. Sa nature est tout un problème, un mystère visible, mais d'autant plus insoluble qu'il est visible. Et que de fois le même fait ne se présente-t-il pas pour nous! Nous vivons plongés au milieu de miracles, la plus humble comme la meilleure des choses nous reste fermée. Prenez seulement les abeilles, nous les voyons tour à tour voler

---

[1] L'ami Eckermann parle et professe beaucoup dans cette conversation, mais sommes-nous donc si riches d'instruction que nous ne puissions lire, même rapidement, ce que Gœthe écoutait avec plaisir et trouvait instructif? Si d'ailleurs nous voulons le bien connaître, il faut consentir à entrer dans les goûts de son esprit.

dans des directions différentes à la recherche du miel. Pendant quelques semaines, elles iront à l'ouest, dans les champs de navettes en fleurs. Elles iront ensuite aussi longtemps vers le nord chercher les fleurs de bruyère. Puis elles iront d'un autre côté chercher les fleurs de blé noir; puis ailleurs vers les fleurs de trèfle, puis ailleurs vers des fleurs de tilleul. Qui leur a dit : Volez maintenant là-bas; il y a quelque chose pour vous ! puis maintenant là-bas, il y a quelque chose de nouveau ! Et qui les reconduit à leur village, à leur ruche ? Il semble qu'un fil invisible les guide et les ramène; quel est ce fil? nous l'ignorons. — Il en est encore de même pour l'alouette; elle se lève en chantant au-dessus d'un champ couvert d'épis; elle plane au-dessus de cette mer que le vent soulève et où chaque flot se ressemble, cependant quand elle redescend vers ses petits, elle trouve sans se tromper l'étroit espace où est son nid. — Tous ces phénomènes se montrent à nous clairs comme le jour, mais leur lien intime et leur âme nous restent inconnus. »

« — Il en est de même avec le coucou, dis-je. Nous savons qu'il ne couve pas, mais dépose son œuf dans le nid de quelque autre oiseau, dans le nid des fauvettes, des lavandières jaunes, des moines, des brunelles, des rouges-gorges, des roitelets. Voilà ce que nous savons; nous savons aussi que tous ces oiseaux doivent être insectivores, parce que le coucou est lui-même insectivore, et que son petit ne pourrait pas être élevé par un oiseau qui se nourrirait de grains. Mais comment le coucou reconnaît-il que tous ces oiseaux sont insectivores, lorsqu'ils sont tous si différents et par la forme et par la couleur, et par le chant et par la voix? Et comment le coucou peut-il confier son œuf, son petit si délicat, à des nids dont la structure et la température, l'humidité et la sécheresse, sont aussi différentes que possible? Le nid de la fauvette est construit légèrement de brins de chaume sec et de quelques crins de cheval, que le plus petit froid pénètre; chaque souffle d'air le traverse, il est ouvert par le haut et sans abri; cependant le petit du coucou y vient parfaitement. Au contraire, le nid du roitelet est solidement bâti, garni à l'extérieur de mousse, de chaume, de feuilles; il a l'intérieur soigneusement doublé de toute sorte de laines et de plumes; il est impénétrable au plus petit souffle; par le haut il est couvert en voûte, et ne laisse qu'une très-étroite ouverture par laquelle entre et sort, en se coulant, ce tout petit oiseau. Il semble que, pendant les journées chaudes de juin, il doit y avoir dans cette cavité close une chaleur asphyxiante; cependant le petit coucou y vient on ne peut mieux. Et le nid des lavandières, quelle construction différente encore! L'oiseau vit près de l'eau, près des ruisseaux, dans les endroits humides. Il bâtit son nid dans les pâturages marécageux, dans une touffe de joncs. Il creuse un trou dans la terre mouillée, le recouvre à peine d'un peu d'herbe, de sorte que le petit coucou est couvé et grandit dans l'humidité et au froid. Et cependant il vient parfaitement. Quel oiseau est-ce donc, celui qui est parfaitement indifférent, dans son âge le plus tendre, et à l'humidité et à la sécheresse, et à la chaleur et au froid, changements qui seraient mortels à tout autre oiseau? Et comment le père sait-il que ce sont-là des choses indifférentes à son petit, lui qui en grandissant devient si sensible à l'humidité et à la froidure? »

« — Nous avons là devant nous un secret, dit Gœthe;

mais dites-moi donc, si vous l'avez observé, comment le coucou fait-il pour mettre son œuf dans le nid du roitelet, puisque l'ouverture est si étroite et que sa construction ne lui permet pas d'entrer dedans ni de se poser dessus?»

« — Il introduit son œuf dans le nid avec son bec. C'est sa manière, je crois, non-seulement avec le roitelet, mais avec les autres nids, car ils sont tous si petits, ou entourés de tant de petites branches, que le coucou avec sa grande queue ne peut pas se poser dessus. Mais comment le coucou a-t-il un œuf d'une petitesse comparable à celle des œufs des oiseaux insectivores? c'est là une nouvelle énigme que l'on admire en silence, sans pouvoir la résoudre. L'œuf du coucou est à peine un peu plus gros que celui de la fauvette, et il faut qu'il en soit ainsi, puisqu'il sera couvé par des oiseaux insectivores. Cette précaution est très-sage et très-raisonnable. Mais que la nature, pour être sage dans ce cas tout spécial, s'écarte de cette loi universelle, qui, du colibri à l'autruche, établit un rapport fixe entre la grandeur de l'œuf et la grandeur de l'oiseau, c'est là un de ces actes arbitraires qui sont bien faits pour nous frapper d'étonnement. »

« — Cela nous frappe à coup sûr d'étonnement, dit Gœthe, mais c'est que le point de vue où nous sommes placés est trop étroit pour que nous puissions apercevoir l'ensemble des choses. S'il était plus large, nous verrions sans doute que ces déviations rentrent dans la loi. Mais continuez donc et dites-m'en davantage. Ne sait-on pas combien d'œufs pond le coucou? »

« — Ce serait une grande folie de prétendre avoir sur ce point une opinion arrêtée, car le coucou est très-errant, tantôt ici, tantôt là; on ne trouve jamais dans un nid qu'un seul de ses œufs. Il en perd certainement plusieurs, mais qui sait où il les dépose, et qui pourrait le suivre? En supposant qu'il ponde cinq œufs, et qu'ils soient heureusement couvés et élevés par les soins attentifs de leurs parents nourriciers, il y a encore ici à s'étonner que la nature puisse se résoudre à sacrifier, pour cinq jeunes coucous, au moins quinze de nos meilleurs oiseaux chanteurs. »

« — En pareilles matières, dit Gœthe, la nature n'agit jamais avec grand scrupule. Elle a à gaspiller un grand revenu de vie, et elle le dépense à l'occasion sans grande réflexion. — Mais comment donc se fait-il que le petit coucou fasse périr tant d'oiseaux chanteurs? »

« — D'abord la première couvée est perdue; car si les œufs de l'oiseau chanteur sont couvés avec celui du coucou, comme cela arrive d'habitude, les parents sont si heureux de la naissance du gros oiseau, et ils ont pour lui tant de tendresse, qu'ils ne pensent qu'à lui, n'apportent de nourriture qu'à lui; de telle façon que leurs propres petits meurent et quittent le nid; les jeunes coucous sont toujours très-avides, et dévorent tout ce que peuvent apporter les petits oiseaux insectivores qui les élèvent. Il faut beaucoup de temps pour qu'ils aient atteint toute leur grosseur, pris toutes leurs plumes et soient devenus capables de quitter le nid et de s'élever sur la cime d'un arbre. Mais, lors même qu'ils volent dehors depuis longtemps, il faut encore qu'ils soient nourris, et les bons parents nourriciers, passant tout leur été à élever leur gros enfant, ne peuvent penser à une seconde couvée. Voilà comment tant de petits chanteurs sont sacrifiés à un petit coucou. »

« — C'est évident; mais, dites-moi, il me semble avoir entendu rapporter que, lorsque le petit coucou est sorti du nid, il est nourri aussi par d'autres oiseaux qui ne l'ont pas couvé?

« — Oui. Dès que le petit coucou a quitté son nid, qui est bas, et a pris place sur la cime d'un arbre, il pousse un cri assez fort pour dire : « Je suis là. » Alors tous les petits oiseaux du voisinage qui l'ont entendu arrivent pour le saluer. Là vient la fauvette, vient le moine; le lavandier jaune monte aussi; et même le roitelet qui, par nature, se fourre toujours dans les haies basses et dans les buissons épais, pour s'approcher du nouveau venu, s'élève vers le sommet des grand chênes: mais c'est toujours le couple qui l'a élevé qui lui apporte le plus fidèlement sa nourriture, les autres oiseaux ne viennent que par occasion pour lui apporter un bon morceau. »

« — Il y a ainsi entre le coucou et tous les petits oiseaux insectivores une grande affection? »

« — Cette affection est si forte, que lorsqu'on s'approche d'un nid qui renferme un jeune coucou, les petits parents adoptifs sont saisis d'une telle crainte, d'une telle terreur, de telles inquiétudes, qu'ils ne savent plus où se tenir. Le moine surtout dans son désespoir tombe à terre comme pris de convulsions. »

« — C'est assez curieux, mais cela se conçoit encore. Le problème pour moi, c'est la conduite d'un couple de fauvettes, par exemple, qui, au moment de couver ses propres œufs, permet à un coucou âgé de s'approcher de leur nid et d'y déposer son œuf. »

« — C'est en effet une conduite assez énigmatique, mais elle s'explique aussi. En effet, comme tous les petits oiseaux insectivores nourrissent le coucou sorti du nid, même sans l'avoir couvé, il y a entre lui et eux une espèce de parenté, qui fait qu'ils se considèrent tous comme des connaissances et comme des membres d'une seule grande famille. Et même il peut arriver que le coucou couvé et élevé l'année précédente par un couple de fauvettes lui apporte son œuf l'année suivante. »

« — Oui, c'est une explication possible, mais pourquoi le petit coucou est-il nourri par des oiseaux qui ne l'ont ni couvé ni élevé? Voilà ce qui reste tout à fait merveilleux. »

« — C'est une vraie merveille; cependant on trouve des faits analogues, et même je soupçonne là une grande loi qui pénètre profondément la nature entière. — J'avais pris un jeune linot déjà trop gros pour se laisser nourrir par l'homme, mais trop petit aussi pour manger seul. Pendant une demi-journée, je me donnai avec lui beaucoup de peine, mais il ne voulut rien prendre de moi; je le mis alors avec un vieux linot, bon chanteur, que j'avais déjà en cage depuis des années, et qui était suspendu à ma fenêtre, en dehors. Je me disais : « En voyant manger son compagnon, le petit l'imitera. » Ce n'est pas là ce qu'il fit; il tourna son bec ouvert vers le vieux linot, l'implorant par de petits cris et battant des ailes; le vieux linot eut alors pitié de lui, et il lui donna la becquée comme à son propre enfant. — Une autre fois on m'apporta une fauvette déjà grise et trois jeunes; je les mis ensemble dans une grande cage; la vieille nourrissait les jeunes. Le jour suivant, on m'apporta deux jeunes rossignols déjà sortis du nid, que je mis aussi avec la fauvette et qui furent adoptés et nourris par elle. Après quelques jours, je mis aussi quelques petits meuniers, presque prêts à voler, et enfin un nid de cinq jeunes moines. La fauvette les soigna tous et les nourrit tous en bonne mère. Elle avait toujours le bec plein d'œufs de fourmis, courant à tous les coins de la vaste cage, toujours présente là où s'ouvrait un gosier affamé. Bien plus! une des fauvettes, devenue déjà grosse, se mit à donner la becquée aux oiseaux plus petits qu'elle; cela, il est vrai, un peu par jeu et en enfant, mais cependant avec le désir et le penchant bien marqué d'imiter l'excellente mère. »

« — Nous sommes là devant quelque chose de divin, qui me remplit de joie et de surprise, dit Gœthe. Si cette nourriture donnée ainsi à des êtres étrangers est une loi qui s'étend à toute la nature, mainte énigme est résolue, et on peut dire avec assurance : « Dieu a pitié des jeunes corbeaux orphelins qui crient vers lui [1]. »

« — C'est certainement une loi générale, dis-je, car j'ai observé aussi cette charité et cette pitié pour les abandonnés chez des oiseaux à l'état libre. L'été dernier, j'avais pris près de Tiefurt de jeunes roitelets, qui semblaient avoir quitté leur nid tout récemment, car ils étaient sept en rangée sur une branche, dans un buisson, et ils prenaient la becquée de leurs parents. Je mis les oiseaux dans mon foulard, et j'allai dans un petit bois isolé : « Là, me dis-je, tu pourras tranquillement voir tes roitelets. » Mais, lorsque j'ouvris mon mouchoir, deux s'enfuirent, disparurent, et je ne pus les retrouver. Trois jours après, je passe par hasard à la même place; j'entends le cri d'un rouge-gorge; supposant qu'il a dans le voisinage son nid, je le cherche, et le trouve. Mais quel fut mon étonnement, lorsque dans ce nid, près de deux petits rouges-gorges prêts à voler bientôt, je trouvai aussi mes deux petits roitelets qui s'étaient fourrés là bien

---

[1] Pensée de la Bible.

à leur aise et qui se faisaient nourrir par les vieux rouges-gorges. Cette trouvaille me rendit extrêmement heureux. « Puisque vous êtes si adroits, dis-je, puisque vous savez si joliment vous tirer d'affaire, et que les bons rouges-gorges vous ont accueillis si bien, je ne veux pas le moins du monde troubler une hospitalité si amicale, et je vous souhaite tout le bonheur possible. »

« — C'est là une des meilleures histoires sur les oiseaux que j'aie jamais entendues, dit Gœthe. Touchez-là, et mes bravos pour vous et pour vos heureuses observations! Celui qui les entend et ne croit pas à Dieu, à celui-là Moïse et les prophètes ne serviront à rien. C'est là ce que j'appelle la toute-présence de Dieu; au fond de tous les êtres il a déposé une parcelle de son amour infini; et déjà dans les animaux se montre en bouton ce qui, dans l'homme noble, s'épanouit en fleur splendide. Continuez vos études et vos observations! Vous paraissez y avoir une chance toute particulière et vous pourrez par la suite arriver à des résultats inappréciables. »

Pendant que, devant notre table de pierre, nous avions ainsi une conversation sur ces grands et sérieux sujets, le soleil s'était approché peu à peu du sommet des collines qui s'étendaient devant nous à occident; Gœthe décida notre départ. — Nous traversâmes vite Iéna, payâmes notre aubergiste, et, après une courte visite chez les Frommann, nous partîmes pour Weimar.

Jeudi, 18 octobre 1827.

Nous avons ici Hégel, que Gœthe estime beaucoup, quoiqu'il ne puisse prendre goût à quelques-uns des fruits produits par son système de philosophie. Il a donné ce soir en son honneur un thé auquel assistait aussi

Zelter, qui doit repartir pour Berlin cette nuit même. On a beaucoup parlé de Hamann[1]; c'est surtout Hégel qui a tenu la parole, et il a exposé sur cet homme extraordinaire de ces vues profondes qui ne peuvent naître que de l'étude la plus sérieuse et la plus consciencieuse d'un sujet. — On a ensuite parlé sur la dialectique. « Au fond, a dit Hégel, la dialectique n'est rien de plus que la régularisation et le perfectionnement méthodique de cet esprit de contradiction qui est au fond de chaque homme; ce don montre sa grandeur dans la distinction du vrai d'avec le faux. »

« — Oui, dit Gœthe, mais il faudrait seulement que ces artifices et ces habiletés de l'esprit ne fussent pas fréquemment tournés en abus et employés à faire paraître vrai le faux et faux le vrai. »

« — Cela arrive bien, répondit Hégel, mais seulement chez les gens qui ont à l'esprit une infirmité. »

« — Aussi, dit Gœthe, je me félicite d'avoir étudié la nature, qui empêche ces infirmités de naître. Car, avec elle, nous avons à faire à la vérité infinie, éternelle, et elle rejette aussitôt comme incapable tout homme qui n'observe pas et n'agit pas toujours avec une scrupuleuse pureté. — Je suis sûr que plus d'un esprit chez lequel la faculté dialectique est malade trouverait un traitement salutaire dans l'étude de la nature. »

Nous étions encore occupés gaiement à la conversation la plus intéressante, quand Zelter se leva et sortit sans dire un mot. Nous savions que prendre congé de Gœthe lui était pénible, et son affection même le force à

---

[1] Le *Mage du Nord*, un des grands précurseurs de l'âge d'or de la littérature allemande; écrivain très-obscur, mais très-riche en grandes idées.

se retirer ainsi, pour échapper à un moment douloureux[1].

1809[2].

Une après-midi, j'allai voir Gœthe; le temps était doux, je le trouvai dans son jardin. Il était assis devant une petite table de bois, sur laquelle était placée une fiole à longue encolure; dans cette fiole s'agitait vivement un petit serpent, auquel il donnait de la nourriture au bout d'une plume et qu'il observait tous les jours. Il soutenait que ce serpent le connaissait déjà, et que, dès qu'il le voyait venir, il approchait sa tête au bord du verre. « Quels beaux yeux intelligents !... Cette tête annonçait bien des choses, mais les malheureux anneaux de ce corps maladroit ont tout arrêté en route. A cette organisation qui s'est produite toute en longueur, la nature est restée redevable de mains et de pieds, et cependant cette tête et ces yeux les méritaient bien! Elle agit souvent ainsi, mais ce qu'elle a abandonné, elle le développe plus tard, quand les circonstances deviennent plus favorables. Le squelette de plus d'une bête marine nous montre clairement qu'au moment de sa composition, la nature avait la

---

[1] On voit que les amis de Gœthe se conformaient à son principe : il faut toujours chercher à rendre moins vive une douleur nécessaire; toute émotion triste doit être renfermée dans l'être intime et ne pas se manifester au dehors, parce que, en se manifestant, elle s'aggrave et *nous maîtrise;* or l'homme ne doit pas obéir à la douleur; c'est la douleur qui doit obéir à l'homme.

[2] J'intercale ici un des principaux chapitres de Falk; les conversations rapportées par ce nouveau confident sont bien antérieures à celles que rapporte Eckermann, cependant elles appartiennent à la même période de la vie de Gœthe; en 1809, Gœthe avait déjà soixante ans. Il paraîtra peut-être intéressant au lecteur de comparer entre elles les idées que Gœthe a exprimées à vingt ans de distance, au début et à la fin de sa vieillesse

pensée d'une espèce terrestre plus haute. Bien souvent, dans un élément qui lui faisait obstacle, elle a dû se contenter d'une queue de poisson, quand elle aurait donné volontiers par-dessus le marché une paire de pieds de derrière; parfois même on aperçoit dans le squelette les épiphyses toutes prêtes. »

A côté du serpent étaient quelques cocons renfermant des chrysalides dont Gœthe attendait la sortie prochaine. La main sentait déjà à l'intérieur un certain mouvement. Gœthe les prit sur la table, les considéra avec grande attention et dit ensuite à son enfant : « Porte-les à la maison; ils ne sortiront sans doute pas aujourd'hui, la journée est trop avancée. » Il était quatre heures de l'après-midi. A ce moment madame de Gœthe entra dans le jardin. Gœthe prit les cocons de la main de l'enfant, et les reposa sur la table. « Que le figuier est beau, dans ce moment, avec ses fleurs et son feuillage! » nous dit de loin madame de Gœthe, en venant à nous par l'allée du milieu. Après que nous nous fûmes salués, elle me demanda si j'avais déjà regardé de près et admiré le beau figuier. « Il ne faut pas oublier, dit-elle en adressant la parole à Gœthe, de le faire placer à l'intérieur pendant l'hiver. » Gœthe sourit et me dit : « Laissez-vous montrer le figuier, et tout de suite, sans cela nous n'aurons pas de repos pendant toute la soirée! Il mérite vraiment d'être vu, et est digne qu'on fasse de lui un éloge splendide et qu'on le traite avec tous les ménagements possibles. » — « Comment donc s'appelle cette plante exotique, que l'on nous a envoyée récemment d'Iéna. » — « L'ellébore, peut-être? » — « Justement! elle vient aussi très-bien. » — « J'en suis fort content. Nous arriverons à faire de notre jardin une seconde Anticyre! »

— « Ah! voilà les cocons; eh bien, n'avez vous encore rien vu? » — « Je les ai mis de côté pour que tu les prennes. Regardez, je vous en prie, me dit-il, en les mettant à son oreille, comme cela frappe, comme cela tressaille et cherche à entrer dans la vie? Quelle merveille que ces changements de la nature, si dans la nature le merveilleux n'était pas ce qu'il y a de plus commun! Nous ne priverons pas notre ami de ce spectacle. Demain ou après-demain, le bel oiseau sera là, et d'une beauté, d'une séduction que vous avez rarement vues. Je connais cette chrysalide, et je vous invite pour demain à la même heure, si vous voulez voir une chose plus curieuse que toutes les curiosités que Kotzebue a vues dans son curieux voyage à Tobolsk[1]. Ici, au soleil, sur une fenêtre du pavillon du jardin, plaçons la boîte où notre belle sylphide travaille si bien pour demain! Bien! reste là, mon bel enfant! Dans ce petit coin, personne ne t'empêchera de terminer ta toilette. » — « Mais cette vilaine bête, dit madame de Gœthe en jetant de côté un léger coup d'œil au serpent, comment peut-on la souffrir à côté de soi, et la nourrir de sa main! C'est une créature si désagréable! sa vue seule me fait frissonner! » — « Silence! » dit Gœthe, quoiqu'il aimât assez, avec sa nature tranquille, la vivacité mobile de sa belle fille; et, se tournant vers moi, il continua : « Oui, si le serpent voulait bien pour elle se mettre dans un cocon et se transformer en un beau papillon, alors on ne parlerait plus de frissonner! Mais, chère enfant, nous ne pouvons pas tous être papillons, nous ne pouvons pas tous être des figuiers tout

---

[1] Kotzebue avait publié le récit de son voyage en Sibérie, ouvrage excessivement long et absolument vide. Gœthe s'étonnait qu'il fût possible d'aller aussi loin et de voir si peu de chose.

parés de fleurs et de fruits ! Pauvre serpent ! ils t'abandonnent ! Comme ils devraient au contraire s'intéresser à toi !... Comme il me regarde !... Comme il dresse sa tête ! Ne semble t-il pas qu'il comprenne que je le défends contre vous ?... Pauvre petit ! Il est là dans la fiole sans pouvoir sortir, comme il était jadis, quand la nature lui a donné son enveloppe trop étroite !... »

— Tout en parlant, Goethe avait tracé au crayon sur un papier qui se trouvait là les lignes fantastiques d'un paysage imaginaire ; un domestique lui apporta de l'eau, il mit le dessin de côté et se lava les mains en me disant : « Quand vous êtes entré chez moi, vous avez dû rencontrer le peintre Katz ; je ne le vois jamais sans éprouver du plaisir, du ravissement même ; il est ici comme il était à la villa Borghèse, et il semble apporter ici avec lui un fragment de ce ciel artistique de Rome et de son délicieux *far niente!* Pendant qu'il est à Weimar, il faut que je mette en ordre mes dessins et m'en compose un petit album. En général nous parlons beaucoup trop. Nous devrions moins parler et plus dessiner. Pour moi, je voudrais me déshabituer absolument de la parole et ne parler qu'en dessins, comme la nature créatrice de toutes les formes. Ce figuier, ce petit serpent, ce cocon qui attend tranquillement l'avenir, étendu sur la fenêtre, tous ces objets, ce sont des signes d'un sens profond ; oui, si nous pouvions bien déchiffrer seulement le sens de ces objets, nous pourrions bien vite nous passer de tout ce qui est écrit et de tout ce qui se dit ! Plus j'y réfléchis, plus je le sens vivement ; il y a dans la parole quelque chose de si oiseux, de si vain, je dirais presque de si présomptueux, que lorsqu'on se trouve avec pleine conscience de soi-même dans une solitude, perdu au milieu d'antiques montagnes, ou en face d'un rocher immense, alors, devant cette muette gravité, devant ce silence de la nature, on se sent saisi d'effroi...

« Tenez, me dit-il, en me montrant le papier sur la table, j'ai tracé là toutes sortes de plantes et de fleurs assez singulières; ces chimères pourraient être encore plus folles, plus fantastiques, rien n'assurerait qu'elles n'existent pas réellement ainsi quelque part.

« Lorsqu'elle trace un dessin, l'âme fait résonner au dehors d'elle un fragment de son essence intime, et dans ce babillage sont renfermés les plus grands secrets de la création; car celle-ci, considérée dans ses principes, repose tout entière sur le dessin, sur la plastique. Les combinaisons de ce genre sont si infinies, que même la fantaisie et le caprice y ont trouvé place. Prenons seulement les plantes parasites; dans ces créations si légères, que de formes fantastiques, bouffonnes, qui rappellent l'oiseau! leur graine volante se pose sur tel ou tel arbre, comme un papillon; elle se nourrit de cet arbre pour grandir. La glu, ou *viscus*, se sème et pousse ainsi sur l'écorce du poirier, où elle forme d'abord une petite touffe; cet hôte, non content de s'appuyer sur l'arbre et de l'enlacer, exige qu'il lui fournisse le bois de ses rameaux. — Il en est de même pour la mousse qui couvre les arbres. J'ai de beaux échantillons de ces familles, qui, dans la nature, ne font rien par elles-mêmes, mais s'approprient les produits déjà existants. Faites-moi penser à vous les montrer. L'arome de certains arbrisseaux, qui appartiennent aussi à la famille des parasites, s'explique très-bien par la constitution intime de leur séve; elle est de bonne heure plus avancée qu'elle ne devrait l'être; ces plantes, au lieu de se développer d'abord, comme d'habitude, avec une matière grossière et toute terrestre, ont en elles, dès leur naissance, une matière déjà raffinée.

« Une pomme ne vient jamais au milieu du tronc, rude et rugueux. Il faut plusieurs années, il faut les préparatifs les plus soigneux pour faire d'un pommier un arbre portant des fruits et donnant récolte. Chaque pomme étant un corps rond, compacte, exige pour se former une extrême concentration et un extrême raffinement des sucs qui lui arrivent de tous les côtés. — Il faut se représenter la nature comme un joueur qui, devant la table de jeu, crie constamment : *au double!* c'est-à-dire ajoute toujours ce que son bonheur lui a donné à sa mise nouvelle, et cela à l'infini. Pierres, bêtes, plantes, après avoir été ainsi formées par ces heureux coups de dés, sont de nouveau remis au jeu, et qui sait si l'homme n'est pas la réussite d'un coup qui visait très-haut? »

Pendant cette intéressante conversation, le soir était arrivé; il faisait frais dans le jardin, et nous rentrâmes dans la maison. Bientôt après nous nous mîmes à la fenêtre. Le ciel était parsemé d'étoiles. Les cordes mises en mouvement dans l'âme de Gœthe par les objets qu'il avait contemplés dans le jardin vibraient encore, et elles résonnèrent toute cette soirée.

« Tout est si immense, me dit-il, que nulle part il n'y a d'arrêt. Penseriez-vous que le soleil, qui produit tout, en a fini avec la création de son système de planètes, et que la force qui a formé les terres et les lunes, soit en lui épuisée, inactive et inerte? Pour moi, je ne le pense pas. Il est très-vraisemblable qu'on trouvera encore une plus petite planète au delà de Mercure, déjà assez petit. On voit très-bien, par la situation des planètes, que la force de projection du soleil décroît, car ce sont, dans le système, les masses les plus considérables qui occupent la place la plus éloignée. On peut appuyer sur ce fait, supposer que, par suite de cette diminution de force, un essai de projection de planète ne réussisse pas. Si le soleil ne peut détacher et séparer de lui-même ces dernières planètes, elle formeront peut-être autour de lui un anneau, comme pour Saturne, et cet anneau opaque nous jouera un mauvais tour, à nous autres pauvres habitants de la terre. Il ne sera pas plus agréable aux autres planètes ; la lumière et la chaleur faibliront, et toutes les organisations auxquelles elles sont nécessaires seront plus ou moins arrêtées dans leur développement. Les taches du soleil pourraient donc bien nous apporter quelque trouble à l'avenir. Ce qui est certain, c'est que, en consultant toutes les lois connues et la manière dont notre système s'est formé, on ne voit rien qui s'oppose à la formation d'un anneau solaire ; seulement l'époque d'un pareil événement reste indéterminée.... »

Un autre jour, il me conduisit devant sa collection d'histoire naturelle, et, me mettant dans la main un échantillon de granit, d'une formation très-curieuse, il me dit : « Prenez cette vieille pierre en souvenir de moi ! Si jamais je trouve dans la nature une loi plus ancienne que celle qui se révèle dans ce fragment, je vous l'échangerai. Jusqu'à présent je n'en connais aucune, et je doute que l'avenir me montre quelque chose d'égal, à plus forte raison de supérieur. Considérez bien cet échantillon ; vous y voyez un élément qui en cherche un autre, le pénètre, et par cette combinaison en crée un troisième ; c'est là au fond le résumé de toutes les opérations de la nature. Oui, là est écrit un document de l'histoire primitive du monde. — Cette filiation, il vous faut la découvrir seul. Si on ne la découvre pas soi-même, il est inutile de l'apprendre d'un autre. — Nos naturalistes aiment les longues listes. Ils partagent la terre en une infinité de sections, et pour chaque section ils ont un nom. Ceci est de l'argile! Cela est du silice! Ceci est ceci, et cela est cela! Quand je sais tous ces noms, qu'est-ce que j'ai gagné? Quand j'entends tous ces mots, je me rappelle toujours les vers de Faust[1] : « Ils nomment la chimie *Encheiresin Naturæ!* Les ânes se bafouent eux-mêmes et ne s'en aperçoivent pas. » « Que me font toutes ces sections, tous ces noms! Ce que je veux connaître, c'est ce qui, dans l'univers, anime chaque élément, de telle sorte qu'il cherche les autres, se soumet à eux, ou les domine, suivant que la loi qu'il a en lui le destine à un rôle plus ou moins élevé. — Mais sur cette question précisément règne le plus profond silence.

Dans les sciences, tout est trop séparé. Dans nos chaires, pendant des semestres entiers, on fait des leçons sur une branche spéciale, violemment séparée de tout ce qui l'avoisine. Aussi, les découvertes positives paraissent pauvres, quand on jette un coup d'œil sur les derniers siècles. On répète presque uniquement ce que d'illustres prédécesseurs ont dit; quant à une science indépendante, on n'y pense pas. On conduit par bandes les jeunes gens dans des salles, dans des amphithéâtres, et, dans la disette de faits positifs, on les nourrit de citations et de mots[2]. Les écoliers aviseront

---

[1] *Faust*, acte Ier, scène de Méphistophélès et de l'Étudiant.

[2] Cette critique a heureusement vieilli; l'enseignement a fait des progrès, mais les conseils qui accompagnent la critique sont toujours bons à recevoir.

comme ils pourront, s'ils veulent voir les choses elles-mêmes, que du reste leur maître n'a souvent pas vues lui-même! C'est là évidemment une voie détestable. Mieux le professeur est armé de son appareil scientifique, plus l'obscurité augmente avec la présomption. Et voilà les gens qui devront donner des leçons au teinturier qui vit près de sa chaudière, au pharmacien qui vit près de sa cornue! Pauvres diables de praticiens, que je vous plains de tomber en de pareilles mains! Ils se sont bien moqués autrefois d'un vieux teinturier de Heilbronn, qui était plus fort qu'eux tous! Si le monde ne l'a pas reconnu, lui connaissait le monde, et je regrette bien qu'il n'ait pas vécu jusqu'à la publication de ma théorie des couleurs; sa chaudière lui aurait donné ses conseils; celui-là savait ce dont il s'agissait!

Je me suis occupé toute ma vie de sciences, eh bien! si je voulais écrire tout ce qui est digne d'être retenu dans ce que j'ai appris, le manuscrit serait si petit, que vous pourriez l'emporter chez vous dans une enveloppe de lettre. — Dans notre pays, les sciences sont cultivées grossièrement comme gagne-pain, ou bien du haut des chaires on les soumet en forme à une analyse pédantesque ; de cette façon, nous avons à choisir entre une science populaire superficielle ou un incompréhensible galimathias de phrases transcendentales. — Ce qui, selon moi, de notre temps, a été encore le mieux étudié, c'est l'électricité. Les *Éléments* d'Euclide sont pourtant toujours là comme un modèle insurpassable qui nous montre comment on doit enseigner; la simplicité, l'enchaînement gradué de ses théorèmes nous indique comment on doit pénétrer dans toutes les sciences.

Quelles énormes sommes d'argent perdues par les

maîtres de fabriques seulement, par suites de fausses vues en chimie! Les arts industriels sont loin d'être aussi avancés qu'ils le devraient. Ce savoir, trouvé dans des livres et dans des classes, cette expérience reçue et transmise à l'aide de cahiers de professeurs que l'on copie sans cesse, voilà les causes du petit nombre de découvertes vraiment utiles que les siècles ont à nous donner. Oui, si aujourd'hui, le 29 février 1809, le vieux et respectable moine anglais Bacon sortait de la mort et venait dans mon cabinet me demander bien poliment de lui communiquer les découvertes que nous avons faites dans les sciences et dans les arts, depuis qu'il a quitté le monde, je resterais honteux devant lui, et je ne sais vraiment quelle réponse je ferais au bon vieillard. Si j'avais l'idée de lui montrer un microscope solaire, il me montrerait bien vite un passage de ses écrits où il met sur le chemin de cette découverte. Si je lui parlais des montres, il dirait tout tranquillement : « Oui, c'est bien cela! page 504 de mes écrits, vous trouverez un passage qui traite en détail de la fabrication possible de ces machines, aussi bien que du microscope solaire, et que de la chambre obscure. » — Et le pénétrant moine, après avoir passé en revue toutes nos inventions, me quitterait peut-être en me disant : « Ce que vous avez fait pendant tant de siècles n'est pas précisément considérable. Plus de mouvement donc! Je vais de nouveau dormir, et dans quatre siècles je reviendrai, pour voir si vous dormez aussi, ou si vous avez en quelque science fait quelque progrès. »

« Chez nous, en Allemagne, tout va avec une belle lenteur. Il y a vingt ans, quand j'ai émis la première idée de la métamorphose des plantes, les juges de cet écrit n'ont su rien faire autre chose que vanter la simplicité de l'exposition, qui pouvait servir de modèle aux jeunes gens. Quant à la valeur de la loi, qui, si elle était vraie, trouvait dans la nature entière les applications les plus variées, je n'en entendis pas parler. Pourquoi? parce que sur ce sujet il n'y avait rien dans Linnée qu'ils pussent copier et donner ensuite à leurs écoliers. Tout montre que l'homme est fait pour *croire* et non pour regarder et *voir* par ses yeux. Ils *croiront* aussi un jour mes paroles et les répéteront; j'aimerais bien mieux qu'ils soutinssent leurs droits et qu'ils ouvrissent les yeux pour voir ce qui est là devant eux; mais ils injurient tous ceux qui ont de meilleurs yeux qu'eux, et se fâchent, si on prétend que les vues qu'ils proclament du haut de leurs chaires sont des vues de myopes!

La théorie des couleurs repose sur les mêmes principes que la métamorphose des plantes; ils feront de même avec elle; avec le temps ils s'en approprieront les résultats, et il ne faut pas leur en vouloir s'ils la pillent et en donnent les idées comme les leurs. — Cette science si avancée du moine Bacon ne doit pas nous surprendre; nous savons que de très-bonne heure il y a eu en Angleterre des germes de civilisation, peut-être dus à la conquête de cette île par les Romains. Ces germes, une fois semés, ne disparaissent pas comme on le croit. Plus tard le christianisme s'y développa aussi avec puissance et rapidité. Saint Boniface est venu en Thuringe, ayant dans une main l'Évangile, dans l'autre l'équerre et tous les arts de construction. Bacon vivait dans un temps où déjà la bourgeoisie, par la grande charte, avait gagné de grands priviléges. La liberté des mers, le jury, complétèrent ces heureuses conquêtes. Les sciences devaient marcher en avant comme tout le reste. Bacon leur donna un élan puissant. Ce moine d'un esprit profond, aussi éloigné de la superstition que de l'incrédulité, a tout conçu, sinon tout réalisé. Il a vu briller devant lui la magie entière de la nature, en prenant le mot dans sa plus belle expression. Il a vu tous les progrès futurs, et a fait pressentir les destinées futures de son peuple. — Mais toi, jeune peuple Allemand, continua Gœthe avec enthousiasme, ne te lasse pas de marcher dans la voie que nous avons heureusement embrassée ! Ne t'abandonne à aucune manière, à aucune vue étroite d'aucun genre, sous quelque nom qu'elle paraisse. Sachez-le bien, tout ce qui nous sépare de la nature est faux ; sur le chemin de la nature, vous rencontrerez ensemble et Bacon, et Homère, et Shakspeare. Que d'œuvres à accomplir partout! Mais, voyez avec vos yeux, entendez avec vos oreilles ! — Ne vous inquiétez pas de vos adversaires! Dans votre œuvre, associez-vous à des amis qui pensent comme vous ; quant aux hommes qui n'ont pas votre nature, et avec lesquels vous n'avez rien à faire, imitez-moi, ne perdez pas une heure avec eux ! Ces discussions sont à peu près stériles : elles tourmentent, et à la fin, il n'en reste rien. Au contraire, l'amitié avec des hommes qui ont nos manières de voir est féconde. Ainsi dans le premier volume des *Idées sur la philosophie de l'histoire de l'humanité*, de Herder, il y a beaucoup d'idées de moi[1], surtout au commencement; nous causions souvent de ces sujets; j'avais pour l'observation de la nature plus de penchant que Herder, qui voulait trop

[1] Gœthe a travaillé tour à tour aux plus belles œuvres de Lavater, de Schiller et de Herder. Ces trois grands écrivains qui, de leur vivant, ont vécu assez séparés, se sont au moins réunis pour reconnaître la supériorité de Gœthe et lui demander le secours de son puissant et universel génie.

vite être au but; il avait déjà tiré une conclusion bien avant que je n'eusse fini mon observation, mais cette excitation mutuelle nous était profitable à tous deux. »

Quand on voulait se recommander pour toujours auprès de Gœthe, il suffisait de lui rapporter de voyage quelque objet curieux d'histoire naturelle : une patte de phoque ou de castor, une dent de lion, une corne bizarrement enroulée d'antilope, de bouquetin, etc.; tout objet de ce genre pouvait le rendre heureux pendant des journées, pendant des semaines entières; il revenait sans cesse à sa contemplation; quand il entrait en possession d'un pareil trésor, il eût semblé qu'il venait de recevoir une lettre d'un ami éloigné; il l'examinait vite, le cœur rempli de joie, et communiquait avec bonheur ce qu'il venait d'apprendre. « Il est souvent arrivé à la nature, disait-il, de laisser échapper un de ses secrets malgré elle; il n'y a qu'à épier l'occasion où elle se livre sans le vouloir. Tout est écrit quelque part, mais non pas où nous le supposons, ni à une seule place; ainsi s'explique ce qu'il y a d'énigmatique, de sybillin, de discontinu dans nos observations. La nature est un livre immense renfermant les secrets les plus merveilleux, mais ses pages sont dispersées à travers tout l'univers; l'une est dans Jupiter, l'autre dans Uranus, etc. Les lire toutes est donc impossible, et il n'y a pas de système qui puisse triompher de cette insurmontable difficulté. »

FIN DU PREMIER VOLUME

www.ingramcontent.com/pod-product-compliance
Lightning Source LLC
Chambersburg PA
CBHW070531230426
43665CB00014B/1647